暨南上海往事

陈联　梁燕　编著

暨南大學出版社
JINAN UNIVERSITY PRESS

中国·广州

图书在版编目（CIP）数据

暨南上海往事/陈联，梁燕编著．—广州：暨南大学出版社，2021.10
ISBN 978－7－5668－3254－2

Ⅰ．①暨…　Ⅱ．①陈…②梁…　Ⅲ．①暨南大学—校史　Ⅳ．①G649.286.51

中国版本图书馆 CIP 数据核字（2021）第 207284 号

暨南上海往事
JINAN SHANGHAI WANGSHI
编著者：陈　联　梁　燕

出 版 人：张晋升
策划编辑：武艳飞
责任编辑：王辰月
责任校对：苏　洁　黄晓佳
责任印制：周一丹　郑玉婷

出版发行：暨南大学出版社（510630）
电　　话：总编室（8620）85221601
营销部（8620）85225284　85228291　85228292　85226712
传　　真：（8620）85221583（办公室）　85223774（营销部）
网　　址：http://www.jnupress.com
排　　版：广州市天河星辰文化发展部照排中心
印　　刷：广州一龙印刷有限公司
开　　本：787mm×960mm　1/16
印　　张：19.875
字　　数：382 千
版　　次：2021 年 10 月第 1 版
印　　次：2021 年 10 月第 1 次
定　　价：89.00 元

特别鸣谢新加坡李氏基金会

编 委 会

顾　问：夏　泉　张晓辉

主　编：陈　联　梁　燕

撰　稿：陈　联　梁　燕　赵　宏　郑　帆
田　喻　陈锦涛　刘慧洋　王　佳
曹栩宁　张　琦　陈彦蓉

序

暨南大学是中国第一所由政府创办的华侨学府，也是中国历史最悠久的大学之一。1906 年，暨南学堂创立。来自南洋的 21 名华侨学子远涉重洋、负笈南京，中国华侨高等教育的薪火由此点燃。百余年来，暨南大学因时局变化、政权鼎革，历经三落三起、五度播迁，辗转迁播于南京、上海、建阳等地，直至新中国成立后，终于扎根南粤，迎来涅槃。百余年来，暨南大学历经艰险却百折不挠，饱受风雨却坚强不屈，始终肩负“宏教泽而系侨情”的初心使命，在艰苦中创业，在曲折中前进，在变迁中勃发，成为中国华侨高等教育发展的生动写照。

暨南大学曾在上海有过一段较长的办学历史，从 1921 年国立暨南学校商科率先入沪，到 1927 年升格为国立暨南大学；从抗战期间坚守“孤岛”，到 1941 年南迁建阳；从 1946 年复员回沪，到人民政府完成接管，再到后来合并于复旦、交大等高校。在上海期间，学校虽几经变革、跌宕起伏，但凭借政府对侨务的扶持和上海这一得天独厚的地缘优势，以及历任掌校者、学校师生和广大海外侨胞的共同努力和竭力支撑，暨南进入了一段长达十年的黄金发展时期，也在随之而来的战乱年代能够履险如夷、风雨传薪。上海时期也因此成为暨南校史中一段成就卓著、不可磨灭的历史印记。

这一时期，暨南敢于开风气之先，在探索华侨高等教育的过程中完成了一个又一个开创性举措，创办中国第一所商科大学，开启中国财经高等教育的先河；组建南洋文化教育事业部，沟通中国与海外；召开中国首次南洋华侨教育会议，引导国人关注和研究华侨教育与华侨问题；首推华侨女子教育，提高华侨女子地位，为南洋社会注入新鲜血液；设立中国最早的大学校董会之一，在学校发展中起到了独特的作用。这一时期，暨南立足和坚守华侨教育特色，学科日臻完善，教研力量日趋雄厚，办学规模持续扩大，逐步形成了三部鼎立、五院具备的办学格局；校内名师荟萃、硕学云集，五洲华侨子弟纷纷负笈祖国、慕名而来，皆以在暨南读书为荣。这一时期，暨南形成了富有侨情特色的大学文化，学风浓郁，文体昌盛；国内知名学者纷纷到校演讲，师生思想高度活跃，社团活动独树一帜；体育教育实力强劲，体育运动誉满江南，暨南健儿多次代表国家出征海外，斩获多项荣誉，为国人在世界上争取积极向上的国家形象……时人曾称赞当时的国立暨南大学："广州的中山大学，上海的暨南大学，武昌的武汉大学，北平的清华大学都像春花怒放，成绩斐然。"

自创办以来，暨南便始终与民族命运共浮沉，与时代脉搏同起伏。上海时期的暨南，正处在一个内忧外患、国家蒙辱、人民蒙难的年代，暨南师生在潜心治学的同时，还不断寻求真理，追寻先进力量，毅然挑起了救亡图存、振兴中华的历史重担，站在了爱国民主运动的前列。1923 年，暨南成立了中国历史上最早的学生党支部之一；抗战时期，暨南师生成为上海抗日救亡的重要力量，在 1941 年"孤岛"沦陷时闭校拒敌，演绎了"最后一课"的忠贞悲壮；解放战争时期，暨南学生积极投身人民解放事业，成为"反美抗暴"运动、"反饥饿、反内战、反迫害"运动中的学生主力，暨大也被誉为"东南民主堡垒"。上海时期的坚守与抗争，塑造着暨南人的品格，培育着爱党爱国爱校的红色基因，铸就了影响深远的暨南精神。

《暨南上海往事》一书围绕百年暨南发展史中一段非常重要的历史时期——上海时期，选取了这一时期学校发展的重大历史事件和杰出人物，力求最大程度上展现暨南在上海时期穿越风雨、冲波逆折的办学历程，彰显暨南人砥砺奋进、自强不息的精神风貌。习近平总书记指出："要在对历史的深入思考中汲取智慧、走向未来。"今年是中国共产党成立 100 周年，是"十四五"的开局之年，是暨南大学建校 115 周年，在全国上下学党史、明初心、促奋进的浪潮中，深刻展现学校在不同时期的发展历程，反映暨南的历史底蕴和暨南精神，具有特别的意义。以史为鉴，不忘侨教初心；以史明志，团结开创未来。新征程上，暨南力量生机勃发，暨南精神代代传承，暨南大学定能书写百年侨校新篇章，开创华侨高等教育新局面，为团结和凝聚海内外中华儿女实现中华民族伟大复兴的中国梦作出新的更大贡献！

校党委书记：

校　长：

2021 年 10 月

目　录

第一章

JINAN UNIVERSITY

迁址真如　初展宏图

百余年前，来自南洋的21名华侨学子远涉重洋、负笈南京，入读祖国为其设立的专门学校——暨南学堂。中国华侨高等教育由此而揭幕，百年暨南的薪火也由此点燃。

1906年，南洋查学委员钱恂①和董鸿祎②二人抵达爪哇岛调查学务，他们鼓励华侨子弟回国读书，允以官费待遇。钱恂致电时任两江总督端方，请他主持办学。端方即奏请朝廷准许侨生归国求学，清廷出于“宏教泽”“系侨情”“弥隐患”的考虑准许了端方的请求。筚路蓝缕，风雨传薪，暨南学堂自此在南京初创。早期的暨南学子年龄一般在十三四岁，初次远离父母，生活自理能力不足，语言不通，难以适应。端方对侨生多方照顾，极为优待。暨南学堂以“家庭学校制”管理学生，师生的关系像家人一样。学堂教学上力行因材施教，以利于侨生身、心、智全面发展。

从金陵古都的薛家巷到上海的西郊小镇真如，暨南在中国高等教育史上铭刻下动人的篇章。在建校真如的过程中，暨南的办学规模逐渐扩大。同时也吸引着国内英才和来自世界各地的华侨子弟，他们在这里享受着高质量的知识教育和品德熏染，铸就经久不衰的暨南精神。1925年，暨南迎来了一位新的改革者、教育家——姜琦。他在接任暨南校长后，整修校园，改良教务，扩充商科，使得办学质量显著提升。暨南一时人才济济，名师荟萃，吸引了众多学子前来求学。暨南学堂从中等学校逐渐转变为综合性学校，为下一阶段升格为国立暨南大学奠定了基础。

第一节　从暨南学堂到国立暨南学校

一、端方创办暨南学堂

清朝建立以后，为防止倭寇和来自海上的反清力量，清政府厉行海禁政策，

---

① 钱恂（1853—1927），原名学嘉，字念劬。浙江吴兴（今湖州）人。光绪十年（1884）为宁绍召道薛福成门人。后受薛之命，整理宁波天一阁存书。1890年以直隶候补县丞随薛出使英、法、意、比。1893年以盐运使衔分省补用知府，出任湖北自强学堂首任提调、武备学堂提调。1898年任湖北留日学生监督。1905年任赴东西洋考察宪政大臣参赞官。1907年以江苏省补用知府出任荷兰大臣。次年改任出使意大利大臣。宣统元年（1909）回国。1914年任北京政府参政院参政。见武汉地方志编纂委员会主编：《武汉市志·人物志》，武汉：武汉大学出版社1999年版，第636－637页。

② 董鸿祎（1878—1916），字恂士，浙江仁和（今杭州）人，为钱恂之婿。庚子辛丑并科举人，曾任学部候补主事。1906年其岳父钱恂受学部特派任南洋查学委员，董鸿祎作为总理南洋华侨学务陪同放洋。翁婿联袂赴南洋查学，成为南洋华侨教育史上的佳话。见浙江省政协文史资料委员会编：《辛亥革命浙江人物谱》，杭州：浙江人民出版社2011年版，第137－138页。

严禁官民出洋。对待海外华侨，“朝廷概不与闻”①。鸦片战争后，清政府与西方列强签订了一系列丧权辱国的不平等条约，传统的海禁政策已经无法维持下去。清政府的侨务政策由过去的摈弃、隔绝转为怀柔、争取，他们认为，要让华侨心向祖国，必须从教育入手，于是清政府开始采取一系列措施推进华侨教育的发展，如鼓励教员到海外侨校任教、不断派员到南洋巡查华侨教育、扶植侨校发展等。暨南学堂的创立与清末的南洋查学制度就有着密不可分的关联。

（一）凭舟渡海，负笈祖国

1906年秋天，受清政府派遣，南洋查学委员钱恂及陪同官员董鸿祎抵达华侨集中的爪哇岛（今印度尼西亚岛屿）调查学务。当时的爪哇岛上，当地华侨虽已创办了中华学堂等华侨学校，但由于师资和教材的不足，教学质量不尽如人意，华侨父老仍希望能将子弟送回祖国读书。钱恂、董鸿祎在岛上各埠视察华侨学堂时，挑选了60多名侨生，准备将其分批送回祖国。钱恂将情况上报学部②，并致电两江总督③端方，请他主持办学。

端方（1861—1911），字午桥，号匋斋，满洲正白旗人。光绪八年（1882）中举，甲午战争后曾参与变法维新活动。1898年任陕西按察史、布政使，并署陕西巡抚。1900年因接驾有功，擢升湖北巡抚，1902年署湖广总督。1904年调任江苏巡抚，摄两江总督。1905年端方受清政府派遣，作为“五大臣”之一赴欧洲考察宪政，归国时途经南洋，受到当地华侨商人和华侨学校师生列队欢迎，感受到海外侨胞的爱国情深，深觉开展华侨教育刻不容缓。④ 正是钱恂的这封致电，促使端方奏请朝廷准许侨生归

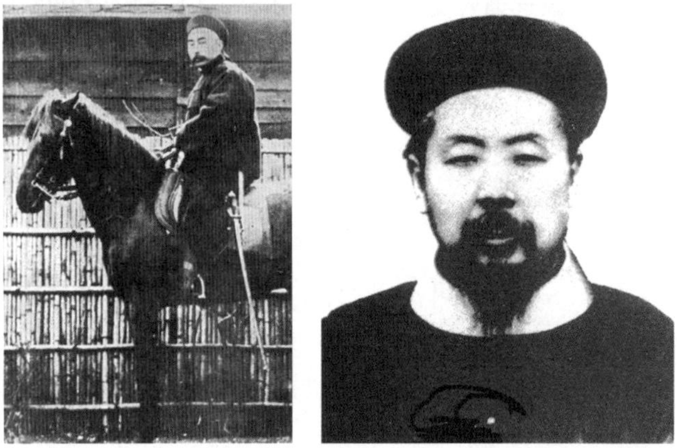

清朝两江总督端方，暨南学堂创办人

---

① 曹仁虎等：《清朝文献通考（第2册·卷195）》，上海：上海商务印书馆1935年版，第7465页；李长傅：《中国殖民史》，上海：上海商务印书馆1937年版，第171页。

② 学部，官署名。清末设立的中央教育行政机构。

③ 两江总督，清朝九位最高级的封疆大臣之一。两江，指江南省（今江苏、安徽和上海）和江西省，是清王朝的财赋重地，也是人文荟萃之区。

④ 熊月之等：《大辞海：中国近现代史卷》，上海：上海辞书出版社2013年版，第198页。

国求学，这也直接推动了专门招收华侨学生的学校——暨南学堂的创办。

> 据学部派赴南洋查学委员钱恂等电称，爪岛学生通官音（能讲普通话）可接中学程度者约三十人，志切归国读书，选地南京，川资日用自备，惟请官给食宿。并准学部电咨，以该侨民笃志内向，自宜因势拊循。①

1907 年 1 月 17 日（光绪三十二年十二月初四日），端方向朝廷上奏《华侨分送肄业片》，提及南洋查学委员钱恂从爪哇岛来电，称爪哇岛侨生“志切归国读书，选地南京”。他表示愿负责爪哇岛归国侨生的食宿费用，待爪哇岛侨生到南京时再根据其志愿分送各学堂学习，并宣布以后南洋等地侨民子弟如有意到南京就学，一律接收，“以宏教泽而系侨情”。光绪皇帝于 1907 年 2 月 9 日（光绪三十二年十二月二十七日）朱批“学部知道，钦此”，准许了端方的请求。

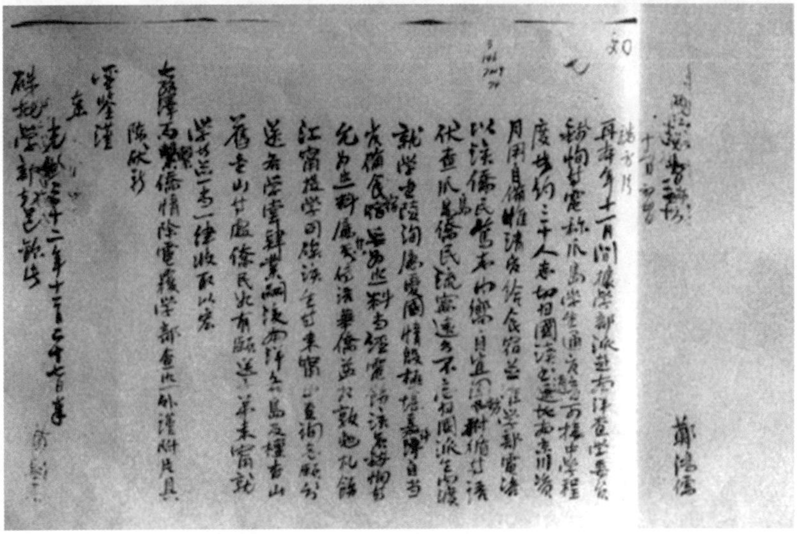

端方：《华侨分送肄业片》，《端忠敏公奏稿（卷 7）》，台北：台湾文海出版社 1967 年影印本

① 端方：《华侨分送肄业片》，《端忠敏公奏稿（卷 7）》，台北：台湾文海出版社 1967 年影印本，第 888－889 页。

端方上奏原文如下：

爪岛侨民流寓远方，不忘归国，派生内渡，就学金陵，洵属爱国情殷，极堪嘉许，自当官备食宿，妥为照料。当经电饬该员钱恂等，允为照办。属其传语华侨，益相敦勉，札饬江宁提学使，俟该生等来宁，即查询志愿，分送各学堂肄业。嗣后南洋各岛及檀香山、旧金山等地侨民，如有愿送子弟来宁就学者，并当一律收取，以宏教泽而系侨情。①

1907 年，第一批回国就读的爪哇岛侨生在离开爪哇岛前的合影

1907 年 1 月 20 日，正是临近春节时，钱、董二人率领第一批爪哇岛归国侨生共 21 人踏上征途，于 22 日到达新加坡，等候轮船北渡。新加坡中华总商会为此举行了隆重的欢迎宴会，邀请钱、董及侨生等人“到会中宴饮，以资鼓励”。新加坡《叻报》对此事进行了报道，文中提及“是夕宴毕，诸生并相与歌诗数章以志盛会”，可谓热闹非凡。②

① 端方：《华侨分送肄业片》，《端忠敏公奏稿（卷 7）》，台北：台湾文海出版社 1967 年影印本，第 888 – 889 页。

② 暨南大学华侨研究所：《暨南校史资料选辑 1906—1949（第一辑）》，1983 年内部刊行，第 93 页。

1907 年 2 月，爪哇岛第一批 21 名侨生抵达南京

表 1－1　第一批归国之侨生名单①

姓名	籍贯	侨居地
李应征	粤 新宁	爪哇 玛珑
郑炳太	闽 海澄	爪哇 玛珑
温以春	闽 海澄	爪哇 玛珑
郭陶成	闽 龙溪	爪哇 巴书鲁安
叶景宙	闽 南安	爪哇 丹绒
李全发	闽 南靖	爪哇 度漫
张益山	粤 东莞	爪哇 巴城
陈后生	闽 同安	爪哇 巴城
邹辉宝	闽 龙溪	爪哇 巴城
蒋金钟	闽 龙溪	爪哇 巴城
吴元德	闽 漳州	爪哇 巴城
黄景星	粤 嘉应	爪哇 巴城
叶裕和	粤 惠州	爪哇 巴城
彭庚生	粤 新宁	爪哇 巴城
傅溪水	闽 南安	爪哇 巴城
傅如雷	闽 龙溪	爪哇 芝拉马也
陈益祥	闽 龙溪	爪哇 八玛珑
陈以淑	闽 龙溪	爪哇 八玛珑
郭笃俭	闽 龙溪	爪哇 八玛珑
陈以健	闽 龙溪	爪哇 八玛珑
陈以温	闽 龙溪	爪哇 八玛珑

① 杨裕芬、陈希文：《暨大初期史略》，《南洋情报》，1933 年第 2 卷第 3 期，第 132－133 页。

（二）求学南京，暨南肇始

1907 年 2 月，第一批归国侨生抵达南京，被临时安置在南京三牌楼实业学堂寄宿。由于该批侨生年龄、受教育水平参差不齐，不谙国内风土人情等种种原因，端方原本计划的“分送各学堂”遇到困难。据郑洪年在 1929 年 11 月南京国民政府召开的国民党中央训练部南洋华侨教育会议上介绍：

> 端欲先试验各人程度，再分送各校。而他们回国的时候，适降大雪，与南洋热带的气候迥殊，因此病了好几人。大的二十二岁，小的只有十一岁。我就对端说，分开来恐怕不行，一定要走散回去的。于是就在本京三牌楼实业学堂楼上，请教员来替他们补习。①

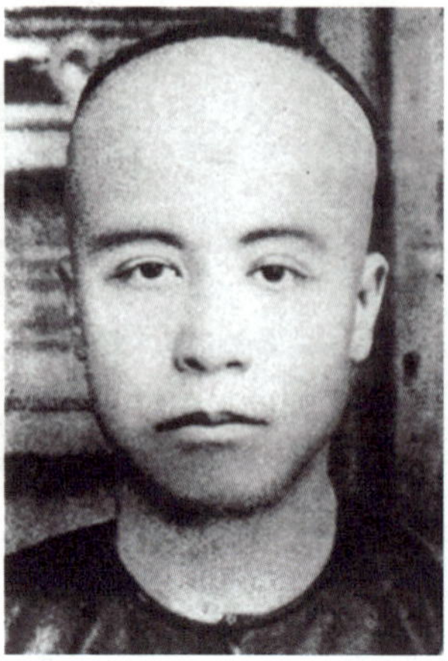

暨南学堂首任堂长、国立暨南大学首任校长郑洪年（任期 1907—1909. 1；1927. 6—1934. 1）

郑洪年当时在江宁学务处当幕僚，他与江宁提学使②陈伯陶商量，索性让归国侨生在一处学习，多请几位教员来教。因学生主要来自南洋，陈伯陶建议以“暨南”作为校名。“暨南”一词源自《尚书·禹贡》：“朔南暨，声教讫于四海。”寓意为：中华民族优良的道德风尚和文化教育，将以中国为中心，辐射、传播到四面八方。此为暨南校名之缘由。

参与筹办暨南学堂的清朝江宁提学使陈伯陶，拟定“暨南学堂”校名

郑洪年（1876—1958），字韶觉，号橐园，又号群庵。广东番禺人。早年受业于康有为。后就读于广雅书院、两江法政学校。1906 年奉命参与筹办暨南学堂。1907 年至 1909 年 1 月，任暨南学堂堂长。1909 年 1 月调北京政府交通部任职。辛亥革命后任京汉铁路局局长、京奉铁路局局长、京绥铁路局局长、国立暨南学校校董、交通部次长兼铁路督办、广东军政府财政厅厅长等。1927 年 6 月至 1934 年，任国立暨南

① 张晓辉、夏泉：《暨南大学史（1906—2016）》，广州：暨南大学出版社 2016 年版，第 7 页。
② 提学使，清末省级教育行政长官。

大学校长。[①]

陈伯陶（1855—1930），号象华，字子砺，晚年更名永焘，又号九龙真逸。广东东莞人。1879 年中解元。1892 年以探花入翰林。曾任国史馆协修，云南、贵州、山东乡试副考官。1906 年后，任江宁布政使，广东省教育总会会长。辛亥革命后，避居香港九龙，潜心著述。著有《孝经说》《东江考》等。[②]

经过筹备，暨南学堂校址选在南京薛家巷妙相庵，位居南京城中央，鼓楼之南、唱经楼之北，西北紧邻金陵大学（现南京大学鼓楼校区）。1907 年 3 月 23 日，暨南学堂正式开学。由于首批侨生 21 人原籍大多为广东省和福建省，端方指派广东人温秉忠为学堂总理、郑洪年为庶务长[③]。暨南学堂的设立是侨生回国学习的开始，为纪念这一重大事件，端方还与 21 名侨生及全体教职员合影留念。

1907 年，两江总督端方与暨南学堂第一批归国侨生及全体教职员合影留念

光绪三十三年四月（1907 年 5 月），端方向朝廷上奏《筹设暨南学堂片》，为暨南学堂"补办"了审批手续。光绪皇帝于 6 月 22 日朱批"该部知道"，批准创办暨南学堂。

① 周川：《中国近现代高等教育人物辞典》，福州：福建教育出版社 2018 年版，第 440 页。

② 辞典编写组：《中国近代人名大辞典》，北京：中国国际广播出版社 1989 年版，第 404 页。

③ 庶务长，各种政务经办人，即堂长。

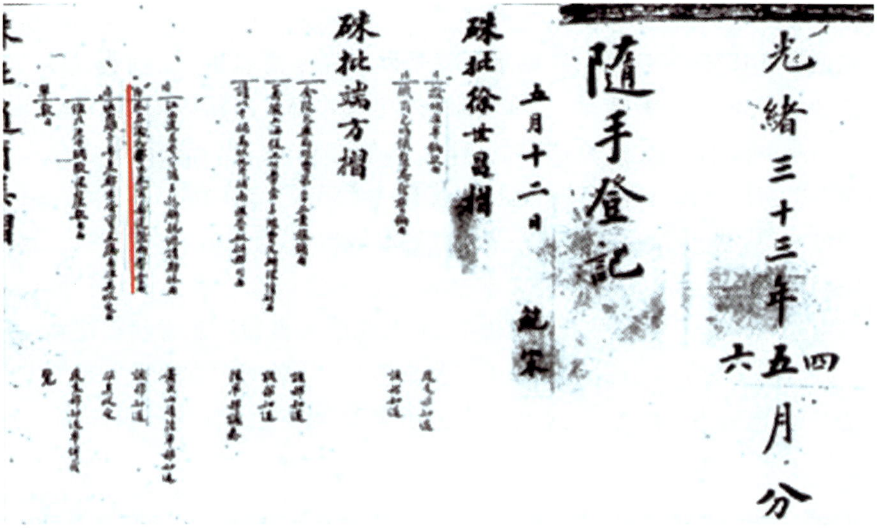
光緒三十三年四五六月分
隨手登記
五月十二日
硃批徐世昌摺
硃批端方摺

《筹设暨南学堂片》，光绪皇帝朱批登记目录

二、南京暨南学堂的五年兴衰史

从 1907 年正式开学到 1911 年辛亥革命爆发，暨南学堂仅仅维持了五年，尽管办学时间短暂，却在海外华侨中产生了积极的影响，极大地鼓舞了南洋诸岛华侨学生归国求学的热情。1911 年辛亥革命爆发，清政府大肆逮捕革命党人，对暨南学堂来自海外的华侨学生亦格外戒备，师生安全受到极大威胁。为安全起见，师生星散各处，暨南学堂停办。

（一）声名远播南洋，华侨回国求学潮涌

暨南学堂校址位于南京薛家巷，据说是太平天国时石达开之府，校园是别墅式庭院，其内建筑多数是平房，楼房不多。学堂内景致清幽，有假山和大型荷花池，临水亭榭，回廊曲折，壁间有石刻碑记，花香鸟语，树木成荫，无市声喧嚣，环境极为幽静，诚为得天独厚之“华侨学府”。①

暨南学堂招收学生的基本制度有保送生制度与视学员②选择两种。较早来到暨南学堂的侨生一般没有经过入学考试，而是由各个学堂根据侨生的平时成绩选拔保送。例如，1908 年冬，马来西亚吉隆坡尊孔学堂挑选学生时，选送了当年

① 郑文奎：《南京时期的暨南学堂》，暨南大学华侨研究所：《暨南校史资料选辑 1906—1949（第一辑）》，1983 年内部刊行，第 117 页；郭儒灏：《回忆暨南学堂情况》，暨南大学华侨研究所：《暨南校史资料选辑 1906—1949（第一辑）》，1983 年内部刊行，第 120 页。

② 视学员，官名，负责视察学校、教育事项等。

考试成绩最好而学行兼优者三人。后来，就由视学员来南洋选择学生。[①]

暨南学堂的办学经费原为每年从江海关税中筹拨五千两白银，作为正项开销列入常年拨款计划。随着学堂规模的扩展，日用支出增多，经费需求与日俱增。为此，端方上奏朝廷，说回国侨生的服装置备费用每年需要一万三千二百余两白银；现在又增筑教室，需白银六千余两，添置教学用具需一千余两，可谓用度不凡。由于归国求学的侨生原籍大多是福建、广东两省，所以他建议，日常经费所需应该由闽海关和粤海关分担其额。到宣统元年（1909），暨南学堂学生人数增至167名，而爪哇岛各地学校的学生申请就读暨南学堂的尚有70余人，端方便奏请设立一个固定而持久的办法：拟定学额500名，额满不收，仍将暨南学堂分为中学和高小两级，每年的经费由过去的两万八千两，提高至六万余两。这笔经费主要用于建筑校舍，添置仪器，于是暨南学堂的规模扩大了许多。

暨南学堂的开办在海外华侨中产生了积极的影响，端方在上奏的《暨南学堂添收学生折》中写道："爪哇一埠风声传播，不独业经来校各家属欢欣鼓舞，凡附近各埠亦闻风而起，均愿选取练习中语合格之学生送宁就学。"[②] 华侨学生回国求学热潮在南洋诸岛涌现，学堂学生人数逐年增加，规模不断扩大。学堂创办仅仅两年，回国求学侨生就已经有四批，均来自荷属东印度（今印度尼西亚等地）。1909年，来自新加坡、马来亚吉隆坡、马来亚槟榔屿、印尼梭罗的第五、第六批侨生到校。至辛亥革命前，在校学生共240多人。[③] 学生大部分是来自荷属东印度、英属马来半岛、美国檀香山及旧金山等处的华侨。

（二）注重学生身心全面发展，"家庭学校制"关怀备至

学堂在教学上力行因材施教。针对侨生各自特点及学业水平差异，为其延聘教员补习功课。比如，不会讲国语的就补习国语，并对不同层次的学生进行分班授课。考虑到侨生学成后要回侨居地发展，学堂特别为其开设英语课程。根据江宁提学使呈报学部的江宁全属学堂一览表，暨南学堂成立初期的教职员情况、侨生所学功课如下：

---

① 陈维龙：《清末暨南回忆之二》，暨南大学华侨研究所：《暨南校史资料选辑 1906—1949（第一辑）》，1983年内部刊行。

② 端方：《暨南学堂添收学生折》，《端忠敏公奏稿（卷14）》，台北：台湾文海出版社1967年影印本，第1685页。

③ 曹聚仁：《暨南创校以来大事年表》，转见周孝中：《暨南爱国民主运动史话（1907—1949）》，暨南大学华侨研究所：《华侨教育（第一辑）》，1983年内部刊行。

表1－2　官立暨南学堂调查表①

校址	江宁府城内（今南京）薛家巷
职员	
总理	田吴炤、温秉忠、左权孝
庶务长（即堂长）	郑洪年
会计文案	陈廷俊
司事	叶崧
教员	
清铨	国文、国画、算术
王嘉曾	国文、历史、讲经
王撰曾	乐歌、理科
管葆鳞	英文
关春和	体操
陈云葆	国文、修身
教科	修身、国文、经学、算术、英文、国画、历史、地理、理科、乐歌、体操
学生数	一级三十八名
经费	由江海关筹拨款五千两

学堂教师大多为饱学之士，其中既有清朝举人、秀才，也有留日学生，体育教师为留德学生。② 自1908年8月起，中学数理化各科均改用英文讲授，由留美学士嘉化担任教师。学堂对华侨子弟教育极为重视，为延聘人才煞费苦心。

随着学生数量的增加，端方奏请将暨南学堂改办为中学，附设高等小学堂，筹拨经费，奖优勉学，“以敷教育而系侨情”③。1908年春，暨南学堂开设中学，添聘教员，购置理化仪器、博物标本，学校气象为之一新。根据学校的实际情况，暨南学堂内开设了一个由14人组成的中学班，高等小学分成高小三年级（37人）、高小二年级（36人）。而后根据新到学生情况调整班级，中学增设了一年级一个班，补习科一个班。中学毕业者，可以升入政法、商业、陆军等各高等学堂深造。

---

① 陈育崧：《来远培材声教暨南》，暨南大学华侨研究所：《暨南校史资料选辑1906—1949（第一辑）》，1983年内部刊行。

② 林邦彦、何葆仁：《清末暨南回忆之一》，暨南大学综合档案室，档案号：2004－X12－7。

③ 暨南大学华侨研究所：《暨南校史资料选辑1906—1949（第一辑）》，1983年内部刊行，第126－128页。

学习之余，学堂也十分关注侨生身心的全面发展。由于侨生主要来自荷属东印度，其特点是体格健壮，性情好动，于是，学堂专门修建篮球场、足球场、秋千架和铁环等运动设施，以方便其进行体育锻炼。学堂重视艺术教育，专门设立画室，聘请著名画师教学；设立手工艺室，方便学生实习。练习书画亦是课外活动之一，教师对学生写字和作画督责甚严，学生在下课之后，或临摹颜赵等诸位名家的碑帖，或画山水兽鸟虫鱼，按时交卷。除此之外，游览校外名胜也是学生们喜爱的活动，每逢假期或星期日，明孝陵、莫愁湖、玄武湖、雨花台、北极阁、鸡鸣寺等各处名胜，均留下了暨南学生的足迹。众多名胜古迹，使侨生们受到了祖国历史和文化的熏陶。

生活上，学堂对归国侨生悉心照料。早期的暨南学子年龄一般在十三四岁，他们初次远离父母，远涉重洋，生活自理能力不足。暨南学堂采取“家庭学校制”，“所有设备均仿家庭之布置，管理学生亦按各生之习惯，视其不良者，矫正之”。[①] 侨生除了自备衣物和零用钱外，学费和食宿费一概豁免。学校每年另外向其发放冬、夏两季校服。校服全用黑色，黑革履，黑呢帽，帽边镶着金丝线。出门旅行，看上去就像是军校学生，威风凛凛。[②]

学堂还为侨生免费医病。暨南学堂第一任堂长郑洪年回忆当初的情景：“侨生之来学者，如至家室，而吾亦以家人待之。居未安，授管以安之；餐未适，治庖以适之。时或时气不节，土宜不调，延医以调之，选药以节之。”[③] 端方当时曾向闽海关、粤海关和江海关申请拨助医药费一千两，理由是：“该学堂名额增而医药各费自应与之俱增，且该生等生长南洋诸岛，性质与西人相近，遇有疾病，多延西医诊视，所费较多，核实计算，自本年起，每年需另添医药银一千两。”足见端方对这些来宁就学的华侨青年的真情关切。

学堂还定期将学生情况通告南洋。端方饬令学堂制定各种规章，设立训育处、教务处、学监和舍监，对学生加以严格管理，在自修室及宿舍也实行点名制。为了加强学校和家长之间的沟通，学堂确立的规章中规定：凡教员名数、资格、教科名目、钟点，学生食品、衣服装束、逐日作息时间，以及学生各科分数等，每月必须列表送给爪哇岛巴达维亚（今印尼首都雅加达）中华会馆，请其代为转告学生家长。每周要求学生各发家信一封，借以练习写作，提高其国文水平。

---

① 林思温：《暨南学校沿革史》，见暨南大学校史编写组：《暨南校史（1906—1996）》，广州：暨南大学出版社 1996 年版，第 7 页。

② 林邦彦、何葆仁：《清末暨南回忆之一》，暨南大学综合档案室，档案号：2004 - X12 - 7。

③ 郑洪年：《发刊词》，《国立暨南大学校务特刊》，1927 年。参见上海市档案馆：国立暨南大学档案全宗，档案号：Y8 - 1 - 925。

1909年，暨南学堂督学温秉忠、堂长郑洪年离任。清末教育家、书法家李瑞清翰林[1]继任暨南学堂监督，教师杨熙昌[2]继任堂长。

李瑞清像（姜丹书绘）

暨南学堂监督李瑞清生长于书香世家，从小酷爱书法艺术和金石考证之学，23岁乡试中举，28岁成为乙未科（1895年，光绪二十一年）二甲第十五名进士，授翰林院庶吉士。李瑞清履任之后，非常重视暨南学堂的发展，他提倡刻苦学习与重视艺术教育，专门设立画室、手工艺室等，为暨南学堂初期的发展作出了贡献。

暨南学堂在发展初期便充满了波折，更是受时局影响而一度中断办学。1911年10月10日，武昌起义爆发后，南京被效忠清廷的势力所把控。学生已经剪去辫子，民主思潮日渐浓厚的暨南学堂，自然便成为了清廷势力的眼中钉，学校所处的环境非常险恶。学堂为安全起见，连夜将学生转移至上海避难，后来大部分侨生返回侨居地，小部分参加了革命军。从此，师生星散，暨南学堂停办。

三、黄炎培主持暨南的首次复办

1912年3月10日，袁世凯在北京接任临时大总统，一心谋求个人专制统治，并对民主革命力量十分忌惮。尽管辛亥革命后，华侨赴祖国求学的愿望日益高涨，当时的教育界、海外华侨等均强烈要求政府尽快恢复暨南学堂，但袁世凯对暨南恢复一事非常消极。1916年，妄图恢复帝制的袁世凯在全国民众的唾骂中死去。1917年，黄炎培等赴南洋调查华侨教育状况，暨南复办的时机已经成熟。

（一）暨南复校，为专门性华侨教育机构

辛亥革命后，随着华侨与祖国之间的联系进一步加强，华侨学生回国求学的

---

① 翰林，我国古代官名。清代沿用明代制度，设置翰林院，主管编修国史，记载皇帝言行的起居注，进讲经史，以及草拟有关典礼的文件。

② 杨熙昌，江宁人，字缉庵，少孤力学，1902年乡试中举。历任上元、江宁县学和暨南学堂堂长。杨氏继任后，也比较重视对学生进行艺术教育和提高学生文化修养。

人数也逐年增多。由于国内此时并无专门的华侨学校，他们只得分散在上海、北京、福建等地的一些学校就学。到 1915 年 8 月，归国求学的侨生已经达到 300 余人。[①] 分散就学的缺点十分突出，侨生的知识能力、中文水平与就学机构的教学方式并不相适应，这些矛盾促使人们再度关注暨南学堂的复办问题。

1916 年冬，爪哇岛巴达维亚中华会馆董事陈金山回国访问，由赵正平介绍，会见了北洋政府教育部次长袁希涛和江苏教育司司长黄炎培，这次访问加强了北洋政府对华侨教育的重视。

黄炎培（1878—1965），号楚南，字任之，笔名抱一，江苏川沙人，中国近现代爱国主义者和民主主义教育家。辛亥革命后，他任江苏都督府民政司总务科长兼教育科长，后任江苏省教育司司长，全力以赴改革地方教育，全面规划建设了省立高等、中等学校和县立小学。曾发起创办中华职业教育社、中国民主政治同盟、中国民主建国会。1945 年曾与毛泽东进行著名的“延安窑洞对话”。中华人民共和国成立后，任中央人民政府委员、国务院副总理兼工业部部长、全国人大常务委员会副委员长、全国政协副主席等职。著有《黄炎培考察教育日记》《新大陆之教育》《延安归来》等。[②]

北洋政府江苏教育司司长黄炎培，1917—1918 年主持暨南复校工作

1917 年夏，北洋政府教育部委派黄炎培、林鼎华赴南洋调查华侨教育状况。他们先后到新加坡、马来半岛，经柔佛州、马六甲州，到达吉隆坡、怡保、槟榔屿，渡海至苏门答腊岛、棉兰、爪哇，以及巴达维亚、梭罗、三宝垄、泗水等地，参观了荷属华侨学务总会所组织的教育研究会，并与六十二埠 66 所学校的教员交流教育问题。他们经过四个昼夜的沟通，掌握了大量有关华侨教育的问题和困难。回国以后，黄炎培撰写了《南洋华侨教育商榷书》，历述海外华侨在教育上存在的一系列问题并提出切实可行的解决办法，例如兴学精神、学校权责、教员选择与优待、办学宗旨、教材编订等。[③] 他还与袁希涛、韩希琦、范静生、赵正平等人再三奔走，向当局陈说兴办侨校的重要意义，并极力倡议复办暨南学堂。[④] 黄炎培的这

① 暨南大学校史编写组：《暨南校史（1906—1996）》，广州：暨南大学出版社 1996 年版，第 9 页。
② 周川：《中国近现代高等教育人物辞典》，福州：福建教育出版社 2018 年版，第 570 页。
③ 黄炎培：《南洋华侨教育商榷书》，《教育杂志》，1917 年 11、12 月，第 9 卷第 11、第 12 号。
④ 暨南大学华侨研究所：《暨南大学校史资料选辑 1906—1949（第一辑）》，1983 年内部刊行，第 49 页。

次考察，为次年在南京复办暨南打下了基础。

随着恢复暨南、推进华侨教育的呼声越来越高，1917 年 11 月 1 日，北洋政府教育部批准恢复暨南学堂，委派黄炎培为筹办员。黄炎培在南京暨南学堂旧址设立筹办处，并邀请赵正平从上海来到南京，共同筹划恢复暨南学堂的有关事项。他们很快拟定了《暨南学校章程》并上报教育部。1918 年 1 月 8 日，黄炎培等将《暨南学校章程》和《南京暨南学校规复宣言并招生启》印刷成小册子，寄发南洋各地，向华侨宣传招生。

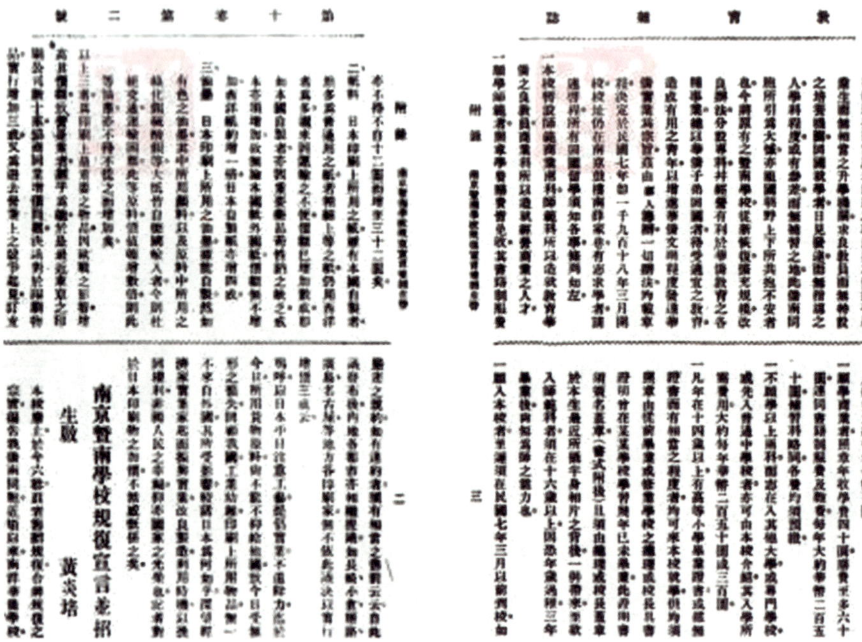
第十卷第二號

教育雜誌

南京暨南學校規復宣言並招生啟

黃炎培

1918 年黄炎培《南京暨南学校规复宣言并招生启》

《教育杂志》，1918 年第 10 卷第 2 期

有毕业生而无相当之升学机关；求良教员而无特设之培养机关；回国就学者，日见发达，而无指导之人；学科程度，或有参差，而无补习之地；此侨南同胞所引为大憾，亦祖国朝野上下所共抱不安者也。今将原有之暨南学校，从新恢复，扩充规模，改良办法，分设专科，并经营有利于华侨教育之各种事业，总以华侨子弟回国者，得受适宜之教育，造成有用之青年，以增进华侨文明程度，发达华侨实业为宗旨。①

① 黄炎培：《南京暨南学校规复宣言并招生启》，见南京中国第二历史档案馆，全宗号：5，档案号：2325。

这是《南京暨南学校规复宣言并招生启》中所述的部分内容。该招生启介绍了暨南学校创办的缘由：暨南学校是为解决国内华侨教育真空的问题，以华侨的教育利益满足为立足点，是一个专门性的华侨教育机构。与辛亥革命之前的暨南学堂相比，新的暨南学校不仅承担了中国传统文化的教学任务，而且非常注重根据南洋的实际需要来培养各种急需的人才。

暨南复校的筹备工作在黄炎培等人的率领下，历时数月，耗资万元，于1918年2月大体完成。1918年3月1日，暨南学校补习科正式开课。中辍七年之久的暨南事业又重新开始。据辛亥革命后北洋政府教育部的新学制规定，“学堂”一律改称“学校”，暨南学堂也正式更名为“国立暨南学校”。

（二）师范、商科主导，培养华侨师资与商业人才

1918年3月7日，北洋政府教育部委任赵正平为国立暨南学校校长，黄炎培继续筹办并会同规划校务，学校暂时定位为中等教育。

赵正平（1886—1945），字厚生，上海宝山人。早年赴日留学。曾任广西陆军干部学堂教务长、北京社会局局长、青岛教育局局长等。1922年任上海暨南大学校长。

国立暨南学校校长赵正平（任期：1918—1920年夏，1921年秋—1925年夏）

在学校大力宣传的作用下，来南京的侨生数量开始增加。为使侨生与国内学生相互学习，相互帮助，取长补短，共同进步，1918年8月，暨南学校在南京、上海、北京举行考试，招收内地学生。经过几个月的筹办，9月9日，暨南学校举行开学典礼，当时有华侨学生70人，内地学生40人，共110人。其中，师范科49人，商科25人，补习科25人，其余分到各小学学习。

复校之后，暨南在专业设置上，根据南洋对培养华侨师资和商业人才的迫切需要，以师范教育和商科教育为主导专业。师范科分为两个部，一部招收具有小学毕业程度的学生，学习三年毕业；二部招收具有中学毕业程度的学生，学习一年即派往南洋任教，以迅速培养华侨师资。师范科学生免交学、膳费，但“师范学生应在南洋华侨所设高等小学或国民学校服务，其服务年期定为五年，但修业期限增加时，服务年期比例增加”①。商科共招收三个年级，后增设商业特科，

① 《暨南学校章程》，南京中国第二历史档案馆，全宗号：5，档案号：2325。

招收中学毕业生，学习一年即毕业，以供南洋商界所需。商科学生需交学费，每年 40 元，膳费每年至多 60 元。

补习科则是为了接收“程度不及入师、商两科之学生即有之于农、工而思转学之学生，并陆续到校之新生”。1918 年底，补习科学生日益增多，其中多数愿意留校学习两三年，修完中学课程再争取升学。于是学校拟定中学章程，将补习科改办为中学科，学制四年，分四个年级，自三年级起分设文科和理科，于 1919 年正月正式成立。中学科的设立，一方面为升学，培养“学校高等专科之津梁”；另一方面为就业，“为投身生计职业之准备”。① 附属小学的开设着重教育在校幼龄侨生，同时也为师范科提供教育实习场所。

随着入学人数的增多，国立暨南学校更加注重学生管理和德育工作，在生活起居上也给学生提供了多重保障。校园环境优雅，建筑多为庭院式的平房，楼房不多，但有花园和莲塘。学生宿舍为四人间，统一睡平铺。② 学校还面向全体学生设立了训育处，严格要求学生遵守常规，如按时作息，除星期日外平时不准出校门。校内设有医务所，关注学生身心健康。此外，学校还设有储蓄所，代学生领取南洋汇来的钱，为防止学生乱花钱，每人发一存折，要用钱时，需说明用途，经训育主任批准方能取钱。

南京暨南学校冬景，丘君文英摄赠
《中国与南洋》，1921 年第 2 卷第 1 期

南京暨南学校荷花亭

在衣食方面，师范科学生一律穿呢料制服，戴制帽，商科学生则可根据个人条件穿西服。学校膳食条件很好，据校友陈希文回忆：“每月膳费四块银圆，早餐有油条、烧饼、馒头、豆浆或白米粥；午晚两餐六菜一汤，八人一桌，相当丰富，白饭、馒头任用。”③

① 《暨南学校中学科之编制及教授方针》，《新教育》，1919 年第 2 卷第 1 期。

② 暨南大学华侨研究所：《暨南校史资料选辑 1906—1949（第一辑）》，1983 年内部刊行，第 120 页。

③ 暨南大学华侨研究所：《暨南校史资料选辑 1906—1949（第一辑）》，1983 年内部刊行，第 84 页。

一时间，暨南校园里书声琅琅，学生们也很快适应了校园生活的节奏，享受着高质量的知识熏陶和品德浸润。在职业教育倡导者黄炎培与清末状元、实业家、教育家张謇主导、赞助下复办的暨南学校，比起清末创办的暨南学堂，其办学思想更为实际。学校不仅传授给侨生以文化科学知识，还对学生的思想品德进行培养和教育。针对侨校“声教暨南”的特点和使命，他们谨遵孔子所云“言忠信，行笃敬，虽蛮貊之邦，行矣”的教诲，以“忠信笃敬”作为暨南学校的校训。校训由张謇亲笔书写，悬挂校中，以收潜移默化之功效。据新加坡校友叶毓光前辈在《南京暨南学校杂忆》中的记述，校内大门“前额有金色‘暨南学校’四大字，似张状元笔迹，雄健秀逸兼而有之，与校训‘忠信笃敬’四字同体”。

“忠信笃敬”的校训在老一辈校友中有很深的影响，在海外各地的校友会刊物中，均有刊载这一校训。暨南的复办，适应了国内外学子特别是华侨子弟的求学需求，其不仅对培养华侨师资与商业人才起到了不可替代的作用，也对重振南洋教育和实干兴邦意义深远。

第二节　国立暨南学校迁沪记

一、商科率先迁沪，创办上海商科大学

“学龄子弟，入学数年，苟稍稍能记帐作信，便召之归，助其父兄营业矣。”① 华侨迁徙南洋，大多数经营商业贸易、手工业和农业等，南洋华侨希望自己的子女能学有所长，学有所用，以“助其父兄营业矣”。有鉴于此，黄炎培认为：“此等社会，苟更以教育之力扶植之，其生产力之一日千里，宁复可量?”黄炎培由此提出五个具体的主张：以实用主义为基础，商业教育须有相当设施，兼重农工教育，注重迅速主义，补习应用文言。

国立暨南学校恢复时，按照黄炎培的计划，将商科作为主导专业之一。然而这时的商科仅为中等职业教育，不能满足南洋侨商事业的迅速发展。南京暨南学校规复以来，南洋英、荷、美、法各属殖民地侨民子弟前来就学者，接踵而至。

---

① 别必亮：《承传与创新——近代华侨教育研究》，石家庄：河北教育出版社 2001 年版，第 266－277 页。

当时国内还没有商科大学，高级商业人才极为缺乏，而南京一地缺乏世界性的商业发展环境，即使大力延聘留学欧美的商科专家充当教员，也难以完全满足商科发展需求。1919 年夏秋之际，南洋侨商代表等纷纷回国，主张扩充商科。

鉴于南洋华侨其时大规模之集资事业先后踵兴，而应用人才十分缺乏，暨南学校经过多次会商，于 1920 年 1 月草拟了创设商科大学的宣言书和计划书，以教育华侨子弟为主要宗旨。为便于延聘教师及安排学生实习，暨南学校把目标指向了当时国内商业最为发达、江南教育最为集中、与南洋交通更为便捷的上海。

◎籌辦上海商科大學

自南京暨南學校規復以來。兩年中南洋英荷屬法各屬僑民子弟赴該校就學者。接踵而至。該校籌辦員黃君炎培校長趙君正平。鑒於南洋華僑經濟上之要求。認商業一科關係極爲重大。尤求擴張商科。以造就華僑子弟。俾成商業專門人才。祇以南京一地闕乏世界的商業。於延聘留學歐美之商科專家充當教員。甚形不易。遂主將商科移滬。偏又有巴達維商會會長丘燮亭君之公子心榮君回國。擬自辦商業專門學校。商之黃趙諸君。以事體重大。不即着手。至去年冬。荷屬華僑諸代表韓君希琦熊君理等回國。鑒於南洋華僑近年大規模之集資事業。先後踵興。而應用人才殊形闕乏。亦以籌設高等商業教育機關爲急務。同時韓熊諸君游南通。張季直君深趣斯議。並任發起。遂與暨南諸君商決籌辦商科大學於上海。以教育華僑子弟爲主要之宗旨。當由趙君等草擬計畫書理由書等件。一面寄往南洋。一面向上海商學界徵求同志。一面公推丘君心榮謝君碧田赴粵徵求贊助。現除南洋方面由各代表担任前往接洽外。上海商務總會江蘇省教育會。均已加入發起。廣州軍政府則已由政務會議通過。撥款五萬元贊助開辦。發起諸君以茲事急須積極進行。特於二十六日正午。邀集發起人於青年會食堂。到者黃宜猷(荷屬華僑諸代表)章行嚴　王恭寬(鐵新之　王正廷　代表)郭秉文　涂開輿　史量才　沈信卿　侯德廣　丘心榮　謝碧田　黃炎培　趙正平諸君等十餘人。首由黃丘趙諸君報告宗旨及經過情形。旋即提議組織籌備處。通過籌備處大綱。推出籌備董事十五人。並決定假江蘇省教育會爲籌備處。現定星期一日召開籌備董事會。商議一切進行方法云。

《筹办上海商科大学》

《民国日报》，1920 年 3 月 28 日

经过多方努力，1921 年 2 月 28 日，暨南学校商科首先由南京迁往上海徐家汇，先借用法租界徐家汇姚主教路 135 号松社① 设立教室，内有蔡松坡图书馆和祠堂各一座。《中国与南洋》1921 年刊登的《暨南学校商科校舍记》一文详细描述了松社的环境：“空气清鲜，光线充分，推窗一望，远有工厂民房，近有菜园茅舍，农夫数人，往来阡陌，儿童三五出入茅舍，俨然一幅风景画。”这里宁静整洁，花木清幽，为大都市中不可多得的读书场所。

① 松社：为纪念蔡锷而成立的社团。

暨南到上海办学的第一站：松社

当时，国立东南大学计划开办商科，打算在国际贸易和商业繁盛、学者名流云集的上海择地筹办，但因事无基础，倍感困难。而暨南学校的商科已经迁到上海徐家汇，既有宽敞的图书馆和祠堂作校舍，又聘请了知名教师，可以说是先行一步。于是，中国南洋协会（简称中南协会）提议，由东南、暨南两校在上海合作办学，以节省经费，互补短长，相辅相成。

1921 年春，两校商定办学经费由暨南学校和东南大学酌量分担，并由两校从上海商界深孚众望者中各推举若干人，合组商科大学委员会，作为学校的最高权力机关。随即推举赵正平、柯成懋、郭秉文等 15 人，任商科大学委员会委员，负责筹备工作。鉴于新学年即将开始，商科大学的成立刻不容缓。6 月 20 日，上海商科大学委员会第一次合组委员会举行会议，黄炎培和张嘉墩、钱新之、朱进之、郭秉文、柯成懋、史量才、赵正平、张子高、高阳等参加，会议详细讨论了筹建上海商科大学的具体办法。会上，公推郭秉文兼任商科大学校长，黄炎培和柯成懋、张子高为委员会会章起草员。会议决议由郭秉文会商暨南学校，迅速制订《商科大学计划书》；学校校舍为已租定的尚贤堂全部房屋；本年秋季开学。[1]

7 月 13 日，东南大学校长郭秉文与暨南学校校长柯成懋[2] 联名呈请北洋政府教育部备案。7 月 14 日，郭秉文亲自到沪，邀请黄炎培、马寅初、朱进之、柯成懋、刘树梅、高阳、张子高、周启邦等集议，决定在上海霞飞路尚贤堂设上

---

① 谢长法：《教育家黄炎培研究》，济南：山东人民出版社 2016 年版，第 104 页。

② 1920 年夏，赵正平辞职，柯成懋继任校长（1920 年夏—1921 年秋）；1921 年秋赵正平复任校长（1918—1920 年夏，1921 年秋—1925 年夏）。

海商科大学筹备处。7 月 21 日，上海商科大学委员会又在上海“一枝香”开会，黄炎培、史量才、钱新之、聂云台、朱进之、陈光甫、柯成懋、郭秉文、张子高、高阳等出席，由史量才任主席。会议议定了招考办法、预算案、简章、委员会简章等；决定招预科与本科一年级各一级，并设夜校。根据委员会简章，“委员凡十五人，任期三年，每年改选五人，连举连任，但第一次委员任期，一年二年三年者各五人。8 月 15 日举行入学考试。9 月 28 日开学，定名为‘国立东南大学暨南学校合设上海商科大学’”。

上海商科大學進行消息
▲決定由東南大學與暨南學校合設
▲中南協會居中贊助

上海爲中國第一商埠、居國際貿易之樞紐、早應設立商科大學、以爲研究經濟中心、斯項問題、去年以來、中國南洋協會（中南協會）發起規劃之、東南大學擬起籌備之、而暨南學校亦早決定在上海設商業專門部、結果、遂由中南協會提議、請東南·暨南·兩方、在上海合同組織、以集中人才、節省經費、而貫徹共同之目的、兩方熱誠討論、以商科大學責任重大、必須羣策羣力、遂一致贊成合辦、經兩方推出代表、與中南協會代表三方面四協商、事經數月、一切辦法、至一星期前完全解決、其要點如下、㈠名稱、用上海商科大學、㈡經常經費、由東南·暨南·兩校分任、㈢組織、由兩校各推若干人、並公推上海商界之負重望者、合組商科大學委員會、爲最高意思機關、上議既決、遂即時推出委員黃炎任·史量才·聶雲台·穆藕初·錢新之·張公權·陳光甫·簡照南·郭秉文·柯成懋·黃任之·高踐四·朱進之·張子高·趙厚生等十五人、定昨日午後四時、開第一次合組委員會、到會者有錢新之·張公權·朱進之·黃任之·郭秉文·[illegible]·高踐四·張子高·趙厚生·史量才·並代表黃炎任·等諸君、結果、公推東南大學郭秉文君兼商科大學主任、公推黃任之·[illegible]·張子高·三君爲委員會會章起草員、其商科大學計劃書、則公推郭君會商暨南方面、迅速規定、該項計劃、現在雖未發表、惟到會委員中、發表意見者甚多、如錢新之君主張本大學教育方針、當注意於溝通學問與事業兩界、朱進之君主張教科書當廣採本國材料、而設立教科書編輯部、黃任之君主張設推廣部、舉凡函授·夜課·與補習等科、當一律設備、趙厚生君主張設立調查部、注重實地的經濟調查、以上各項、均已定入計劃書、於下次開會時提出討論、至大學校舍、已暫先租定尚賢堂房屋全部、並決定於本年秋季開學云、

《上海商科大学进行消息：决定由东南大学与暨南学校合设，中南协会居中赞助》
《申报》，1921 年 6 月 21 日

自此，中国第一所商科大学诞生了。郭秉文兼任上海商科大学校长，马寅初为教务主任并主持日常工作。当时暨南学校的商科应届毕业生陈锦聪等 6 人，也成为上海商科大学招收的第一批学生。

上海商科大学虽然开创了我国财经高等教育之先河，但其存在的时间并不长。由于发展海外华侨教育的需要，1922 年 3 月，暨南学校决定“暨南学校从下半年起自办专门部，停止合办商科大学经费支出，所节余的款项即为扩充海外补习教育之用”。而这一决策，成为暨南独立创办商科大学的开端。自 1922 年 7 月起，两校合设上海商科大学的名义取消，由东南大学独办，改名为“国立东南大学分设上海商科大学”。

1923 年，暨南独立办成商科大学，定名为“暨南商科大学”，并呈教育部备案，筹备招考新生。同年夏末，真如新校舍第一批工程竣工，原在徐家汇的商科师生率先迁入。迁址后，学校对商科教育十分重视，“敦请名誉讲师，讲演商业常识，以增学者之经验，复鼓励团体组织实地调查商情，以为学者之准备，而学科之选择，教员之聘请，随处留意”。[1] 暨南商科大学的招生对象主要是华侨学生和有志于振兴南洋商业者，旨在培养高级工商管理人才。学校特聘请高阳为商科主任，先后有马寅初、吴莹等人任教。可以说，当时暨南商科“学者之程度，与国内各大学相互比较，已有齐驱之势”。

二、真如建校，起航沪上新时期

南京暨南学堂创办时，利用的是薛家巷妙相庵的房屋，全校面积不过三十余亩，无法进行大规模的扩建，其当时已有的教室和宿舍数量只能容纳二百三四十人。1921 年春天在校学生就已经达到这一数量，商科迁往上海后，腾出了一部分房屋，暂时缓解了房屋紧张的局面。然而不到半年时间，南京校区和上海徐家汇校区的房屋又告紧张。三十余亩的校园面积制约着暨南学校的进一步发展。同时，迁沪之暨南商科毕竟是赁屋办学，因此营建新校成为当务之急。

（一）选址真如，环境幽而地价廉

暨南学校选择上海真如作为下一步经营的目的地。真如当时属于上海城外的乡间农村，选址真如主要是为了方便海外侨生来校就学，同时也可兼顾教育环境的相对独立。当时可供选择的地方甚多，例如校董会曾经考虑过龙华、江湾、吴淞、粟北公园、闸北、彭浦等地，但这些地方地价较贵，土建工程所需资金较多。后来，上海宝山县士绅钱印霞（淦之）提议以真如作为校园建设之地。

真如距离上海不过十余里，有沪宁铁路经过，另外当时也有建设汽车站的规划，环境幽静，地价便宜，既无城尘喧闹，又有田园风光。“交通绝便，环境幽静而地价极廉，且易得宽整地亩。”真如的桃树浦、杨家桥拥有典型的江南水乡景色，这里环境清幽、乡土气息浓郁，是青年学子陶冶情操、钻研学业和锻炼身体的好地方。留居美国的黄锦清校友在《母校忆旧》中赋诗云：“十里洋场外桃园，潜修苦读数真如”，杨叔荪校友在《真如杂忆》中也对真如赞美有加：“真如只是宝山县的一个小乡镇，人口稀少，处处见到的都是淳朴的农村，没有半点都市的豪华气息，当年暨南学校迁校于此，实在是选地选对了。”

（二）筹措迁校经费，三次征地 670 亩

在暨南选址真如及征地的过程中，校长赵正平发挥了很大作用。曹聚仁在《暨南的故事》一文中提及，暨大从南京移到真如为赵正平所建议，赵正平便是

---

① 此处及之后多段内容引自：《校史（1924）》，暨南大学综合档案室，档案号：2004－XS12－11。

真如人。[1] 校友培生曾在《回忆暨南大学在真如时的情景》中写道："赵是真如人，世居镇北赵巷。为筹措迁校经费，曾亲赴南洋募款，以他的声望与华侨的爱国热忱，不久集得巨款回国，感乡土之情，决定在真如火车站北侧购地建校，此举得到当时乡董洪兰祥和甘鸿逵的支持。"[2] 赵正平回国前曾在爪哇岛一带从事华侨教育工作，在南洋有一定声望。陈金山之子陈镇祥在《暨南的体育及其他》一文中回忆父亲时写道，"暨南派了校长赵正平及许克成老师前往印度尼西亚，到其父亲陈金山家里募捐。陈金山是一位爱国者，曾向学校多次捐款，数目多少无精确记载，但知为数不少"[3]。

最终，经过校董、校长和各主任多次筹商，决定在沪宁铁路线的真如车站旁边，勘定面积 200 余亩的地段。1921 年 10 月 6 日，学校正式致函宝山县署，要求仿照同济大学做法，官方确定地价，由暨南学校购买，作为修建校舍之用。宝山县知事（县一级最高行政官）与真如乡商量之后，确定了土地售卖的方案，该方案包括 140 元一亩、180 元一亩的两种价格。暨南学校确定分两期购入，江苏省财政厅也竭诚赞助，答应拨助临时经费。12 月 4 日，当地政府与暨南学校召集乡民做动员和解释工作，当日即达成购买协议。在一番周折之后，1922 年 1 月，以每亩 140 元购得 150 亩土地，以每亩 180 元购得 70 亩的土地则用于建设"暨南新村"，总计共花费 4 万余元，分两次共购地 220 余亩。1922 年 6 月以后又购地 450 亩，使真如校区扩展为 670 亩。[4]

（三）筹建校舍，校董发动海内外华侨热心支持

1922 年 3 月 19 日，暨南学校第一届校董会召开，会上对设置新校舍筹备委员会事宜专门进行了讨论，并决议："本校设置新校舍筹备委员会，由全体校董担任，并由校董中推举办事委员七人，筹拟集款方法，规划校舍工作与各校董接洽进行。"[5] 会议推举江苏省军民长官齐燮元、省长王瑚为筹备委员会名誉会长，并从校董中推举黄炎培、袁希涛、史量才、钱新之、韩希琦、郑洪年、柯成懋 7 人为新校舍筹备委员会办事委员，校长赵正平为当然委员，共同负责筹款、规划、工程、接洽等工作。

---

① 曹聚仁：《暨南的故事》，暨南大学华侨研究所：《暨南校史资料选辑 1906—1949（第一辑）》，1983 年内部刊行，第 65 页。

② 培生：《回忆暨南大学在真如时的情景》，政协上海市普陀区委员会文史资料委员会：《上海市普陀区文史资料（第 2 辑）》，1991 年，第 92 – 93 页。

③ 陈镇祥：《暨南的体育及其他》，暨南大学华侨研究所：《暨南校史资料选辑 1906—1949（第一辑）》，1983 年内部刊行，第 194 页。

④ 《筹备新校舍通告第一号（四月二十日）》，《中国与南洋》，1922 年第 3 卷第 6 期。

⑤ 《本校大事记 · 第一次校董会议》，《中国与南洋》，1922 年第 3 卷第 6 期。

在暨南校舍筹建过程中，校董广泛发动社会力量，获得了地方政府和军事力量的支持。据《时报》1922 年 6 月 10 日载，在暨南新校舍的筹建过程中，齐燮元督军和王瑚省长被推举为校舍筹备委员会名誉会长，军民两长表示将每期捐助 1 万元，捐助三期累计 3 万元用于暨南校舍建设，并为暨南校舍建设募得更多社会资助。在海内外热心人士的支持下，经过近两年的苦心经营，新校舍第一批工程耗资 23 万余元。

（四）真如一期工程落成，学生分批迁入

在敲定校址和筹集经费之后，校长受新校舍筹备委员会委托，与上海营造公司签订合同，建设工程于 1922 年 6 月 18 日动工。在社会的密切关注下，暨南学校在上海真如的新校址建设如火如荼地展开了。

暨南大学校舍全景规划图

新校址的布置是当时校园建设的重要事项。这方面的工作主要包括三个部分：

（1）植树。植树节来临之际，学校委托毕业于菲律宾农科大学的傅焕光在江苏省立第一林场选购树种，总计选购了六七百株枫树、槐树、榆树、银杏等，植树节前后全部在新校址栽培。

（2）围篱。新校址的范围较大，不能无界，但若以砖围墙，则耗费较多，于是暂时选用竹篱围墙。当时，学校在校园周围设立了高六尺的竹篱墙，上面涂上黑油，除了临河的部分，围篱全长两千余尺。

（3）迁坟。新校址内坟墓较多，学校向周边村民发出布告，限其在清明节前后迁移完毕。学校对此事甚为重视，派员督促，幸运的是村民对此非常配合，毫无阻挠，将坟墓迁往他处，学校为此仅付出迁移费三千余元。

真如建校初期的校内建设主要包括两个部分，一是校舍建设，二是暨南新村的建设。1923 年夏末，新校区一期工程竣工，最先建成商科大学、商科使用的大教室和第一宿舍各一幢，中学部教室及校部办公室 1 幢，中学宿舍 2 幢，以及饭厅、浴室等建筑。共计有学生宿舍 3 幢，办公室、大教室、饭堂、调养室、浴室各 1 幢，可容纳师生 500 余人。

国立暨南学校校舍

《教育与人生》，1924 年第 50 期

教室、商科宿舍

《国立暨南学校一览》，1926 年

高中宿舍、办公室及师范科宿舍

《国立暨南学校一览》，1926 年

随着校舍建设，学生迁入工作也陆续展开。1923 年 9 月 4 日，在上海徐家汇松社办学的商科师生一百余人首先迁入新区。据《申报》1923 年 9 月 7 日报道，暨南商科迁入新校舍后，又将南京本部的师范、中学两科之男生全部迁入，但不敷支配，女子部和新入学的补习科男生，仍旧留在南京薛家巷旧校址。从此，南京暨南本部变成分校，而上海真如校区则被称为"暨南本部"了。1924 年秋天，暨南真如校区增建补习科校舍，南京补习科的男生才迁到此。女子部仍留在南京。1927 年，暨南学校升格为国立暨南大学，南京的女子部也迁来合并。至此，暨南师生全部迁入真如校区。

（五）兴建暨南新村，建设中国第一新村

暨南新村的建设也是真如建校初期暨南学校建设的一个重要部分。学校迁到上海后，不仅需要给来校任教的教师提供住宿，也要给远来暨南的侨生一个好的居住环境，这就需要建设一批住宅。黄炎培在 1924 年 4 月 10 日举行的村友大会上，代表校董会作了题为"筹设暨南学校村之旨趣"的报告，报告提到筹建暨南新村的原因：①有利于学校生活与社会生活互相联络，使学生了解按照理想实现新生活、新社会的精神；②使南洋华侨回国者有适宜的住处，以鼓舞其回国振兴实业的信念；③希望使热心新村事业者有一个试验的机会，外国人都说中国人程度不足，希望通过筹设暨南新村，集合一些热心人士做试验，借此表现中国人的程度究竟如何，其次也看一看我们的希望能否达到。①

（六）村由校创，安居暨南

1922 年 12 月 9 日，第二届校董会讨论并通过在校园毗邻扩大征地，附设学校新村的决议。12 月 19 日，赵正平以校长之名义，向江苏省省长申请征地 300 亩，江苏省省长公署于 12 月 25 日批复，并"即令行宝山县查照办理"。1923 年 3 月 24 日，学校发布《创办学校村之通告》。关于创建暨南新村的旨趣，该通告说："其一是方便本校教职员住宿，其二是准备学生家长及海外侨商回上海经营实业时驻足之用，其三是结合实业教育，各界有志与校为邻，一以图本校之不孤，一以尽人类互助之义。"②

关于即将创建的暨南新村的特点，该通告也作了描述。首先在交通上，"陆路有铁路，另造汽车路，或出小沙渡或通闸北水路"，并经桃树浦到上海；其次在经济上，相比在上海市区的消费要低廉得多；再次，具有乡村生活的平安、卫

---

① 马兴中：《黄炎培与暨南学校》，载钟业坤：《暨南人（第 1 集）》，广州：暨南大学出版社 1996 年版，第 28 页。

② 《创办学校村之通告》，载《暨南村建设记》，暨南大学综合档案室，档案号：2004 - XS12 - 11。

生和清静；最后，文明生活所需要的设备，如电灯、自来水、附属小学、医院、大运动场、集会堂、图书馆、园林等学校均有，不必自己经营费心。学校对于征集村友也确定了相应的条件，主要有：①本校教职员；②学生家族及其他海外侨商回上海营业者；③实业教育各界有志与校为邻者。通告发出后，报名者十分踊跃。

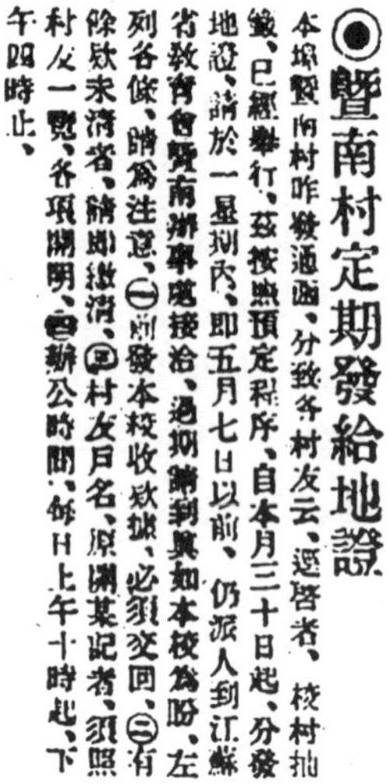
◉暨南村定期發給地證

本埠暨南村昨發通函、分致各村友云、逕啓者、校村抽籤、已經舉行、茲按照預定程序、自本月三十日起、分發地證、請於一星期內、即五月七日以前、仍派人到江蘇省教育會暨南辦事處接洽、過期請到真如本校爲盼、左列各條、請爲注意、㈠前發本校收欵據、必須交回、㈡有餘欵未清者、請即繳清、㈢村友戶名、原開某記者、須照村友一覽、各項開明、㈣辦公時間、每日上午十時起、下午四時止、

《暨南村定期发给地证》

《申报》，1924 年 5 月 3 日

由于暨南新村是暨南学校以“建设中国第一新村”自任，因此各项工程都得到了稳步推进。“建设新村之顺序，第一为关于建设规章制度与计划，第二为地盘，第三为筹设经费，源自暨南校董会，决议建设新村。一年余来，上述各大端之根本要求，今幸具矣，今后循序建成，不独各村友所期望。”① 暨南学校还将相关工程建设的重要文档，装订成册，供村民查考。在经过民主商讨、程序抽签和发放地证等流程之后，带有“村由校创”鲜明特色的暨南新村不断发展。到 1924 年秋，暨南新村实现了边施工边搬迁入住。

随着学校人数的增加和暨南新村的建设，附近的地价从七八百元猛涨到千元以上，市场也逐渐形成，日见热闹。暨南新村先后建起许多座有厨房、用人房等设施完备的小洋楼供教职员居住，甚至一些教师也在那里买地造房，用以自住或出租②。

1929 年，暨南新村建成独立式洋房 14 座，供教授携眷居住。对于暨南教授们在暨南新村的住宅，曹聚仁先生在《暨南的故事》中作了描绘：

校北暨南新村，先后建造了许多座小洋房，作为教职员住宅。我和曹礼吾兄住在东北角上那一座，每人两间房子，还有厨房和工人房，一共三小间，也算有这么

暨南新村教职员住宅（陈其英摄）

① 赵正平：《暨南新村建设记序》，《仁斋文选》，仁斋文选筹备会，1945 年，第 414 页。

② 房鑫亮：《忠信笃敬——何炳松传》，杭州：浙江人民出版社 2006 年版，第 168 页。

一个小住宅了……一村之中，鸡鸣犬吠相闻，也算安居了那么几年。我在暨南新村住了一年多，又从校北移到校南新木桥头的杨姓别墅中去。那是一所二层的广式洋楼，房间很宽敞，客厅很大，院落更大，恰好是新木桥的西堍，小桥流水人家，得乡居之胜。院中种种现代化设备，比新村舒适得多。

（七）创办电气公司，带动真如镇发展

尽管时局动荡，但经过多方努力，暨南新村征地400余亩，并按计划进行建设，在当时实属创举。同时，暨南新村的兴建也带动了真如镇和附近乡镇的发展。据校友培生回忆，暨南大学在完成迁校后，自设发电机解决了校园的照明问题。但附近集镇仍无灯光照明，赵正平校长便与乡董甘鸿逵集资5万元创办了真如电气公司。1923年，真如镇和杨家桥等地的商店和居民都获得了照明用电，在夜间迎来了一片光明①。

◉真如電氣公司創立會誌
真如電氣公司之籌備情形、迭誌本報、本月三日下午一時、假暨南學校開創立會、是日到會權數百七十七權、公推趙厚生公臨時主席、報告籌備經過情形、次由沈志萬方字亦陳述購辦機器桿木電線材料、及建築廠屋等情、並將章程草案逐條宣讀、經到會股東修正通過後、旋即依法投票、選舉董事監察、並公舉洪蘭軒・徐少蓮・錢貴三・張鳳翔為檢票員、當衆開票、計選出董事七人、蔡伯俊・趙厚生・高踐四・錢玉如・錢貴三・蔡世治・姿靜溪、監察三人、王穎如・傅愚止・徐少蓮、選舉畢、由董事互推趙厚生為董事長、沈志萬為經理、甘鴻逵方字亦為協理、復經董事會會同評議舉開聯席會議、議決廠內職員機工人數及薪資之規定、暨修改營業章程等項、議畢散會、

《真如电气公司创立会志》
《申报》，1923年9月7日

1924年8月，暨南新村道路开筑，1926年新路筑成，为真如镇的基础交通道路建设提供了便利。据《真如志》载："暨南路，西自真如北乡暨南村起，迤东经彭浦乡至南赵宅，东接南北县道，长一千三百四十四丈，宽二丈二尺，泥路，十五年，暨南村筑。"②

●暨南村開始築路
暨南學校村、築造通滬汽車路一事、自經村委員會迭次開會、規定路線後、昨即函請寶山縣公署及寶山交通局察核布告、其致寶山縣署文云、逕啓者、敝校於民國十一年一二月間、呈准本省省長、購收校地、附設學校村、曾由省長令行貴署並由貴署出示布告、敝校即據以購收校地、並設置村委員會、籌擬種種建設計劃在案、查該項建設計劃、有築造道路、由校通過、以便行駛汽車一條、原定去年七月間繪圖設計、着手進行、嗣以真茹地方兩遭兵劫、百端延滯、迄未舉辦、現在駐軍已撤、農家將播春耕、自應按照原擬計劃、繼續實施、惟事關本縣交通行政、雖造路之費籌自校村、而准許之權則在公家、用特檢同路綫圖、函請貴署察核布告、以利進行、查該圖路綫、寬係英尺四丈、長約華里七里、所經之地、為西自校址後方起、東至彭浦汽車站南止、計經過附近村莊有南老宅、小楊宅、長港、小李宅、俞趙宅、李老宅、周宅、侯家閣等處、以圖號別之、為霜字十四圖、東弔圩十八圖、巨圩得圩生字十九圖、鴻圩二十一圖、入圩金字二十四圖、珠圩十圖、元圩等處、其築路所佔地面、自當查照本縣交通局成例、發給地價、至沿途所經、萬不能避、必須令其遷讓墳墓等、亦當由敝校發給遷墳費、以上辦治、倘蒙認為可行、即請出示布告經過各村莊、一體遵照、毋得阻撓、至為公便、

《暨南村开始筑路》《上海夜报》，1925年4月11日

① 培生：《回忆暨南大学在真如时的情景》，政协上海市普陀区委员会文史资料委员会：《上海市普陀区文史资料（第2辑）》，1991年，第92－93页。

② 黄苇、夏林根：《近代上海地区方志经济史料选辑（1840—1949）》，上海：上海人民出版社1984年版，第205页。

不仅如此，暨南学校还推出了诸多便民举措，如允许附近居民进校观看演出和比赛、义务小学免费招收农民子弟等。一时间，真如镇一派兴盛景象，“自暨南大学迁来后渐见兴盛，有商铺四五十家，以衣食之店为多，供学生之需用也。他日暨校新村实现，则其商业之发展当在意中”①。

真如校址的建设过程实属不易，涵盖基础设施、教学条件等多个方面，为促成暨南在上海办学的新局面奠定了重要的基础。正当真如校区准备兴建第二期工程时，1924 年爆发的江浙军阀混战却给新近迁入真如的暨南带来了巨大的冲击。虽然环境艰难困苦，暨南学校仍竭力筹备一部分经费上课，但随着战事愈来愈紧张，暨南学校为了安全起见，被迫迁往上海市市区上课，分散至上海市宜昌路的前南方大学校址、龙门书院、虹口的粤侨商业联合会三地。然而，这些临时校舍的环境非常糟糕，各方面的准备工作也相当粗糙，住宿的房间既乱又挤，卫生状况极差。但同学们依旧坚持克服战争带来的重重困难，因无桌椅，就席地上课，教师们上课如往常一样，极为认真。

第三节　真如初兴与姜琦的改革计划

一、真如建校后的教学体制

1922 年，北洋政府在教育界人士的改革呼吁和提案建议下，颁行了《学校系统改革案》（即“壬戌学制”，又称新学制）。与旧学制相比，新学制提倡小学由 7 年改为 6 年；中学由 4 年延长到 6 年，并由原来四年一贯制改为三三两级制，初、高中各 3 年，初中可以单设；高等教育 4～6 年，取消大学预科，规定大学采用选科制等。② 新学制借鉴了西方现代教育观念，旨在顺应学生成长需要，为学生的个性发展提供了更多灵活的选择。

暨南迁到真如后，仍称国立暨南学校，其主体仍为中学性质。在新学制思想的影响下，暨南学校积极推行新学制，从大学到小学，层次分明。如高中部设有商科、文理科、师范科三大专业，学制各 3 年，构成了暨南学校的主体部分。初级中学的学制也是 3 年，中学以下设有两类小学，供不同水平的学生选择：一是

---

① 薛理勇：《老上海古镇名邑》，上海：上海书店出版社 2015 年版，第 203 页。

② 郑登云：《中国近代教育史》，上海：华东师范大学出版社 1994 年版，第 258 页。

学制 2 年的高等小学，二是学制 4 年的国民小学。

同时，考虑到学制改革的渐进性和学生的学业情况，暨南也暂时保留了部分旧学制，以便那些在新学制实行前入学的学生完成原本的学业计划，如保留中学部 4 年制和高等小学 3 年制。商科设置方面，除了商科大学部，仍设置有商科大学的预科生，学制一年。同时仍设置学制 3 年的商科班，专门招收旧制中学的毕业生，开设课程的程度比新学制的高中商科略高一些，相当于大学二年级水平。直到 1926 年，旧学制商科才宣告结束。

表 1－3　1922 年新学制推行后的暨南学制实施情况

	小学部	初中部	高中部	商科大学部
学制	2 年或 4 年	3 年	3 年	4～6 年
分类	高等小学 国民小学	—	商科、文理科、 师范科	—
旧制保留情况	高等小学 3 年制	中学部 4 年制	—	预科生 1 年制 旧制商科班 3 年制

学制的变化为暨南学子们提供了更丰富的选择。从金陵古都到沪滨西乡，真如的一方净土也给学生们提供了安静的学习环境。同时，暨南学校积极发挥上海的都市优势，加大师资队伍建设，广发英雄帖，邀请众多知名学者前来讲学或者任教员。1924 年，据《校史》记载："学者之程度，与国内各大学相互比较，已有齐驱之势。"①

在兴办学业的同时，暨南师生们的课余生活也很丰富。校内学生组织众多，学生自治会、经济研究会、唱歌班、励学社等社团活动丰富多彩。1922 年，暨南在真如建校以后，球类活动更是在这古老的乡镇中活跃起来。据校友回忆，当时暨大足球队的教练是英国人李思廉，他训练出来的足球校队的水平很高，并以"暨南"为名参加上海西人联合会举办的足球联赛。每逢暨南队出场，真如球迷总是包租一辆大卡车集体前往观看，颇为有趣②。

二、"一本正经办学的教育家"姜琦

1925 年，赵正平辞职，校务由暨南学校原教务主任姜琦代理，后经暨南董

① 《校史（1924 年）》，暨南大学综合档案室，档案号：2004－XS12－11。

② 培生：《回忆暨南大学在真如时的情景》，政协上海市普陀区委员会文史资料委员会：《上海市普陀区文史资料（第 2 辑）》，1991 年，第 92－93 页。

事会任命，姜琦正式接替赵正平担任校长。

国立暨南学校校长姜琦（任期1925年夏—1927年夏）

姜琦（1886—1951），字伯韩，浙江温州人，早年留学日本，毕业于东京高等师范学校，获得了明治大学学士学位。1915年回国后，先后担任浙江省立第十师范学校校长、浙江第一师范学校校长、南京高等师范学校教授等职务。1922年被教育部选派至哥伦比亚大学深造，师从美国知名教育家杜威[①]。1925年获得哥伦比亚大学硕士学位，归国后，先任暨南学校教务主任兼中华学艺会干事，7月份，继任暨南学校校长。

姜琦学识丰厚，在担任国立暨南学校校长之前就出版过《教育哲学》等多本教育理论著作，再加上出国深造期间他游历了欧洲许多国家，对西方国家的现代教育思想有过深入考察。有学生回忆姜琦在福建师范大学担任校长时作的演讲："这位教育家富有惊人的辩才，口若悬河，滔滔不绝，讲到得意处，往往手舞足蹈，朗声大笑。他论述的教育哲理，使同学们的学识大增，受益不浅。"[②]

除了学识丰厚外，姜琦还在浙江第一师范学校等多所高校担任过校长、教员等职，对于教育实践有着自己的理念。他所提倡的新式教育，以三民主义为基本精神，将中国教育发展放置于整个世界大背景下，希望构建一个符合中国国情的教育体制。据其1919年在《新教育》发表的《何谓新教育》一文，姜琦指出新教育应当分两层解决："一曰新教育者适应新时代要求之教育，也进一步言即创造新时代之教育也；其二曰新教育者包含一切新主义之教育也。"

姜琦一上任就对暨南教学体制等各方面进行了改革，力图建立一个更加完善、更适应中国国情和暨南特殊情况的体制，可以说是一个名副其实的、具有卓越眼光的教育家。校友曹聚仁在回忆录里称赞道："在暨南的校史上……姜琦是一本正经办学的教育家。"[③]

在暨南任职期间，姜琦不仅关心学生的学业，还很注重他们的言行举止，致力于以德育人。如姜琦在1926年1月第17期的《暨南周刊》卷首语上，殷切教

① 周邦道：《近代教育先进传略初集》，台北：中国文化大学出版部1981年版，第108页。

② 政协福建省三明市委员会文史资料委员会、福建省三明师范学校：《三明文史资料 第10辑 闽师之源》，北京：中国文史出版社1993年版，第46页。

③ 曹聚仁：《暨南的故事》，见暨南大学华侨研究所：《暨南校史资料选辑1906—1949（第一辑）》，1983年内部刊行，第66页。

导学生："礼貌为人生所必须，尤为学生时代所宜练习，乃近察校中有少数学生（国内居其多数），对于礼貌一端殊欠讲究。"

姜琦看到校内有学生遇见师长或同学，不相互致礼，视若路人，在交谈时措辞和称呼也不礼貌。他有感于此，在校刊上写下叮咛，希望学生能够养成举止娴雅、言语优美的习惯，为将来投身社会做准备。姜琦学识丰厚，又有着丰富的教学经历，再加上为人亲和，因此在其初上任时颇受师生欢迎。

除了基础教育和思想育人上的实践，姜琦还积极发动各界力量，致力于打造良好的办学条件和校园环境。伴随着暨南学校入学人数的增多，校园内的基础设施不敷使用。姜琦及校董会先是向银行借款 18 000 元，建成一座可容纳 200 余人上课的教学楼，改善了课室紧张的问题。后来又多方奔走呼吁，向国内外发起社会募捐，累计筹得善款 10 000 余元用以建设图书馆。校园内部呈现出朝气蓬勃之象，学习氛围日益浓厚，暨南学校也成为国内初具办学规模的华侨学府。

在姜琦任职期间，暨南学校曾经遭遇过一次"办学危机"。1926 年秋，北伐军进抵长江中下游，孙传芳"勒令"暨南学校停办，遣散学生。面对来自北洋军阀的压力，姜琦没有屈从，而是临危不惧，坚决抵制，在保证师生安全的基础上坚持办学①。最终在 1927 年 3 月迎来了北伐军，挺过了这一难关。在姜琦的领导下，暨南学校办得颇有起色，国内外知名度均有所提升。南洋侨生归国就读者络绎不绝，内地学生也纷纷要求入学。学生人数的增加和办学水平的提升，为后来建成暨南大学打下了稳固基础②。在动乱纷争的年代，暨南学校的办学成就可谓是非常难得。

然而，姜琦任校长不到两年便请辞。虽然姜琦在暨南学校担任校长的时间并不算长，但在这期间，他致力于探索新式教育，对暨南学校各方面进行改革，成效明显。1927 年夏，姜琦任上海浦东中学校长，兼大夏大学教授。1928 年秋，因其需监督驻日本留学生，于是前往日本担任新职。

三、扩充学务，为升格完全大学奠定基础

学务扩充是姜琦担任校长后暨南学校最为突出的特点。姜琦担任校长后，拟定了《国立暨南学校改革计划意见书》（简称《意见书》），这份《意见书》洋洋洒洒万余言，在梳理暨南历史的基础上，围绕暨南学校的办学宗旨、名称考

---

① 中国人民政治协商会议浙江省温州市鹿城区委员会文史组：《鹿城文史资料（第 2 辑）》，1987 年，第 143－144 页。

② 陈壁：《姜琦校长事略》，钟业坤：《暨南人（第 1 集）》，广州：暨南大学出版社 1996 年版，第 30 页。

究、经费来源、行政组织、学科构成和课程设置等多个方面展开论述，并且提出了对暨南学校如何改革的独到建议，既言之有据、结构清晰，表达逻辑层次分明，又饱含对暨南的一片赤诚之心，字词间尽是心血。

（一）暨南定位：国内唯一的特殊华侨教育机构

《意见书》开篇着重强调了暨南学校的办学性质，即国内唯一的特殊华侨教育机构。暨南学校既承担着关乎教育制度和国民革命工作的重要办学任务，又有其历史渊源和独立办学的价值：

> 本校依据廿年历史，为国内唯一的特殊华侨教育机关。单独设立，不附属于任何学校。①

《意见书》进一步阐释了暨南学校的办学宗旨和目标，指出暨南学校必须面向华侨学子进行教育，帮助他们树立正确的价值观念，成为人格独立，为社会作贡献的人，进而促进侨胞团结，获得平等待遇：

> 对于国外一般华侨子弟，施以全人的、生活的、劳动的教育，养成其善良之品格、智识、趣味与技能。使其居留各国殖民地区域内，对个人方面，能独立自治，对社会方面，能互助合作，以保持其祖宗所辛苦经营之固有地位；且以发扬中华民族之光，促进世界新文化之完成，并对于各居留地政府及其人民，在政治上、经济上、社会上获得其平等待遇之资格。

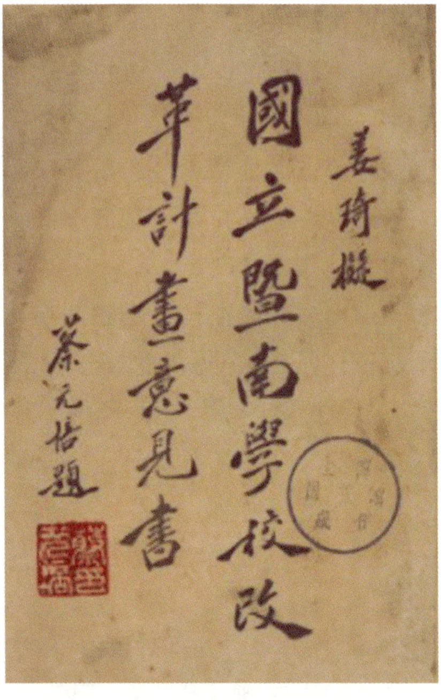

蔡元培为姜琦校长所拟的《国立暨南学校改革计划意见书》题词

从暨南学校创办的历史可见，为侨胞而办是暨南学校创办的初衷，姜琦也恪守着这一初心。值得一提的是，在风云变幻的年代，他在坚持着侨校特色的同时，也提倡在

① 此处及之后多段内容引用自：姜琦：《国立暨南学校改革计划意见书》，上海市档案馆：国立暨南大学档案全宗，档案号：Q 240－1－270F。

条件允许的范围内兼收优秀国内学子，促进国内学生和华侨子弟的交流与互助。姜琦在任期间，暨南学校已经成为国内初具规模的华侨学府，学生人数至1925年底已有800多名，侨生更是来自爪哇岛、苏门答腊岛、新加坡、缅甸、文莱、菲律宾等多个国家和地区。

（二）学科构成：面向南洋，注重实用性

除了加强侨校特色，《意见书》还进一步规范了暨南学校的主体构成，将本校学科分为大学部、高级中学部、初级中学部、小学部及补习科。

在学科组织方面，特别强调了凡学校学科的设立应当根据国家经济环境和南洋社会需要来制定。“余尝主张暨南学校内容力图充实，而不主张其形式徒事扩张，此亦仅就目前国家经济状况及现在南洋社会需要言之耳。”

由于南洋当地除了几所正规中学外，其余学校多限于小学部，难以满足学生的求学需求，因此暨南学校主张以中学部为主体，在此基础上，在中学部分设师范、商业、普通（文、理两系）三科。一方面，南洋华侨多崇尚经商，商科的设置有利于华侨子弟的日后发展；另一方面，师范科有利于为南洋学校输送更多的师资力量。高中部相比于其他学校则更加职业化，注重学生职业技能的培养①。

在大学部的设置上，“暨南学校商科大学部应改良内容、增加科目，教授南洋社会所需要的商业上和外交上的一切智识及技能，来和其他国立商科大学科目相区别”。姜琦上任后，聘请潘序伦担任暨南学校商科大学部主任。根据1925年7月30日《新闻报》报道的消息，潘序伦正式担任暨南商科大学部主任，拟就《改进商科大学、旧制高中计划书》（简称《计划书》），内容主要集中在三方面：增设预科，以提高南洋和国内旧制中学学生进入大学本科的素质；分设学系，从原来单一的普通商业专业增设普通商业、银行理财、会计统计、国际贸易和工商管理五个新专业，来适应学生需求；增设课程，列出公共必修、各系必修以及选修课程表，全部课程共计36种。

潘序伦的改革计划洋洋万言，思路开阔，无疑具有前瞻性，对暨南商科大学和商科专业都有重要影响。他倡导分系教学并创办暨南学校会计系，这也使暨南大学成为我国最早设立会计专业的学校之一。与之前暨南学校《商科简章》中大学部自第三年起分设学系进行教学的规定相比，潘序伦的改革计划更为完善，涉及范围也更广。

《计划书》一敲定就得到了校长姜琦的支持，经校务会议通过后，在新生和

---

① 此处及之后多段内容引用自：姜琦：《国立暨南学校改革计划意见书》，上海市档案馆：国立暨南大学档案全宗，档案号：Q 240－1－270F。

旧生各年级中立即实行。除了《计划书》的推行，商科教育的师资力量也得到了迅速扩充。当年即聘请了李权时（哥伦比亚大学博士）担任财政学及国际贸易专业教授，叶渊（国立北京大学硕士）担任英文及簿记专业教授，王志莘（哥伦比亚大学硕士）担任银行实践专业教授，另有周仲千、黄念远、朱亦崧、蓝金等多位博士、硕士来校任教。

由于教师大多是学有专长的学者或留学深造归来者，甚至不乏知名学者，因而吸引了大批青年学生。1925 年秋，开学第一周，到校领取商科听课证的有 230 人，其中商科大学部就有 115 人。商科大学部各系主任也很快聘定：普通商业系主任吴倚沧、银行理财系主任黄念远、会计统计系主任潘序伦、工商管理系主任周茂藩、国际贸易系主任李权时。

商科大学的学务改革在当时已属首创，学务的改进不仅让暨南学生得以接受最全面的新式教育，也为暨南学校发展成为完善的暨南大学提供了经验。在暨南商科高等教育的发展史上，潘序伦的努力和姜琦校长的支持功不可没。

（三）课程设置：因材施教，适应个人需要

姜琦受西方教育的影响，认识到应当紧紧跟随时代风潮，因地、因人及时变更学制。在课程设置方面，除了根据商科大学的特殊情况开设了南洋方面的相关课程外，《意见书》强调“一时代之课程，即代表一时代之需要”，比如古希腊和近代美国大学都根据当时的时代需要变更、增加相应课程。具体有三层含义：

> 一是观察某社会上日常生活有若何状态，然后再研究用何种工具以适应此种状态；二是观察社会上有何种民族之存在，然后就此种民族经验中择其最有价值者使之绍述；三是观察某社会将来有何发展途径，然后使居住此社会之人民，基于其民族经验中之最有价值者及日常生活经验中最适当者，造成一种新经验以适应其生存。

对课程变革的认识，折射出日常生活、民族经验和社会发展这三个层面，其出发点实际上是学生的个人成长需要，即通过创新课程来增强学生适应社会的能力。

对此，为更加贴近南洋的生活环境和社会现状，学校课程内容应当具备国际视野，要涵盖领事制度、国际法等。为使华侨子弟养成国家认同，促进民族团结，应开设“中国历史”“中国地理”等课程。他还有针对性地将科目分为南洋科目、本国科目、一般科目以供学生选择。南洋科目为南洋华侨必需，本国科目为中国国民所必需，一般科目则是世界人类所必需。姜琦还认为学生年龄、对知识的接受速度均有差异，应当分班教学，设立混合班、机会班、辅助班、促进班等，这样才能使全体学生都能根据个人学习情况，做出适合自己的选择，共同进步。

他主持中学部改革专业科目，增设了不少新课程。如在初中三年级的课程中，增加了五种选修科目，即“教育常识”“商业常识”“英文文选”“图画”和“音乐”。在高中文理分别设立国语国学组、外国语学组、自然科学组、人群科学组四个不同的学组。各种科目又分为三种，即普通科目、主要科目和选修科目。普通科目约占全部学分的十分之四，主要科目约占十分之三，其余为选修科目。面对初中部南洋学生国语基础较弱的情况，姜琦组织聘请了在北京、天津等地游学多年的教师为初中部南洋学子教授国语。为了加强对中学部的管理和改革，他聘请马景尧为初中部主任，邓只淳为师范科主任，从此把师范科与高中文理科的教学分开。

姜琦还推动师范科和女子部的改革，结合商科教育改革特色，推动不同学科教育专业化，为学生提供更多的课程选择。一方面，女子部原本只开设高中师范科，着重为南洋女校培养师资。姜琦上任后，在女子部同样增设商业科，为海外华侨女子教育开辟了新的路径，让华侨女生也能够参与到商科课程的学习中。另一方面，姜琦将师范科与高中文理科的教学分开，在高中所学普通学科之外，增设“教育史”“教育社会学”“普通心理学”“儿童心理学”“教育心理学”“教学法”“小学行政”及“参观实习”等师范生必修课程。学生选修课程的机会较多，而且方便。①

为扩大学生的视野、营造良好的向上氛围，姜琦非常重视校内学术讲座和课外活动的开展。他在任期间，暨南经常邀请海内外学者专家来校作学术演讲，同时组织读书会，建立唱歌班、京剧社、国画社、演说会、体育队伍等多种社团，丰富学生课外生活，引导学生德智体全面发展。

在姜琦的努力下，暨南的办学规模不断扩大，影响力越来越大，吸引了众多学子前来求学。据统计，1926 年各科学生共达 602 人。其中商科大学部 122 人，旧制商科 55 人，高中商科 41 人，高中师范科 45 人，高中文理科 57 人，初级中学部 196 人，南京女子部 86 人。②

（四）配套建设：强化师资，提升南洋研究

除了学制和课程的改革，《意见书》还涉及配套师资队伍的建设问题，主张

---

① 林文钧：《姜琦教育事略》，见中国人民政治协商会议浙江省温州市鹿城区委员会文史组：《鹿城文史资料（第 2 辑）》，1987 年，第 143 页。

② 暨南大学校史编写组：《暨南校史（1906—1986）》，广州：华侨印刷厂 1986 年版，第 31 页。

发挥华侨学府的优势，加强南洋研究。由于华侨子弟自幼生长在国外，受当地风俗习惯的影响，其国文程度、文化心理与内地学生多少有些差异。侨生来国内求学，也存在不适应的情况。对此，在教育师资队伍建设上，暨南学校作为华侨教育的唯一特殊学府，必须根据学生的实际情况，配备有南洋教育研究背景的教员，并且推行适合华侨教育的教材，促进教学相长。

暨南学校教师交流会

《时报》，1925 年 10 月 25 日

与此同时，暨南学校的教育不能仅局限于教授学生知识，还必须与现实问题、生活实践相结合。

> 暨南学校之任务有二，一系教育华侨子弟，一系研究南洋问题。前已略言之矣，故暨南学校之组织应分为两部，一曰学习部，一曰研究部。

《意见书》主张增设更多南洋研究机构和团体，比如南洋图书馆、南洋博物馆、南洋科学馆、南洋丛书编辑社、南洋教材研究社、南洋指导及介绍社等。这些研究机构既包含公共文化设施如图书馆、博物馆等，便于保存和传播优秀文化，为国家面向南洋的方针政策提供参考，又囊括南洋图书、教材研究和就业指导等方面，有利于帮助学生更好地认识南洋社会状况，适应社会发展。

暨南学校写生队

《时报》，1926 年 5 月 30 日

（五）作风民主：设立委员会约束校长职权

在大力扩充学务的同时，姜琦的管理方式也很民主。“他的作风最民主，一切决定，都由校务会议来主持，他只是一个学校的代表人。”① 姜琦认为校长制和委员制都不适合暨南学校。校长制在处理事务时，易使校长滥用职权，独断专行，而委员制则容易导致相互推诿。因此，他提出应当折中于校长制和委员制之间，即在校长之外另设一委员会，委员会也由旧董事会替代，可决议一切事务，最后交由校长办理。姜琦认为必须设立委员会是因为暨南学校性质特殊，加上涉及居留地、南洋等多种因素，事务繁杂，只有设立委员会，网罗多方人员才能便于处理学校事务，比如委员会内部需有教育部、外交部、财政部等。

除了设立委员会这个最高权力机构来约束校长职权外，他还提倡设立校务评议会，作为建议机构，由全体教职员工与学生互选，教职工五名、学生两名最为恰当。姜琦任职期间一切事情都通过校务会议由大家商量解决，各院内其他事情则由各院内部处理。

姜琦在学务扩充和民主管理方面的创新之举，坚持了暨南面向侨胞的办学特

① 曹聚仁：《暨南的故事》，见暨南大学华侨研究所：《暨南校史资料选辑 1906—1949（第一辑）》，1983 年内部刊行，第 66 页。

色，深刻诠释了暨南精神。暨南学校在迁入真如的前四年里，虽然历经军阀混战的冲击，但所幸在姜琦校长的主持下，得以重新步入正轨，逐渐成为国内颇具影响力的华侨学府。无论是商科大学教育的兴起和进步，还是学制课程的创新，抑或是教学设施的完善，这一时期各方面的规模都已经初定，为暨南学校升为完全大学奠定了基础。

第二章

JINAN UNIVERSITY

真如时期 黄金十年

1927 年南京国民政府成立，中国在形式上逐渐走向统一，中国的高等教育也走上规范化、制度化的道路。暨南也在这一时期，从以中学为主的中等学校升格为综合性的大学。这是中国教育史上第一所由政府创办的华侨大学，对学校本身来说，从此也进入了一个崭新的发展阶段。

这一时期，学校先后成立商、文、理、法、教育五个学院，逐步形成了三部鼎力、五院具备的办学格局，办学设施日臻完善，学校的办学规模和影响力不断扩大。这一时期，暨南大学汇集了一批国内硕学鸿儒及留学归来的知名教授、学者，他们潜心治学，因材施教，精育良才，他们引进先进的教育理念、教育内容、教学形式和教学方式，学校的办学水平不断提高。这一时期，学校博取百家之长，广求世界高深之知识，坚持以培养华侨人才为根本任务，始终重视对南洋问题和华侨问题的研究，指导并推动海外华侨教育事业的发展。华侨学子从海外慕名而来，皆以来暨南读书为荣。1935 年，何炳松校长掌管暨南后，为了从根本上扭转学风，锐意革新，民主办学，采取了一系列措施，改革除弊，使学校很快走上正轨，学术气氛也日趋浓厚，社会舆论对暨南也越来越看好。这一时期，暨大董事会得到进一步发展，董事由政府要员、社会名流组成，成为推动和影响学校发展的一个重要力量。

上海真如时期，暨南大学完成了由“学校”到“大学”的转变。在学术方面，不仅有能力承办高规格国际会议、邀请社会名流前来讲学，其学术研究及教学水平也得到社会公众的认可。在文艺体育方面，暨南大学也繁荣活跃、成绩斐然。“暨南”名气之大，成为吸引广大学者前来执教的一块“金字招牌”。

上海真如时期是暨南发展史上不可磨灭的记忆，这一时期不仅奠定了暨南大学的基本格局，还塑造了暨南人内在的品格和精神。

第一节　从暨南学校到国立暨南大学

一、国立大学的兴盛

1927—1937 年，南京国民政府在政治、经济、文化、教育等各施政方面皆取得了一定成就。如果说从中华民国建立初期算起，前 15 年北洋政府统治下的中国教育事业是走马灯似的动荡更迭、缺乏威权，那么南京国民政府成立后，中国教育的发展则是形成了明确的教育宗旨和框架。1929 年，《确定教育宗旨及其实施方针案》获得通过，规定："中华民国之教育，根据三民主义，以充实人民生活，扶植社会生存，发展国民生计，延续民族生命为目的，务期民族独立、民权普遍、民生发展，以促进世界大同。"与此相适应，在南京国民政府的主导之下，以完善立法和制度建设，强调集权和统一，致力于各级各类教育的规范化，标准化为特征的改革和探索不断推进。[①]

在当时的社会环境下，高等教育的发展开始呈现出多元化的特点。大学发展也逐步走上了正统化、制度化的道路。"从国民党政权建立至抗日战争爆发这一时期，在教育上，一方面继续北京政府的传统，学习西方各国的教育学说，仿效资本主义国家的教育制度与管理办法，并重新制定了教育宗旨、教育政策，颁布了各项教育法令、法规，等等。同北京政府时期相比较，不仅学校的类别、层次与数量有了较大的发展，教育制度与管理办法也日臻完善。另一方面，又以孙中山提出的三民主义为旗帜，加强对学校师生的思想控制，一切言行都必须符合国民政府的要求，否则即为非法。"[②]

这十年间，国民政府加强对高等教育的控制，颁布了《大学令》《大学规程》《修正大学令》《大学组织法》《学位授予法》等一系列教育法规，同时加快了国立大学的设立速度。其间增加了 9 所国立大学，分别为：国立中央大学、国立劳动大学、国立同济大学、国立浙江大学、国立暨南大学、国立武汉大学、国立清华大学、国立青岛大学、国立四川大学。

国立大学意为"国家设立的大学"，即由中央政府教育部门设立并直接管辖，校长由中央政府或国家教育管理部门任命，经费来自国库，冠以"国立"之名称的公立大学。除美国等少数国家外，多数国家的国立大学往往是该国最高水平的大学。中国只在民国时期设立过国立大学，1949 年中华人民共和国成立后，国立大学一律去掉"国立"二字。[③]

这十年间，国立大学的数量基本稳定在 13 所，即国立中央大学、国立北平大学、国立北京大学、国立清华大学、国立北平师范大学、国立武汉大学、国立中山大学、国立山东大学、国立同济大学、国立暨南大学、国立浙江大学、国立交通大学、国立四川大学。国立暨南大学是南京国民政府成立后新设立的第二所国立大学。国立暨南大学作为 13 所国立大学之一，是当时唯一一所华侨学府。

1927 年郑洪年任校长后，将暨南学校升格为国立大学，对暨南进行了大刀阔斧地改革，掀开了暨南历史上的黄金时期。《国立各大学十六年度概况统计》显示，国立暨南大学在 1928 年的学生数为 1 006 人，而同一时期，国立中山大学

---

① 侯怀银：《民国教育学术研究》，长沙：湖南教育出版社 2019 年版，第 11 页。
② 熊明安：《中华民国教育史》，重庆：重庆出版社 1999 年版，第 93 页。
③ 李木洲：《民国时期国立大学的设立与分布》，《高等教育研究》，2014 年第 35 卷第 4 期。

有学生1 496人，国立中央大学有学生 1 189 人，国立浙江大学有学生 789 人，国立劳动大学有学生 598 人，国立同济大学有学生 610 人。就学生人数来看，改组后的国立暨南大学生源日增。全国高等教育统计“全国各大学之概况”显示，作为民国大学第一方阵的国立暨南大学在民国二十年（1931）综合排名全国第 9。排在其之前的有国立中央大学、国立北平大学、国立中山大学、国立武汉大学、国立清华大学、国立北平师范大学、国立浙江大学、国立北京大学；位于国立暨南大学之后的有国立同济大学、国立交通大学、国立四川大学、国立山东大学。① 当时的学校排名是以经费、规模、科系、学生数、毕业生数等指标为依据。

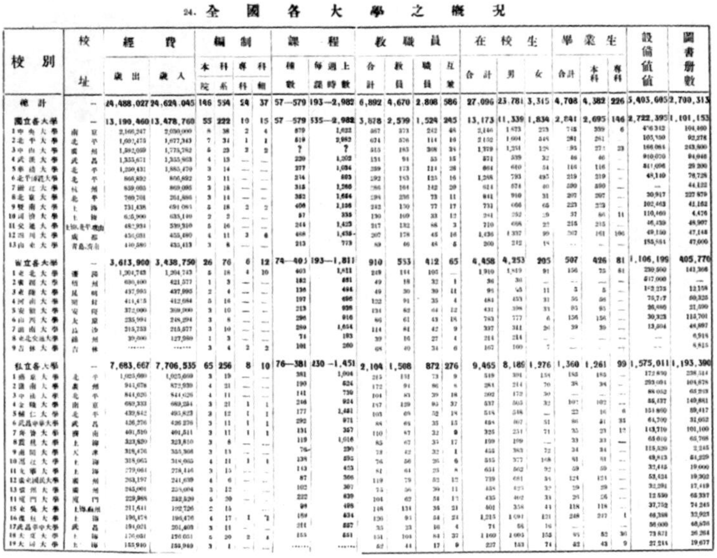

24. 全國各大學之概況

校別	校址	經費 歲出	經費 歲入	編制 本科 院	編制 本科 系	編制 專科 科	編制 專科 組	課程 種數	課程 每週上課時數	教職員 合計	教員	職員	互兼	在校生 合計	男	女	畢業生 合計	本科	專科	設備值	圖書冊數
總計	—	24,488,027	24,624,045	146	554	24	37	57—579	193—2,982	6,892	4,670	2,808	586	27,096	23,781	3,315	4,708	4,382	226	5,403,605	2,700,313
國立各大學	—	13,190,460	13,478,760	55	222	10	15	57—579	535—2,982	3,878	2,579	1,524	295	13,173	11,339	1,834	2,841	2,695	146	2,722,395	1,101,153
1 中央大學	南京	2,166,247	2,030,000	8	38	2	4	879	1,622	467	373	242	48	2,146	1,873	273	745	339	6	476,312	104,460
2 北平大學	北平	1,603,475	1,677,343	7	34	1	1	819	2,982	674	576	114	16	2,152	1,604	548	261	261	—	105,300	92,278
3 中山大學	廣州	1,802,059	1,775,282	5	23	2	2	?	?	515	185	308	34	1,379	1,251	128	295	272	23	166,064	243,800
4 武漢大學	武昌	1,355,671	1,355,903	4	15	—	—	220	1,202	151	94	53	15	571	539	32	46	46	—	910,070	94,046
5 清華大學	北平	1,290,431	1,885,470	3	14	—	—	277	1,034	239	173	114	28	664	610	54	116	116	—	841,096	29,200
6 北平師範大學	北平	866,892	866,892	3	11	—	—	214	803	292	183	125	16	1,288	793	495	219	219	—	49,140	78,728
7 浙江大學	杭州	659,095	869,095	3	18	—	—	315	1,266	286	164	142	20	614	574	40	390	390	—	—	44,122
8 北京大學	北平	769,701	251,886	3	14	—	—	382	1,684	294	236	73	11	941	910	31	207	207	—	30,917	227,879
9 暨南大學	上海	731,438	691,085	5	18	2	2	408	1,106	242	130	77	17	731	666	65	223	223	—	102,463	41,162
10 同濟大學	上海	615,900	635,140	2	2	—	—	87	335	130	109	33	12	281	252	29	37	66	11	110,460	4,476
11 交通大學	上海、北平、唐山	482,934	599,310	5	16	—	—	244	1,423	217	132	68	3	710	698	22	215	215	—	46,439	48,907
12 四川大學	成都	456,031	455,490	4	11	3	6	468	1,436	207	178	45	16	1,436	1,337	99	267	161	106	49,150	47,148
13 山東大學	青島、濟南	440,580	435,413	3	8	—	—	213	773	89	46	48	5	200	212	18	—	—	—	155,661	47,000
省立各大學	—	3,613,900	3,438,750	26	76	6	12	74—405	193—1,811	910	553	412	65	4,458	4,253	205	507	426	81	1,106,199	405,770
1 東北大學	瀋陽	1,204,743	1,204,743	5	18	4	10	403	1,811	249	144	105	—	1,910	1,819	91	156	75	81	230,500	141,308
2 廣西大學	梧州	690,400	421,577	1	3	—	—	182	481	49	18	32	1	36	36	—	—	—	—	617,000	—
3 東陸大學	昆明	437,995	437,995	2	4	—	—	136	494	49	30	30	11	95	85	11	5	5	—	142,273	12,158
4 河南大學	開封	411,415	412,084	5	16	—	—	197	696	122	91	35	4	484	453	31	56	56	—	75,717	60,325
5 安徽大學	安慶	372,000	360,000	3	10	—	—	213	938	134	62	64	12	431	398	33	95	95	—	26,000	21,590
6 山西大學	太原	235,994	248,294	3	8	—	—	296	916	86	61	43	18	783	777	6	156	156	—	30,323	115,701
7 湖南大學	長沙	215,753	215,877	3	10	—	—	280	1,654	114	81	42	9	337	311	26	39	39	—	13,504	46,897
8 東北交通大學	錦州	39,000	127,980	1	3	—	—	74	193	39	16	27	4	214	214	—	—	—	—	—	6,918
9 吉林大學	吉林	……	……	3	4	2	2	101	280	68	40	34	6	167	160	7	—	—	—	—	8,815
私立各大學	—	7,683,667	7,706,535	65	256	8	10	76—381	430—1,451	2,104	1,508	872	276	9,465	8,189	1,276	1,360	1,261	99	1,575,011	1,193,390
1 燕京大學	北平	1,025,000	1,025,000	3	19	—	—	381	1,004	215	151	73	9	519	391	158	185	185	—	172,890	238,514
2 嶺南大學	廣州	941,678	872,930	4	21	—	—	190	624	172	94	86	8	284	214	70	38	38	—	293,091	104,878
3 中法大學	北平	844,026	844,026	4	11	—	—	141	730	104	83	39	18	202	172	30	—	—	—	88,052	65,203
4 金陵大學	南京	689,333	689,284	3	21	1	1	246	924	157	129	95	37	537	505	32	102	102	—	86,437	149,881
5 輔仁大學	北平	439,842	495,823	2	12	1	1	177	1,441	103	69	52	18	518	518	—	22	16	6	151,860	89,417
6 武昌中華大學	武昌	426,276	426,276	3	11	1	1	292	971	88	65	35	15	458	407	51	86	51	35	64,700	31,652
7 齊魯大學	濟南	401,510	401,511	3	11	1	1	131	357	110	87	32	9	325	251	71	35	23	12	143,710	101,100
8 震旦大學	上海	323,820	323,810	3	8	—	—	119	1,016	85	67	35	17	199	199	—	33	33	—	65,010	65,768
9 南開大學	天津	319,476	353,308	3	13	—	—	76	290	73	42	32	1	455	383	72	34	34	—	115,520	2,245
10 滬江大學	上海	318,065	318,065	4	11	1	1	139	595	76	56	26	6	515	377	168	51	51	—	49,813	64,229
11 大夏大學	上海	279,061	278,446	3	15	—	—	143	453	81	61	25	8	654	562	92	59	59	—	32,445	19,000
12 廣東國民大學	廣州	263,197	241,639	4	6	—	—	87	366	119	79	52	12	739	681	58	124	124	—	53,424	19,302
13 廣州大學	廣州	245,001	255,604	3	12	—	—	102	307	75	56	30	11	458	423	32	29	29	—	32,291	17,419
14 廈門大學	廈門	229,868	232,520	5	20	—	—	222	639	104	67	54	17	435	402	33	26	26	—	12,550	65,337
15 東吳大學	上海、蘇州	211,641	192,726	2	15	—	—	99	498	148	134	36	21	401	358	43	118	118	—	37,752	74,245
16 復旦大學	上海	196,478	196,476	4	17	1	1	159	634	120	91	54	24	1,215	1,091	121	248	247	1	46,398	32,923
17 武昌華中大學	武昌	194,021	201,403	3	11	—	—	211	887	35	23	16	4	74	58	16	—	—	—	56,000	48,636
18 光華大學	上海	176,031	176,031	5	20	2	4	155	651	151	104	84	37	1,160	1,005	155	95	52	36	73,871	26,264
19 大同大學	上海	155,940	155,940	3	1	—	—	……	……	62	44	17	9	227	153	74	42	43	9	27,214	19,677

1931 年全国各大学之概况

《二十年度全国高等教育统计》，教育部高等教育司 1933 年

二、郑洪年再次掌管暨南

1927 年，姜琦调离暨南学校，南京国民政府大学院任命郑洪年为校长，郑洪年再次接管暨南。1907 年暨南学堂开办时，郑洪年担任首任堂长，与学生相濡以沫，对暨南极有感情。

郑洪年曾任北洋政府交通部次长，第一次国共合作时期任广州政府的财政部次长，南京国民政府成立后，历任交通部、财政部、工商部次长等职，并与胡汉

① 教育部高等教育司：《二十年度全国高等教育统计》，1933 年，第 38 – 39 页。

民、林森同为“迎榇专员”，将孙中山的灵柩从北京运到南京安葬。他身份既高，办事又有魄力。在暨大任教多年的曹聚仁曾说，暨大校长上面有不少“婆婆”，但郑洪年是自己当“婆婆”。他的校长室门前挂着一副“风雅一手提学子，江天小阁坐人豪”的联语，自视甚高。[①]

郑洪年

《菲律滨研究》，1928 年第 1 期

时隔 20 年后，郑洪年再次回到暨南担任校长，又一次开始了他的励精图治。他制定了《国立暨南学校改革计划大纲》，苦心擘画，广罗人才，充实师资，改善办学条件，把国立暨南学校改组扩充为国立暨南大学。学校先后成立了商、文、理、法、教育五个学院，规模日臻完善，影响不断扩大。郑洪年重视对南洋问题和华侨问题的研究，成立南洋文化教育事业部，延聘了一批著名的学者专门从事研究工作，取得众多研究成果。同时，他积极指导和推动海外华侨教育事业的发展，并在暨南大学主持召开了我国历史上第一次南洋华侨教育会议，对国内外华侨教育事业的发展产生了重要影响。郑洪年担任国立暨南校长的 7 年，是暨大取得迅速发展，办学水平不断提高，学校声誉日隆的时期。

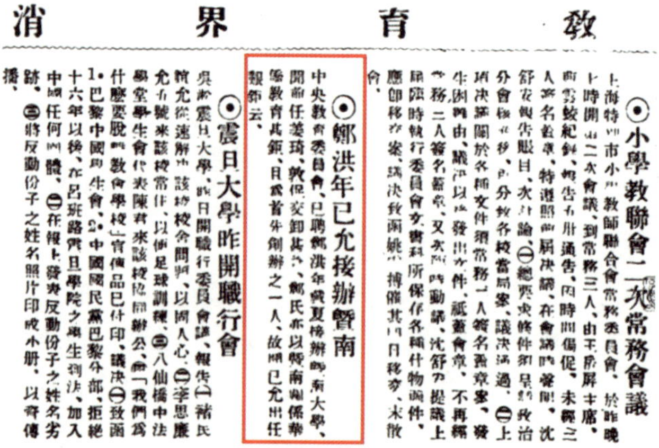

教育界消息

⊙小學教聯會二次常務會議

上海特別市小學教師聯合會常務委員會、於昨晚七時開第二次會議、到常務三人、由王屏臣主席、[illegible]紀錄、報告本[illegible]通告、因時間倉促、未經三人簽名蓋章、特遵照[illegible]屆決議、在會議時簽閱、沈舒安報告賬目、次討論、㊀[illegible]條件須呈請政治分會核示、㊁分致各校當局案、議決通過、㊂上項決議關於各種文件須常務三人簽名蓋章案、發生困難由、議決以後發出文件、祇蓋會章、不再經常務三人簽名蓋章、又[illegible]勸募、沈舒安提議上屆臨時執行委員會文書科所保存各種什物兩件、應即移交案、議決致函姚[illegible]、將催其即日移交、末散會、

⊙鄭洪年已允接辦暨南

中央教育委員會、已聘鄭洪年與夏[illegible]辦暨南大學、聞前任姜琦、執[illegible]交卸其[illegible]、鄭氏亦以暨南關係華僑教育甚鉅、且為首先創辦之一人、故願已允出任艱鉅云、

⊙震旦大學昨開職行會

震旦大學、昨日開職行委員會議、報告㊀褚民誼允從速辦理該校校舍問題、以固人心、㊁李思廉允介紹來該校當作、以便足球訓練、㊂八仙橋中法學堂學生會代表陳某來該校協同辦公、會「我們為什麼要脫離教會學校」宣傳品已付印、議決㊀致函1.巴黎中國學生會、2.中國國民黨巴黎分部、拒絕十六年以後在呂班路震旦學院之學生到法、加入中國任何團體、㊁在報上發表反動份子之姓名劣跡、㊂將反動份子之姓名照片印成小冊、以資傳播、

《郑洪年已允接办暨南》

《时报》，1927 年 6 月 3 日

---

① 曹聚仁：《我与我的世界——曹聚仁回忆录》，太原：北岳文艺出版社 2001 年版，第 286－287 页。

1927 年 6 月 3 日，郑洪年接办暨南。上海各大报刊媒体报道了这一消息："中央教育委员会议聘郑洪年戴夏接办暨南大学。闻前任姜琦敦促交卸甚急，郑氏亦以暨南关系华侨教育甚巨且为首先创办之一人故闻已允出任艰巨云。"6 月 15 日，郑洪年专程赴暨南考察。早上 8 点，郑洪年乘车至真如镇，学生冒雨在校门口等候。当郑洪年到校后，学生在大礼堂开欢迎大会，礼堂里贴满了欢迎郑洪年的标语，郑洪年入场时，全体学生鼓掌高呼"暨南万岁"。当天郑洪年发表题为"南洋与中国的文化关系"的演说。下午两点，商科大学学生又为其开欢迎会，一直到四点郑洪年才离开学校。8 月 11 日，《时报》正式刊登郑洪年担任暨南大学校长的消息。消息中称"真如国立暨南大学自六月间由国民政府教育行政委员会派郑洪年接收后，现国民政府又正式任命郑氏为该校校长，兹悉该校自本学期起，彻底改革，大加扩充"，这既是正式对外宣告暨南大学新一任校长为郑洪年，也是对郑洪年即将落实的《国立暨南学校改革计划大纲》予以肯定。

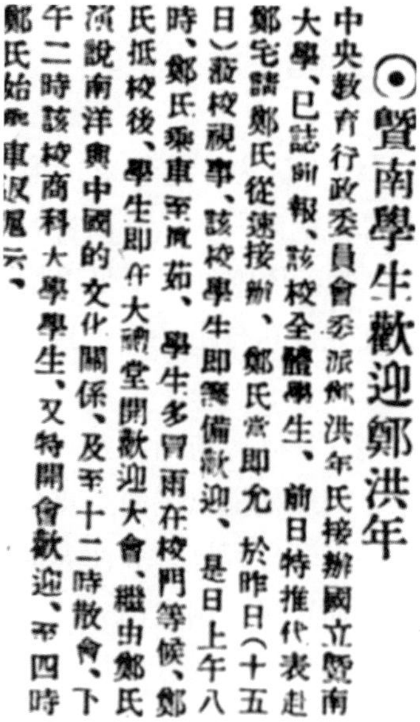

⊙暨南學生歡迎鄭洪年

中央教育行政委員會委派鄭洪年氏接辦國立暨南大學、已誌前報、該校全體學生、前日特推代表赴鄭宅請鄭氏從速接辦、鄭氏當即允於昨日(十五日)蒞校視事、該校學生即籌備歡迎、是日上午八時、鄭氏乘車至眞茹、學生多冒雨在校門等候、鄭氏抵校後、學生即在大禮堂開歡迎大會、繼由鄭氏演說南洋與中國的文化關係、及至十二時散會、下午二時該校商科大學學生、又特開會歡迎、至四時鄭氏始乘車返滬云、

《暨南学生欢迎郑洪年》

《时报》，1927 年 6 月 15 日

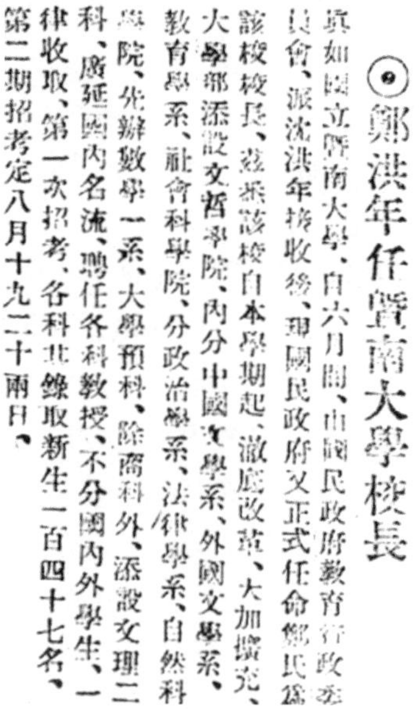

⊙鄭洪年任暨南大學校長

眞如國立暨南大學、自六月間、由國民政府教育行政委員會、派鄭洪年接收後、現國民政府又正式任命鄭氏爲該校校長、茲悉該校自本學期起、澈底改革、大加擴充、大學部添設文哲學院、內分中國文學系、外國文學系、教育學系、社會科學院、分政治學系、法律學系、自然科學院、先辦數學一系、大學預科、除商科外、添設文理二科、廣延國內名流、聘任各科教授、不分國內外學生、一律收取、第一次招考、各科共錄取新生一百四十七名、第二期招考定八月十九二十兩日、

《郑洪年任暨南大学校长》

《时报》，1927 年 8 月 11 日

（一）创建暨南大学计划

1927 年 4 月 18 日，南京国民政府成立，南方的局势逐渐稳定。在此形势下，郑洪年于 7 月发表了《国立暨南学校改革计划大纲》，阐述其改革暨南大学的设想，并制订了详细规划，不失时机地将学校改组为大学。从此，国立暨南大学成为全国华侨教育的最高学府。

專件

國立暨南學校改革計畫大綱（校長鄭洪年擬）

國立暨南學校、成立垂二十年、實爲華僑子弟歸國就學之唯一的最高學府、吾人洞觀世界大勢與南洋現狀、則知暨南學校所負責任之重、決非海外任何事業所能比擬、然暨南在前此二十年中、惟以中學師範爲中心、迨於近年、始有商科大學部之增設、其一切組織規劃、均涉於簡略、事實上又與南洋華僑所設之中小學校各自爲謀、以故華僑之中小學校、既無高級機關爲之指導、而歸國學生程度、參差過甚、亦爲自然的結果、於是暨南學校教學上之效率、亦不能不有所遷就、以如是毫無系統的組織、自不足負南洋教育之大任、今者國民政府成立、自應確定海外教育政策、而洪年乃復長斯校、任重道遠、時懷弗勝、因時制宜、遂不能不有徹底改革之決心、除舊換新、更不能

《国立暨南学校改革计划大纲》

《新闻报》，1927 年 7 月 18 日

在《国立暨南学校改革计划大纲》中，郑洪年认为，数年来，国内战争迭起，政局不稳，学校深受影响，始终处于中学师范的阶段，虽有商科大学部的设立，但仅仅是偏安一隅，不能有较大的发展，“鉴于侨胞处于不足以增进侨胞之地位，不足以适应其特殊环境，不足以使华侨父老咸达自由平等之目的，准此旨趣，乃具彻底改革之决心”。

郑洪年在制订学校发展计划时，考虑到暨南学校既应与国内一般大学有所区别，又要适应华侨子弟回到居住地谋生的需求，因而他提出了两个重要的改革方针：“一为教育华侨子弟，则增设各科学院，提高学校程度，务使养成华侨子弟优良之品性，高深之智识，以提高华侨之地位，而发扬吾国之国光；一为研究南洋问题，则设立南洋文化教育事业部，以研究南洋华侨之教育生活，使国人注重南洋问题，而将来之南洋华侨，能受各国殖民地内之平等待遇，以开拓南洋种种社会事业，以继先总理之意志，此皆斯校之责任也。”①

郑洪年校长决心对暨南进行彻底改革，除旧布新，最重要的是将暨南学校改组为一所完善的大学。他力主将商科改为商学院，并在此基础上增设农学院、文哲学院、社会科学院、自然科学院和艺术学院，希望从质量上完善华侨之最高学府的创建，“以期从质量上完成华侨之最高学府。使华侨子弟得享受世界高深的

① 郑洪年：《发刊词》，《国立暨南大学改组特刊》，暨南大学综合档案室，档案号：2004 - XS12 - 11。

知识与祖国优美的文化，以为他日参加祖国一切运动及提高华侨地位之准备”①。在此基础上，郑洪年校长还将原有的中学部极力刷新，力求充实，以期与大学的需求相互衔接。其中，尤其提到师范科。师范教育是为了培养南洋华侨的师资力量而设立的专业，也承担着培养教育机关工作人员的重任。他还提出，需要设立南洋文化教育事业部，它必须与南洋华侨各种教育机关紧密相连，统一南洋所有文化教育事业。南洋文化教育事业部的设立，一方面可以使国内人士明了华侨在南洋的现状，推动国人向南洋发展；另一方面也让华侨父老了解祖国的现状，以提供华侨参加祖国一切运动的机会。这些对暨南学校来说责无旁贷。

除此之外，郑洪年校长审时度势，根据暨大办学经费状况和人才聘任的进度，规划了学校改革发展的三个时期，为期六年。第一阶段从 1927 年上学期开始至 1929 年下学期，主要任务是各学院内部机构的充实，以及各学系教学、研究、招生工作的开展，包括：大学部各学院充实各个学系；中学部改组，完成南洋文化教育事业部的创建；农场、图书馆、体育馆等特种设备的建成等。第二阶段从 1929 年下学期开始至 1931 年上学期，主要任务是陆续增设学系，添建特种设备等，包括：文哲学院要创办哲学系，社会科学院要增设社会经济学系，自然科学院增设心理学系，农学院创办林学系，艺术学院创办音乐系和图案画系。博物馆也在这一时期准备完成。第三阶段从 1931 年下学期起至 1933 年上学期，主要任务是文哲学院要创办历史学系，自然科学院则要增设化学系、生物学系和地质学系。气象观测所和科学馆等特种设备的添置也均在这一时期完成。②

按照这一发展改革计划，暨南将扩充为一所三部鼎力、五院具备的华侨最高学府。这份计划大纲发表后，得到海内外热心华侨和侨教人士的支持，也得到国民政府大学院的批准实施。于是国立暨南学校改组，升格为国立暨南大学。

（二）国立暨南大学的第一次开学典礼

暨南学校在 1927 年暑假前即开始着手改组工作，聘请翟俊千为副校长，谢作周为秘书长，协理日常校务。经过暑假期间的积极筹备，在延聘教师、招考学生等各项工作就绪后，于当年 9 月 5 日隆重举行国立暨南大学开学典礼。会上郑洪年正式宣誓就任校长一职。国民政府教育行政委员会代表易培基（曾任湖南省立第一师范学校校长、故宫博物院首任院长）莅会主持监誓并致训词。郑洪年在开学典礼上正式就职并发表了训词。他在训词中表达了再次接管暨南的欣喜之情，并宣布学校将以“道德、科学、政治、军事、职业五种训练”为教育方针，

① 郑洪年：《国立暨南学校改革计划大纲》，《国立暨南大学改组特刊》，暨南大学综合档案室，档案号：2004 - XS12 - 11。

② 郑洪年：《国立暨南学校改革计划大纲（续）》，《民国日报》，1927 年 7 月 23 日。

本次改革的目的就是为将华侨教育文化程度提高，使暨南成为华侨的最高学府，以便于侨胞将中国文化带到海外去，用学术化手段使侨胞获得自由平等的地位。同时，也使侨胞在国内具有一定的地位。

以下为郑洪年在1927年开学典礼上的讲话节选：

同学诸君，今天是本校改组后行第一次开学礼。关于改组经过情形、事务方面，以后由秘书长报告；教务方面，由教务长报告。本校成立已二十年。古二十而冠，本校也好像小孩子一样，今天才到了成人的地位。鄙人当本校开办时，即为第一任校长，曾经当过一次“保姆”。今天看见我自己抚养的小孩也长成了，鄙人是非常欢喜的。今天我要宣布我的教育方针。我曾与诸位教职员研究过，要达到本校的教育方针，须从五项训练入手：（一）道德训练，（二）科学训练，（三）政治训练，（四）军事训练，（五）职业训练。这五项训练都是根本教育。我们拿这五项训练，就可达到先总理的民族、民权、民生主义。希望同学都以本校五项训练为目标，听诸位师长指导。暨南本来是海外教育机关，现在改为大学，除商学院就旧有之商科大学改组完成，现又新成立文哲、社会科学、自然科学、农、艺术五院。海外华侨的最高学府，到现在已有了基础了。以后同学若能从学问上、风纪上注意，暨南前途定有发扬光大之望。

这次改组，草创不完，但鄙人这次所请教授、教员都是在国内负有众望之士。吾国教育精神，在尊师重道。古人论师，有经师人师两种：此次教授教员中，有耐劳忍苦的精神的，我们可以视为人师。有丰富高深的学问的，我们可以视为经师。鄙人很希望诸同学以后以诸位师长为模范，要听诸位师长的指导。论起我们侨胞在海外都是辛苦艰难，从九死一生中创下基业来。今天得让诸君到国内来求学，这是我们侨胞一种远大的眼光，是很可钦佩的！诸君现在从南洋来到本校读书，是负了两种重大的使命：就是诸位一方面要将中国文化带到海外去，用学术化手段，使侨胞获得自由平等的地位；一方面要使侨胞在国内有参加一切运动的机会。这就是本校改组后的目的。望诸君能够完成这种使命，达到本校这种目的，这才不负侨胞父老的希望。

至于本校现在还有许多国内同学，这是要使华侨同学从师之外，更得有良友的切磋，格外明了中国文化的意思。华侨同学对于祖国的风土习惯不明了的，希望国内同学本于友谊的精神，做华侨同胞的良友。古人读书，择师之外还要择友。师友二字平列，这是中国教育的真精神。华侨同学与国内同学，彼此要互相尊重。国内同学对华侨同学，更要时常亲近，时常把中国的风土人情习惯尽量地

告诉华侨同学。这才算能尽主道。国内同学更应研究海外事业，求海外发展……①

三、进入“黄金”时期

19 世纪 20 年代末至 30 年代初期是民国时期暨南大学最为鼎盛的时期。那时，暨南园中院系较多，校内环境优良，名师云集，学术和体育等各方面活动都很活跃。有校友指出，当时暨南“设备日臻完善，规模大具，校誉远播……师资阵营鼎盛，东南亚及远至美国之华裔父老，仰慕暨南大学之盛名，凡遣其子女回中国升学者，莫不以进暨南为荣。是以侨生人数大增，几占在校学生总数的四分之三，蔚为华侨最高学府，亦为暨南之全盛时期”②。

（一）三部鼎立，五院具备

郑洪年强调要把暨南大学办成华侨最高学府，要将“世界高深的知识与祖国优美的文化”传授给国内外学生。为此，他主张“道德、科学、政治、军事、职业五种训练为暨南的教育方针”，办学力求适应华侨所处特殊环境的需要，“实行学分制和主系、辅系制，将全校分为大学部、中学部和南洋文化教育事业部”。因此他的改革主要围绕：扩充大学部，改组中学部，增设南洋文化教育事业部展开。

到 1930 年，大学部的学务扩充工作取得了较大的进展，暨南大学共拥有 5 个学院，17 个学系，2 个专科。5 个学院包括商学院、文学院、理学院、教育学院和法学院。

真如时期部分院长与教职工合影

首先，将原来的商科大学改为商学院，下设 6 个学系：银行学、会计学、工商管理学、国外贸易、普通商业、交通管理。同时，成立了三个学院：文学院（1929 年成立）下设 4 个学系：中国语文、外国语文、政治经济学、历史社会学。理学院

① 郑洪年：《校长致辞》，《暨南周刊》，1927 年第 1 期，第 11－15 页。

② 戴学稷：《解放前暨南大学发展史略》，暨南大学华侨研究所：《华侨教育（第一辑）》，1983 年内部刊行，第 51 页。

（1929年成立）下设3个学系：数学、物理学、生物学。教育学院（1929年成立）下设2个学系：教育学、心理学。法学院（1930年成立）下设3个学系：法律学、外交领事专科、政治经济学（1930年隶属法学院）。

1928年12月全体教职员学生合影

在大学部改组的同时，中学部也进行了改组。中学部是暨南大学历史最长、侨生最多、学生年龄最小的学部，学校对中学部相当重视。办好中学是办好大学的必要条件，高中商科和师范科的学生，毕业后除了继续升学外，大都赴南洋各地，投身于华侨社会的工商和文教事业。暨南在海外侨胞中享有较高的声誉，这与中学各科毕业学生的努力是分不开的。中学部的教师阵容也相当强大，除了商、文、理、法、教育各学院的教授兼授中学有关课程外，学校还专门敦请曹聚仁、汪静之、范叔寒等任国文教师，周谷城、顾仲彝、许国璋等任英文教师，徐上周、樊映川、王济仁等任数学教师，俞君适等任生物教师。

在其改组措施当中最为重要的就是设立南洋文化教育事业部。南洋文化教育事业部于1927年9月21日成立，与大学部、中学部鼎足而立，这也是中国第一所华侨研究专门机构，创设意义极为远大。南洋文化教育事业部作为研究南洋问题的专门科研机构，充分体现出暨南侨校的特色，在近代中国的华侨研究史上也具有相当重要的影响。南洋文化教育事业部成立之后，出版过很多刊物，其中最重要的就是《南洋研究》。正是因为师生的努力和海外热心侨胞的支持，南洋教育文化事业部在变迁中不断发展，直到1949年暨南大学合并于复旦、交大等高校后才随之结束。①

① 1949年6月，人民政府完成对国立暨南大学的接管。人民政府接管后，为恢复暨大为华侨高级学府，1949年9月，学校在党和政府领导下，改革校务以适应侨胞需要，原有文、法、商、理等学院合并于复旦、交大等高校。

（二）广罗人才，名师坐镇

真如时期，暨南历任校领导往往将延聘学术人才作为学校发展的重点。因此，这一时期暨南园中名师荟萃、硕学云集的盛况大大得益于此。“任事之初，以集中人才为先图，其学有专长，德行足为学子表率者，无远近皆以礼先之”。①郑洪年校长治校的首要之举是聘人，以推动学科发展和教学、科研进步。他利用自己在民国政界、教育界的丰厚人脉，广罗人才，聘请了大批著名专家学者来校任职任教，为暨南大学培育了一支高水平的师资队伍，可谓名师云集。

表 2－1　暨南改组后聘请的部分名师一览表②

姓名	职务	履历	教授课程
黄建中	大学部教务长兼教授大学部训育委员及南洋文化教育事业部委员	国立北京大学文科毕业，英国爱丁堡大学教育科毕业，剑桥大学研究院毕业，前国史编纂处编纂员，第一届世界教育会议代表，曾任国立女子大学教授，北京大学师范大学讲师	伦理学、中国哲学通论、伦理大意（预）
叶渊	事务长兼教授及大学训育委员	美国本雪文尼亚大学经济学学士	簿记、国外汇兑、人寿保险
夏丏尊	中国语文学系主任兼教授，大学训育委员及南洋文化教育事业部委员	曾任浙江第一师范教员十三年，湖南第一师范教员一年	文选、国文法
叶公超	外国语文学系主任兼教授，大学训育委员及南洋文化教育事业部委员	安姆士德大学文学学士、哈佛大学硕士、北京师范大学讲师、北京大学教授、《东方时报》副编辑、《波士顿记载日报》驻华通讯员	基本英文、新闻学、小说

① 《国立暨南大学年鉴·郑校长序》，见暨南大学校史编写组：《暨南校史（1906—1996）》，广州：暨南大学出版社 1996 年版，第 33 页。

② 黄振汉：《改组后的国立暨南大学》，《暨南周刊》，1928 年寒假特刊，第 16－24 页。

（续上表）

姓名	职务	履历	教授课程
汪奠基	教育学系主任兼教授，中学部教育长、大学训育委员及南洋文化教育事业部委员	巴黎大学数学硕士、里昂大学哲学硕士、国立北京大学讲师、国立北京师范大学教授、北京中法大学教授、国立北京女子师范大学哲学系讲师	科学方法逻辑
陈荩民	数学系主任兼教授及大学训育委员	法国波桑格大学数学硕士，曾任国立北京大学讲师	物理解析、几何、微积分
石颖	法律学系主任兼教授、大学训育委员并兼代政治系主任	东吴大学法科毕业，美国麦西干大学法学硕士，耶鲁大学法学博士、动物法科教授	商法、罗马法、会议法、国际法
翟俊千	政治经济学系主任兼教授	—	政治学、东亚各国史、中国外交史
杨汝梅	商学院院长兼教授，高中商科主任及大学训育委员	美国密西干大学经济博士	高等会计、会计学
林宝权	中学部师范科主任兼教任教员	巴黎大学教育学博士	—
张凤	中学部普通科主任兼讲师及专任教育	法国巴黎大学文学士	法文
余佑人	初中主任兼任教员，南洋文化教育事业部委员及教育股助理	国立北京大学毕业，曾任国立北京大学公学教育《北京快报》编辑	—
黄侃	教授	曾任国立北京大学教授	—
林思温	教授、中学部训育主任兼大学部训育主任及南洋文化教育事业部委员	保定军官大学毕业、黄埔军事政治学校教官	马来文、军事学及兵式操
蔡正雅	教授	约翰大学理科学士、哥伦比亚大学纽约大学高等学士、国立东南大学商科教授、中国公学大学部教授	广告学、商业组织销售学、统计学、商用统计

（续上表）

姓名	职务	履历	教授课程
刘颐	教授	—	中国文学史、诗选、文字学
赵季言	教授	—	投资学、货币学、商业理财、银行实践及会计中国金融市场银行制度
徐志禹	教授	—	会计实习、工业会计
谢循初	教授、大学训育委员及南洋文化教育事业部委员	美国芝加哥大学硕士，国立北京大学、国立北京师范大学教员	心理学、教育心理学、教育学、西洋教育史
潘序伦	讲师	圣约翰大学文学学士、美国哈佛大学商学硕士、哥伦比亚大学商业经济学博士，曾任国立东南大学分设上海商科大学、国立暨南大学主任	审计实践
周德熙	讲师	南京青年会及上海南方大学教员	—
余楠秋	讲师	美国意利诺大学文学学士，国立复旦大学文科主任	英文修辞学、英文演说、辩论、商用英文
方光寿	讲师	东京高等师范学校毕业、京都帝国言语学研究会主任、上海国民大学、南方大学、学艺大学教员	日文、文学概论、文艺入门（预）
孙本文	讲师	美国社会学博士	社会学
徐中舒	讲师兼南洋文化教育事业部委员、秘书长及教育股主任	北京清华学校研究院毕业，上海立达学园、国立复旦大学教员	国文、国学概论
刘世芳	讲师	—	英美亲属法

（续上表）

姓名	职务	履历	教授课程
梁实秋	讲师	北京清华学校毕业、美国科罗拉多大学文学学士、美国哈佛大学研究院、国立东南大学教授、上海《时事新报》记者	英汉对译、英文、英文文学史
郑宝照	讲师兼南洋文化教育事业部委员	美国佛南克林大学政治学士	欧洲近世外交史
康选宜	讲师兼高中商科及大学训育委员	国立北京大学法学学士、上海党务训练所教员	党义、政治学、经济学（概论）
李权时	讲师	美国芝加哥大学经济硕士、哥伦比亚大学哲学博士、复旦大学商科主任	高等经济学、经济问题
吴文蔚	讲师	美国哈佛大学铁路管理科经济学硕士、本薛尼亚大学铁路管理科经济学博士、湖北省立文科大学教务长兼经济学教授	陆路运输、铁路管理
程祥云	讲师	日本西京帝国大学毕业	—
余上沅	讲师	国立北京师范大学教员	英文作文、英文戏剧

1927 年，暨大共聘请教授 36 人，讲师 48 人，以承担教学任务。延聘的教员中，留学国外并获得博士学位的有 19 位，获得硕士学位的有 26 位。此外，虽未出国留学，但学有专长、为国内知名学者的亦颇不乏人。在郑洪年校长支持的人才引进措施下，改组后的暨南大学呈现出各科齐备、繁荣鼎盛的局面，各学系对课程、师资和教学计划进行了积极地筹备，并顺利开展大学教学的组织工作。

商学院

院长杨汝梅，会计学系、交通管理系主任杨汝梅（兼），银行学系、国外贸易系主任叶渊，普通商业系、工商管理学系主任蔡正雅。该院聘请的教授、讲师有潘序伦、周茂藩、钱祖龄、汪永、周振声、吴文蔚等。

文学院

院长陈中凡，中国语文系主任夏丏尊，后由陈中凡兼任，之后继任主任为陈柱尊，外国语文系主任叶公超，继任主任为梁实秋，历史社会学系主任黄凌霜，继任主任为许德珩。该院聘请的教授和讲师有李达、邓初民、钱亦石、杨公达、洪深、夏衍、张君劢、张世禄、沈从文、徐中舒、陈侃如、冯沅君等。

理学院

院长于基泰，数学系主任陈荩民，生物学系主任黎国昌，物理学系主任周君适。该院聘请的教授、讲师有马名海、蒙心如、郜重魁、周建人等。

教育学院

院长谢循初，教育学系主任邰爽秋，心理学系主任张耀翔，师资专修科主任沈履。该院聘请的教授、讲师有陈科美、杨瑞卿、董任坚、廖世承等。

法学院

院长王人麟，继任院长石颎，法律学系主任石颖，政治经济学系主任刘英士。外交领事专科主任杨振先。该院聘请的教授、讲师有孙寒冰、刘世芳、宋允惠、罗隆基、童冠贤、潘光旦等。

郑洪年校长对罗致到这样的师资颇感满意，他称“新聘教授非著述宏富，即学有专长，同皆海内知名之士，而蜚声教坛者也”①。暨南大学初步奠基，即延聘如此鼎盛的师资阵容，实属不易。学校不仅积极延聘当时的名流学者前来任教，还计划每年暑假轮流资助各学系教授赴南洋考察，有裨于教学的针对性，使教学更加适应南洋的情势，这也是暨南大学采取的特殊政策。

（三）学风浓郁，文体昌盛

除了广聘名师外，暨南大学亦考虑到要尽量给予学生们自由开放的学术氛围。在学术思想上，郑洪年认为“各种主义，亦可提出研究”，遂采取兼收并蓄、学术自由的方针，允许各种学派各抒己见，自由阐发，让学生独立思考，判断抉择。学校学术气氛愈加浓厚，学术流派与学术交流日趋活跃。

在这种民主宽松的学术思想指导下，不仅学校延聘的教授中有不少学者参与各种讲座，还不定期举办特别讲座，邀请社会名流，特别是知名专家来校开展各种学术性报告，如鲁迅、蔡元培、徐志摩、马叙伦、胡适等都曾应邀到校讲演。暨南由此吸引了越来越多的学术宿将和讲坛新秀，校园也逐步呈现出比较活跃的学术气氛。

---

① 郑洪年：《一年来之经过并今后之计划》，上海市档案馆：国立暨南大学档案全宗，档案号：Y8－1－925。

以下列表仅为1927年社会知名人士在暨南大学的演讲情况。此后暨大每年都邀请了一批专家学者或社会名流来校讲学。这不仅开拓了学生的学术视野，增长了其学术阅历，又活跃了学术的氛围，使负笈万里来祖国读书的华侨子弟得以领略内地高等教育机构的高深学术风格。

表2-2　1927年10月—12月暨南大学演讲情况

演讲时间	演讲者	演讲题目
10月18日	高一涵	求学与革命
11月7日	简又文	西北军大概
11月10日	饶孟侃	现在之新文学
11月11日	戴季陶	今日中国青年应走的道路
11月13日	蔡元培	我国新教育之趋势
11月15日	简又文	西北军一年来之革命奋斗史
11月21日	罗贡华	三民主义
11月22日	沈叔钦	讲演学大概
11月22日	徐志摩	秋风——又名“时代病”的研究
12月5日	俞希稷	会计与整理财政的关系
12月25日	鲁迅	文艺与政治的歧途
12月26日	徐永祚	改良中国会计问题
12月26日	马叙伦	校读古书之第一问题——中国文字之构造法

郑洪年还积极倡导和大力支持学生组织学术团体，学术研究氛围浓厚，其中有按照学科组成的学术组织，也有跨系组成的兴趣组织。前者如经济研究会、会计学会、中国文学研究会、教育研究会，后者如演说会、秋野社、学艺社、摄影社等。同时学校还积极资助出版学术刊物，据《校长布告》第78号记载，学校的社团组织如需申请刊物津贴需在训育委员会登记，后交由校长核准后再定津贴数额。当时，包括中国文学研究会、经济研究会、教育研究会、演说会、京剧研究会、暨大文艺研究会、演说会、丽泽学社、西乐队等社团组织都曾受到学校的津贴补助。[①]

① 《本校拟订津贴团体表》，《暨南校刊》，1930年第54期，第14-15页。

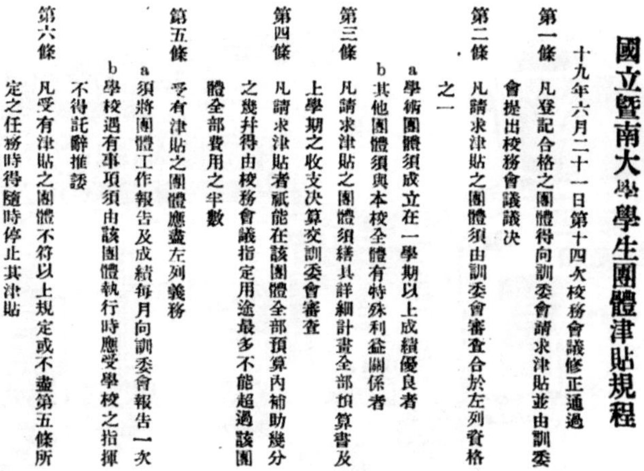

國立暨南大學學生團體津貼規程

十九年六月二十一日第十四次校務會議修正通過

第一條　凡登記合格之團體得向訓委會請求津貼並由訓委會提出校務會議議決

第二條　凡請求津貼之團體須由訓委會審查合於左列資格之一

a 學術團體須成立在一學期以上成績優良者

b 其他團體須與本校全體有特殊利益關係者

第三條　凡請求津貼之團體須繕具詳細計畫全部預算書及上學期之收支決算交訓委會審查

第四條　凡請求津貼者祇能在該團體全部預算內補助幾分之幾并得由校務會議指定用途最多不能超過該團體全部費用之半數

第五條　受有津貼之團體應盡左列義務

a 須將團體工作報告及成績每月向訓委會報告一次

b 學校遇有事項須由該團體執行時應受學校之指揮不得託辭推諉

第六條　凡受有津貼之團體不符以上規定或不盡第五條所定之任務時得隨時停止其津貼

《国立暨南大学学生团体津贴规程》

《暨南校刊》，1930 年第 73 期

此外，学校也重视文娱体育活动，为学生提供良好的场所与器材，聘请名师指导，也因此造就了不少文体人才。国立暨南大学在音乐、舞蹈、戏剧以及足球、篮球、排球、田径、游泳等各项文艺体育活动中表现都相当出色。

（四）花木扶疏，书声琅琅

郑洪年除了在学科设置上对暨南大学进行完善外，还十分注重学校的规划，包括教学设施的建设、教学设备的引进及图书的购买等。郑洪年重点筹划了“莲韬馆、办公室、中学宿舍、女生宿舍、科学馆、临时宿舍、教员宿舍、暨南村（内有十七座房子）、全校的马路、全校的树木农场”① 等场所。在办学设施方面逐步缩短与国内一流学校的差距，办学水平得到了飞速提高，同时又突出了暨南侨校的特色，使暨南侨生能够及时接触到南洋的发展成果。

1927 年建成图书馆，1929 年新建成 3 列教室共计 13 间，科学馆 1 座，初中宿舍 12 列，女生宿舍 1 座，暨南新村独立式洋房 14 座（供教授携眷居住）。在莲韬馆附近，桃树浦水上又建一亭阁，取名“尚节亭”，作为校长办公与接见学生的处所。1930 年建成学校的大礼堂“致远堂”。这一期间还先后辟地作农场和运动场，包括篮球场、排球场、网球场，以及田径运动兼足球场。

---

① 《郑洪年先生在南洋华侨教育会议上报告暨南学校创办经过及今后打算（1929 年 11 月）》，《教育：一、二》，南京：江苏古籍出版社 1997 年版，第 958 页。

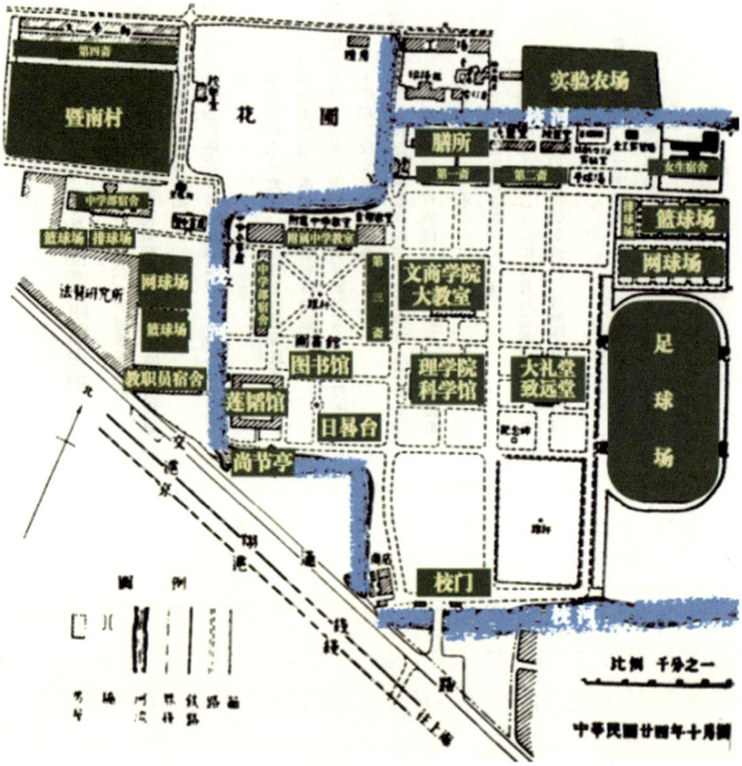

国立暨南大学校舍平面图

图书馆

洪年图书馆
《菲律滨研究》，1928 年第 1 期

早在 1926 年，由于学生入学人数与日俱增，学校经费压力较大，时任校长姜琦在校董会上提议募捐建筑图书馆。时任暨南校董郑洪年捐赠 5 000元。据郑洪年女儿郑宝倩回忆：“当时真如周边都是农田，学校建设经费不够用，父亲和母校商议，卖了母亲在天津和南京的两处房产，用卖房的资金修建了学校图书馆。”后来，学校又发起社会募捐活动，教职员和学生也纷纷参与，据统计，全体教职员捐助 1 000 多元。1925 年《暨南周刊》发布的一则《商科消息》中，就记载了潘序伦院长将本月半薪捐赠校图书馆的事迹。同时很多校外人士也关注着暨南学校的募捐，英美烟草公司捐款2 000元，浙江省省长夏超捐500元，另有其他各界捐助1 000多元，还有的华侨学生在暑假返南洋时向南洋华侨劝募。图书馆建设总共获得10 000多元的募捐款，使得图书馆得以顺利开建。

图书馆阅读室

图书馆阅报室

图书馆于1926年12月启动建造，动工两个月就因战事影响停止，直至1927年5月又一次启动，11月21日，图书馆正式开馆。因“郑洪年行生捐助最力”，学校特将此图书馆命名为“洪年图书馆”，以纪念郑洪年的贡献。洪年图书馆的雏形为“凸”字形，占地六分零九毫四丝（折算为406.03平方米）；分上下两层，上层全作阅览室及书库，可容纳120人；下层分作教室及馆员办事室。在符大昺《洪年图书馆记》中记载：“馆成‘凸’字形。其外以红色砖筑之。以黑色瓦盖之。其内壁以垩涂之。其地面以木板铺之。更加油漆。冀耐久也。俨俨矗立。与各生宿舍相望……座位百余。藏书数万卷。以资师生参考焉。”①

洪年图书馆

《国立暨南大学洪年图书馆概要》，1933年

据悉，当时图书馆冬暖夏凉，课余时间，学生都在这里学习。在洪年图书馆建立之前，图书馆长期隶属于学校教务处图书课。1928年后，图书馆从教务处分离出来，改为独立机关，设馆长一人，由校长聘叶公超为馆长。《申报》曾以“暨大洪年图书馆之蔚观”为题进行报道：“自改为独立机

① 符大昺：《洪年图书馆记》，《暨南周刊》，1928年第2卷第4期，第16页。

关，聘图书专家叶崇智氏（叶公超）担任馆长，力事扩充，现又添建馆舍，内辟毕业生研究院。上学期由郑校长指定一万八千元，分配于各系，购置大宗书籍……现藏中文书籍十五万卷，精订一万六千余册；西文书八千余册；日文书五百册。典藏充实，蔚为大观。每日平均到馆阅览在五百人以上。”① 从1927年至1937年上海沦陷前夕，是真如暨南大学的全盛时期，也是洪年图书馆的全盛时期。洪年图书馆，藏书4万余册，在当时的图书馆中可排前列。

文商学院大教室，理学院科学馆

文商学院大教室，又名“大教室”，坐落于理学院科学馆北侧。在1929年，国立暨南大学成立理学院和文学院。文学院下设中国语文、外国语文、政治经济（后改为隶属法学院）、历史社会4个学系。自文学院成立，暨大的文学氛围更为浓厚，吸引了一大批文学名流前来演讲，铸就了辉煌灿烂的真如时期。

文商学院大教室
《南洋研究》，1931年第3卷第5期

理学院主要设在科学馆，内有实验室、仪器药品室、阅览室、普通教室、大教室、教员办公室、煤气机和金工场等。理学院设数学、物理、生物与化学4个学系。据《暨南校刊》记载，科学馆内珍藏有各类生物标本、化学药物、物理器械等，是学生上实验课的主要场地。理学院科学馆建于1929年夏，正对学校大门，是暨南大学真如校址重要的标志性建筑。科学馆为中西合璧式三层砖混结构建筑，中间阔九间、东西各两间，红瓦出檐坡顶，平面呈“工”字形。清水红砖汰石子相间的外墙，东西两侧三楼南北外墙墙面有拱券式壁柱装饰，上置拱心石（当地称“银盘”），东侧一层有阶梯教室一间。整体看上去简洁大气，庄重优雅。

① 《暨南洪年图书馆之蔚观》，《申报》，1928年7月21日。

理学院科学馆

2015 年真如科学馆被列为上海市普陀区文物保护点

1932 年 1 月 28 日，日军袭击上海。真如处于战区，日军给暨南造成的损失相当巨大。郑洪年校长称：“本校校舍被日军掷弹炸去科学馆一座外，其余校舍因占据被坏者尤多……校具仪器大半被毁及窃取，家具等亦大半毁失。”1932 年学校登报招工修理科学馆，并于当年完工。1937 年 8 月淞沪会战后，真如校址累遭战祸，遭日军严重破坏，而科学馆幸免于难，成为暨南大学真如校址中最重要的代表性建筑遗存。中华人民共和国成立后，该建筑一直由上海市基础工程有限公司使用，其建筑内外虽有改造整修，但整体格局未变。

在 21 世纪初开始的上海城市副中心规划建设中，该建筑未被纳入保护范围，被拆除了大半，幸得当地有识之士及暨南校友紧急呼吁，引起了上海市主要领导的重视，才勉强保留至今，但其主体仅剩三分之一。近年来，其重要历史价值已逐渐引起当地政府的重视，2015 年上海市普陀区政府将该遗址列为区文物保护点。科学馆位于现上海市普陀区真如镇交通路 3965 号，是上海城市副中心的最北端。科学馆为东西斜向，呈“U”形砖混结构的三层西式楼房，其主体现残存三分之一。

拆除前的科学馆，摄于 2008 年

真如科学馆遗址，摄于 2021 年

莲韬馆，尚节亭

莲韬馆尚节亭

《暨南季刊》，1933 年创刊号

莲韬馆位于科学馆的西南方，是学校的总办公楼，其环境设备最优，遍植花木。据《暨南校刊》记载，大学部教务、秘书、总务各部及南洋文化教育事业部、大学训育委员会、军事训练处等都曾在这里办公。艺术诸科的教室及教职员俱乐部等亦设于此。在莲韬馆附近，桃树浦水上建一亭阁——尚节亭，作为校长办公与学生谈话的处所。曾在真如暨南实验学校上过小学，抗战胜利后成为暨南大学学生的校友郑元彬女士回忆她在真如的童年时曾提到，“最有趣的地方是莲韬亭（尚节亭）。它筑于河心，四周有木栏杆，可倚栏而望，观看河面景色……亭外的莲韬馆里，陈列着许多银盾、奖杯、锦旗，是健儿们的胜利品。”

致远堂

致远堂（陈其英摄）

在 1930 年 1 月 6 日，可容纳 1 500 人的大礼堂致远堂落成，是当时真如校址著名的建筑之一，由胡汉民题写“致远堂”三字高悬于上，大门两旁悬挂叶恭绰手书长联“辅世长民，政治本根常在学；任重致远，华侨子弟易成才”。当天上午九点举行了开幕典礼。据《申报》记载，“该堂式样新颖、建造坚固、布置得宜、色彩调和，极庄严璀璨之至”①。参与开幕典礼的来宾来自新闻界、银行界、政学界等，各地毕业同学会代表、暨南全体师生 1 400 余人，

① 《暨南大礼堂开幕礼盛况》，《申报》，1930 年 1 月 6 日，第 10 版。

济济一堂，由西洋乐队奏乐，郑洪年校长揭幕并致开幕词。据《暨南校刊》记载，致远堂内曾举行过附中学生国文竞赛、全校毕业考试等大型活动。中国语文系两位教授曹聚仁与林语堂的大辩论也曾在这里展开。

农科试验场，运动场

除此之外，1929 年，学校还接受了华侨暨南垦牧公司经理梁炳农先生拨赠的江苏句容县下甸村山地 1 000 亩，将其辟为学校农科试验场，并在校园内建了篮球场、排球场、网球场，以及田径运动兼足球场。据 1933 年的《暨南校刊》记载，“在天气晴和之际，多数活泼秀丽之儿童，手执农具从事耕作，远望之不啻一幅美丽之图画。”

暨南足球队与其他高校比赛

《时报》，1935 年 12 月 8 日

数年间，校园里遍植花木数万株，花木扶疏，绿树成荫。课余之暇，莘莘学子，讴歌徘徊，琴韵书声，弦诵不绝。改组几年间，在校长、院长擘画，师生努力和海外热心侨教人士的支持下，暨南大学内的基础设施日臻完备，大学部及中学部学制改革日渐完善，规模逐步扩大，全校学生达到 1 700 余人，侨生人数也大量增加，达到学生总数的四分之三。由于暨大在海外声誉日隆，南洋华侨遣送子弟回国升学，莫不以进暨大为荣，暨南大学也成为名副其实的华侨最高学府。

第二节　锐意革新　民主办学

一、何炳松临危受命，出掌暨南

国立暨南大学进行五年大力改组之后，又面临时局动荡。在 1932 年淞沪抗战中，学校因处于战区而遭到很大破坏。淞沪抗战结束后，暨南被迫缩小规模，撤销了教育学院和法学院。1934 年，郑洪年奉命赴南洋考察华侨教育，由曾任教育部司长的沈鹏飞代理校长。

在沈鹏飞任校长的 1935 年第一学期，各院系的教学和课外活动虽能够持续进行，但由于日本加快了对中国的侵略步伐，不断挑起种种事端，学生在学习之余，为求救亡图存而屡屡奔走呼号，学潮迭起。在这种情况下，沈鹏飞作为代理校长既不能摆脱南京当局的压力，也不能一味压制学生的爱国运动，虽有宏图大略，亦难以施展开来，因而提出辞呈。1935 年春季，国民政府教育部部长王世杰多次托人传话请何炳松出任校长，但都被其婉言谢绝。后来，在校董陈立夫、吴铁城的劝勉之下，何炳松“以情有难却，义不容辞，遂勉担任校长职务”[①]。于是，王世杰向暨大校董事会提议由何炳松出任校长，获得通过。教育部遂于 7 月 2 日任命何炳松为校长。

何炳松
繼任暨大校長
▲教部令澈底整頓

(中央社)國立暨南大學校董會上月二十日在教育部開會代理校長沈鵬飛曾提出辭呈、當時各校董鑒於沈氏辭意堅決、均主准其辭職、並擬定校長人選標準請教育當局、物色相當人員繼任、已誌前報、昨日行政院會議教育部王部長呈請任命何炳松爲國立暨南大學校長、當經決議通過、何氏現任商務印書館編審委員會主席、夙治史學著作甚多、茲紀其略歷如下、何炳松字柏丞、年四十六歲、浙江金華人、美國潑林斯頓大學碩士、歷任國立北京大學及國立北京高等師範學校歷史教授、浙江省立第一師範學校校長、上海光華大學及大夏大學等校歷史教授、現任上海商務印書館編審委員會主席、著有通史新

《何炳松继任暨大校长》
《申报》，1937 年 7 月 3 日

何炳松留美期间留影
政协金华市委员会文史资料委员会：《何炳松与故乡》

何炳松（1890—1946），字柏丞，浙江金华人，现代著名历史学家和历史教育家。其一生在史学研究方面颇有建树，著述甚丰。1911 年毕业于浙江省高等学堂，因成绩优异，于 1912 年由当时浙江省官费资助赴美国留学，先后就读于美国威斯康星大学、普林斯顿大学研究院，攻读现代史学、经济学和国际政治学等，擅长西洋史研究，分别获学士、硕士学位。1917 年学成回国，历任北京大学历史系教授，北京高等师范学校英语部主任，浙江省第一师范学校、第一中学校长。1924 年夏，任商务印书馆百科全书委员会历史部主任；1927 年任商务编译所所长，主管《教育杂志》；1934 年被推选为中华学艺社社长；1935 年受聘任国立暨南大学校长，后期曾兼任东南联合大学筹委会主任；抗战胜利后不久，受

① 何炳松：《九月十二日举行开学典礼——校长训词》，《暨南校刊》，1935 年第 143 期，第 6 页。

命改任国立英士大学校长。

何炳松可以称得上是临危受命。一方面，日军侵略的战火已迫在眉睫，另一方面，校内学潮迭起，教学秩序混乱，教师无法安心授课，学生不专心授课，校务处于风雨飘摇的状态。何炳松目击时艰，毅然应命。为了从根本上扭转学风，把暨大办成学术空气浓厚的学校，何炳松锐意革新，民主办学，迅速采取了一系列果断措施，使校务很快走上正轨，学校面貌焕然一新。

二、改革除弊，一展暨南新气象

何炳松在上任后的第一次开学典礼上表达了自己不畏艰难，改革除弊的决心。他说，国难当头，很多人已经无书可读了，对于暨大的学子来说更应发奋图强，以拯救国家之危亡，复兴民族。因此，学校制定了三个方针：学术标准化，财政合理化，团队生活纪律化。

（一）选聘优秀师资和学校行政人员

何炳松在履职之前，已开始着手选聘优秀师资和学校行政人员。他以兼容并蓄，任人唯贤为标准，邀请了志同道合的专家学者来暨大任教。为了组建学校行政机构和物色合适的人员，何炳松费了很多心血。除了郑振铎很快辞去燕京大学教职来暨大担任文学院院长外，杜佐周当时在厦门大学任教，何炳松约他到暨大共事，担任大学校长秘书一职，“最初我以不喜行政工作而坚辞，但他终未允许，且责以师生大义，促速成行。”① 张耀翔原来担任教育学系系主任，何炳松请他出任教务长，也颇不顺利。他托张耀翔的朋友去劝说，自己又亲自去向张耀翔说明，在这种情况下，张耀翔才接受任命。程俊英说：“当初我对何先生的人事安排意图还不怎么清楚，过后我们才逐渐明白了何先生的办学宗旨，就是要把学术界一些名流和挚友、故交召集到暨大来，担任学校的台柱以及教师，这样，大家既志同道合，又能做到团结一致，齐心协力地把暨大办好。”②

除了以上的行政人员外，还聘请了专任教授李健吾、方光焘、胡愈之、张世禄、周谷城、周予同、陈高傭、周宪文、张素民、钱亦石、孙大雨等40人。这些各院系及主要负责人，均为一时之望，组成了强大的教育阵容。

同时，何炳松校长在学校的组织大纲中，将“校务会议”确立为学校最高

---

① 杜佐周：《我与何柏丞先生》，载刘寅生、谢巍、何淑馨：《何炳松纪念文集》，上海：华东师范大学出版社1990年版，第200页。

② 程俊英：《我所了解的何炳松校长》，载刘寅生、谢巍、何淑馨：《何炳松纪念文集》，上海：华东师范大学出版社1990年版，第271页。

议事机构。“一个大学决非一二人所能办好，必须群策群力而后可。校务会议就是一种表现群策群力的机关”，“校务会议的性质实为本校一个最高的议事机关，凡本校一切大政方针，都应由本会议决定。”① 校务会议成员由校长、大学秘书、教务长、总务长、院系负责人、附中及实验学校主任、教授代表等20余人组成。

1937 年文学院全体教员合影

（二）赏罚分明，照章办事，整顿校风

为了改变校内各院系的学风，学校制定了相应的规章制度。在教职员方面，要奉公守法，不缺席、不旷职、不早退，加强考勤统计。学生方面，必须恪守校规，上课时不缺席，不迟到，集会时遵守秩序，不吵闹。赏罚分明，一切照章办理，绝无通融的余地。同时，也制定了奖励优秀学生的政策，规定“学业成绩在九十分以上而操行成绩列甲等者，给予特等奖状；学业成绩在八十五分以上九十分以下而操行成绩列甲等者，给予最优等奖状；学业成绩在八十分以上而操行成绩列乙等或乙等以上者，给予优秀奖状”②，这些政策对于优化学生的学习氛围，引导学生注重学业水平的提高起了重要的作用。

经过何炳松校长的严格整顿，学校变得安定了许多，师生一心一意地谋求进步。在1937年的校庆大会上，何炳松表示对近两年治理的成效非常满意，“去年夏季因考试作弊而受严重处分的学生达十余人之多。本学年不论月考期考，即如此次的毕业考试，成绩和秩序都较之前进步了。此外本校同学的运动道德和军事训练亦均有相当进步，备受各方的鼓励”，“全校学生非常安静，学风亦随之改变”，“现在全校同学无不安心读书，全校同人亦无不安心服务，校局安定”③。

① 何炳松：《在暨南大学第一次校务会议上的报告》，《暨南校刊》，1935 年第 147 期。

② 《本校行政会议记录》，上海市档案馆：国立暨南大学档案全宗，档案号：Q240－1－2。

③ 《六月十四日校庆纪念暨毕业典礼大会》，《暨南校刊》，1937 年第 214 期。

（三）提高教学和学术研究水平，突出华侨教育特点

在何炳松校长的带领下，文学院、商学院、理学院皆有条不紊地进行了课程改革，提高教学效率，对原有的课程进行变通，传授接近社会实际需要的实用性知识与技能。

为了使学生对国难深重的形势有清晰的了解，1936 年 2 月起，学校增设“中国现代问题讲座”课程，作为各个学院四年级和一年级学生的必修课。讲座共 20 次，每周两次，每次 2 小时。主讲者除了校长及一部分教授外，另聘请校外专家进行讲授。除了何炳松自己讲“引言”“中国的出路”外，还有竺可桢的“中国的地理环境”、周谷城的“中国民族的发展”、郑振铎的“中国文化鸟瞰”、周予同的“鸦片战争后的国势”、钱亦石的“日本的大陆政策”等。这些主题与中国当时的形势关系密切。所有专题讲座的内容，经过记录整理、专家本人审阅后，即印成丛刊，除了发给同学外，还向社会发行。

同时，尤其注意突出华侨教育特点。学校设立了南洋陈列室，陈列南洋各种物产以及本部绘制的各种统计表，以供校内观摩，促进国人对南洋认识的提高。主持海外师资训练班，本着既要提高侨民知识技能、借以提高侨教之程度，又要灌输基本常识、使其适应侨居地社会需求的目的。第一批录取的学生有 44 名，分别来自暹罗（今泰国）、英属马来亚、越南、荷属东印度、英属婆罗洲（今加里曼丹）、菲律宾等地的学生。这也标志着暨大海外文化事业部有了较大的扩展。

（四）充实图书设备，改善校园环境

何炳松校长还加强了对学校硬件条件的建设，以改善师生的工作和学习条件。经过改建，学校面貌焕然一新。何炳松校长强调要尽量充实设备，在图书、仪器等方面均须进行最大限度地扩充。图书仪器得到全面充实，图书册数的增加，据统计等于二十年来的总量。

据《暨南校刊》记载，经第 60 次行政会议决定，为对学校的建筑进行统一规划，学校将成立建筑委员会。在 1937 年 6 月的校庆典礼上，何炳松列举了不少成绩，其中包括“新建了大门，实验学校校舍，教务处办公室，附中图书室等”①，同时，校园的绿化明显改观，校内人行道路得到扩展，一座钢筋水泥的校门也建立起来。当时校内道路也充分体现出以南洋与华侨为背景的特色，如暨南园内主要道路的路名分别有中华路、新加坡路、巴达维亚路、马尼拉路、盘古路、西贡路、坎拿大路、古巴路、纽约路、台湾路、三藩市路、吉隆坡路、槟榔

① 《六月十四日校庆纪念暨毕业典礼大会》，《暨南校刊》，1937 年第 214 期，第 16－17 页。

屿路、邦加路、马辰路、三宝垄路、泗水路、望加锡路、缅甸路、北婆罗洲路、棉兰老路等。

由于师生人数不断增加，暨大的用电量和用水量也随之大增，尤其是电力不足的问题长期困扰学校。何炳松就任后，很快就更换了自备的旧电机，加大电机的容量。但是，新电机很不稳定，以致经常断电。只得改由真如电厂供电，为真如电厂改装大机。

何炳松任校长后，暨南办得颇有起色，社会舆论对暨南越来越看好。1936年1月《东方杂志》刊载文章评论全国各类高等教育机构时，国立交通大学校长黎照寰认为："广州的中山大学，上海的暨南大学，武昌的武汉大学，北平的清华大学都像春花怒放，成绩斐然。"何炳松校长表示："因全校师生的一心一德，共同奋斗，不特校务渐入正轨，学术空气也日趋浓厚，凡是爱护本大学的人，无不奖勉有加，甚至把本大学和清华、武汉、中山等大学相提并论，我们全校师生感愧之余，自当格外努力，期于最短期间，把本大学造成一个名副其实的高等学术研究的机关，希望能为国家造成若干健全青年，毕生从事于学术救国的工作。"

上海时期，暨南大学完成了由学校到大学的转变。在学术方面，不仅有能力承办高规格国际会议、邀请社会名流前来讲座，其学术研究及教学水平也得到社会公众的认可。在文艺体育方面，暨南大学也繁荣活跃、成绩斐然，"暨南"名气之大，成为吸引广大学者前来执教的一块"金字招牌"。

第三节　董事会

一、民国时期国立大学校董会概况

我国最早的校董会，可以追溯到清道光八年（1828）江苏高淳县的学山书院。当时国内私立学校（包括教会学校、书院）已经普遍设立董事会管理校务。"作为私立学校的主要决策机构，校董会的主要职能是负责聘请校长、学校主要事务、提供建设基金等。"① 随着中国近代教育的发展，校董会植入近代各级学校系统。民国公立大学董事会制度出现于北洋政府时期，取法于当时美国的大学

① 任小燕：《北洋政府时期国立大学校董会制度的探索与困境》，《清华大学教育研究》，2015年第4期，第111－117页。

董事会制度，意在争取经费乃至某种程度的大学自治。[①] 20世纪初以来，美国教育管理思想在中国广泛传播，对中国产生了巨大影响。校董会作为美国大学最高权力机关，负责“举凡推任校长，管理支配财力等”；校董会成员主要由社会知名人士或企业界人士担任。而这一时期许多教育名家均有在美国留学深造的经历，因此这期间大学董事会的成立是迎合了多种因素的需要，也是对大学管理体制的新尝试。

民国时期的公立大学成立董事会主要有内外的因素。内因一方面是为解决办学经费缺乏、经费管理的问题。1921年，国立东南大学（中央大学）校董会正式成立，它的设立直接原因就是办学经费不足。“当时的北洋政府虽然支持成立国立东南大学，但却无力提供相应的办学经费，因此，东南大学不得不另谋他途，把筹款目标转向了东南社会。”[②] 国立东南大学董事会刚设立时职权仅有两条，都和经费问题相关，一是扶助学校（事业）之进行，二是保管私人捐助之财产。[③] 推动了1924年北京师范大学设立董事会的直接动因也是筹措办学经费。内因另一方面是为大学教育争取更多资源，谋专业之发展，这也是设立董事会的另一个重要动因。如国立交通大学设立董事会是出于大学管理与人才培养之需。《交通大学大纲》规定了董事资格除了必须是捐助者外，还提出了如“有工业或经济专门学术者”，“曾办理交通事业成绩卓著者”等不同于他校的极其专业的要求。

除了公立大学自身的原因之外，由于当时北洋政府财政亏空，长期拖欠高校教育经费，大学教师时因政府欠薪而发起“讨薪运动”。1924年，北洋政府颁布《国立大学校条例令》，以政府的名义肯定了董事会在高校中的地位。该条例中对董事会的设立做出明确的要求：“一，国立大学得设董事会；二，董事会审议学校进行计划及预算、决算暨其他重要事项；三，例行董事、校长、部派董事，由教育总长就部员中指派，聘任董事，由董事会推选呈请教育总长聘任；四，第一届董事由教育总长直接聘任；五，国立大学校董会议决事项，应由校长呈请教育总长核准施行。”[④]《国立大学校条例令》标志着董事会制度被北洋政府认可，董事会制度在全国发展到高峰。北洋政府这一行为有分解经费压力之因，同时，也有通过校董会制度指派幕僚或亲信、影响董事会决策、干预公立大学的意图。

这一时期的校董会并非徒有虚名的机构，虽然各公立大学董事的职权不尽相

---

① 任小燕：《自治抑或他治——民国时期公立大学董事会制度性质的历史考察》，《南京师范大学学报》，2015年第5期。

② 任小燕：《自治抑或他治——民国时期公立大学董事会制度性质的历史考察》，《南京师范大学学报》，2015年第5期。

③ 朱斐：《东南大学史》，南京：东南大学出版社1999年版，第109页。

④ 《教部公布国立大学条例》，《申报》，1924年2月29日。

同，但都曾作为学校最高权力机关而存在。当时，校董会的职权包括任命校长和教授、决定学校预算、监督与捐款，指导学校管理等职权，可以说是把握着学校的校政大权。

1924 年《国立大学校条例令》的颁布引起了国立大学教育经费来源的结构性转变，而“随着董事会筹措经费的比例逐渐增加，董事会对于国立大学管理层级的权力也相应有所扩大，中央政府管控国立大学的权力空间则将受到挤压”①，最终遭到废止。在 1929 年南京国民政府公布《大学组织法》中没有任何与董事会制度相关的规定，这表明董事会制度开始走向衰弱。

二、暨南大学董事会缘起

在暨南大学的发展进程中，董事会制度的建立和运行是一个重要的推动力量。暨南大学的董事会最早可追溯到 1918 年，为暨南学校复校之初建立的名誉赞助员制。暨南大学董事会正式成立于 1921 年，1922 年召开第一届校董会议，1929 年被迫取消，1931 年复办成立新一届董事会。1949 年，校董会取消。1958 年，暨南大学在广州重建后，新一届的董事会于 1963 年 2 月 9 日成立，敦聘政府部门有关领导和教育界、侨务界以及海外、港澳知名人士为董事。暨南大学董事会成立至今（2021 年）正好 100 年。

（一）暨南校董的前身是名誉赞助员

1918 年，暨南学校开学后，面临着重重困难。虽然经过多方努力，困难得以缓解，但情况仍不容乐观。为了集思广益，发动社会力量办学，复校之初订立的《暨南学校章程》中规定：学校实施董事制度，在董事制度未建立之前，首先实行名誉赞助员制，推定若干国内外具有卓著声望并热心南洋华侨教育的人士作为名誉赞助员。由此可见，名誉赞助员即暨南校董前身。

当时担任学校名誉赞助员的有前中央教育会会长张謇、江苏学务总会会长黄炎培。不久又推选江苏省民政司司长沈恩孚、前教育部特派调查南洋学务林鼎华二人为名誉赞助员。名誉赞助员从身份上来说基本上为教育家或实业家，同时他们也是国内外具有卓著声望并热心南洋华侨教育的人士。暨南学校推行名誉赞助员制是想要通过名誉赞助员来帮助解决暨南学校社会资源、经费短缺等问题。“在实业家、教育家张謇与职业教育倡导者黄炎培主导、赞助下恢复起来的暨南

① 薛国瑞：《民国初期国立大学董事会职权演变与大学治理——以国立东南大学为例》，《高教探索》，2020 年第 8 期。

学校，比起清末创办的暨南学堂，其办学思想更为实际。”①

（二）暨南学校第一届董事会

1921 年，暨南学校董事会推举选定。1921 年 2 月，董事会与校长以及学校各科主任举行联合校务会议，重新修订了《暨南学校章程》。新章程适时变通，根据新的形势和暨南发展的实际情况，增加了一些相应的规定。

1922 年 3 月 2 日，北洋政府教育部为暨南学校校董正式发出聘书。第一届校董共有 20 人，他们都是教育界、侨务界、实业界的知名人士。3 月 19 日下午六点半，暨南学校第一次校董会在上海一品香饭店召开。因为肩负教育回国华侨子弟、规划海外华侨教育事业的重任，由教育部先后聘请了“张謇、黄仲涵、林文庆、袁希涛、黄炎培、范源濂、黄奕住、简照南、林熊征、丘燮亭、李登辉、陈炳谦、史量才、严家炽、钱永铭、韩希琦、郑洪年、叶兆崧、柯成懋、赵正平二十人担任第一届校董”。②

表 2－3　国立暨南学校第一届校董情况介绍表

校董成员	人物简介
张謇	前中央教育会会长、江苏教育总会会长，教育家、实业家
范源濂	北洋政府教育部总长、北师大首任校长
林文庆	归侨医学家、教育家，后任厦门大学校长
袁希涛	北洋政府教育部次长，后任江苏教育会会长，教育家
黄炎培	江苏学务总会会长，教育家
简照南	华侨实业家
黄奕住	侨商、中兴银行行长
史量才	《申报》主笔，后任《申报》总经理
韩希琦	“荷印”华侨学务总会文书兼主任干事、上海中南协会负责人之一、主办《中国与南洋》杂志
郑洪年	首任暨南学堂堂长
李登辉	归侨教育家，曾任复旦大学校长
柯成懋	教育家，后任暨南学校校长
赵正平	曾任爪哇岛巴达维亚中学校长，曾任暨南学校校长
黄仲涵	曾为南洋首富，被誉为“印尼糖王”

① 张晓辉、夏泉：《暨南大学史（1906—2016）》，广州：暨南大学出版社 2016 年版，第 17 页。

② 《暨南学校第一次校董会》，《申报》，1922 年 3 月 19 日，第 15 版。

（续上表）

校董成员	人物简介
叶兆崧	曾为南京交通部船政司
严家炽	曾为江苏省财政厅厅长
林熊征	台湾华南银行的创办者之一
钱永铭	民国财政次长、中央银行理事
陈炳谦	近代上海著名的买办、富商
丘燮亭	华侨富商、爱国侨领

当天，袁希涛、黄炎培、柯成懋、胡道南等十余人参会。会上，赵正平被推举为临时主席。这次会议提出了三条议案，分别是扩张海外教育案、设置新校舍筹备委员会案、校董职务规程案。

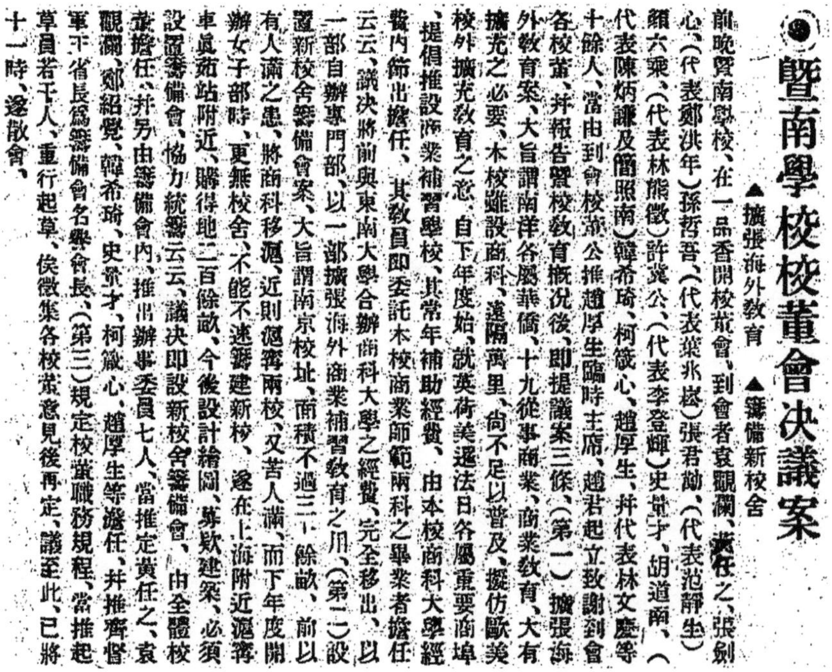

暨南學校校董會決議案

▲擴張海外教育　▲籌備新校舍

前晚暨南學校、在一品香開校董會、到會者袁觀瀾、黃任之、張劍心、（代表鄭洪年）孫哲吾、（代表葉兆崧）張君劢、（代表范靜生）頌六乘、（代表林熊徵）許冀公、（代表李登輝）史量才、胡道南、（代表陳炳謙及簡照南）韓希琦、柯儆心、趙厚生、并代表林文慶等十餘人、當由到會校董公推趙厚生臨時主席、趙君起立致謝到會各校董、并報告暨校教育概況後、即提議案三條、（第一）擴張海外教育案、大旨謂南洋各屬華僑、十九從事商業、商業教育、大有擴充之必要、本校雖設商科、遠隔萬里、尚不足以普及、擬仿歐美校外擴充教育之意、自下年度始、就英荷美暹法日各屬重要商埠、提倡推設商業補習學校、其常年補助經費、由本校商科大學經費內節出擔任、其教員即委託本校商業師範兩科之畢業者擔任云云、議決將前與東南大學合辦商科大學之經費、完全移出、以一部自辦專門部、以一部擴張海外商業補習教育之用、（第二）設置新校舍籌備會案、大旨謂南京校址、面積不過三十餘畝、前以有人滿之患、將商科移滬、近則滬寧兩校、又苦人滿、而下年度開辦女子部時、更無校舍、不能不速籌建新校、遂在上海附近滬寧車眞茹站附近、購得地二百餘畝、今後設計繪圖、募款建築、必須設置籌備會、協力統籌云云、議決即設新校舍籌備會、由全體校董擔任、并另由籌備會內、推出辦事委員七人、當推定黃任之、袁觀瀾、鄭紹覺、韓希琦、史量才、柯儆心、趙厚生等擔任、并推齊督軍、王省長為籌備會名譽會長、（第三）規定校董職務規程、當推起草員若干人、重行起草、俟徵集各校董意見後再定、議至此、已將十一時、遂散會、

《暨南学校校董会决议案：扩张海外教育　筹备新校舍》

《申报》，1922 年 3 月 21 日

第一，扩张海外教育。南洋各属华侨十分之九从事商业，因此商业教育大有扩充之必要。本校虽设商科，但与海外各地远隔万里，尚不足以普及。应当仿照

欧美校外扩充教育的方法，拟自 1922 年下半年度始，在英、荷、美、暹、法、日各属重要商埠，提倡推设商业补习学校。其常年补助经费由本校商科大学经费内节出，委托本校商业、师范两科毕业者担任教员。决议将前于东南大学合办商科大学之经费完全移出，以一部分为自办专门部之用，以一部分为扩张海外商业补习教育之用。

第二，设置新校舍筹备会。南京校址和在沪的商科校址均人满为患，下年度开办女子部时，更没有校舍，不得不速筹建新校。于是在上海附近沪宁铁路真如站附近购地 200 余亩，今后设计、绘图、募款、建筑必须设置筹备会，协力统筹。决议即设新校舍，筹备会由全体校董担任，并另由筹备会内推出办事委员七人，当推黄炎培、袁观澜、郑绍觉、韩希琦、史量才、柯成懋、赵正平等担任，并推齐督军（齐燮元）、王省长（王瑚）为筹备会名誉会长。

第三，规定校董职务规程。规定校董职务规程当推起草员若干人重新起草，待征集各校董意见后再定议。

（三）董事会的职权

暨南大学成立董事会的想法由来已久，董事会从成立之初就有绝对的话语权。第一届董事会成立后，校董积极参与学校事宜，例行举行董事会议。针对学校校区建设、章程修改、经费筹措、财政预算、人事变动召开董事会议。每次召开董事会议都有相应讨论的议题，一般都先由校长对学校近期的发展情况、面临的困难及将要进行的事项进行汇报，再由董事会讨论本次会议需要审议的议题，若会上议题不能立即审议通过，则推迟到常务董事会议或下次董事会议再行审议。

第一，审议学校经费收支情况，为学校筹措经费出谋划策。从成立之初，董事会一直在为学校财政经费问题出谋划策，以为学校创造更好的办学条件。董事会第一次会议在筹划新校区时就提到校董们将成立新校区筹委会，拟定筹款的方法："本校设置新校舍筹备委员会，由全体校董担任，并由校董中推举办事委员七人，筹拟集款方法，规划校舍工作与各校董接洽进行。"[①] 在 1922 年召开的第二次董事会上，校长赵正平报告了学校近况。校董们审议并通过了"筹划新校舍建筑费，议决照原案募捐，与请拨国款，及发行校债三事并行"。决议表示将通过捐款、财政拨款以及发行校债的方式解决建设新校区带来的建设费用问题。"校董黄奕住已缴 10 000 元，与江苏齐督军每期认捐 10 000 元，募捐正在进

① 《本校大事记　第一次校董会议》，《中国与南洋》，1922 年第 3 卷第 6 号。

行"①，可见当时学校因筹建新校区经费紧张，校董们不但自己掏钱建校，同时因校董们大都是政商界名流，他们也通过各自的关系网向教育部、财政部等申请经费支持。

第二，审议学校筹建、扩充校内建筑，解决办学中的校舍不足问题。暨南学校选择上海真如作为下一步经营的目标就与校董们的商议有关，经过校董、校长和各主任多次筹商，最终决定在沪宁铁路真如车站旁边，购买面积200余亩的地段。在董事会的筹划下，学校在上海宝山县真如乡收买土地修建新校舍。第一次董事会上校董们就对校舍问题展开具体讨论，并成立新校舍筹备委员会解决。除校舍之外，校内其他建筑如宿舍、讲堂、图书馆、附属小学等也主要是由董事会规划决议的。1924年，董事会上校董们审议"继续建筑新校舍案，公决本年因真如新校不敷分配，至少必须添建宿舍连讲堂一座其建筑费以20 000元为度"②。1926年，姜琦校长在董事会上提议募捐另建新馆，对图书馆进行扩充，时任校董郑洪年捐款5 000元。

第三，对学校的章程修改、学科建制等校务进行审议。包括对学校章程的修改、董事会大纲的修订以及学校重大的校务问题，在董事会上都由校长提出并由校董们审议后执行。"修改校章案，由赵校长提出修正要点，公决由袁校董赵校长起草，交常务董事会决议"，"拟订校董会大纲案，议决一并拟交常务校董会"。③

第四，负责推举校长及新校董。董事会对于学校重要人事任免具有推选的权力。校长、校董请辞等也必须向董事会提出申请。据1923年7月24日《申报》记载，赵正平校长宣布离职后，各校董批阅校中各部及同学会等挽留校长函件，一致认为必须挽留，无论如何困难，董事会当尽全力扶助。虽最终未能挽留赵校长，但董事会在校长离职后，在协调后续工作上发挥了很大作用。继赵正平校长之后，姜琦校长上任不久就向董事会请辞，同样是由董事会处理相关事宜。1925年10月3日《暨南周刊》中报道："姜校长现请辞职，议决姜校长任事以来，整理校务，日有进步，设有困难，校董会自当勉励帮同解决。"

三、1931年新一届董事会的成立

1929年7月16日，出于加强教育行政的考虑，国民政府颁布《大学组织法》，废除了国立大学的董事会制，转行校长负责制。1931年春，国民党中央执

---

① 《暨南学校校董会纪》，《新闻报》，1922年12月11日。

② 此处及以后多段内容引用自：《暨南学校校董会》，《时报》，1924年3月20日。

③ 《暨南学校校董会》，《时报》，1924年3月20日。

行委员会召开第 126 次常务会议决议："国立暨南大学设置董事会，并推举孙科、林森、陈立夫、孔祥熙、宋子文、马超俊、余井塘、吴铁城、郑洪年、陈耀垣、萧佛成为董事。"① 新一届的董事会共由 11 位董事组成。

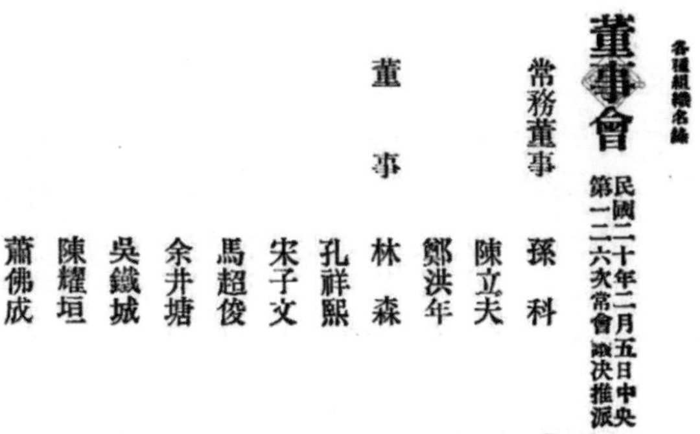
各種組織名錄

董事會

民國二十年二月五日中央第一二六次常會議決推派

常務董事　孫科　陳立夫　鄭洪年

董事　林森　孔祥熙　宋子文　馬超俊　余井塘　吳鐵城　陳耀垣　蕭佛成

《二十年度第二学期国立暨南大学董事会成员一览》

《战后之暨南》，国立暨南大学秘书处，1932 年

（一）新一届董事会章程及第一次会议

1931 年 2 月 23 日晚，暨南大学董事会在孙科住宅处召开成立会，并召开新一届董事会第一次会议。会议推选了郑洪年为主席，决议的事项有：第一，修正并通过本董事会章程。第二，推孙科、陈立夫、郑洪年为常务董事。第三，推陈立夫、马超俊五监审核二十年度新预算，俟审竣，由郑洪年呈教部。第四，于三月内，函知各校董到校视察。②

新的董事会章程也由国民党中央执行委员会批准，报请教育部备案。章程共计 11 款，主要内容涉及董事会职权、由校长呈报董事会的主要事项、董事会的产生和召开等。关于董事会职权，章程规定了 8 个方面，即：审定本校建设及改良之计划、筹划本校基金、监察本校财务、审定本校各项规程、考核本校师生关于党义之研究及各学科之成绩、核定本校预算决算、校产之保管及购入售出事项、推选本校校长呈送教育部提议任命。

关于校长呈报董事会的主要事项，主要包括 5 个方面，即：教职员进退、课程编制、学生成绩考核、会计收支以及全校各项统计等。

章程规定，董事会由 11 位董事组成，这些董事均由国民党中央执行委员会推任产生，董事会互选 3 人为常务董事，受董事之委托处理事务。董事会每月召

① 《"中央"一二六次常会》，《申报》，1931 年 2 月 6 日，第 8 版。

② 《暨南董事会开成立会》，《申报》，1931 年 2 月 25 日，第 8 版。

开一次常务会议，该会由常务董事集合，有特别事务时必须由常务董事酌定或经3名以上董事提议，召集临时会议。董事会开会时，必须有在京沪的半数以上董事成员出席，作出的决议必须经过出席人数的半数以上通过，方可生效。董事因故不能出席，必须除外计算，但应载入会议记录。不能出席会议的董事必须委托其他董事或国民党党部同志代表。[①]

1931年修订的董事会章程相较于1921年的校董会章程更为细化。其一，对董事的身份更为严苛，必须是由“中央执行委员会推任产生”。新一届董事会成员多为南京国民政府军政要员，可见国民政府对暨南大学的重视与控制。其二，修正通过的董事会章程，规定董事会对学校规章制度、建设、财务等事项具有决定权。相关规定内容更为细化。

《暨南大学欢迎校董盛况》
《申报》，1931年3月24日

（二）新一届董事参加暨南25周年校庆日

1931年3月23日是国立暨南大学建校25周年纪念日，当天校董孙科、孔祥熙、宋子文等莅校视察，学校筹备了盛大的欢迎大会。当天上午举办欢迎会、中学部成绩展览会，下午召开茶话会、举行童子军运动会、足球队与复旦大学作友谊比赛。[②]

为方便各位董事到校，孙科饬令临时调派专车前往真如。学校上午9时起举

① 《国立暨南大学董事会章程（民国二十年三月五日中央第一三一次常会决议备案）》，上海市档案馆：国立暨南大学档案全宗，档案号：Q240－1－682。

② 《暨大校董今日视察》，《申报》，1931年3月23日。

行盛大的欢迎仪式。董事们到校后就由郑洪年校长引导参观莲韬馆、各办公室、图书馆、科学馆，最后到致远堂，礼堂前升旗鸣炮后大家在礼堂内就座召开大会。孙科与孔祥熙分别在会上致辞。孙科表示："今日第一次到此，觉暨大规模具备，一切设施已成完全之校，殊以为慰"，同时希冀暨大同学牢记两个任务："一是使华侨发生精神联络，想念祖国，为祖国努力服务，革命成功靠华侨赞助结果，华侨占重要地位，对革命工作仍需继续努力；二是使海外侨胞对国内继续帮助维持以前革命程序，诸位回国求学，不仅研究文史社会近况即完成任务，最大在养成革命建设人才为祖国效用，将终身精神能力供献祖国以谋建设。"①

《暨南大学校董会成立　校长郑洪年领导各校董视察各部》
《良友》，1931 年第 58 期

当时，准许保留董事会制的国立大学，除老牌"党校"——中山大学外，便只有暨大一家，其背后的政治意涵不言而喻。② 上海暨南董事会存在期间，为学校的建设发展作出了诸多的贡献，政府的重视使国立暨南大学得到诸多有利的发展条件。但后来由于受到党派和政府的操控出现了诸多问题，影响了学校对教育的自主把控和长足发展，从而导致校园情况复杂。1936 年以后，暨南大学董事会基本上不再召开会议，其对学校的作用逐渐减弱，直至 1949 年董事会取消。

中华人民共和国成立后，1958 年，暨南大学在广州重建，暨南大学董事会

① 《暨南大学欢迎校董盛况》，《申报》，1931 年 3 月 24 日。
② 陈岭：《"派系撕裂校园"：暨南大学驱长风潮研究（1933—1934）》，载马敏：《近代史学刊（第 18 辑）》，北京：社会科学文献出版社 2017 年版，第 22 页。

也迎来新生。1963 年，董事会复办。1970 年暨南第三次停办，董事会也随之撤销。1978 年暨大复办后，董事会再次成立。廖承志、荣毅仁、钱伟长、戴秉国、万钢等党和国家领导人先后担任董事长。他们出谋划策、四处奔走，为暨大的重建、复办以及在新时期的改革发展作出了巨大贡献。

暨南大学是中国最早设立董事会的大学之一，董事会在暨南大学三落三起、五度播迁的百年发展史上占有举足轻重的地位。几乎在每个关键时期，都留下了董事会群策群力、校董奔走呼吁的印迹。校董们输诚献猷，争取支持，推动暨大薪火传承，不断向前发展。今天，作为百年侨校发展建设的特殊推动者，暨南的校董们继续发挥着表率作用，发扬联系广泛的特点，团结了一大批海内外声望卓著、热心华侨教育事业的各界人士，为凝聚全球暨南校友、促进暨大办学水平和国际声誉的提升注入了强大力量。

第三章

JINAN UNIVERSITY

第一侨校 声教四海

鸦片战争后，海外侨民的数量迅速增加，海外华侨教育不断兴盛。同时期的中国政府也加快了对侨务政策的调整，对华侨子弟的教育问题愈加重视。由于海外华侨教育质量参差不齐，以及侨居地政府对华侨和华侨教育采取的限制措施，华侨子弟归国求学的愿望迫切而又强烈。清末，伴随着新政的施行，暨南学堂应运而生。学堂一经创办，便成为海外华侨子弟远涉重洋、负笈祖国，接受规范中华文化教育的首选。

作为第一所由政府创办的华侨学府，暨南从成立之初，便以"宏教泽而系侨情""将中华文化传播到五洲四海"为重要使命。为吸引侨生归国，暨南开创了独具特色的侨生招收政策，全校上下也不遗余力地为侨生归国求学提供保障。1927 年暨南改组为大学，郑洪年校长制定一系列优待侨生的招生办法，此后优待侨生便成为暨大各个时期承袭的政策惯例。为更好地适应华侨教育发展，培养华侨英才，暨南大学还通过对教育体制的不断改革与创新，形成了多样化、与时代相适应的教学体系，如首推华侨女子教育、创建致力于华侨研究的学术机构、注重国语教学和师范、商科等职业教育等，为侨生毕业之后立足南洋、服务侨居地和服务祖国发展作了充分的准备。

1927 年 9 月，南洋文化教育事业部成立，作为国内研究与解决南洋问题的专门机构，以"研究南洋华侨之教育生活，使国人注重南洋问题，而将来之南洋华侨，能受各国殖民地内之平等待遇，以开拓南洋种种社会事业"。南洋文化教育事业部与大学部、中学部成三足鼎立之势。该部还出版了研究南洋问题的专门刊物，广泛刊登有关南洋华侨与社会的文章，以加深国人对南洋的了解，我国第一份具有学术研究性质的研究南洋的杂志《南洋研究》便是由该部出版。该部还通过召开南洋华侨教育会议，研究解决南洋华侨教育的各种问题，帮助南洋华侨教育摆脱困境；开办侨民师资训练班，为南洋华侨学校培养师资，以促进南洋华侨教育的发展。南洋文化教育事业部致力于南洋华侨的研究，也吸引了大量南洋及华侨研究的学者云集于此，诸如刘士木、李长傅、夏丏尊等著名学者。

得益于暨南大学的种种独具特色的华侨教育政策和制度体系，以及南洋文化教育事业部的研究力量，来自世界各地的华侨子弟纷纷归国求学、慕名而来，并在暨南大学学有所成。这些学子毕业后，奔赴海外和祖国各地，大都成为各行各业的翘楚，并为中华文化的传播、南洋社会发展以及祖国的建设作出了重要贡献，李光前、许敦茂、林邦彦、邢济众、刘抗、蔡演雄、符克等便是他们之中的杰出代表。这些侨生或回到侨居地从事商业，富甲一方，以慈善济天下；或投入政坛，为祖国发展贡献力量；或献身教育，名震文坛，桃李满天下；或投身革命，为祖国献出青春和热血。他们的事迹，不仅代表着当时中国华侨教育所取得的成就，也是暨南的荣誉和骄傲。

第一节 宏教泽而系侨情

一、华侨教育的勃兴

中国人侨居海外的历史源远流长。特别是近代以来，大量中国人侨居海外，形成“有海水的地方就有华人华侨”的局面。侨居海外的华侨，仍十分怀念故土，并重视对中华传统文化的传承，华侨教育机构也陆续兴办并发展壮大，呈现出勃勃生机。在海外华侨教育蓬勃发展的同时，华侨回国求学的意愿也愈加强烈，促使中国政府日渐重视国内华侨教育的发展，暨南学堂就此诞生。经过20余年的发展，暨南升格为大学，成为名副其实的“华侨最高学府”。

（一）海外华侨教育的产生

早在秦汉时期，就已经有中国人侨居海外。随着中外商贸和文化交流的日益扩大，移居海外的中国人也不断增加。唐朝时期，中国东南沿海一带的商贾和工匠开始漂洋过海，到南洋（今东南亚地区）谋生取利并繁衍生息，成了当地最早的一批华侨移民。明朝，郑和下西洋进一步增进了中国与海外各地的交流，推动了海外华侨社会的形成。到明后期，菲律宾马尼拉已经形成了华侨人口2万~3万人的华人社会，日本的平户、长崎等城市出现了华人聚居的“唐市”。[①] 明清两朝皆实施海禁政策，私自去往海外者被视为“叛逆”和“莠民”，海外华侨在居住地遭受欺凌和屠杀，朝廷非但不予以保护，反而认定为“孽由自作”“朝廷概不与闻”。

然而，华侨有着极强的在海外求生和发展的愿望，随着华侨经济和华侨社会的发展，就更需要“华侨教育发挥其特有的功能，使华侨华人社会成为一个具有共同语言、共同文化背景、共同生活目标的华族联合体”。[②] 于是，华侨华人社会为解决华侨及其子女的母语教育问题，仿照国内的教育模式，创办了私塾、学校、学社等传统教育机构，主要教授《三字经》、《千字文》、《百家姓》、四书五

① 耿红卫：《海外华文教育的历史回顾与梳理》，《东南亚研究》，2009年第1期，第71-78页。

② 吴明罡：《近代南洋华侨教育研究：以新加坡、马来西亚、印度尼西亚为中心》，长春：吉林大学出版社2014年版，第36页。

经、珠算等内容。在17世纪，华侨教育的雏形就已经产生。① 1690年，荷属东印度巴达维亚的华侨创办了明诚书院，该学校的学生将近40人，经费由华侨公馆承担，后因管理不善停办，这也是有文字记载的最早的华文学校。1772年，巴达维亚养济院设义学，后又有华侨创办了江南书院。1819年，马来亚槟榔屿华侨创办了五福书院。1829年，新加坡的华侨旧式学校已经达到3所。这些教育机构主要依赖于华侨自身捐赠，在当地华侨的努力下，海外的华侨教育也初步发展起来。

（二）华侨教育遍布海外

鸦片战争后，国门被打开，大批中国人作为“契约华工”，主动或被动地离开故土，远赴美洲、非洲、大洋洲及东南亚等地，从事开矿、筑路、垦荒等繁重劳动。据统计，在1850年后的25年间，出国华工共计128万人，平均每年多达5.1万人。与此同时，清政府漠视华侨的政策也逐渐调整。1893年，清政府正式宣布废除严禁侨胞归国的政策，并给予华侨法律保护。这标志着清政府对传统侨务政策的重大调整。

随着海外侨民数量的骤增，以及中国政府愈加积极的侨务政策，海外华侨教育不断兴盛，华侨学校如雨后春笋般发展起来。1854年，新加坡华侨创办萃英书院。左秉隆任新加坡总领事期间，新加坡华侨学校蓬勃兴起，会贤社、培兰书室、毓兰书室、乐英书室、养正书屋等在当地华侨的努力下创办起来。1888年，美国旧金山华侨创办美国第一所华侨学校——中西学堂。之后，南洋、朝鲜、加拿大等地华侨先后在当地创办了大量华侨学校、学堂，如马尼拉的中西学校、仁川的中华学校、新加坡的养正学校等。据统计，从1881年至辛亥革命爆发，各地海外华侨共创办了100多所华侨学校。中华民国成立后，华侨办校的热潮更加高涨，华侨学校已经扩散到非洲、大洋洲、南美洲。1929年，遍及日本、南洋、澳洲、美洲等侨居地的华侨人数超过1 060万人，其中南洋的华侨就超过了560万人。② 1945年“二战”结束时，海外各地华侨学校已有3 455所，华侨学校的种类多样，授学对象涉及不同学龄段的学生。这一时期，华侨也开始学习西方国家的先进办学模式，如进行双语教学、西学和国学兼顾等，一些先进的思想也通过华侨教育机构传播开来。同时，海外华侨也在侨居地与反华和排华政策作持续斗争，他们不畏强权，通过自筹经费、自设华校、自聘教师等多种方式，努力争取教育平等，展示了海外华侨的赤子之心和英勇无畏的精神。

---

① 吴明罡：《近代南洋华侨教育研究：以新加坡、马来西亚、印度尼西亚为中心》，长春：吉林大学出版社2014年版，第36页。

② 李长傅：《海外华侨人数之统计》，《南洋研究》，1929年第2卷第5期。

（三）与时俱进的侨教政策

近代以后，清政府在调整侨务政策的同时，也对华侨子弟的教育问题愈加重视。进入20世纪，与清政府废科举、兴办新式学堂的改革相呼应，新式华侨学堂如雨后春笋般不断涌现。例如清末十余年间，马来亚建成的新式侨校就有10余所。然而，尽管海外华侨教育逐渐兴盛，但各校之间的联系较少，各自为政，教育标准不一致，教科书不统一，学制也不尽相同。学校的管理也不够完善，经费来源无法得到有效保障。华侨子弟对于能够回国求学的愿望愈加强烈。这一时期，清政府相继在南洋等地对华侨学校进行视学、劝学和指导，根据《奏定学堂章程》制定华侨学堂规则，并准予华侨学堂在学部立案。1905年，清政府还派朝廷要员赴南洋查学。在了解到华侨子弟迫切期望能够归国读书后，出于“宏教泽”“系侨情”“弥隐患”的考虑，决定在国内创建华侨学堂，吸引华侨子弟归国读书，暨南学堂便应运而生。学堂以“宏教泽而系侨情”为宗旨，专门招收华侨子女入学，华侨学生回国求学在南洋热烈展开。

中国政府参与管理南洋华侨教育是在辛亥革命后，实行“移”“殖”“保”“育”四大侨务政策。“移”是鼓励国人向海外发展，“殖”是协助国人在海外立基，“保”是护卫国人在海外的安全，“育”是教导国人在海外滋长。民国时期的侨务政策进一步促进了华侨在海外的立足与发展。1913年，《领事管理华侨学务规程》颁布。1914年，又出台了《侨民子弟回国就学规程》。1926年，华侨教育总会成立，促使分散的华侨教育管理机构走向整合。1927年，南京国民政府成立后，在国民政府大学院下设立侨民教育委员会，并逐步制定了华侨教育的宗旨和教育方针，要求华侨教育应依据祖国教育宗旨和华侨特殊环境而展开，着力培养华侨的民族意识、自治组织能力、发展生产的知识技能、提高国际地位、促进中外民族平等。① 这一时期，由于国家主义思潮泛滥，海外各国大多推行排华政策，华侨教育在海外的发展受到一定限制，回国求学的侨生则日益增加，暨南也成为侨生就读的首选学校。在此背景下，暨南在南京复校，继续履行华侨学府的使命。复校后几年，暨南学校迁往了经济更为发达、与外界交流更为便利的上海，侨生数量显著增长。1927年，南京国民政府批准暨南学校升格为国立暨南大学，暨南从此成为名副其实的“华侨最高学府”，中国的华侨高等教育也进入了一个显著发展的时期。

---

① 别必亮：《近代国内华侨教育的政策与措施》，《史学月刊》，2001年第5期，第62－68页。

二、独具特色的侨生招收政策

作为第一所由政府创办的华侨最高学府，为吸引侨生回国，暨南学堂成立之初，即采用保送生制度和视学员选择两种方式招收学生。此后，为了适应时代变化和学校发展，暨南在不同阶段都应地应时出台了具体的侨生招收政策，为侨生回国求学提供保障。在侨生招收政策的引导下，一批批来自海外各地的华侨子弟慕名来到暨南，在高质量的知识教育和品德熏染下，将华侨之文脉发扬光大。

（一）黄炎培两度赴南洋招生宣讲

1917 年，北洋政府教育部批准暨南复校，黄炎培在《暨南学校章程》中制定了专门面向华侨的招生政策，其中指出：“本校以召集华侨子弟已在南洋受有初步之教育者，授以适应于南洋需要之知识技能，并发达其爱国思想，俾毕业后从事于华侨教育或实业，冀其事业之改良与发展为宗旨。”并规定入学学生“须身体健全、品行端正，年在十四岁以上，通晓国语”[①]。《暨南学校规复宣言并招生启》中规定了专业设置、投考方式以及收费标准、报到路线等侨生关心的重要内容。当时受国内外时局影响，暨南学校开学后，面对重重困难，招生数量未能大量增长。校方便采取多种方式，加大暨南学校在南洋的招生宣传力度。

黄炎培于 1917 年春、夏两度亲赴南洋进行招生宣讲。在黄炎培的招生宣传下，不少侨生得知消息后便决定归国读书。陈己亥是柔佛宽柔学校毕业生，“去岁黄炎培先生考察南洋各校得其情，而规复暨南学校”[②]，他便于 1918 年与同伴乘日本游船回国。黄炎培对侨生的回国情况也尤为关切，他在《敬告南洋侨生》中对侨生归国作出指引：“现在中国与南洋来往船只甚少，回国不免困难，惟有及早定买船票。船中旅客拥挤，须格外小心。近日巴达维亚中华学校有学生十三人同来，柔佛之宽柔学校有学生十人同来。倘能照此办法结伴回国，尤为妥当。校长赵正平在南京照料，我在上海照料。回国者可先写信或发电通知上海西区

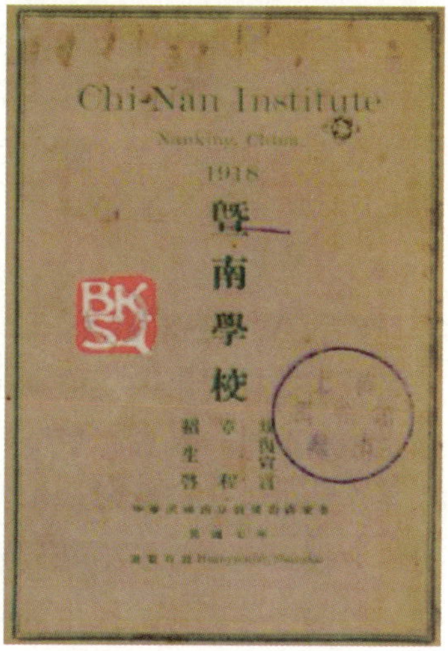

黄炎培：《暨南学校规复宣言、章程、招生启 1918》

① 黄炎培：《暨南学校规复宣言、章程、招生启 1918》，暨南学校，1918 年。

② 《回国记》，《中国与南洋》，1918 年第 2 期，第 88 页。

方斜路中华职业教育社，说明船名及日期，则到时有人在埠头招待也。”①

同时，暨南学校将《暨南学校章程》和《暨南学校规复宣言并招生启》等印成小册子在南洋各地学校或华侨教育总会广为分发，包括寄给南洋英属华侨教育总会、大锡马拉雅中华学校、泗水学务总会、荷属华侨学务总会等学校或机构，由这些机构分装寄给各埠社团并推荐学生来暨南就读。这些机构还将学校章程和招生启事转给当地报社予以登载，“缄请吧泗两报馆登刊并将广告新闻附入”“拟送师范生十名”“会商送学生归国就学事，兹已共得五人中有二人有志学师范”。同时，南洋的各学校还组织募捐，资助有心回国却家境困难的学生。

陈锦聪是马六甲培风中学的毕业生，在听闻南京暨南学校恢复办学后，他喜出望外。他说：“即便路途万里也决心与同学一起前往就读。”朱炜文是荷属苏门答腊敦本学校就读的毕业生，他渴望回国就读，却苦于国内无升学之地，某日在学校报章上看到暨南学校的宣言和章程，大为欢喜，“遂商诸兄得允于本年二月十八日治行装，负笈归国”②。和朱炜文一样，越来越多的侨生在学校的大力宣传之下回国求学。

1918 年 2 月 8 日，新加坡养正学校的三名毕业生来校。3 月 8 日，马六甲培风中学毕业生何盘铭、陈锦聪来校。5 月 27 日，赵正平校长伴送苏门答腊岛棉兰埠华侨学校学生陈浩华由上海来校。6 月 5 日，新加坡华侨学校学生李炳章到校肄业。6 月 8 日，赵正平校长率同学生林美与林咸让、林绵和三人到校……同时，吉隆坡尊孔独立学校校长宋森率 5 人来校，爪哇岛华侨学董陈金山先后率 14 名学生来校，柔佛地区宽柔学校校长林国梁先后送 15 名侨生来校……③来校侨生人数逐渐增加，截至 1919 年 1 月 15 日，全校学生共有 160 人，其中华侨学生 106 人。④

（二）侨生优待政策

暨南始终以服务华侨事业为宗旨，广泛吸收海外华侨子弟回国求学，招生政策也不断改进，且更趋系统严密，从各方面体现出了暨南的侨校特色，吸引了越来越多的侨生来校学习。作为当时国内唯一一所特殊的华侨教育机构，暨南大部分专业仅面向华侨子弟开放招生，故生源大都来自非洲、美洲以及英、美、荷、法、日等国殖民地，招生规模不如国内其他高校。1927 年学校改组之后，学校开始增加内地生规模，招收国内学生中有志于南洋事业者，四川、云贵、吉林、

---

① 黄炎培：《敬告南洋侨生》，《中国与南洋》，1918 年第 3 期，第 18－20 页。

② 《回国记》，《中国与南洋》，1918 年第 2 期，第 87－90 页。

③ 《暨南学校一年间大事记》，《中国与南洋》，1919 年第 5 期，第 84－98 页。

④ 《本校编制现况表》，《中国与南洋》，1919 年第 5 期，第 100 页。

陕西学生纷纷来投考，使得招生规模得以扩大。这一时期，郑洪年校长还从优待侨生的角度制定了一系列招生办法，如：“①增加大学部免费生。凡是曾在本校中学部毕业，在南洋服务两年以上的华侨学生，以及 1926 年毕业的师范科学生，愿意考入教育学系者，学费和膳费全免；愿入中国语文学系、外国语文学系、数学系、政治经济学系、法律学系者，学费全免。②优待南洋小学教员，凡是在南洋充当小学教员，愿意来本校求学者，经该地学校证明，得免入学考试。③增加特别生名额。凡华侨学生，因路途遥远，来不及在招生考试前到达学校，或因特殊情况，未能参加考试者，得准编级试验后，作为特别生，听讲一学期后，可以参加入学考试，及格者录取为正式生。”[1] 这些对侨生的优待政策使得越来越多的南洋华侨子弟选择克服困难，远赴重洋，来到暨南学习。这也对之后暨南大学的招生政策产生了重大影响，何炳松校长等基本承袭了优待侨生的政策惯例。

規章

本校優待華僑學生條例 二十一年度適用

本大學為便利華僑學生入學起見，特規定優待條例九則如次：

（一）凡稱為華僑學生者（簡稱僑生），必須該生生長或僑居海外至少五年以上，其父母或保護人現時仍在海外者方為合格。

（二）凡僑生到校報名時，須呈驗下列二種文件，方得享受本條例之待遇。

（甲）僑校證明書 畢業文憑，修業證書，及歷年成績單。

（乙）法團介紹書 僑居各地之黨部，領事署，商會，會館等，任一機關或團體之介紹書

以上兩種文件，須有負責者簽名蓋章，並附貼僑生照片，方為有效。

（三）僑生須依照本大學各部登報公佈之招生日期，報名投考。試期已過，無論何機關介紹，持何項理由，不得要求補考。

（四）僑生於考試期前，將呈驗文件，另四寸半身照片兩張，掛號郵寄本大學各部招生委員會。經該會審查合格，即發給「准考證」，寄還該生。若親到本校，呈繳文件者由招生委員會審查合格，則將（准考證）當面交給。

（五）僑生親攜准考證，再到各部註冊股報到，聽候入學試驗。其試期由各部分別先期酌定，於一月前登上海，廣州，及海外各地兩種日報公佈。考試地點如下：（甲）大學部在上海市真如鎮本校；（乙）中學部在廣州市××路；（丁）中學師範科在蘇州××街。

（六）凡僑生均須受入學試驗，其試驗科目與普通學生同。惟僑生考試成績，如主科目（國文英文數學）僅有一種不及格，其他科目（理化史地等）僅有一種不及格者，本大學得寬之設法補習，年終時再補考一次，分別留級，或升入相當班次。此項辦法，限於初回國之僑生，若回國後已在國內其他各校肄業者，不得援例。

（七）本大學中學部師範科免費，祇收僑生，有志投考該科，須各僑校專函保送，方得准予報名。

（八）師範科學生如中途退學，或因違犯校規被除名者，其學膳費當由保送之僑校照數賠償。

（九）附僑校保送師範生公函如左：

某某學校茲保送本校畢業〇〇〇投考貴大學中學部師範科，如蒙錄取，該生自應遵守校中一切規則，專心肄業，將來畢業後，即呈本校服務。倘該生中途退學，或違犯校規被除名處分，其歷年學膳費用，完全由本校照數賠償。此致

國立暨南大學校長

某某僑校校長〇〇〇章

專載

校長訓話及報告 楊裕芬 陳希文 紀錄

諸位先生，同學：

兄弟第二次回粵，乃為結束駐粵大學部，並籌設中學部，

《本校优待华侨学生条例》

《暨南校刊》，1932 年第 24 期

① 张晓辉、夏泉：《暨南大学史（1906—2016）》，广州：暨南大学出版社 2016 年版，第 43－44 页。

基于侨生回国入学过程中面临的重重困难，郑洪年特著《华侨学生指南》并出版，为侨生入学进行指导。这本书对侨生入学前和入学期间的住宿与存款、用费预算、购书与置物等各个方面都做了详尽介绍。建议侨生在入学前进行委托调查，择定数校，致函索取详章，或托沪友调查此等学校，可致函暨南大学南洋文化教育事业部、复旦大学、岭南大学上海分校、立达学园等咨询。学生到上海后，可与暨南、复旦等校商量住处，不可久居旅馆，铺张浪费。提示归国侨生上海中等学生的生活用度，约 500 元国币，大学生较中学生用度逐年递增，一二年级五六百元，三四年级六七百元，学生可据此数自行准备。还提醒侨生在入学之前不要过多购买书籍用具，仅择寻常日用必不可少之物酌量添置，待入校之后再购其他。同时，告诫侨生切不可花天酒地，行赌博之事。入学之后要“立志坚定”“慎选科目”“注重体育”“热心公共事业”“研究国语”以及“旅行国内各埠”等①。《华侨学生指南》不仅为侨生入学前后解决了多种难题，并且为他们逐步适应国内生活提供了指引和便利。

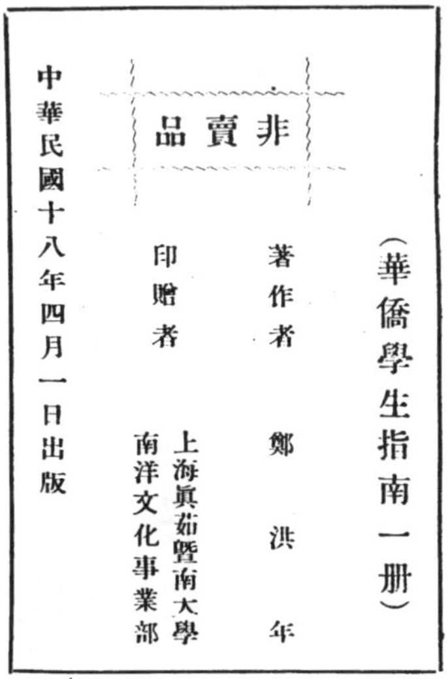
(華僑學生指南一冊)
著作者 鄭洪年
非賣品
印贈者 上海真茹暨南大學南洋文化事業部
中華民國十八年四月一日出版

《华侨学生指南》

在扩大招生规模和优待侨生政策的实行下，学校的规模开始逐步扩大，侨生人数也大为增加。暨大改组后的几年间，侨生数量已经达到全校学生总数的四分之三，成为名副其实的华侨最高学府。

1934 年，沈鹏飞代理校长后，在招生政策上，他基本上延续了郑洪年时期优待侨生的策略，并主持修订了《试读生规则》，规定“凡华侨子弟因迟到，不及参加本校招生入学试验，或志在专习数门学程，不求毕业证书与学位者，均得向本校请求为试读生”②。这些规则对侨生入学暨南是一种变通的优惠政策，对于暨大推动侨生规模的扩大有积极意义。

（三）“孤岛”和复员回沪时期的侨生招收

抗战爆发后，暨南大学迁入租界，由于受到战事影响，侨生回国交通不便，很多侨生也不愿囿于日伪监视下的教育环境之中，这就使得学校的华侨学生数量大为减少。当时的理学院学生谢章浙在 1941 年回忆母校的这段历史时，提到了

---

① 郑洪年：《华侨学生指南》，国立暨南大学南洋文化事业部，1929 年。

② 沈鹏飞：《试读生规则》，《暨南校刊》，1934 年第 106 期，第 4 页。

1938 年秋季在香港的招生活动，“仅招得侨生三名，但最终到校报到的却一个都没有”[①]。在侨生生源受到严峻挑战的情况下，尽管办学条件艰苦，何炳松校长依然十分重视华侨教育，对于招生政策也做了适应时局的改动，想方设法招收华侨学生，并为华侨学生创造良好的学习条件。受战局影响，和平时期的华侨学生招生办法已经不再适用，暨大便改变做法，从 1939 年夏天起，由学校委托南洋华侨较多之地如新加坡、巴达维亚等地的著名学校代办招生事宜，“所需费用由学校于原定经费中拨付”[②]。为解决侨生回国后的生活保障问题，学校还增设奖学金和清寒学生补助金，帮助侨生度过艰难岁月，完成学业。这一时期，为在战乱中保全暨大、延续侨教薪火，众多海内外校友、华侨及关心华侨教育的人士纷纷以各种方式促使暨大内迁，并且他们还在华侨高等教育改革等诸多方面建言献策，其中，南洋著名侨领司徒赞从南洋华侨社会培植人才的角度提出恢复南洋文化教育事业部，设立东方语文学院，聘请擅长于东方语文的华侨人士，必要时取材外国，恢复发展暨南华侨教育事业等举措。

在学校的重视以及爱国华侨的帮助下，暨大内迁建阳后，侨生数量逐渐增加。至 1941 年迁校建阳，分校共有侨生 30 人，占分校生源 240 人的八分之一。1942 年 5 月 13 日，何炳松成立招生委员会，依旧致力于拓展生源。办学规模稳定时，学校在校侨生约有 100 人。

1946 年，暨南大学复员回沪，但此时内战爆发，海外侨生入读者很少。曹聚仁回忆，他 1949 年春在暨南大学上课时，班上 30 多名学生，侨生仅 3 人。在这种情况下，暨南大学依旧坚持“适应海外华侨特殊需要，招收华侨子弟及国内有志于海外事业者”这一教育宗旨，学校在招生简章中也明确规定，招收新生以南洋华侨为主，每年在海外招收 70% 的新生，在国内只招收 30% 的学生，而且必须是有志于海外工作者。课程上仍坚持开设“南洋概论”一课，每周一两个学时，不计学分，却是各系入学新生的必修课，且如果考试不通过，次年还需重读。同时，国民政府教育部为了方便侨生回国，制定了一系列招收侨生的原则，暨南大学结合教育部的相关规定，实行优待华侨的招生办法，从 1947 年起，开始接收由教育部保送的华侨学生入学，并为回国侨生设置奖学金，为经济困难的侨生设置救济费。当时暨南大学培植海外侨生，专门招收高中毕业的侨生，经审查合格免试入学[③]。1948 年，暨大还首次在南洋增设考区，还派教师赴新加坡举办招生考试。

---

① 谢章浙：《潜伏的三年半——母校迁入上海租界内的经历》，《暨南通讯》，1941 年第 1 期。

② 何炳松：《华侨学生招收办法》，暨南大学档案室，档案号：2004 - XS12 - 23。

③ 《暨南海疆招收侨生审查合格免试入学》，《申报》，1948 年 11 月 6 日，第 7 版。

三、教学体制上的创新

为更好地适应华侨教育发展需要，培养高素质的华侨英才，暨南在不同的发展时期一直致力于对教学体制进行改革和创新。暨南通过加强对侨生的国语教学，实行理论与实践并重、师范与商科并举的举措，大力发展职业教育和女子教育，为侨生学成之后立足南洋奠定了坚实的基础。多样化的教学体系也促使暨南培养了大批华侨人才，这些华侨英才肩负起暨南的使命，为侨居地和祖国的发展作出了重要贡献。

（一）课程形式多样化，提升国语教学

在暨南求学的侨生来自南洋各埠，语言烦杂不通，因此加强国语教育成为暨南学校最基础的教学内容之一。暨南学堂初建之时，侨生所学功课就有“国文”一科，最初讲授国文的有清铨、王嘉曾和陈云葆三位教员。在教学上，课堂实行因材施教的教学方针，针对学生的各自特点及学业水平之差异，为其延聘教员补习功课，如不会讲国语的就补习国语，对不同层次的学生采取分班授课。暨南复校之后，继续贯彻暨南学堂时期因材施教的方针，实行分级分班教学。有时甚至一两个人开设一个特别班，例如新加坡琼崖育英学校保送来的云逢瑛，其英语水平较高，却毫无国语基础；三宝垄荷兰商业中学肄业的苏秀林对荷文已经谙熟，而其对国语却全然不会。对待这些学生，只能实施特别补习的办法，专门为他们补习国语。1925 年，姜琦对学务进行了扩充，高中文理科课程设置充分考虑南洋社会的需要，设立了四个不同的学组，其中就有国语国学组，并且将国语练习作为学校特别必修科目。针对初中部侨生国语基础较弱的情况，学校特聘请在北京、天津游学多年的讲师讲授国语，每周两小时。中学部聘请曹聚仁、汪静之、范叔寒等著名的教授、作家讲授国文。1935 年，何炳松就任暨南大学校长后，他在响应教育部的政策，改进中学部教学时，对国语的教学时间做了适应暨大情况的改动：由于华侨学生在国语水平上普遍较国内生为低，教育部的课时标准是针对一般国内学校的情况而定的，并不太适应本校的实际情况，所以增加了国语的教学时间，相对缩短了诸如日语等课程的课时。

在国语教学中，教师们采用多种形式，着重训练侨生的对话能力，讲授内容力求实用，形式活泼。同时，组织国立暨南大学演说会，制定演说会章程，规定该会宗旨为“交换知识，练习口才”，工作内容为“分国语、英语演说两种，每

星期同时举行一次演说，由各股委员会在开会前一星期派定发表之”。[①] 各学院或部门也各自组织演说会，例如，商学院演说会规定：演说会分两种，即国语及英语演说会，每学期之始，由学生分甲乙两部，组织每月开国语和英语演说会各两次，一学期内两部合开国语、英语辩论和演说竞进会一次或两次，[②] 演说会“每周（星期五晚）开会练习一次，每次十人，演说分讲故事或笑话及诗文诵读等”，[③] 且常请名人来校演讲。1921 年 5 月 4 日，南洋爪哇岛泗水埠华侨李得霸和爪哇岛苏罗埠华侨陈敬宜到暨南学校商科参观，该部学生邀请二人讲演。李得霸介绍了南洋华侨教育兴起前后华侨处境的变化，谓华侨教育严重匮乏时，华侨常受荷兰人轻视，但如今南洋华侨教育兴起，荷兰人遂不敢如从前般压迫华侨。并劝诫暨南学生注重国语学习，“彼犹太人及阿拉伯人，尚实贵其本国文字，岂吾中国人反不当注重国文乎？”[④]

以演说和辩论的形式进行国语教育，使侨生在不知不觉中加强了对国语的掌握，提高了语言表达能力。这种教育方式也在暨大沿袭了下来，学生们不仅在校内进行演说，还积极参与或组织当时各大高校之间的演说比赛。1928 年 12 月 2 日，上海各大学联合会在徐家汇第一交通大学文治堂举行国语演说竞赛会，暨南大学杨泽蘅、黄隐心参赛，其中杨泽蘅参赛题目为“妇女与家庭教育”，黄隐心参赛题目为“华侨的奋斗和祖国的希望”，他们的竞赛对手来自光华大学、复旦大学、交通大学等，最终杨泽蘅力挫群雄，勇夺第一。

（二）理论与实践并重，促进学生全面发展

学校还十分重视学生的全面发展，既强调学生对理论知识的掌握，又关注学生实践能力的提升。为此，暨南在改组为大学后，便从理论联系实际出发，设置了三类课程：一是全体学生通选的公共课，二是各个学系的必修课，三是选修课。公共课又叫“通习课”，是全校学生的必修学程。暨南大学的公共课主要有“国文”“南洋概论”“外语”“中国通史”“体育”等，既学习中国传统文化，也学习西方先进的科学知识，既注重知识的熏陶，又注重综合素质的培育。比如，学校将“南洋概论”作为全校学生的必修课，这门课主要讲授南洋的历史、地理、经济、社会以及该地区的风土人情等方面的知识，显示出暨南大学致力于对南洋历史和现状知识的普及，为侨生毕业后适应侨居地生活、立足南洋作准备。

---

① 《演说会概况》，《暨南周刊》，1927 年第 5 期。

② 《国立暨南学校商科一览》，《中国与南洋》，1921 年第 2 卷第 2/3 期。

③ 《实行筹备演说会》，《暨南周刊》，1925 年第 2 期。

④ 《暨南学校商科之演讲会》，《时报》，1921 年 5 月 5 日，第 9 版。

基于侨生在毕业后面向南洋就业的现实需求，学校还十分重视学生的外语学习，规定学生必须掌握两门及以上的外语，除了作为第一外语的英语之外，学生必须从第二学年起，从德语、日语、法语、荷兰语、马来语中选择一门作为第二外语，国内学生则必须选荷兰语或马来语，因为来自荷属殖民地和马来的侨生最多，便于他们毕业后到南洋工作。在课程设置上，“根据学科本身的系统和内在联系，以及海外侨生心理发展的特点来组织……伴随着发展而不断增加知识的广度和深度，并且也注意各门课程的横向联系”[①]。这种将侨生心理和学科特色相结合的课程设置，不仅有利于侨生更好地接受学科知识，更有利于他们走入社会进行实践。郑洪年在《国立暨南学校改革大纲》中提出：“凡第一时间内大学部各学系宜多招收国内优秀学生，授以高深之学识，并日文、马来文，使其毕业后能在南洋服务（日文使其可读日本对于南洋之出版品，马来文使其能直接教授）。”足可见暨南大学“声教暨南”的使命。

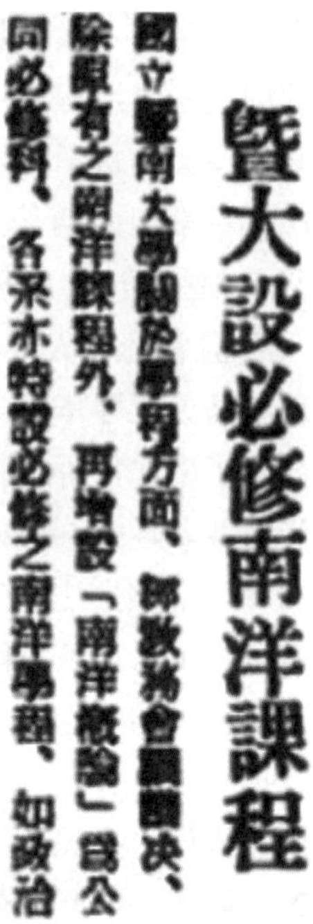
暨大設必修南洋課程

國立暨南大學關於學程方面、經教務會議議決、除原有之南洋課程外、再增設「南洋概論」為公同必修科、各系亦特設必修之南洋學程、如政治

《暨大设必修南洋课程》

《时报》，1928 年 12 月 12 日

此外，学校还开设了各种社会实践活动，以适应海外侨生对知识和实际技能的需求。如组织校外参观，“本科二三年级，皆有参观课程，约两周一次，概由主任率往。并由学校于每人每次津贴一角五分”[②]。每次参观地点也均不相同。学校还将组织旅行考察作为一项重要工作，不仅每年暑假派教授前往南洋考察，以改进教学模式，还组织各系学生进行适应于各自学习方向的考察活动。如商科重视社会调查，基本上每周二都会外出考察一次，甚至出国进行考察。1928 年，商学院毕业班赴日考察商业，团员有黎季潜、林士警、龙昭文、徐乙和等 15 人，“游历大阪、神户、横滨、东京、门司、西京诸埠，分组考察。返国后，将考察所得编为该校丛书”[③]；教育学系组织各种考察团，考察上海各区的小学，或外出考察其他地区的教育单位。1935 年，教育学系组织西北教育考察团，团员有邓明治、陈昌颖、吴熙祖、汪留豫等数十人，此次考察“专以考察西北人情风俗及其教育设施为目的”，[④]

① 颜海波：《民国时期华侨高等教育课程设置考论（1921—1937 年）——以国立暨南大学为中心的考察》，《东南亚研究》，2016 年第 1 期，第 86－93 页。

② 《学生活动》，《暨南周刊》，1925 年第 3 期，第 7 页。

③ 《暨南赴日考察团明日启程》，《时报》，1928 年 1 月 13 日，第 6 版。

④ 《国立暨南大学教育学系组织西北教育考察团》，《新闻报》，1935 年 3 月 18 日，第 15 版。

对西北的开发作出了重要的贡献；史地系为了加强学术研究，组织西北考古探险团，远赴西北，以卫聚贤教授为团长，团员十人，调查西北数省人类活动的遗址，绘制古坟分布图，调查各地风俗以及古代建筑、石窟、造像等，对暨南学术的发展以及西北考古事业都大有裨益。

（三）师范与商科并举，为学生立足南洋做准备

学校从侨生的现实需要出发，加强职业教育，使得商科和师范科成为当时暨南大学培养人才最多的专业，为华侨学生习得一技之长以立足南洋做了充分准备。

华侨在南洋社会大都经商，但因缺乏商业知识，常有失败者，因此，他们对商业教育的需求很大。暨南复校之时，黄炎培在《暨南学校规复宣言并招生启》中指出，暨南学校以“增进华侨文明程度，发达华侨实业”为宗旨，设“商业科所以造就经营商业之人才”，规定“商业科学费每年国币四十元，膳费每年至多六十元”,[①] 并提出五个主张：以实用主义为基础，商业教育须有相当设施，兼重农工教育，注重迅速主义，补习应用文言。暨南学校因此设立了中等职业教育的商科，所授科目多以西方书籍为教本，所聘教员以留学欧美的商业专家为主。

然而，随着南洋商业的不断发展，华侨对于商业知识的需求已非中等职业教育的商科课程所能满足，扩展商科，筹建商科大学成为暨南学校新的目标。1921年，暨南学校与东南大学合办上海商科大学，成为国内第一所商科大学。上海商科大学设银行理财及保险学系、会计学系、国际贸易及领事学系和交通运输学系，预科和本科一年级学习基础知识，从本科二年级开始按学系分配课程，所学内容难度有所增加。

暨南商科的发展给海外华侨带来了新的出路，不断有海外侨商到校参观。1921 年 11 月 1 日，泗水华侨巨商李双辉、周幼梅来校参观，全体职员和学生在礼堂欢迎。李双辉先生做了演讲，讲述自己经商四十余年的经历和南洋近况，其谓“暨南商科关系华侨甚大，希望各学生刻苦向学，遵守校规，以期学成回南洋助理各父兄商务之发展，以与外人竞争”[②]。郑洪年掌校后，改组暨南，扩充大学部，商科大学改组成为商学院，后几经调整，历任校长均致力于提高教学质量，华侨商业教育得以长足发展。

---

① 黄炎培：《暨南学校规复宣言并招生启》，《教育杂志》，1918 年第 10 卷第 2 期。

② 《暨南商科欢迎华侨》，《申报》，1921 年 11 月 3 日，第 14 版。

上海暨南商科全体校职员欢迎菲律宾华侨教育参观团
《中国与南洋》，1921 年第 2 卷 2/3 期

暨南的职业教育除了上述的商业教育之外，师范教育也是其中极为重要的一部分。暨南复校时，南洋华侨学校还没有培养师资的能力，教员大都来自内地，于是《暨南学校章程》规定，学校“设师范科所以造就教育华侨之良教员”①。

师范科分为两个部，一部招收具有小学毕业程度的学生，学习三年毕业。由于部分报考师范科的学生已有中学毕业的程度，为了迅速培养华侨师资，师范科又另外设立了二部，中学毕业程度的学生在师范二部学习一年，即前往南洋任教。《暨南学校章程》规定，师范科修业三年，毕业生应在南洋华侨所设高等小学或国民学校服务，其服务期限定为五年，但修业年期增加时，其服务年期也随之增加，学生在校期间学费、膳费均免，并规定师范科的课程有修身、教育、国文、英语、历史、地理、数学、博物、理化、图画、手工、商业、乐歌和体育。师范二部毕业生由暨南学校介绍，分别前往南洋各埠学校服务，先后共有 14 人。这些学生不辞劳苦，热心教育，得到各埠学校董事的支持，司徒赞就是其中一个。他在爪哇岛文池兰中华学校任教并兼任校长。文池兰是爪哇岛一个地僻人稀之地，侨民少，待遇差，但司徒赞在这里勤恳任教，取得了卓越的成绩。1949 年 8 月 24 日，荷属东印度巴城中华总会发起东印度中华总会代表大会，“商讨如何应付荷印事变中我侨深受之惨祸问题”②，司徒赞作为大会副主席出席了会议，

① 此处及之后多段内容引用自：黄炎培：《暨南学校规复宣言、章程、招生启 1918》，暨南学校，1918 年。

② 《东印度中华总会代表大会》，《南洋（吧城）》，1947 年第 22 期，第 1 页。

为华侨问题献计献策。1955 年 10 月，他荣获巴城中学董事会授予的“热心教育”奖牌。

(四) 从无到有，首推华侨女子教育

华侨女子回国接受教育始于 1916 年。当时国内学校大都只招收男学生，暨南学校在南京复办之时也不招收女生，故华侨女子回国之后只能进入教会女校就读，但她们所受的教育大都不适用于华侨社会的生活。1922 年春，暨南学校筹办女子部，秋季招生开学，聘请前巴达维亚中华女学校校长章绳以女士为女子部主任。同年 4 月 26 日，学校编辑的《中国与南洋》第 7 期冠名“女子号”作为特刊，刊载《暨南学校开办女子部宣言》《国立暨南学校女子部简章》，章绳以在特刊上发表了《本校女子教育部之旨趣》《敬告南侨女学生》等文章。

章绳以

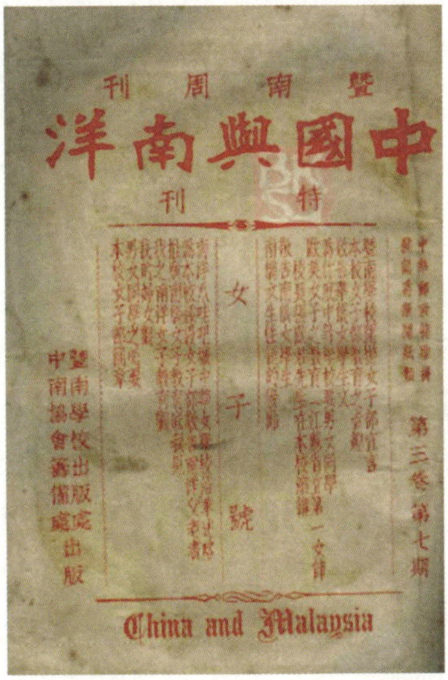

《中国与南洋》“女子号”特刊

《国立暨南学校女子部简章》规定:“本部招收华侨女子及国内女子之有志海外教育事业者，授以适用于南洋社会家庭需要之知识技能，以冀普及教育，改进社会与家庭为目的。”① 《暨南学校开办女子部宣言》指出：“本校女子部教育方针之第二注意点，即在养成其担当小学教育之能力。俾毕业后从事于男女初中等教育，以促南侨学校教育之进步。”② 故暨南学校女子部最初是为了培养南洋侨

① 《国立暨南学校女子部简章》,《中国与南洋》，1922 年第 3 卷第 7 期。

② 《暨南学校开办女子部宣言》,《中国与南洋》，1922 年第 3 卷第 7 期。

校的师资而设，专设师范科，所设课程有公民须知、教育、国文、英语、算学、家事、手工、图画、音乐、体操等。因校舍有限，最初开办时，“暂设师范二部一班，补习一班，合计学生约三十人。师范生均系毕业国内师范或中学者，故学业成绩，均甚优美”,[①] 学生毕业后即返南洋工作，以解决南洋华侨教育界之急需，甚至有未毕业即赴南洋任教者。王惠文、朱传秀二人是暨南学校女子部第一批赴南洋工作的学生，二人于女子部开办时入学，未及一年，即于11月12日赴南洋爪哇岛巴达维亚中华女学校任职。入学之日虽不多，但“因南洋各埠侨胞函托，代聘师资，自不得不有所供应”，好在二人学识向来优秀，至南洋任教，为发展南侨女子教育作出了贡献。

至1925年，暨南华侨女子教育不再仅仅服务于师范，还在原有基础上增设了商科，为南洋华侨的女子教育开辟了一条新的途径，受到华侨女生及其家长的广泛欢迎，暨南女子教育得到了长足发展。针对华侨女子对于国语学习的需要，女子部还特设国语竞进会，“每周举行一次，每次数员，轮流登场，虽平日讷讷不出口者，及轮值时，亦须登台发表其所见所闻所感者，以资同学之研究，藉得教师之启迪”。1925年12月18日，学校举行了包括所有年级的竞赛，“初一初二为甲组，其讲题为《小学生活的回忆》，初三与高一为乙组，讲题为《女学生装饰的我见》，请廖茂如、高君珊、陆步青评判”。最后甲组获胜者为王汝琴、魏赓明和赵筱淩三人，乙组获胜者为张桃芬、江以秀和俞国瑞三人。学生演讲完毕后，由评判员讲演《讲演的作用与方法》，谓讲演足以练胆、练心、练音，平时常听名人之讲演，是必不可少之妙法。[②] 这种寓教于乐的教学方式，使得华侨女子的国语水平与时俱进。此外，女子部的课外活动十分丰富，于1925年11月14日成立了俱乐部，晚间召开了俱乐部成立会，“众皆兴会淋漓，各献妙计，凡时下集会中所有之跳舞、音乐、火棍、笑话、双簧、短剧

●暨南女子部學生赴南洋服務

南京薛家巷國立暨南學校女子部、開辦祇二年、南僑女生回國來學者雖多、而所造就之人材、仍不敷用、每學期中常有未畢業即爲南洋羣島國人設立之學校、每以重金聘回辦學者、上學期高中一年級師範科生卓碧如、半途回南任事、昨日(三日)又有初中三年長於體育之章雲女士、被荷屬中爪哇吧達維亞中華女學校、聘爲體育教員、月薪一百二十盾、合中國銀幣約百元、每週任課約十八時、章女士已允至該校任事二年、然後再回國求學、三日晚、暨校全體師生特開歡送會、章女士係廣東人、僑寓暹羅、此次至爪哇、由上海放洋、直達往該處、並不回暹羅省親云、

《暨南女子部学生赴南洋服务》
《申报》，1926年4月7日

① 此处及之后多内容引用的：《暨南女子部之欢迎欢送会》，《时报》，1922年11月15日，第6版。
② 《女子部消息》，《暨南周刊》，1925年12月20日，第14期。

等，尽有尽美，而内地学生及各埠侨生之方言，尤令人听之起特异的快感”①。

暨南华侨女子教育的发展，不仅提高了华侨女子的社会地位，使她们获得了与男子一样的受教育权，更为她们实现自身价值指明了方向。毕业于暨南女子部的华侨女子成为南洋社会的一支生力军，为南洋社会注入了新鲜的血液。

第二节　组建南洋文化教育事业部

一、在变迁中发展

1927 年 9 月 21 日，暨南大学南洋文化教育事业部正式成立。在其成立宣言中提到，当前华侨有“经济上之地位渐次低落”“祖国文化在南洋有渐次低落之势”“教育上缺乏计划与联络”“国家与社会不为之援助”四大危机。针对这四大危机，暨南大学“受政府之委托，成立南洋文化教育事业部，一方面对于南洋华侨一切问题，加以精密之研究，以为教学上之预备；另一方面期与南洋华侨各教育团体、各机关联结为有系统之组织，以研究之所得，指导其实施”，帮助华侨摆脱危机。

设立之初，该部宣言中确定了需要推进的五个目标：一是灌输祖国文化于南洋，以期与其他民族共同荣盛；二是调查南洋实际状况以为研究之标准；三是从教育上增进华侨开拓之能力；四是促成国人南移之企图；五是鼓励华侨参加祖国之一切运动。②同时，还提出了该部的具体任务为：①沟通中南文化；②提高华侨地位；③纂辑丛书、教材；④编印《南洋研究》；⑤发印国内外通讯；⑥宣达各

南洋文化教育事业部

① 《女子部消息》，《暨南周刊》，1925 年 12 月 20 日，第 14 期。

② 《南洋文化教育事业部宣言》，《南洋研究》，1928 年第 2 卷第 1 期。

属侨情；⑦招待回国侨胞；⑧指导侨生升学；⑨接受各界委托；⑩介绍侨校教员；⑪调查华侨教育；⑫受理各界咨询。

南洋文化教育事业部成立后，陆续制定了《南洋文化教育事业部组织条例》和《南洋文化教育事业部办事细则》，确立了基本建制和组织系统。设立委员会，实行委员会制，由校长郑洪年兼任委员长，另聘黄建中、夏丏尊、徐中舒、汪奠基、刘南风等十七人为委员，“常务委员由委员长在委员中指定五至七人充任之，会同秘书主任、各股主任执行部内各项事务”。设教育、调查、指导、宣传以及编译五股，各股设主任一名，下设助理一名，股员若干。

由于南洋文化教育事业部最初的组织架构在实际运行中并不适宜，1928 年 10 月，学校便对其进行了组织架构调整，并改名为“南洋文化事业部”，实行部主任制，设部主任一名，由刘士木担任，总揽部务，并规划及执行本部一切事宜；下设秘书一人，由钱鹤担任，负责辅助管理一切部务。南洋文化事业部设编译、总务两处，编译处设丛书、杂志、通讯三股，总务处设庶务、宣传、教育、调查、交际五股，各股设办事员若干人，当时的部员有费哲民、李长傅、王旦华、陈宗山、顾因明等人。该部的组织机构和人员配置至此稳定下来，开始进入稳步发展时期。随着研究对象与范围不断扩展，南洋文化事业部的组织结构也随之进行了多次调整。

南洋文化教育事业部办公室

《中国学生（上海 1935）》，1936 年第 2 卷第 10 期

1928—1936 年间，考虑到华侨研究不仅限于南洋、美洲等地，南洋文化事业部先后更名为“南洋美洲文化事业部”“南洋研究委员会”“海外文化事业部”[①]，频繁更名可见其业务不断拓展至海外各地。1937 年后，受战事影响，暨南大学迁入租界。学校受国民政府教育改革的影响，进行了院系调整，一项重要的措施就是将海外文化事业部改组为南洋研究馆，承担研究南洋问题之责任。其设立初衷是“为念本校既为华侨教育之最高机关，对于南洋问题之研究，责无旁贷。是以环境无论如何困难，特先将南洋研究馆恢复，借以唤起国人对于南洋问题之注意”。该馆设主任一人，由周予同担任，综理一切馆务。下设研究院和干事若干，设“南洋特约编辑”多名，由校长聘请校外专家担任。其组织章程规定，南洋研究馆职责为：①计划并进行各种南洋研究及调查事项；②出版关于南洋研究之定期刊物及各种南洋研究丛书；③设立各种研究室，收藏并整理有关南洋研究之图书标本及其他各种资料；④处理校长交办之有关南洋问题之各项事务。

南洋研究馆附设南洋研究委员会，学校秘书、教务长、院长、系主任、南洋研究馆主任、图书馆主任为当然委员，在侨胞领袖、侨务专家及本校有专门精深研究者中选聘，聘期一年，得以连任，南洋研究馆主任为委员会当然主席。南洋研究委员会的职权有：①规划学校对于南洋研究之进行事项；②审核对于南洋研究有关之各项计划；③审查关于南洋研究著作稿件；④讨论校长交办之有关南洋研究事务；⑤讨论南洋研究馆之其他重要事项。[②] 至 1949 年 9 月，暨南大学合并于复旦、交大等高校后，南洋研究馆也随之停办。南洋文化教育事业部经历了漫长而曲折的发展过程，在这一过程中，虽然也面临着战乱迁校等种种困难，但该部的组织建制和研究领域却能够在发展中逐渐完善，充分展现出了其心系侨教、沟通侨胞、服务侨务的宗旨与使命。

表 3-1　海外事业部之演变概况

时间	名称	组织制度	组织建制
1927. 9	南洋文化教育事业部	委员会制	五股
1928. 2	南洋文化教育事业部	委员会制	两股
1928. 10	南洋文化事业部	部主任制	两处八股
1930. 9	南洋美洲文化事业部	部主任制	两处八股
1932. 3	南洋研究委员会	委员会制	两股

① 因南洋文化教育事业部更名频繁，后文中如无特殊情况，均采用其最初的名称，即“南洋文化教育事业部”。

② 《南洋研究馆组织章程》，暨南大学综合档案室，档案号：2004 - XS12 - 23。

（续上表）

时间	名称	组织制度	组织建制
1932.9	南洋美洲文化事业部	委员会制	两股
1933.2	南洋美洲文化事业部	部主任制	两股
1934	海外文化事业部	部主任制	三股
1937	南洋研究馆	—	—

二、刘士木与《南洋研究》

刘士木

刘士木（1889—1952），广东兴宁人，是我国早期从事南洋及华侨研究的学者之一，早年赴南洋，从事教育、新闻工作，并加入同盟会，毕生致力于开拓中国南洋和华侨研究，被誉为“我国现代研究南洋问题著有成绩的第一人”。1927 年，刘士木受聘为暨南大学南洋文化教育事业部主任。1940 年，与关楚璞、郁达夫、张礼千、姚楠、李长傅等人共同在新加坡发起成立南洋学会，这是中国学者在海外最早成立的研究东南亚的学术团体。此后，他一直隐居于槟城黑水村，筹组研究南洋的图书文库。他著有《南洋华侨教育论文集》《南洋荷属东印度之教育制度》《华侨概况》《南洋地理》《日本海外侵略与华侨》等。

刘士木在暨大任职期间，对南洋文化教育事业部进行了大刀阔斧的改革，大力开展各项服务华侨和促进中南文化交流的工作，为发展华侨事业和密切中国与南洋的关系作出了巨大的贡献。其中最重要的一项成绩为《南洋研究》刊物的创办。南洋文化教育事业部旨在沟通中外文化，引起海内外的关注，所以对通信宣传比较重视。由于当时国内关于华侨的记载寥寥可数，在南洋文化教育事业部成立之初，郑洪年即“商诸本部同人，商议编辑《南洋研究》，按月刊行，期引起国人研究南洋问题之注意与兴味”①。时任南洋文化教育事业部文化股主任的刘士木到任不到半年便主编期刊《南洋研究》。

《南洋研究》创刊于 1928 年 1 月，为双月刊，该刊为学术性刊物，除了介绍

① 郑洪年：《发刊词》，《南洋研究》，1928 年第 1 卷第 1 期。

南洋各地种种消息，讨论有关华侨问题外，还关注国内与侨胞有关的各种事业，进行各类调查，不仅使海外侨胞了解到祖国的形势，也促使国内人士注意到华侨与海外问题。它是我国第一份具有学术研究性质的研究南洋的杂志，出版时间最长，也成为在当时最能反映暨南大学科学研究成果的重要刊物。

《南洋研究》
1928 年第 1 卷第 1 期

在《南洋研究》创刊第一期上发表文章的学者有杨浩然、士慎、周国钧、陆兴焰、李则网、凌翔、史海夫、曹聚仁、陈福璿、余椿和张嘉树，内容涉及文化、教育、实业、经济、党政、法律、地理、历史、风俗、民情等。陈福璿发表的《南洋华侨的教育谈》一文，分析了南洋教育失败的原因，认为其之所以失败，是由于社会不需要，而南侨之所以不需要高深的学术教育，主要是由于“侨胞的地位低下，能力薄弱，无需要高超教育之必要”。故提出今后南洋华侨教育的改进方法：“一方面以教育提高社会的需要，使教育有增进的希望；一方面以需要改良教育的设施，使需要得其所用。同时并举，无相轩轾，则南洋华侨的教育，始有成功的希望！”①他对南洋华侨教育的发展提出了切实可行的建议。刘士木也发表了《日人藤山雷太氏的南进策》一文，对当时日本向南洋发展的情况和野心予以介绍和分析，提醒侨胞及早防备，合力抵御。

《南洋研究》每期均有插图、评论、专著、调查、游记、通讯、杂记、特载、华侨消息、本部消息②等，并不断拓展方向，“尤注意于华侨生活之改进、地位之提高、待遇之改良、现状之调查”③，内容丰富，开辟有“华侨与南洋”“华侨消息”“史地资料”“风俗”“教育”“游记”“通讯”等多个专栏，不仅加深了国人对南洋地区的认识，而且对国内学术的发展也起到了很大作用，它“不仅是本部机关刊物，反映了本部研究南洋的实际状况和研究水平，同时，可以说也代表了我国一个时期南洋研究的状况”④。至 1944 年 9 月，《南洋研究》历时

① 陈福璿：《南洋华侨的教育谈》，《南洋研究》，1928 年第 1 卷第 1 期。
② 《国立暨南大学南洋文化教育事业部工作报告》，国立暨南大学南洋文化教育事业部，1929 年。
③ 陈福璿：《南洋美洲文化教育事业部三年来总报告》，《南洋研究》，1931 年第 4 卷第 1 期。
④ 罗晃潮：《刘士木与南洋文化教育事业部》，暨南大学华侨研究所：《暨南校史资料选辑 1906—1949（第一辑）》，1983 年内部刊行，第 176 页。

十年，一共出版11卷54期。

南洋文化教育事业部定期编辑和出版刊物，前后出版期刊和通讯近10种，除了《南洋研究》还有《南洋情报》《中南情报》和《华侨情报》等刊物，及时报道华侨动态和有关研究成果。《南洋情报》也是刘士木之于南洋文化教育事业部的一项重大贡献。《南洋情报》是《南洋研究》的姊妹刊物，相较于《南洋研究》的学术性，《南洋情报》则更具有普及性。《南洋情报》于1932年11月创刊，主要介绍侨地情况，开辟有“南洋问题丛谈”“南洋时事评述”“南洋要闻”“海外奇谈”“侨务与侨况”等专栏，后改名为《中南情报》作为其续刊，是为月刊。它与《南洋研究》一起，为海外侨胞加深对祖国的了解和认同作出了重大贡献，二者相辅相成完成该部的任务和使命。

刘士木在任职期间前后出版了20余部专著，撰写各类文章百余篇，广泛发表在《南洋研究》等刊物上，这不仅为南洋文化教育事业部的发展打下了雄厚的基础，而且对我国的南洋研究和华侨研究产生了积极而广泛的影响。在刘士木的积极推动下，不少学者受其影响自愿投入南洋研究的领域，李长傅、钱鹤、陈福璿等诸多学者将自己的研究成果发表于《南洋研究》，使《南洋研究》成为当时国内探讨和解决南洋问题的主要“战场”。

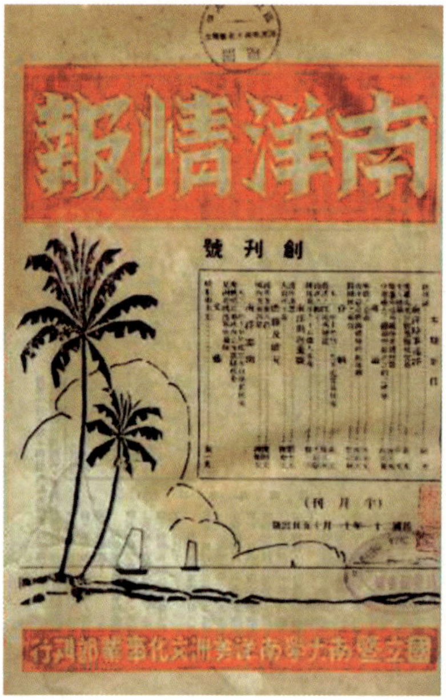

《南洋情报》创刊号

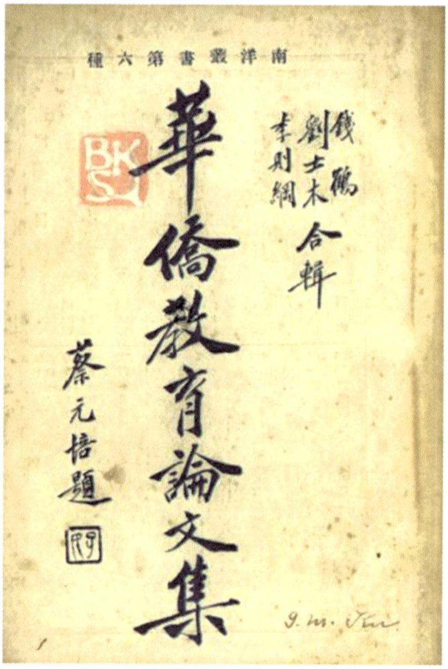

《华侨教育论文集》

表 3-2　刘士木在南洋文化教育事业部工作时期的部分论著

1928 年	1929 年	1930 年	1931 年	1933 年
《日人藤山雷太氏的南进策》	《暹罗及其人民》	《马来半岛纵断记》	《日本人眼中之南洋华侨》	《海峡殖民地各种公司分类表》
《荷属东印度概况》	《交通与华侨》	《胸中雪亮之南洋侵略谈》	《荷属东印度之风俗习惯》	《暹罗民商法前编及总则编》
《英属南洋概况》	《南洋华侨教育论文集》	《南洋华侨教育会议报告》	《荷属东印度民法摘要》	《华侨教育之危机》
《菲律宾概况》	《暹罗最近概况》	《南洋各属学校注册条例》	《刘士木复王家驄君书》	《南洋经济恐慌之现势》
《南洋问题与华侨问题》	《南洋荷属东印度之经济》	《中央训练部华侨教育会议概况》	《日本海外侵略与华侨》	《暨大之新使命》
《暹罗概况》	《南洋荷属东印度之实业教育》	《孙中山先生手函墨宝》	《日本人眼中之南洋华侨》	《贸易非常时期与南洋市场》

三、召开南洋华侨教育会议

1929 年 6 月 6 日至 12 日，中国首次南洋华侨教育会议在暨大真如校园召开，会议由暨南大学主办。当时，南洋华侨教育的发展遭遇重重阻力，各埠华侨教育各自为政，没有统一的教育宗旨，各华侨学校也没有固定的年级编制、教学训练、师资和教材。同时，殖民地政府压迫华侨学校，侨校教师无端被解聘，殖民地政府学校争夺生源，华侨学校的发展举步维艰。尽管民国以来，南洋华侨问题已经受到越来越多的关注，历届政府也出台了一系列有关华侨的优惠政策，但总体来说，这些实践仍未成熟。况且，当时国内对华侨的教育状况并不十分熟悉。因此，召开南洋华侨教育会议，探讨如何解决制约华侨教育发展的问题就显得十分必要。

（一）举行六次筹备会议

会议从 1928 年 11 月开始筹备，截至大会正式召开时，共进行了六次筹备会议，主要参与成员有刘士木、翟俊千、杨汝林、顾因明、曹聚仁、谢循初、钱鹤、李长傅等。

表 3-3　六次筹备会议

	时间	地点	主席	决议
第一次	1928. 11. 5	莲韬馆会议室	刘士木	将正式会议定名为“南洋华侨教育会议”，于 1929 年 3 月 26 日在本校召开，为期一周；制定代表标准、实施办法等
第二次	1928. 11. 23	莲韬馆会议室	刘士木	通过南洋华侨教育会议组织大纲；呈请国民政府教育部备案，并正式报告侨务委员会；制定聘请专家的标准等
第三次	1929. 2. 26	本校会议室	刘士木	公决三项决议，将原定 3 月 26 日举行的正式会议展期至 6 月举行，并致电南洋各埠、刊载展期广告等
第四次	1929. 3. 25	本校会议室	翟俊千	拟定聘请专家名录，通过 24 人。并设南洋文化部办公室，筹备会分文书股、事务股、会计股和招待股、分股办事等
第五次	1929. 5. 22	本校会议室	翟俊千	正式函请国民党中央党部委员会、教育部、外交部等代表；拟定国内名人教育家演讲人名单；起草会议细则与议事日程；整理议案，决定于本部洪年图书馆召开正式会议等
第六次	1929. 5. 29	本校会议室	刘士木	修改议事细则，审查会议规则，议决通过开会日程、会场布置设计等，定于 6 月 4 日完竣会场布置，6 日下午 6 时开始招待各代表，安排专人维持会场秩序等

（二）南洋华侨教育会议盛况

1929 年 6 月 6 日，南洋华侨教育会议在国立暨南大学正式召开，为期一周，参会代表共有三类，分别为南洋代表、专家代表以及暨大代表。其中，南洋代表有 49 人，包括英属殖民地南洋代表 22 名：新加坡有 6 名，槟榔屿有 4 名，马六甲有 2 名，雪兰莪有 4 名，霹雳有 3 名，柔佛有 1 名，北婆罗洲有 1 名，缅甸有 1 名；荷属殖民地南洋代表有 24 名：巴达维亚有 3 名，泗水有 2 名，三宝垄有 1 名，爪哇岛有 3 名，苏门答腊有 10 名，婆罗洲有 1 名，摩鹿加有 1 名，西里伯有 2 名，邦加有 1 名；美属菲律宾有 1 名；暹罗有 3 名。专家代表有 11 名，包括岭南大学校长钟荣光、中国驻日留学生监督姜琦、厦门大学教育科主任孙贵定、复旦大学校长李登辉等。暨大代表有 18 名，包括杨汝林、许克诚、谢循初、陈中凡、黄凌霜等人，均为各院院长、各系、部主任。

会议开幕礼摄影留念

《民国日报》，1929 年 6 月 7 日

大会从 6 日持续到 12 日，共计 7 天，一共召开了 5 次会议。郑洪年、刘士木、何剑吴、潘华典、叶华芬五人组成主席团。各代表共提交提案达 261 件之多，大会分为教育行政组、课程教材组、指导员与教育会组、教育经费组、三民主义与国语组、造就师资组、奖励办学人员组、优待华侨学生组、图书馆出版组和杂组十个组进行审查。其中，教育行政组共提交 47 件，包括行政机关、对外交涉、划分学区、宗旨方针、规定学制、统一立案等内容；课程教材组共提交 50 件，包括课程标准、规定教材、编教科书、补充教材、注重科目、儿童读物等内容；指导员与教育会组共提交 25 件，包括指导员和教育会两个类别的内容；教育经费组提交 18 件，包括筹集资金、政府补助、庚款补助、暨大经费、平教经费等内容；三民主义与国语组共提交 12 件，包括三民主义和国语两种内容；造就师资组共提交 17 件，包括南洋设师范、检定教员、暑期讲习所等内容；奖励办学人员组共提交 5 件；优待华侨学生组共提交 13 件；图书馆出版组共提交 8 件；杂组共提交 66 件，包括校董职权、华侨学校、补习学校、幼稚教育、管理训练、航海学校、学历假期、华侨国歌等内容。①

针对这些提案，大会进行了充分讨论，对 46 件提案做出决议，提出多种解决问题的途径，如针对南洋各华侨学校各自为政的情况，大会通过了《统一华侨学制案》《确定华侨教育方针案》《请设立南洋各地华侨教育会案》等多项提案，确定"华侨教育方针为'本三民主义，以养成海外中国国民之智能及品格，以

① 《各代表提案分类比较表》，《南洋华侨教育会议报告》，国立暨南大学南洋文化教育事业部，1930 年，第 33 页。

求中国民族之健全，并中外民族间之平等’”①，在南洋各地设立南洋教育总会，并设立指导员制度，以实现南洋华侨教育行政的统一，加强各属侨校之间的联络，完善华侨教育。同时，针对南洋侨校教材不一致以及课程内容杂乱、不适应当地侨生的情况，大会通过了《编著适合南洋环境教科书案》《南洋华侨学校应实施三民主义教育案》等提案，呈请教育部编辑适应于当地环境的侨校教材，并在侨校课程中加入三民主义，规定侨校以国语授课，注重人格教育，加强华侨对祖国的文化认同。另外，大会还通过了《互派教员留学及考察以资联络案》《规定南洋华侨师资标准案》《请国府及南洋当地妥筹教育基金及经费案》《请奖励热心办学人员案》《捐资兴学褒奖案》《请国府优待侨生案》《请特别保护沙罗越华侨之教育案》等多项提案，注重培养侨校师资，提高教师的各方面素质，并呈请政府与教育部筹集教育基金补贴华侨教育，呼吁社会各界资助侨校，确定华侨教育基金和经费。大会还鼓励华侨子弟回国，予以回国升学之华侨学生特殊优待，使其接受祖国的文化熏陶，学习实际技能，加强对祖国的认同和适应南洋环境的能力，并呈请国民政府保障华侨教育的权益，与侨居国政府进行交涉。6 月 12 日会议闭幕，最终通过了陈宗山起草的《南洋华侨教育会议宣言》，并译成英、法、荷、暹罗、马来等多种文字向南洋进行宣传。

本埠

南洋華僑教育會議宣言

南洋華僑教育會業已閉幕、宣出宣言如下、中華民國十八年六月六日、華僑教育會議代表、應國立暨南大學南洋文化事業部之召集、根據華僑學府國立暨南大學、組織大綱之規定、開南洋華僑教育會議於上海、議案著錄者二百八十餘件、出席代表都八十人、凡暹羅及英荷法美各屬華僑教育重要團體、殆莫不與焉、溯自我國父孫中山先生、首倡三民主義、謀人羣之幸福、躋世界於大同、天下爲公、含義至廣、和平博愛、取精用宏、際茲全國統一、訓政伊始、教育爲立國大本、我國家亦既確定教育宗旨、宣告於國民曰、「中華民國之教育、根據三民主義、以充實人民生活、扶植社會生存、發展國民生計、延續民族生命爲目的、務期民族獨立、民權普遍、民生發展、以促進世界大同、」本會議繼去年全國教育會議之後、應運而生、在求海外僑民之教育、與國內一致進行而內外行政先求統一、庶我國父之遺訓、以澤及中外、」一視同仁、無間遐邇、茲經本會議議決、「華僑教育方針、應本三民主義、以養成僑外中華國民之智能及品格、以求中國民族之健全、並中外民族間之平等、」準此旨趣、此次大會之開、就華僑教育之本身言、則以謀教育行政之統一、教材之適宜、經費之確定、師資之養成、升學之指導、辦學人員之獎勵、華僑美德之保存、愛國觀念之加深、與夫一切環境上之適應、就各友邦相互間之關係言、則根據三民主義之教育方法、以訓練我僑民、思想要科學化、行動要紀律化、生活要藝術化、凡此以謀僑民之福利者、亦所以增進僑居地社會上福利也、以期僑胞在政治經濟、法律上之地位提高者、亦與各友邦之所以教其國民者、同其性質而立於均等也、是以華僑教育、對於各友邦、祇求僑民生存之適應、並無侵略之野心、華僑實施三民主義之教育、亦以求本身之自由平等、而以不侵害他人之自由平等爲原則、同時遵我國父之詔示、以仁愛慈祥之態度、提携世界人類、共同達到自由平等之域、想各友邦必樂於同情斯旨也、今大會業告閉幕、實施即將發軔、爰撮綱要以顯大體、詳案具在可覆按、謹此宣言鄭洪年・潘華典・劉士木、

《南洋华侨教育会议宣言》

《申报》，1929 年 6 月 14 日

① 冯翠、夏泉：《1929 年第一次南洋华侨教育会议研究：以文化认同与适应为视角》，《东南亚研究》，2010 年第 6 期，第 72 – 78 页，第 96 页。

此次大会通过的各项提案均为当时南洋华侨教育存在的问题提供了相对合理的解决方法。在这次会议的推动下，南京国民政府于1929年11月召开了国民党中央训练部南洋华侨教育会议，讨论了南洋华侨教育会议提出的各项问题，促使这些问题得到了不同程度的解决。这不仅促进了南洋华侨教育的发展，还对“促进华侨民族觉悟，加强侨胞文化认同感，联系侨情，传播中华文化，提高华侨社会认同度以及适应能力，努力改善华侨的社会处境及社会地位，作出了重要贡献”①。会后，南洋文化教育事业部于1930年编就《南洋华侨教育会议报告》一书，对此次会议进行了详细记录，国内也开始出现大量研究华侨问题的文章和著作，华侨教育问题得到了国内的广泛关注。

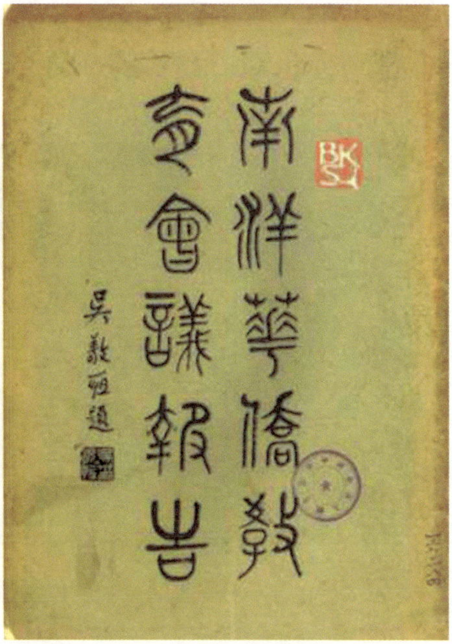

《南洋华侨教育会议报告》

四、开办侨民师资训练班

南洋文化教育事业部在发展为海外文化事业部时，其一项突出成就是侨民师资训练班的开办。1934年，暨南大学“奉教育部令，为增加海外侨民学校现任教员之服务效率起见，特附设侨民教育师资训练班。”② 鉴于南洋各侨校师资匮乏的现状，海外文化事业部制定了培养侨校师资的宗旨，一方面为使其适应侨民环境，另一方面尤应使其了解祖国文化及教育思潮。但南洋各埠环境各不相同，若仅就国内中等以上毕业生加以训练，恐难满足南洋各埠的需求，不如就南洋在职教师加以训练，方显事半功倍。故侨民师资训练班（简称训练班）计划规定，招生对象不分性别，凡年龄属20岁至40岁之间，从高级中学毕业，服务侨民学校一年以上且具有服务证明书者；从旧制中学及简易师范科或初级中学毕业，服务侨民学校三年以上，且具有服务证明书者，经学校核准之后，均可入学，学额

① 冯翠、夏泉：《1929年第一次南洋华侨教育会议研究：以文化认同与适应为视角》，《东南亚研究》，2010年第6期，第72－78页，第96页。

② 何炳松：《拟国立暨南大学附设侨民教育师资训练班计划》，《南洋研究》，1935年第5卷第5期。

为40名，学生学、膳、宿费全免。该训练班设主任一名，由海外文化事业部主任兼任，暂设文理二组，各设课程①。

1937年侨民师资训练班全体合影

侨民师资训练班从1936年6月开始招生，招生简章较之训练班计划有所改变，在入学资格方面将入学年龄重新规定为20岁至36岁，名额暂定按照比例分配：英属马来亚占8名；荷属东印度占8名；暹罗占8名；越南占5名；缅甸占4名；北婆罗洲占2名；葡属帝汶占1名；美属菲律宾占4名。某地名额不足或过多时，斟酌情形变通办理，② 由俞君适赴南洋各地接洽招生事宜。实际录取的学生，经过学校审核，最终确定为44名，男生有32名，女生有12名，生源全部是侨生，从学员籍贯来看，广东籍的占34名，福建籍的占8名，江苏籍的占2名。从侨居地来看，暹罗占15名，英属马来亚占10名，越南占7名，荷属东印度占7名，北婆罗洲占4名，菲律宾占1名。

在侨民师资训练班的课程设置上，原本计划分设普通必修课程、文组课程和理组课程，但因分组施教需要较多的经费，且侨校教育以小学教育居多，分组效果不好，故取消分组教育，设立教育概论、教育思潮、教育心理与测验、中小学学校行政、中小学各科教学法、现代小学、中国通史、华侨概况、实习参观、南洋史、南洋地理、国际法、生物、理化、生理卫生、应用文、注音符号及教学、美术、音乐、算术、代数、几何等课程，规定学制为一年。并聘请各院系教授、新聘教育专家来本班任教，如请文学院教授张耀翔、陈科美、董任坚、朱心佛等来授课，新聘上海高桥卫生事务所副主任徐纪法，法国巴黎美术专门学校毕业、

① 何炳松：《拟国立暨南大学附设侨民教育师资训练班计划》，《南洋研究》，1935年第5卷第5期。
② 《二十五年度本大学附设侨民教育师资训练班招生简章》，《暨南校刊》，1936年第167期。

现任上海美术专科学校西洋画系副主任王远勃，北平女子师范大学程俊英等担任教学等[①]，他们不仅负责教学，还交换教学意见，讨论教学方法等，使得侨民师资训练班教育水平不断提高。

本期師資訓練班

所開學程時數及教授一覽

學程	每週時數	教授	備註
教育心理及測驗	3	張耀翔	必修
現代教育思潮	3	陳科美	必修
現代化的小學	3	董任堅	必修
實習與參觀		劉自切	
中國通史	3	周予同	必修（與史地系合班）
南洋史	3	李長傅	必修（與史地系合班）
華僑概況	1	彭勝天	必修
應用文	3	朱心佛	必修
生物	2	俞君適	必修
注音符號及教學法	1	程俊英	必修
理化	2	呂炳水	必修
生理衛生	2	徐紀法	必修
美術	1	王遠勃	選修
算術	3	徐上周	選修
音樂	2	應尙能	選修

《所开学程时数及教授一览》

《暨南校刊》，1937 年第 198 期

在学校的重视和师生的努力之下，侨民师资训练班的教学工作进展十分顺利。1937 年 6 月，学生顺利毕业，在抗战爆发的特殊背景下，他们带着发动侨胞、支援祖国抗战的使命返回南洋，入职各大学校，为海外侨胞带去了先进的教学方式与爱国主义教育。

① 《校闻：师资训练班新猷》，《暨南校刊》，1937 年第 198 期。

第三节 暨南侨生 人才济济

一、李光前：暨南学堂走出的华人教育慈善家

李光前

李光前（1893—1967），又名李玉昆，福建南安人，新加坡著名的华人实业家、教育家、儒商的楷模、东南亚橡胶大王。1909—1911 年就读于南京暨南学堂。他一生热衷公益，为中国和新马地区的社会发展作出了不可磨灭的贡献，是陈嘉庚之后东南亚地区最为杰出的华侨领袖之一。

（一）少年漂泊，求学暨南

李光前的一生充满传奇色彩。他少时家境贫寒，十岁时随父亲出洋，迁往新加坡谋生。其父亲对子女教育非常重视，节衣缩食供子女读书。在新加坡，李光前进入当地学费低廉的英印学堂接受英文教育，那时的他便表现出聪明过人、勤奋好学的特点，成绩经常超过比他大几岁的同学。李光前为了不忘记母语，周末坚持去养正学堂学习中文，课余时间更是大量阅读中国的古典名著，对祖国充满着深厚的感情。

1906 年，新加坡福建会馆创办了首间教授华文的道南学堂，吸收闽籍华侨子弟入学，该学堂设有八个班，以干支命名班级，李光前以优异成绩进入最优的甲班。1909 年，李光前由于学习勤奋、成绩优异，得到当地中华总商会主席吴寿珍资助回国，进南京暨南学堂就读。在暨南学堂学习时，李光前一如既往地勤奋努力，据其同学陈维龙回忆："中甲毕业考试，先生（指李光前）成绩冠全班。"他写的《试论郭子仪与李光弼》等多篇优秀作文被选作范文，刊印给学生仿效借鉴。正是凭借着这份聪慧努力，两年后，李光前以全班第一的成绩从暨南学堂毕业。

毕业后，他又先后进入北京清华学堂和唐山路矿学堂（今西南交通大学）学习。1911 年，辛亥革命爆发，由于时局动荡，学校也停办了。李光前乘轮船回到新加坡，在道南学堂及崇正学校任教，不久又考上当地政府办的测量专科学校，同时攻读美国一所大学的函授工程课。三年后，他因生活所迫，不得不再次

中断学业，以谋生计。

（二）事业有成，捐资助教

李光前回到新加坡后，因为精通中英文的关系，经友人介绍进入爱国华侨庄希泉创办的中华国货公司担任英文文书及涉外工作，由此开始进入商界。办事干练精明、业务能力强的李光前很快就在一众人中脱颖而出，这时的他遇到了人生中的大贵人陈嘉庚。

关于李光前和陈嘉庚的最初结缘，还流传着一段动人的故事：据说李光前十岁时下南洋，乘船途中，气温骤降，当时船上大多是贫困的福建籍难民，另有富甲一方的陈嘉庚，他见到那些衣衫单薄的人冻得直哆嗦，就吩咐仓管员："我姓陈，麻烦你通知乘客，给每人发条毯子，费用由我出。"但是由于仓管员传达出错，变成了："乘客中姓陈的，每人发条毯子。"于是，大家纷纷自报姓陈，争拿毛毯御寒。唯有一个少年穿着单衣，躲在角落打战，陈嘉庚便问他为何不去领，少年回答："船上通知姓陈的才可领毛毯，我姓李，不能冒姓顶替。"这位少年就是李光前，他的诚实举动，给陈嘉庚留下了深刻的印象。[①]

李光前自1916年至1927年，在陈嘉庚的谦益公司供职11年。这期间，他协助陈嘉庚和陈敬贤昆仲将谦益公司的事业做到顶峰，仅1925年一年谦益旗下的树胶厂就盈利400余万元。在谦益公司，李光前不仅在陈嘉庚的指导下收获了事业的成功，他也在陈嘉庚的关照下收获了人生的爱侣。1920年，27岁的李光前与陈嘉庚的长女陈爱礼相爱并结婚，婚后两人恩爱不移，携手走过了风雨一生。李光前在谦益公司工作的11年，为其日后独立开办南益公司奠定了坚实的基础。

1927年，李光前离开谦益公司，开始独立闯荡属于自己的天地。次年，南益公司正式开工营业。不久，又改营橡胶贸易，1931年吸收同乡与友人的投资，扩展为股份有限公司，成立董事部，将营业推向爪哇岛、南逻等地。其橡胶制品还远销中、日、欧、美国际市场，被誉为"星马橡胶大王"。[②] 李光前目光长远，格局广阔，后来进军金融业，与人投资合办华商银行，后将其与本地两大银行合并为华侨银行。时至今日，新加坡华侨银行仍是其国内银行业的龙头，在新加坡和世界各地设有分行。李光前一跃成为海内外著名的华人实业家和金融家，被人尊称为"华侨银行之父"。

李光前始终秉承"达则兼济天下"的使命感，投入大量财力、精力致力于社会福利事业。作为新加坡南洋华侨中学的董事会主席，他从1934年至1956

① 王玫、胡萍：《凯风自南：厦门大学游览笔记》，武汉：湖北美术出版社2016年版，第62页。
② 张玉春：《百年暨大人物志》，广州：暨南大学出版社2006年版，第166页。

年，22 年如一日，尽忠职守，负担经常费和特别费的一部分，另捐借 30 万元，用于扩建课室、教职员宿舍和操场，以及捐建图书馆。

1952 年，李光前又用他的大半财产设立了李氏基金会，积极捐助文教及社会公益事业。1967 年李光前逝世之后，李氏基金会依然遵照他“取诸社会，用诸社会”的意愿[①]，捐款支持各项科技文教活动。2000 年 9 月，新加坡李氏基金会向“保护母亲河行动——绿色希望工程”捐赠一百万港元，以此表达海外炎黄子孙对中国生态环境建设的关心和支持。

李光前对科教事业的无私付出，博得了海内外的高度称赞。1964 年他获得了马来西亚“丹斯里”（PMN）高级勋衔，是少有获得该勋衔的新加坡籍人。

（三）先生德风，祖国之光

不管身处何方，李光前都念念不忘自己的祖国和母校。抗日战争爆发时，李光前因为出席世界树胶大会滞留在美国无法回国。他便利用参与世界红十字会工作的机会，发动海外侨胞为祖国筹资捐款，支持祖国的抗战事业。他还同其他校友一道，在暨南坚守“孤岛”上海之际，向国民政府倡议将母校向大后方转移复课。[②] 在自己的产业遭受战争重创，无法拿出钱来继续支持家乡学校时，他甚至靠典卖家中物品来为学校筹资，他说：“远处国外，在祖国办教育也可略尽国民义务。”[③] 这一份赤子心、这一份爱国情让人感动。当马来西亚华侨同胞受人歧视，经营产业陷入困境时，李光前还多方奔走，为华侨申诉争取。[④]

热心于教育事业的李光前，在创办或资助学校时，始终坚持两个原则：一是不分种族，一律平等看待。例如新加坡的第一所印度中学的校舍就是李光前捐建的。二是不愿留下自己的名字。例如新加坡福建会馆为华侨华人子女建设的光华学校，因为得到了李光前先生经济上的支持，便想取名为“光前学校”。李光前在知道此事后，坚持把“前”字换为“华”字，意为光耀华文，光耀祖国。

1965 年，李光前因患肝癌回国治病。在此期间，受到了周恩来总理的亲切接见，周总理赞扬他的拳拳爱国心，并对他在教育和促进华侨华人融入当地生活上所作的贡献给予了高度评价。

1967 年 6 月 2 日，因医治无效，李光前在新加坡逝世。子承父业，善举相传。李光前先生生前育有六名子女，三位儿子李成义、李成智、李成伟昆仲受父

---

① 林金枝：《南洋文库闽侨古今名贤事略选辑》，桂林：广西师范大学出版社 2018 年版，第 173 页。

② 《暨南大学下学期将迁校》，《申报》，1941 年 7 月 18 日，第 9 版。

③ 黄种生：《光前裕后千秋业》，厦门：鹭江出版社 1993 年版，第 78 页。

④ 《马来亚侨胞受歧视　橡胶业损失惨重　华侨商会主席提出申诉》，《申报》，1946 年 11 月 22 日，第 2 版。

馬來亞僑胞受歧視
橡膠業損失嚴重
華僑商會主席提出申訴

國際羊毛會議
目的與結果
張天澤談出席經過

《马来亚侨胞受歧视　橡胶业损失严重　华侨商会主席提出申诉》
《申报》，1946 年 11 月 22 日

亲慈善精神的影响，一同主持以家族名义运作的李氏基金会。李氏三兄弟弘扬先辈“取之社会，用之社会”的奉献精神，仁义慷慨，慈善济世，大有父风；对文化教育、医疗卫生、抚恤救难等慈善福利事业无不尽心尽力。李氏基金会自建立以来，不仅让新加坡人受惠，还让其他国家和地区的人受惠，成为新加坡最大的慈善基金组织。

“以公立世，以毅处世”。作为一代侨商，李光前毕生爱国爱乡，在他身上，体现出了早一辈的暨南人对社会的强烈责任感，展现出了华侨华人在世界舞台上的风采。他的无私奉献和高尚情怀，也已成为世代相传的宝贵财富。他是祖国的荣光。

二、许敦茂：“泰国的基辛格”

许敦茂（1915—1999），泰名巴实・干乍那越，祖籍广东省澄海县，父亲许得胜（泰名乃猜・干乍那越），是挽卡纳村第一位村长。[①] 许敦茂 7 岁时被父亲送至家乡隆都学习中文，一年后回到泰国又被送至黄魂学校学习中文，读了 10 年，18 岁时担任教师一职，不久升任校长。1936 年，许敦茂在广州报名参加国立暨南大学海外侨民师资训练班。一年半后学成归泰，成为泰国第一位在中国侨民师资训练班毕业的华裔大学生。后又进入泰国曼谷法政大学法学系学习，毕业后自开律师事务所。1952 年，获选泰国人民代表，1958 年首次入阁，任他依—巴

① 陈汉初：《后沟村》，广州：广东人民出版社 2018 年版，第 78 页。

博政府合作部副部长。1968 年任泰国上议院议员，1970 年再度入阁，陆续出任经济部助理部长、工业与金融事务部副主任等职，1975 年任国会主席，次年担任司法部部长、国务院副总理。

许敦茂

（一）“乒乓外交”大显身手

1972 年，中美两国通过“乒乓外交”，在毛泽东、周恩来、基辛格等人的努力下，促成尼克松访华，两国关系得到缓和和改善。无独有偶，中泰两国的建交同样是“一场与乒乓球有关的故事”，而这次故事的主角，则是暨南校友许敦茂。

1972 年，许敦茂以泰国乒乓球队顾问的身份，率领泰国乒乓球代表团到北京参加第一届亚洲乒乓球锦标赛，得到周恩来总理的接见。同年，他又率领泰国贸易代表团参加广州秋季进出口商品交易会。他利用其政治地位与影响，力主恢复泰中两国的贸易往来。在其努力和其他议员的支持下，泰国政府于 1973 年修正有关条例，解除禁令，正式开放对中贸易，1975 年，中泰两国正式建交。在中泰两国关系正常化的过程中，许敦茂是先行者，可以说，他是第一个敲开中国大门的泰国高级官员，被泰国舆论界称为“泰国的基辛格”。此后，泰国政坛几经更迭，许敦茂出任过商业部部长、副总理，第二次访华后他又出任国会主席，他的第三次访华，使中泰两国关系获得更迅速的发展。20 世纪 80 年代初，许敦茂告别政坛，出任盘谷银行董事长。①

（二）身居高位，心系母校

许敦茂先生虽在泰国身居要职，但对暨南大学一直怀有深厚的感情。1986 年，暨南大学举行建校 80 周年庆典，暨南大学泰国校友和泰国华文教师公会联合组成庆贺团莅校参加庆典，许敦茂先生任庆贺团名誉团长。1987 暨南大学泰国校友会成立，他又欣然出任校友会名誉会长，并寄语“祝愿泰国校友们发扬友爱精神，精诚团结互相策励，为个人事业发展与泰国社会经济繁荣进步而奋斗。尤盼能与各界人士携手合作，促进泰中友好关系，参与社会福利工作，共同创造生活更美好环境”。

他 70 多岁时还常常忆起当年在暨南的生活细节。当初他在暨南大学读书时，

① 此处及文后多段内容引用自：中国教育报刊社：《暨南大学》，重庆：重庆大学出版社 2008 年版，第 191 页。

校长是何炳松先生。当时暨南大学在真如，地处乡郊，每逢星期日学生才有时间到上海市区购物或看电影，“当时上海最繁华的地方是南京路和外滩。南京路的路面是木板铺的”。

1995年，暨南大学在开展90周年校庆的筹备工作时，许敦茂寄来了他亲笔书写的题词：“中华文化摇篮，海外华裔明灯，”高度评价暨南大学的办学成就及其在华侨华人中所享有的崇高地位，字里行间流露出他对母校的感情。

三、林邦彦：暨南第一个海外校友会的重要奠基人

林邦彦

林邦彦（1894—1986），祖籍福建永春，出生于福建德化，小时在乡下私塾接受教育，11岁时迁居新加坡，次年进入道南学堂接受新式教育。15岁时回国升学，由道南学堂堂长马征祥、养正学堂堂长宋森护送，搭乘德国的邮船内渡上海，入学南京暨南学堂。一同入学的还有李光前、何葆仁等38名同学，他们成为新加坡归国入学南京暨南学堂的首批学生。在暨南学堂就读三年期间，受到了中国新思想的影响后，林邦彦于1911年返回新加坡，致力于当地的华侨教育，创办学校，并于1940年发起成立新加坡暨南校友会，响应母校“声教四海”的使命。林邦彦不计自身得失，持续服务华侨社会，担任众多华人社团的重要职位，1984年他得到新加坡政府授予的社会模范领袖的荣誉。

（一）兴办教育，服务社会

1911年秋天，林邦彦从南京回到新加坡。林邦彦目睹当地教育落后的状况后，即投身创办中华女子学堂，成为星洲首创女学的青年华侨，并于次年被选入该学堂的董事会。学堂初创时，经费困难，办学条件十分艰苦，仅“租赁水廊头街一间普通民房作教室，学生也只有几十人”①。在这种情况下，林邦彦实行义务劳动，不领薪水，为学堂办学尽心尽职。“在办学中，他坚持男女都要受教育

① 此处及之后多段内容引用自：周孝中：《林邦彦创办新加坡女学》，《暨南逸史》，广州：暨南大学出版社1996年版，第15页。

的原则，破除‘女子无才便是德’的观念；坚持‘有教无类’的原则，破除当时‘同乡帮派’的观念。”女子学堂不论潮汕、广肇、客家、海南籍的学生，一律同等招收。这对提升新加坡华人的教育和团结，具有重要意义。

在林邦彦和学堂师生的努力下，学堂学生人数不断增加，并得到当地政府的赞助，办学经费逐渐充实，学校规模得以扩大，于1931年正式改名为“中华女子中学”，在社会上享有极大盛誉。

作为倡导新加坡女学的先导，林邦彦受到众多学校邀请，先后担任了中华女中、南洋女中、介民学校、培群学校等学校的董事，还担任了聋哑学校的财务，为新加坡教育建设贡献心力。他还担任了众多华人社团的负责人，如善济医院董事、华人互助会名誉会长、九龙南宗祠名誉会长等。林邦彦生前当了几十年烟草公司的总经理，收入并不丰厚，但他愿意每个月将收入的近三分之一捐献给教育和慈善团体，并且数十年如此。有人称赞他出钱出力做慈善、办学校，要为他在报纸上宣传，他总是谦虚地说：“也不只是我一个人捐款，还是不要提的好”。由于他热心于兴办教育、服务社会，故新加坡华人社会称其为“甘草老人”，还有更多人称他为“教育慈善家”。

（二）新加坡暨南校友会首任会长

林邦彦返回新加坡后依旧情系母校。当时新加坡暨南校友众多，他们从事工商、教育、金融等各行各业，林邦彦有时间即与同学相互联络、聚会，新加坡暨南校友会在20世纪30年代就已初具规模。据新加坡校友王济堂回忆，“远在廿年代当暨南足球队南征新加坡时，新加坡的一些暨南同学便假座胡载坤医生的南洋医院二楼，召开同学座谈会以便筹备欢迎母校足球队远征新加坡，当时计有李光前同学、胡载坤同学、陈万安同学、林邦彦同学……就在那时候我们便发起组织了暨南校友会”①，当时新加坡校友虽无明确组织，但已经开始校友活动。直至1940年，林邦彦与胡载坤、潘华兴三人向政府申请注册，次年校友会成为正式注册社团，租用罗敏申路72号3楼为会所，林邦彦担任首任会长，并历任多届。

新加坡暨南校友会成立不久，日军占领新加坡，校友会被迫停止活动，会所亦被征用，校友星散，会务便告终止。会所欠下的半年租金由林邦彦自掏腰包支付。待日军投降后，新加坡暨南学子致力于重新恢复校友活动。当时的林邦彦是联合烟草有限公司的经理，事业已小有规模，对校友会活动更为尽心尽力。1947

① 此处及之后多段内容引用自：王济堂：《新加坡暨南校友会诞生的经过》，刘教芳：《暨南大学建校八十周年，新加坡校友会成立四十周年纪念特刊》，新加坡暨南校友会，1988年，第63页。

年，林邦彦向社团注册官申请复办，但因经济关系，没有租用会所，所以每次聚会，“都是由林邦彦同学发传单，通知地点以便集中聚餐”。刘教芳如是回忆：“我记得那时的校友会，没有正式固定的会所，多数借重在老学长林邦彦在罗敏申路的办公室——联合烟草公司二楼上”①。1967 年，时任会长王济堂成立购置会所募捐委员会，林邦彦担任委员。该委员会收到世界各地的校友捐款，“这是暨南校友会最活跃的阶段，他们把这笔捐款用于购置坐落在圣多马径风景楼 12 楼的会所”②，在这里开展活动，召开会议，盛况空前。

新加坡暨南校友会执监委员合影

四、邢济众：新加坡著名华文作家

邢济众，1922 年生，笔名邢致中、云邨，浙江省东阳县人，1947 年毕业于国立暨南大学中国语文系，早年在台湾中学执教，1958 年赴马来西亚，先在中学任教，后专任新加坡义安学院中文系讲师，后改任中文系副教授。1980 年加入新加坡作家协会，1984 年兼任南洋艺术学院文学课讲师。1980 年起先后任新加坡暨南校友会秘书、会长等职。先后著有《铁钩情》《韩非子思想研究》。

① 此处及之后多段内容引用自：刘教芳：《编后话》，刘教芳：《暨南大学建校八十周年，新加坡校友会成立四十周年纪念特刊》，新加坡暨南校友会，1988 年，第 254 页。

② 此处及之后多段内容引用自：区如柏：《暨南校友人材多》，刘教芳：《暨南大学建校八十周年，新加坡校友会成立四十周年纪念特刊》，新加坡暨南校友会，1988 年，第 64 页。

（一）蜚声文坛，钟情讲台

邢济众迄今已出版文艺创作 10 部，论著 7 部，中国现当代文学馆收藏了他的全部著作，其声誉远播新马和中国。早在台湾执教时期，他就蜚声文坛，擅长写散文。移居新加坡后，从 20 世纪 50 年代开始即有作品散见于新加坡《南洋商报》《星期日报》《联合早报》等报的副刊和《新加坡文艺》《文学半年刊》及《新加坡月刊》等刊物。已出版的专集有《诗说纂闻》《韩非子思想研究》《五年》《小说散文集》《南游心影》《教育、语文、思想》《铁钩情》和《一园浓翠》等。其中《铁钩情》曾获得台湾当局颁发的华文著述奖——散文奖 2004 年，他又荣获第五届亚细安华文文学奖。[1] 邢济众一生笔耕不辍，文章清新流畅，洋溢着乐观、健康的气氛。然而，写作并非其第一职业，他最早从事的职业是教书。在讲台执教三十余年，默默耕耘，退休后才开始写作。他说，“我是一心想为社会的文化建设尽一点力量，这也是物质报酬微不足道、很少人愿意行走的一条非常劳心的道路，而我却也能甘之如饴，毫无悔意”。

邢济众

（二）情牵母校，重视校友情谊

1943 年，上海已经沦陷，此时的暨南大学已经搬迁至福建建阳，邢济众经过严格的入学考试，成为暨大中国语文系的一员。2006 年，邢济众接受《南方日报》记者采访，回忆起那段艰苦卓绝的抗战时期，他动情地说：“我对母校有一份浓浓的情。在分别几十年后举行的师生会上，师生无拘无束地共同回忆当年在学校时的各种情况。学生们对老师当年讲课的情景记忆犹新，而老师

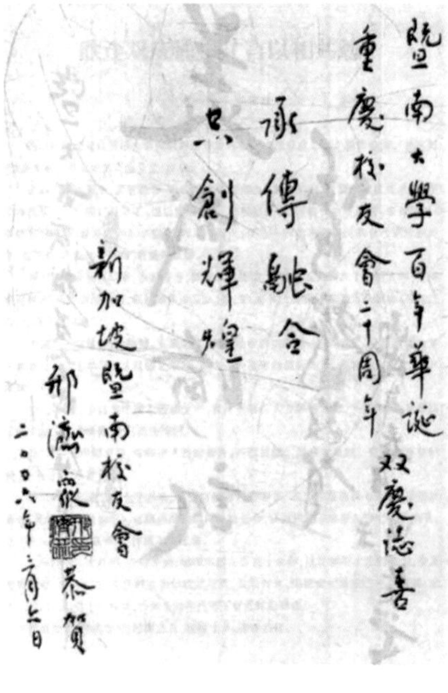

邢济众为庆祝暨南大学百年校庆・重庆暨大校友会成立二十周年题字

---

① 张玉春：《百年暨大人物志》，广州：暨南大学出版社 2006 年版，第 394 页。

对当年每个学生的长相、表现，甚至绰号也记得那么清楚。如果不是师生关系十分融洽和对学生有全面深入的了解，是不可能做到的。我从过去的老师身上学到，老师必须真正做到为人师表，关心、爱护学生，使他们不但在学业上不断进步，而且养成良好的品德。这也是我以后执教的准则。另外，我人生中有好几次面临困境时，都是得到暨南母校师长、校友的真诚相助，使我一次次地渡过难关。所以，暨大对我不仅是求学那四年的得益，而是长久的。我深切体会到校友情谊的宝贵。”①

（三）出版《星洲暨南人》，传承暨南情怀

作为新加坡暨南校友会副会长的司徒虹，其责任是编辑、出版会刊——《星洲暨南人》，而这并不是她所熟悉的工作。司徒虹说：“每年两期的《星洲暨南人》是前会长邢济众的一大心愿。他认为这是加强会员凝聚力、增进与各国校友情谊的桥梁。而且也可以通过定期出版物的方式，为校友会留下历史。”可她当时工作繁忙，对编辑和出版又不在行。“那段时间，我一直被邢会长追问，他一天能打十几次电话给我，询问和催促刊物的出版情况。那段时间我一听到电话铃声就紧张，就怕邢老又来催了。”

邢济众在暨南全球校友中享有很高的声望。然而，正是在邢济众不厌其烦、坚持不懈地督促下，《星洲暨南人》的出版工作慢慢走上正轨，办得更加有声有色了。虽然这本刊物，更准确地说只是一本小册子，但它所带来的凝聚力和编辑出版人员在参与过程中产生的自豪感，却是不容忽视的。司徒虹表示，她从中感受到了老校友传承下来的精神，对“星洲暨南人”的身份，也不由得多了一份认同感。对于邢济众的坚持，她从不理解到理解，甚至最后由衷地敬佩老学长那份暨南情怀。

历史是需要记录并传承的，前人的精神财富更是如此。邢济众在新加坡暨南校友会庆祝六十周年的特刊中指出，母校是一所华侨大学，“声教南暨”是它的精神所在。身居新加坡的校友，恰处在“声教南暨”的最前沿，他们默默为本地华人社会奉献，把中华文化、中华民族的优良传统远播于海外。

五、刘抗：南洋画派先驱

刘抗（1911—2004），生于福建省永春县，6岁随父母南渡马来亚麻坡；15

① 《暨南大学新加坡校友回忆求学往事　乡土侨情流露》，《华侨报》，2006年11月16日。

岁（1926）返回上海暨南学校附属中学就读，后入读上海美术专科学校①西洋画系，与校长刘海粟结下终身艺术缘。1928 年于上海新华艺术大学毕业后留学法国巴黎。1937 年回到马来亚。1942 年定居新加坡。他开创的南洋画派对东南亚现代派艺术的发展产生了很大影响，在世界画坛上也享有很高声誉。他创办了新加坡艺术协会，培养了许多年轻画家，对新加坡艺术事业的发展作出了杰出的贡献。他的作品为 50 多个国家画院、美术馆、博物馆、大学和几十位国家元首个人收藏，荣获第三届亚细安文化艺术创作奖、新加坡共和国服务星章、新加坡卓越功绩服务勋章和法国艺术与文学军官勋章等。

刘抗

《上海文汇报》，2017 年 8 月 9 日

（一）暨南缘始，起航艺术人生

作为新加坡画坛的泰斗级人物，刘抗年少时即展露出惊人的艺术才华。而他与艺术结缘的传奇人生，正是从暨南大学这个起点开始的。

刘抗原籍福建省永春县，6 岁随父母南渡到马来亚的一个城镇——麻坡。当地华人聚居较多，初步具备一定规模的海外华人社区和基础设施。刘抗在麻坡念完华文小学后，去新加坡求学，就读于陈嘉庚发起创办的华侨中学。据刘抗的同班同学兼好友王济堂回忆，在华侨中学修完一年级的课程后学校发生风潮，刘抗、王济堂等外地生面临着无地居住的生活问题，只能暂住在侨领胡文虎先生在巴诗班让的别墅里，面临着是否要转读他校的升学问题。当时正巧有一位姓刘的中国学者回国时途径新加坡，听说华侨中学闹风潮后来到巴诗班让，鼓励大家到中国去深造。胡文虎也表示会竭力鼓励大家回国深造，并补贴每人一百元新币。刘抗当时虽然只有 15 岁，但他对回国深造心生向往，反应热烈，极力劝服了父母让他去上海读书。

1926 年初，刘抗来到上海，入读暨南学校附属中学。新加坡校友王济堂回忆："我和同船回国的刘抗还有其他几个同学，同到位于真如的暨南大学中学部办理入学手续，暨南是以招收回国升学华侨学生为主的最高学府，依照校方规定，必须通过入学考试，才准插班上课。我们几人总算十分幸运，一经考试，就

① 上海美术专科学校简称上海美专，是当时上海最大的私立美术学校。

刘抗在上海居住过的公寓

《上海文汇报》，2017 年 8 月 9 日

顺利踏入中国学校大门，实现了回国深造的愿望。”王济堂校友与刘抗在新加坡时是同班、同宿舍，来到上海又被分到同班又住一个房间，因此两人关系特别要好。当时的中国正经历着社会、政治和文化的剧烈变革，华章初展的上海，经济繁荣发展，文化交流活动众多，是一个华洋杂处、工商繁荣、文化荟萃的沿海大城市，都市视觉文化的冲击和潮流给刘抗的艺术启迪带来了无限的想象空间。

作为教育和艺术的前沿，上海聚集了一批中国早期的现代美术学校、社团和工作室，临海的地理优势又为对外艺术交流提供了独特的窗口。此时的暨南学校作为国内唯一的华侨学府，迁入真如校区已有三年，在名校林立的上海汲取着先进的教育经验，拥有独特的华侨教育人才培养模式，吸引了众多来自世界各地的华侨子弟和国内英才。

初到上海的刘抗酷爱摄影。暨南校园地处真如，距离市中心较远。待到周末休息时，刘抗便常常前往南京路上的照片冲印店，洗印自己的摄影作品。摄影的兴趣对刘抗审美的养成有着重要的作用。来到上海的第一个暑假，刘抗报名参加了上海美术专科学校的课程。这个决定改变了他的人生轨迹，他意识到自己真正的兴趣是艺术。1926 年秋，刘抗申请转为上海美专的全日制学生，直接升入二年级西画系①。

虽然刘抗在暨南就读的时间并不算长，但是与暨南的结缘，正是他从南洋小镇返回中国大都市上海求学的重要动因。可以说，求学暨南的这段日子，是他发掘审美兴趣、书写艺术人生的重要转折点。这位艺术大师此后逐渐显现出在艺术领域的天赋与才华，并在画坛上绘就了光辉的篇章。

（二）开南洋画派之先，心系中华文化

1928 年至 1933 年，刘抗留学法国巴黎，写生作画，常常流连于卢浮宫博物院、美术馆、画廊等艺术场所，吸收西方古今的艺术精髓。同时他也结交了一批

① 葛月赞：《刘抗的“上海时光”》，《上海文汇报》，2017 年 8 月 9 日。

艺术名家和青年学者，如汪亚尘、张弦、庞熏琴、刘开渠等①。其中，他认识了专攻艺术史和文学批评的才子傅雷。两人志趣相投，常常切磋艺术见解，交流心得。这一时期的青年刘抗，得师友之支持，取精用弘，奠定了融会贯通、自成一派的独特艺术风格。

在巴黎负笈求学五年之后，他应上海美术专科学校之聘担任西画系的教授。受抗日战争的影响，刘抗于1937年返回马来亚麻坡，后移居新加坡发展。在1946年以后，刘抗开始担任历史悠久的新加坡中华美术研究会会长，在职共12年。同时他也是新加坡最大的美术团体——新加坡艺术协会的发起人之一。在担任两个团体的会长期间，刘抗领导团体工作有条不紊地展开，举办了不少规模大、影响力大的展览，如巴厘旅行画展、徐悲鸿个展、张大千个展等。这些展览不仅轰动一时，且对新加坡后来的美术发展影响巨大，其中，1953年举办的巴厘旅行画展，奠定了南洋画派的里程碑，开启了南洋画派的先河②。

《越南姑娘别有风情》

《流光溢彩：暨南大学珍藏绘画作品集》

虽然刘抗在求学期间专攻西洋画，但是他很早就意识到东方艺术的独特性。早年在与傅雷交往时，傅雷就曾多次在书信中提及民族精神的重要性，这对刘抗的影响很深：“唯有真有中国人的灵魂，中国人的诗意，中国人的审美特征的人，再加上几十年的技术训练和思想酝酿，才谈得上融合‘中西’”。③ 在刘抗长达80载的创作生涯中，他创造性地将东方艺术与西方绘画技法相融合，画作题材涵盖巴厘、印度、华族和中国黄山等。

除了绘画上的实践，刘抗在艺术领域著述也颇多，其中不少文字也明确地透露了其对华人身份的认同性，强调传承中华

① 林金枝、庄国土：《南洋文库闽侨古今名贤事略选辑》，桂林：广西师范大学出版社2018年版，第298页。

② 新加坡暨南校友会：《新加坡暨南校友会成立五十周年纪念特刊》，新加坡暨南校友会，1991年，第182页。

③ 傅雷：《傅雷谈艺录及其他》，北京：北京联合出版公司2018年版，第206页。

文化，刻画内在的民族精神。他主张艺术应该融合多元民族文化特长，并呼吁马来西亚华族艺术家创造一种吸纳中国传统文化的新艺术。他曾说道："中国维系了我的艺术视野，我对中国艺术特征中包容的宽、广、深以及一种内敛的力量、高尚的情操非常敏感。"① 他的拳拳之心溢于言表。

虽然在暨南求学的时间不长，但刘抗始终没有忘记暨南学子这一身份，也一直以暨南学子的身份为荣。移居新加坡之后，刘抗在担任艺术协会重要职务的同时，还成为新加坡暨南校友会的重要负责人，心系母校发展，多次协助组织校友交流活动。在母校建校 90 周年时，刘抗还专门作画一幅赠予母校，以贺母校建校 90 周年之喜。

作为新加坡画坛华人画家开拓者，刘抗以精湛的艺术才华和其所追求的民族精神，领一代风气之先。当中国的毛笔遇上西洋的颜料，其艺术轴心，始终离不开对东方艺术的坚持，始终离不开华人情牵祖国的初心。先生之风，缘起暨南；高山仰止，景行行止。

六、蔡演雄：驰骋体坛的开拓者

蔡演雄（1914—2007），生于泰国，原籍广东丰顺人。童年回乡读书，1938 年毕业于暨南大学教育系。1949 年上海解放后，出任上海体育总会副主席。20 世纪 50 年代初任广东华南企业公司秘书长兼贸易部经理、广州部队男女篮球队教练。1955 年任广东省体育运动委员会副主任、中华全国体育总会常委、中华全国体育总会广东省分会副主席、广州部队男女篮球队总教练。1978 年出任香港立明企业有限公司董事长、泰国金岛石油有限公司副董事长。

蔡演雄

（一）暨南篮球校队中的"名将"

1914 年，蔡演雄出生于泰国一个华侨家庭。蔡家是经商家庭，产业众多，在当地属于望族。尽管衣食无忧，但蔡演雄的父母在他童年时便决定送他回故乡广东丰顺县汤坑新田乡读书，希望他接受祖国的文化教育。蔡演雄回乡读书期间，正逢国内民主革命的洪流高涨。革命先辈前仆后继、攻坚克难的爱国精神对

① 何启良：《马来西亚华人人物志（第 3 卷）》，马来西亚：拉曼大学中华研究中心 2014 年版，第 923 页。

少年蔡演雄影响很大。1934 年，他考入暨南大学并就读于教育系。入学之后，蔡演雄在篮球、田径、撑竿跳等多项运动中均崭露头角。其中，他在篮球方面名气最大。

真如时期的暨南大学，校园文化氛围浓厚，学生体育活动众多。学校为了使暨南体育运动在原有基础上得到进一步提高，通过设立体育委员会、增加体育课程、扩建运动场所和增设体育讲座的新措施，推动暨南体育运动呈现出新气象。在迁沪之后，暨南男子篮球队曾数次夺得上海市及华东地区冠军，1936 年，在连获两届上海“城际杯”篮球锦标赛冠军后，暨南男篮队又利用暑假远征厦门、广州、汕头、香港等地，与各地篮球队进行友谊比赛，连战连捷。

蔡演雄身高 1.82 米，在暨南读书期间酷爱篮球运动。他首创低运球技术，带球出入人丛中有如鳗鱼戏水、矫若游龙，而且灵活多变、攻守自由，在篮球场上与队友配合默契，常常把球在左右腋下或身后传给同伴上篮，简直神出鬼没。在 1936 年的江大高校篮球锦标赛相关报道中记录了他的精彩表现，着墨颇多。在比赛中，蔡演雄不仅技术高超、球技精湛，“立报颜色，篮下献宝”“烘云托月，直捣黄龙”，更带队发挥比分优势，稳固了场上局面，“三投三中，分数扶摇直上，此时仿佛暨南天下”。面对对方的追击，“蔡演雄胸有成竹，不慌不忙……果然又一举成功，以十一对七又告占先”。

由于他在暨南校队的突出表现，1935 年蔡演雄入选上海篮球代表队并当上主力队员。据蔡演雄回忆：“我以前读大学，奥运会前代表上海队参加选拔赛。当年的选拔赛主要是从北平、天津、南京、上海这四个城市的球队中选拔。其他地方的队员技术都还不行。”[①] 1935 年冬，中华全国体育协进会决定在上海举办中国男篮代表队的选拔赛，报名参加这次选拔赛的有华北队、南京军校队和华东队。蔡演雄作为上海队主力队员，低运球、单手勾球技术相当突出，他自己突破防线上篮，全场得分近 20 分，最终上海队胜出天津队 20 多分，夺得冠军。

▼暨南勝持志
暨南對持志下午三時半在持志交綏、持志先取攻勢、數度
暨南佔先
盤旋、陳雲萬從亂軍中衝出、翻身一躍、首先命中、暨南豈是弱者、蔡演雄立報顏色、籃下獻寶、鄺耀雅不甘示弱、錦上添花、持志雖止倡極度掙扎、亦告命中、蔡演雄烘雲托月、直搗黃龍、戰至七對五時、持志見勢不佳、要求暫停、密商戰略、然仍未轉機、蔡演雄三投三中、分數扶搖直上、此時彷彿暨南天下、尹鄺蔡三將聯袂進攻、持志毫無反抗之力、至此持志陳雲萬怒髮冲冠、振奮直起、居然不負衆望、連攻班師、然此後仍一蹶不振、鄺耀雅趁人之亂、又中三球、未幾上半時結束、暨南以廿五對九佔先、

《暨南胜持志》
《申报》，1936 年 3 月 20 日

① 此处及之后多段内容引用自：罗培衡：《飞泉岭下觅旧踪》，北京：中国戏剧出版社 2009 年版，第 109 页。

1936 年，第十一届奥林匹克运动会在德国柏林举行，尹贵仁（左）、蔡演雄（中）、王南珍（右）参赛

（二）征战奥运，奋发图强

经过单循环比赛以及和上海职业球队的较量，选拔赛确定了奥运会男篮选手的人选，其中暨南大学就占 3 名：蔡演雄、王南珍、尹贵仁。当时蔡演雄 22 岁，便以篮球主力的身份赴德国首都柏林参加第十一届奥运会。由于经费有限，加上路途颠簸，水土不服，中国篮球队在三场预赛中失利。当时参加奥运会的中国全队战绩为零，被洋人讥为“鸭蛋队”，这深深刺痛了包括蔡演雄在内的中国健儿们的心，也在蔡演雄心中种下了一颗为国雪耻的种子。

中国男篮在柏林奥运会篮球比赛中

在柏林奥运会折戟以后，蔡演雄苦练球艺，技术又进一步提高了，他先后参加了上海代表队、中华队、上海明星队、暨南大学队和上海百乐门队等，与国内外的强队争锋，取得辉煌的成绩。1938 年，蔡演雄大学毕业，成为一名专业运

动员。1938—1939 年，蔡演雄所在的篮球队打败上海公共租界美国队，夺取了两届国际锦标赛冠军，大长国人士气。

中华人民共和国成立后，蔡演雄被任命为上海体育总会副主席，后由周恩来总理签署任命书，被调任为广东省体育运动委员会副主任。作为体坛的行家，他致力于国家体育事业的建设和发展，努力建立训练基地，培养体育人才，选拔体育尖子。他任职广东期间，广东体育迅速发展、战绩辉煌，先后培养了一批优秀运动员，如容国团、莫国雄、陈镜开、梁小牧等。他也先后获得国家体育运动委员会颁发的新中国体育开拓者荣誉奖章等。

（三）热心实务，心系暨南

除了体育方面的成就，蔡演雄在商界也身体力行，助力中华人民共和国经济发展。1950 年，他在中共中央的委派下到广州参与筹建中国第一家公私合营的企业——华南企业公司，并多次前往香港动员名人来内地投资，为公司创办提供了启动资金。抗美援朝期间，美国封锁我国沿海区域，该公司更是冒险运输，为朝鲜战场提供了不少卡车、汽油、药品等重要物资。蔡演雄晚年曾回忆道："这项运输业务，从我们的角度来看并不是简单地做买卖，而是完成抗美援朝的政治任务……承担这项任务的商人是赚了钱，但更重要的是他们爱国，承担了很大的风险，为抗美援朝作出了贡献。"①

1977 年从广东省体育运动委员会退休后，蔡演雄应朋友之邀赴香港从商，担任香港立明企业有限公司董事长。但他仍心系内地，多次以港澳政协委员的身份参与政治协商会议和民主讨论会，为加速改革开放进程和推动香港法治建设贡献了真知灼见。

不仅如此，蔡演雄在繁忙的体坛工作和商海创业之余，也非常关心母校的建设和发展。1957 年 12 月 1 日，陈序经受筹委会②委托，主持召开暨大校友座谈会，征求暨大校友对复校工作的意见和建议。座谈主要通报了学校的筹备情况，其中出席会议的暨大校友有沈鹏飞、蔡演雄等人③。暨南大学在广州复办后，一向热心华侨教育事业的蔡演雄在 1979 年起担任了第一届至第五届的暨南大学董事会董事，同时协助创办了重庆暨南大学校友会并担任名誉会长。

蔡演雄为人友善，对暨南后辈多有提携。据校友黄友涯回忆，蔡演雄是他的

---

① 李敏生：《霍英东与抗美援朝战争》，北京：解放军出版社 2011 年版，第 73 页。

② 中华人民共和国成立后，暨南大学为解决华侨学生归国求学的问题，于 1957 年 9 月 12 日成立华侨大学筹委会；次年 2 月，改名为"暨南大学筹委会"。参见夏泉：《陈序经与暨南大学》，《东南亚研究》，2004 年第 2 期，第 91 – 95 页。

③ 南开大学高等教育研究所：《东方振兴与西化之路：纪念陈序经先生诞辰一百周年论集》，天津：南开大学出版社 2004 年版，第 146 页。

直系师兄和终生挚友，两人时常通电话、相约饮茶。在蔡演雄移居香港之后，蔡演雄仍心系故友，专门给他寄来了中央人民政府驻香港特别行政区联络办公室送给他生日花篮的照片，并手写祝福。黄友涯也多次向家里人表示，自己后来投身抗日战争，正是受到师兄蔡演雄和身边师长的影响，深感于他们“天下兴亡，匹夫有责”的爱国赤子情怀①。

2007 年 6 月 29 日，蔡演雄在香港逝世，享年 93 岁。时任暨南大学校长胡军代表暨南大学向蔡演雄先生亲属发去唁电，对蔡演雄先生的不幸病逝表示沉痛哀悼，并向其亲属表示亲切慰问。

在蔡演雄的传奇人生中，爱国是贯穿他一生的内核。无论是年少时为国出征，还是中年时大力推动国家体育事业发展，抑或是老年时心系祖国商业发展，他都无时无刻不弘扬着爱国主义精神。内化于心，外化于行，这位初心不改的开拓者，是当之无愧的暨南之光。

七、符克：生为民，死为民；生伟大，死光荣

符克

符克（1914—1940），海南文昌人。1928 年就读于广州市南海中学，1933 年迁居越南，在西贡当小学教师。1935 年，回国后进入暨南大学学习。1938 年春，赴延安陕北公学学习，并加入中国共产党。受党的派遣，前往越南发动华侨支援祖国抗战。1939 年 3 月，组织越南琼侨回乡服务团。1940 年 6 月，任琼崖华侨联合总会回乡服务团总团团长，组织各种抗日团体，有力推动了琼崖人民的抗日救亡斗争。1940 年 8 月，被国民党顽固派阴谋杀害，年仅 26 岁。

（一）在暨大坚定投身救国救民之路

1935 年夏，符克考入暨南大学教育学院侨民师资训练班。此时，正值中国风起云涌的年代，国人抗日救亡的情绪日益高涨。符克在暨大刻苦求学的同时，也以饱满的热情投身到历次抗日救亡运动之中。

---

① 黄珊建：《珠江畔的抗日老战士黄友涯》，广州：暨南大学出版社 2010 年版，第 8 页。

国立暨南大学侨民师资训练班参观团合影，后排左四为符克，摄于 1937 年

符克出生于华侨之家，他天资聪颖、勤奋好学，当国民大革命爆发时，符克也较早地接受了革命的洗礼，他在家乡海南时便参加了童子团，还担任团长一职。青年符克早早便开始思考中国社会的现实，探索中华民族的前途与命运。“一二·九”抗日救亡运动爆发后，符克以满腔的爱国热忱加入暨南大学的游行队伍，与同学们一起振臂高呼：“停止内战！一致对外！打倒日本帝国主义！”1936 年，“七君子事件”和“西安事变”的发生，让符克看清了中国共产党才是从民族利益出发、团结抗日的中坚力量。他积极参加由各爱国人士组织的进步团体——中华民族解放先锋队，开展抗日救亡工作。

1937 年 5 月，由暨大教育学院代院长陈科美带队，符克与同学们一起奔赴绥远、山东等地考察，他们与抗日将士、名人贤士亲密交流，共同探讨救国之道。符克还受到过时任国民政府行政院院长孙科的接见。1937 年秋，符克顺利从暨南大学毕业，面对水深火热中的祖国，他不顾父亲的反对，放弃了回到越南共同创建家族企业的机会，毅然决然地走上了救国救民、追求真理的道路，奔赴革命圣地延安。

國立暨南大學證明書 第四十三號
學員符客各係廣東省文昌縣人現年二十二歲
於民國二十六年六月在本校海外師資進修
班肄業期滿成績及格因畢業證書在呈
教育部驗印中特先發給證明書此證
校長 何炳松
中華民國二十六年六月 日

符克的毕业证书

（二）在越南开展抗日救亡活动

1938 年初，符克和部分同学跋山涉水到达延安，并进入陕北公学学习革命理论、接受军事训练。在陕北公学这个革命熔炉中，符克的马克思列宁主义理论水平和各项政策理论以及军事技术水平得到迅速提高，并加入了中国共产党。中共中央海外工作委员会成立后，符克作为优秀共产党员和进步青年被选入海外工作团。经过短暂的集训，符克随中共中央海外工作团一行 21 人一路南下，到达越南西贡（今胡志明市）开展海外救亡活动。在工作团南下路过武汉时，工作团团员受到了周恩来的亲切接见，八路军武汉办事处主任董必武还为符克题词赠别，写下“还我河山”。

1938 年的西贡，杂乱无序、信息不畅，华侨与祖国亲人失去联络，更无法了解抗战情况和共产党的抗日主张。符克在亲人和朋友的协助下，秘密地开始了在西贡的抗日救亡活动。符克与工作团的团员深入各种工会组织，不分昼夜地奔走于大街小巷、茶楼酒馆，哪里有华侨他就去哪里。华侨在一起促膝谈心，宣传抗日救亡，他们宣传八路军抗战的英雄事迹，宣讲毛泽东的《论持久战》和抗日民族统一战线。广大爱国华侨和青年学生备受鼓舞，他们借此了解了国内抗战形势，从而驱散了“亡国论”的愁云，看到了祖国抗战胜利的曙光。在他的艰苦努力下，越南琼崖华侨救国会宣告成立，符克当选为常委。该救国会积极在越南华侨和青年学生中开展救国救乡、募捐抗日等运动，很多华侨青年在他们的影响下，积极开展爱国募捐，有人还回国奔赴延安，走向抗战的第一线。

（三）血洒琼崖　“我以我血荐轩辕”

1939 年 2 月，日军侵占琼崖的消息传到越南。在符克的建议下，越南琼崖华侨救国会于 3 月组织越南“琼侨回乡服务琼崖华侨回乡服务总团”，委托符克任团长。“琼侨回乡服务琼崖华侨回乡服务总团”发动旅越华侨坚决抗日，誓死卫国，保卫家乡。服务总团的团员们放弃安定的生活，跟随符克回到琼崖参加抗日斗争。

不久，在中国共产党琼崖特别委员会的支持下，以“救国救乡”为目标的“琼崖华侨回乡服务总团”于 1940 年 6 月 19 日宣布成立，符克任团长。“琼崖华侨回乡服务总团”的任务是：组织医疗队，为抗日军民救伤治病；组织群众工作队、歌剧队、出团刊壁报等，宣传发动群众抗日救亡；组织武装自卫队，配合当地政府，打击敌人，锄奸肃奸。服务总团回乡后，为抗日军民救死扶伤、看病治病，并对群众进行宣传教育等。在符克的领导下，服务总团分成若干工作队，活跃在琼崖的城镇、椰林和村寨。他们深入阵地抢救伤员，并为琼崖独立纵队举办医务人员培训班，培训了 90 多名医务人员。他们开展宣传抗日等工作，组织各种抗日团体，有力推动了琼崖人民的抗日救亡斗争。1940 年春，国民党发动第一次反共高潮，服务总团的抗日活动也受到国民党顽固派的阻挠、限制和威胁。对于抗日斗争中的危险，符克早就做好了充分的思想准备。他在给家人的信中说：“我在艰险的环境中生活，倘不敢冒险前进，寻求民族出路，祖国是不会有光明的”“我的工作是在危险环境中进行，似随时都有生命之虞，假如万一遇有不幸，那也是我所负的历史使命的完结”。1940 年 8 月，为敦促海南国民党当局团结抗日，符克不顾个人安危前往国民党驻地谈判，却被国民党阴谋杀害，年仅 26 岁。符克牺牲后，时任中国共产党琼崖特别委员会书记、琼崖独立纵队队长冯白驹为他题词：“生为民，死为民；生伟大，死光荣。”

第四章

JINAN UNIVERSITY

名师云集 灿若星辰

第一节　商科名师

一、始有暨南，便有商科

“始有暨南，便有商科”，商科诞生于暨南建校之初，见证着暨南由学校发展为大学的整个历程，是暨南众多学系中发展最早、也最为迅猛的一支。作为百年华侨最高学府，早在1918年，暨南先贤黄炎培先生就敏锐地意识到培养华侨商业人才的迫切性，极力促成了暨南商科的设立。1921年，暨南学校与东南大学商定合办上海商科大学，其成为国内第一所商科大学，开启了中国财经高等教育的先河；1923年，暨南商科独立办成暨南商科大学部，走在时代前列，并为暨南学校升格成为完全大学奠定了坚实的基础；1925年，暨南商科大学部按专业设立学系，这种教育方式当时在国内尚属首创；1927年，在暨南大学改组规划中，商科大学被重组为独立的商学院……此后，无论是在上海身陷“孤岛”，还是颠沛至福建建阳一隅，暨南商科教育薪火相传，从未间断。

暨南商科虽历经几次改革变迁，但学校在任聘教员、延揽人才时尤为倾注心力。暨南商科刚设立时即聘任冯裕芳、王敬礼、包允恭、黄家骥等教师，他们大多毕业于欧美和日本名校，均为一时之选。迁沪之后，“敦请名誉讲师，演讲商业常识，学科之选择、教员之聘请，随处留意”①，高阳、马寅初、王毓祥、吴莹等名家先后受聘任教。当时“（暨南商科）学者之程度，与国内各大学相互比较，已有齐驱之势，则商科进步之迅速，其功不得不归诸教务主任高先生之实事求是、不务虚荣，有以致之也”。一批批名师先后执教暨南，我国“新人口论”的提出者马寅初、现代会计学界的泰斗潘序伦、中国会计走向世界第一人杨汝梅、经济史学开拓者王亚南、传播革命火种的经济学家卓如、台湾经济史拓荒者周宪文、毕生报效祖国的经济学者陈彪如等先后加盟暨南。在他们的指导下，暨南商科教育得以快速发展，增设了不少特色课程，学术交流活动日趋活跃，成立了经济研究会、会计学会，并编辑出版《经济汇报》《会计学报》等学术含量较高的期刊。不少学界名人受邀来到暨南演讲，学生活动风生水起。暨南上海时期的商科教育，适值最为鼎盛的黄金时期，为此后商科的发展奠定了殷实的基础。

---

① 此处及之后多段内容引用自：《校史（1924）》，暨南大学综合档案室，档案号：2004 - XS12 - 11。

潘序伦

中国会计界一代宗师

潘序伦（1893—1985），江苏宜兴人，中国会计界一代宗师，被誉为“中国现代会计之父”。先后获得哈佛大学企业管理硕士学位和哥伦比亚大学经济学博士学位，是当时中国少有的在美国取得经济学博士学位的留学生。他出版专著、译著30多部，学术论文百余篇，论著总计逾千万字，代表作包括《立信会计丛书》《公司理财》《基本会计学》等。

1925年，潘序伦被聘为国立暨南学校商科大学部主任，他积极扩充、大胆改革、招贤纳士，配备专业设置，力展暨南商科宏图。同年，任暨南商科大学部主任等职，创办暨南会计学系，致力于引进和传授西方先进的会计知识与技术，为暨南商科发展做出了重要贡献。1927年，他辞去教职，创办了立信会计师事务所，后任国民政府经济委员会委员、上海市政协委员等职，培养了大量高级会计审计人才，对中国现代会计学的建立具有不可磨灭的贡献。

虽然潘序伦在暨南任教只有两年时光，但他凭借卓越的才华与高尚的师德，深受全体师生爱戴，他严谨治学，对待学术问题孜孜不倦，教学风格大胆前卫，立志于教学视野改革，在暨南大学商科教育史上留下了伟岸的身影。

（一）任暨南商科大学部主任，首创商教改革

1924年春夏之交，留学美国的潘序伦，通过三年刻苦攻读，决定启程回国。他在归国途中，绕道欧洲，周游13国，最后从香港坐船回到上海。对于潘序伦这个人物，当时上海教育界、经济界的一些人已有所了解。因此，他一回到上海，便有不少大学竞相聘请。经过考虑，潘序伦最终赴上海商科大学担任教务主任兼会计系主任，并出任国立暨南学校商科大学部主任。

潘序伦在任职之初，着力于引进和传授西方先进的会计理论和实务，并在1925年创办暨南学校会计系，使得暨南大学成为我国最早设立会计专业的学校之一。与此同时，为了进一步完善暨南商科专业的设置，潘序伦还提出了暨南商科教育的《改进商科大学、旧制高中计划书》。这份改革书思路开阔，洋洋万言，富有前瞻性，其主要内容有：

（1）增设预科，以提高南洋和国内旧制中学毕业生进入大学本科的素质。

（2）分设学系，以资深造。针对海外华侨工商业发展的需要，增设普通商业、银行理财、会计统计、国际贸易和工商管理五个新专业，改变了原来只有单一普通商科专业的局面。

（3）增设课程，列出公共必修、各系必修以及选修课程表，全部课程学分149分，课程总共36种。

潘序伦提出的改革计划得到当时暨南校长姜琦的支持，并很快在暨南实施，在当时国内尚属首创。潘序伦亲任会计系主任。国内商科教育西方会计理论的大量引进，即从潘序伦肇始。而潘序伦的会计事业，则是从主持暨南商科大学部和创建会计系开始的。1985年10月，潘序伦的学生与会计界人士在庆祝他从事会计事业60周年时，都在称赞这位会计大师早年在暨南的功绩，无论是从会计的教学改良方面还是从学术研究成果方面，都在称赞这位会计大师早年在暨南的功绩。

（二）严谨创新教学，当他的学生很“辛苦”

在暨南大学任教期间，潘序伦在教学和管理上一向以严谨著称，他对学生的要求很高。尽管教务工作繁忙，他还是承担了许多骨干课程的教学任务，例如“簿记”“成本会计”“审计学”等。他在不少课程中用通晓易懂的英文讲解，对学生帮助很大，潘序伦因而受到师生们的拥戴。

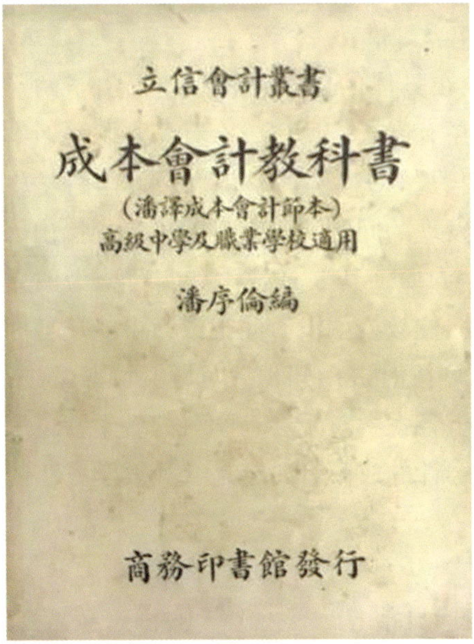

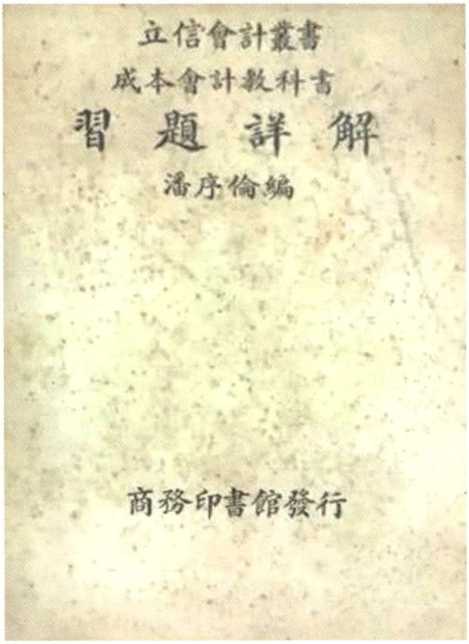

潘序伦编著的《成本会计教科书》及《习题详解》

曾经辅助潘序伦先后在桂林、广州和香港创办立信会计补习学校的蔡经济，是潘序伦在暨南大学的得意门生，据他忆述：

我第一次见到潘师是在国立暨南商科大学教务处前的大堂内，当时他戴了一项圆形的向上卷边的铜盆草帽，满面笑容地从火车站（上海真如火车站）走来，进入大堂之内，再转入教务处。可是，教务处的大门正在装修玻璃，未能即时进去，他只好出来同其他教授谈笑风生地商谈事情。不久，他又想转入教务处，可是大门仍未修妥。他对修理工说，再过五分钟，我一定要进去。结果，等了一阵，终于进入了教务处。此时已有许多学生在教务处等他解决关于学科和学分的问题，同时也有若干教授来同他商量关于教课的问题。他干净利落地一一处理完毕，使他们满意而归。不久，上课铃声一响，他即带了教科书上课去了。当时有一位同学在我旁边，就对我说："毕竟是博士，一切照规定的原则办理，处事爽快，真是难得。"

在蔡经济的印象中，当时潘序伦教他们的是"簿记"（即"初级会计学"）和"成本会计"两科。潘序伦对于会计理论的讲解非常清楚，而且举例很多，学生们受益匪浅。他特别强调理论和实务的结合。每教一课，必有相当多的习题要学生在课外去完成。假定学生偷懒不做习题，习题只会愈积愈多，非但习题无法理清，而且恐怕连下一堂课的理论也听不明白了。潘序伦的学生都认为，当他的学生的确是相当辛苦。当时有些同学因为偷懒的缘故，修读了两个月便难以继续下去，只好少读一科"簿记"，实在是相当可惜！

除了对教学管理要求严格外，潘序伦在具体的教学过程中还提出了两点主张：其一是理论和实务要结合，然后，可望有专长。所以，会计学科除平时有相当多的习题外，还设有一门名为"会计实习"的特别习题课。会计学科学生完成的各种习题，有专人为之批改。批改中发现的问题，则由批改人分别摘出，交给有关教授在上课时答疑，务必要使学生弄懂。其二是教学和实习分为两人处理，以求分工合作之效。因为习题太多，一位教授就没时间批改，可能还会因此减少习题。如果请专人批改作业，教授既可按时讲授知识，习题又可照常进行。这对学生来说实在是受益匪浅。此后，沪上各大学对于会计学科的教学，也采用潘序伦的方法。所以，潘序伦不仅是中国会计的改革者，也是会计教学方法的提倡者。

（三）名口头禅"For instance"，加班成日常

在暨南大学，潘序伦的"口头禅"也非常出名。蔡经济记得很清楚："由于

潘老师在教授‘簿记’科时为使学生易于明白，常常举例说明。那时大学教授都用英语讲解，每举一例要讲一句‘For instance’。因举例多，上一堂‘簿记、课虽然只有短短一个小时，却要讲很多遍‘For instance’。因此，‘For instance’就被大三学生杨昌运同学收集为潘老师的口头禅。杨昌运同学收集了沪上各个大学①教授的口头禅，还为此写了一篇短文，刊登于上海最畅销的《申报》。我们才知道潘老师的‘For instance’也被收集在内。”

潘序伦与学生蔡经济的结交还是因为学生成绩的缘故。虽然蔡经济修了潘序伦的“簿记”一科，但潘序伦上课从不点名，一上课就不停地讲解，一直到下课铃声响起，他才停止讲课离开教室。他很少在班上与学生谈话，事实上也没有时间谈。除了学生提问以外，他一直在黑板上大书特书各种“For instance”。那时同学们的“簿记”习题，是由大学四年级学生林仲川批改的。据林仲川说，一次“簿记”期末考试，蔡经济考了第一名。他就将考卷交给潘序伦看，潘序伦看了相当高兴，同时对林仲川说，有机会希望见一下蔡经济。此后不久，蔡经济到学校教务处接洽事宜。林仲川那时刚巧也在教务处工作，就将他引荐给潘序伦。从此潘序伦就认识蔡经济了。数日后，蔡经济即被调到教务处工作，受潘序伦的管理，办理日常教学事务。从那时起，潘序伦与蔡经济结下了终身的友谊。

潘序伦对于工作如痴如醉。他的办公时间同普通职员一样，上午八时即到办公室，下午五时才下班。可是，常常有这样的情况出现：到了下班时，职员都走光了，只剩下潘序伦一人还在做他未完成的工作。当时学校没有额外的加班补偿。所以，每当蔡经济等人为潘序伦“加班”时，潘序伦总是非常客气，常常对他们说“对不起、对不起”。有时除了说客气话之外，又给他们一两元钱或一些水果，作为工作的酬劳。

在探索会计工作的指导经验方面，潘序伦目标坚定，以毕生从事的会计事业和立信会计师事务所的实践，树立了会计行业的诚信和职业道德的典范。他引用王安石的“合天下之众者财，理天下之财者法，守天下之法者吏也。吏不良，则有法而莫守；法不善，则有财而莫理”作为自己研究会计学的指导思想，并取得了诸多成就。

---

① 那时最有名的所谓“江南八大学”，即暨南、交通、复旦、金陵、中央、大夏、光华、持志。

国立暨南大学首届商学院学生（1926 年入学）

1927 年 1 月，潘序伦要辞去教职，学校里掀起了一场声势不小的挽留活动。辞去教职后，潘序伦开始执行执业会计师的业务，在上海创办了“潘序伦会计师事务所”，并附设会计补习学校；1928 年，改名为“立信会计师事务所”。潘序伦毕生致力于会计理论的革新和会计人才的培养。在长达六十多个春秋中，他开创了学校、事务所、出版社三位一体的立信会计事业，成为中国现代会计学界的泰斗，被国际会计学界尊称为“中国现代会计之父”。

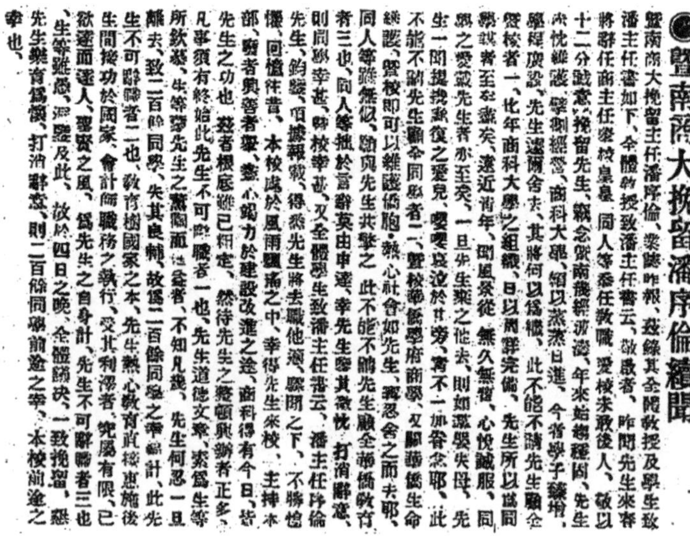

◉暨南商大挽留潘序倫續聞

暨南商大挽留主任潘序倫、業誌昨報、茲錄其全體教授及學生致潘主任書如下、全體教授致潘主任書云、敬啟者、昨聞先生來春將辭任商主任[illegible]、同人等忝任教職、愛校未敢後人、敬以十二分誠意、挽留先生、竊念暨南幾經波瀾、年來始趨穩固、先生悉心維護、學制經營、商科大學、頓以蒸蒸日進、今者學子驟增、學程擴設、先生遽爾舍去、其將何以爲繼、此不能不請先生顧全學校者一、化年商科大學之組織、日以周詳完備、先生所以嘉惠學者者至矣盡矣、遠近青年、聞風景從、無久無實、心悅誠服、同學之愛戴先生者亦至矣、一旦先生棄之他去、則如孺嬰失母、先生一聞提挈教養之愛兒、嗷嗷哀泣於其旁、寧不一加眷念耶、此不能不請先生顧念同學者二、暨校爲僑校學府商學、又關華僑生命繼續、暨校即可以維護僑胞、熱心社會如先生、寧忍舍之而去耶、同人等雖無似、願與先生共擊之 此不能不請先生顧全華僑教育者三也、同人等拙於言辭莫由申達、幸先生鑒其微忱 打消辭意、則同學幸甚、暨校幸甚、又全體學生致潘主任書云、潘主任序倫先生、鈞鑒、頃據報載、得悉先生將去職他適、驟聞之下、不勝愴懷、回憶往昔、本校處於風雨飄搖之中、幸得先生來校、主持本部、瞻者興啓者衆、盡心竭力於建設改進之途、商科得有今日、皆先生之功也 茲者根底雖已稍定、然待先生之整頓與勸者正多、凡事須有終始此先生不可辭職者一也、先生道德文章、素爲生等所欽慕、生等受先生之薰陶而[illegible]益者、不知凡幾、先生何忍一旦離去、致二百餘同學、失其良輔、故爲二百餘同學之幸福計、此先生不可辭職者二也、教育爲國家之本、先生熱心教育直接惠施後生間接功於國家、會計師職務之執行、受其利澤者、究屬有限、已欲達而達人、聖賢之風、爲先生之自身計、先生不可辭職者三也、生等雖愚、深慮及此、故於四日之晚、全體議決、一致挽留、懇先生樂育爲懷、打消辭意、則二百餘同學前途之幸、本校前途之幸也、

《暨南商大挽留潘序伦续闻》

《申报》，1927 年 1 月 22 日

杨汝梅

暨南商学院首任院长

杨汝梅（1899—1985），字众先，笔名杨众先，河北省磁县人。我国最早的四大会计师之一，无形资产理论研究的开创者，是首位被列入《世界名人录》的中国会计学家。他于1921年毕业于国立北京交通大学，后获美国密歇根大学博士学位，博士论文《商誉及其他无形资产》作为无形资产理论研究的开山之作，迄今被奉为经典。1933年，他应邀担任国民政府盐务稽核总所副监理兼财务股长，前后在暨南任教达6年之久。中华人民共和国成立后，杨汝梅移居香港，先后执教于新亚书院、香港中文大学和浸会大学，直至1985年逝世，任教五十余年，桃李遍及国内外。

1927年夏，正值潘序伦执掌暨南商科，杨汝梅回国后即被聘为上海国立暨南大学会计学系教授兼教务长（任期为1928年4月至12月）。两年后，杨汝梅转任暨南商学院院长（任期为1929年至1931年）兼会计系主任（任期为1929年至1932年）、交通管理系（任期为1929年至1930年）主任及会计学会常年顾问。杨汝梅在校执教的数年时间，为暨南商科的发展作出了巨大贡献，更培养了一批优秀的商科会计人才。

（一）执教暨南，并称暨南商科标杆

1926年，杨汝梅顺利获得博士学位。他的博士论文正是闻名遐迩的会计名著《商誉及其他无形资产》，该书不仅成为他的成名之作，亦是中国学者撰写的达到世界水平的第一部会计著作。巧合的是，将此书引进国内的正是时任暨南商科大学部主任的潘序伦教授。该书1927年在美国问世后，立即蜚声于欧美学界，在美国会计界被奉为关于“无形资产的唯一专著”。这本书也引起了潘序伦的重视，他通过与杨汝梅联络并获得其同意后，将此书译成中文在国内出版。

正因为这本著作，潘序伦与杨汝梅这两位志同道合的会计名家，在日后的事业生涯中产生了许多关联。他们共事于暨南商学院，弘教革新，一同成为暨南商科史上最璀璨的两颗明星。

1927年，为了进一步完善暨南商科专业的设置，潘序伦锐意改革，决定广

聘商科人才担任暨南大学的教员。同年，杨汝梅刚在美国获得博士学位，其学成回国后很快就接到潘序伦抛出的橄榄枝，受聘为会计学系教授兼教务长。两年后，杨汝梅继而担任暨南大学商学院院长。在此期间，他积极进行教学改革，尤其是为了督察学生学习和考核学生成绩，严定考试办法，建立周考、月考制度，努力提高教学质量。

商业是华侨在南洋的最大事业。为适应华侨的创业需要，结合南洋商情，兼备研究与应用之能，在潘序伦、杨汝梅二人之引导下，暨南商学院学术之风欣欣向荣，学术团体不断涌现。其中最有影响力的当属经济研究会和会计学会，前者有《经济汇报》，后者有《会计学报》，作为呈现研究成果和交流思想的平台。暨南商学院会计学会是我国最早的会计学术团体之一，其创建得到了当时商科主任潘序伦的大力支持，而杨汝梅作为常年顾问，曾多次与学生交流理论意见，以鼓励学会的学术研究。

（二）勤于治学，培育优秀的商科人才

杨汝梅在暨南执教时间虽然不长，却为暨南商科的发展作出了巨大贡献，更培养了一批优秀的商科会计人才。任职暨南期间，杨汝梅发表了《借贷对照表与资产评估的关系》（暨南大学《会计学报》创刊号1928年）、《双推式的推敲》（暨南大学《会计学报》1929年第2期）等会计学论文，在会计理论方面建树颇多。在教学上，杨汝梅勤于治学、自律严谨、循循善诱、诲人不倦，给学生留下了深刻的印象，培养出了吴君实、曹振昭等一批会计大家。

学生一：吴君实，1926年升入上海国立暨南商科大学三年级深造，受业于潘序伦、杨汝梅等会计大师，1928年毕业。中华人民共和国成立后，担任上海铁路局财务处处长，后曾任上海财经学院及上海财经大学会计学系兼职教授。1988年被《中国会计史稿》收录为民国时期76位知名会计学者之一。2000年作为20世纪中国会计学界名人被收入《中国会计学界百年星河图》。

学生二：曹振昭，我国著名的会计学家，著有《银行会计》《银行会计与管理》《银行会计学》等。他1927年考入暨南大学商学院会计学系，求学期间学习成绩优异，颇受同学爱戴，多门会计学课程受业于杨汝梅先生，其深刻体会到了杨汝梅先生的言传身教。毕业后任职中国银行总处，兼任沪江大学商学院教职，曾在重庆四联总处（即中央银行、中国银行、交通银行、中国农民银行联合总办事处）、上海银行学校工作，后任上海财经学院教授。

数十年后，忆及杨汝梅先生，吴君实、曹振昭回忆道：

杨先生勤于治学，待人接物，一贯厚道诚恳，自律严谨。君实曾于1927—

1928 年在暨南大学受业于杨先生，修习“高等会计学”。杨先生上课时不照本宣科，而是对每一道会计题目，首先历述当代著名会计学家之论点与意见，较其异同短长，而后加以评议，我一面用心听讲，一面随手摘记，不敢有半分钟之懈怠，受益至深，事隔六十余年，当时情景，宛在昨日。振昭则多门会计学课受业于杨先生，更加深体杨先生之循循善诱，诲人不倦，以及言传身教之嘉言懿行，以故当时深受同学之一致爱戴。

国立暨南大学 1929 年商学院毕业照

在为暨南大学商科专业尤其是会计学专业的人才培养作出突出贡献后，1933 年，杨汝梅应邀担任国民政府盐务稽核总所副监理兼财务股长，结束了在暨南的任教生涯，开始了他人生中的会计实务之旅。在会计实务方面，杨汝梅曾于抗日战争期间，在重庆担任四联总处（实际业务还包括中央信托局、邮政储金汇业局和中央合作金库，共辖七个行、局）会计长，提出“会计服务经济，促进经济发展”的纲领，促进了重庆及西南地区金融业的发展，使得西南大后方资本的积累与稳定为抗日战争的胜利提供了资金基础。因为这些卓著的贡献，杨汝梅在 1945 年升任中央银行汉口分行经理及总行会计处处长。1949 年，杨汝梅定居香港，先后在香港新亚书院、香港中文大学、浸会大学担任教授等职，以迄逝世。[①]

① 陈元芳：《中国会计走向世界第一人：杨汝梅》，《财会通讯》，2013 年第 7 期，第 116 - 117 页。

王亚南

首译《资本论》开创中国政治经济学

王亚南（1901—1969），原名直淮，号渔邨，湖北省黄冈县人，中国现代著名经济学家、教育学家。他曾留学日本、德国和英国，先后任教于暨南大学、中山大学、厦门大学及香港达德学院等名校。王亚南在大学执教三十多年，积累了丰富的教学经验和办学经验，对教育有深刻的理解。他翻译了我国第一版《资本论》，为国内引进了大量的马克思主义政治经济学的著作，极大推动了政治经济学科在我国的传播与发展。王亚南于1931年秋冬之际入职暨南大学，两年后辞职前往福建，任福建研究院社会科学研究所所长、中山大学经济系主任、厦门大学校长等职，对我国经济学和教育领域的发展作出重大贡献。

作为我国政治经济学理论的奠基者与开创者，王亚南的治学研究其实与暨南大学之间有着鲜为人知的渊源。1931年“九一八事变”之后，王亚南从日本回国，来到上海，兼任暨南大学经济学教授，在暨南执教期间开始翻译巨著《资本论》，逐步构建其马克思主义政治经济学理论体系。太平洋战争爆发后，暨南大学迁往福建建阳，王亚南于1944年在建阳为暨南师生开设了为期三周的“中国社会经济改造问题研究”讲座，讲学内容后以“中国经济原论”为题公开发表，引起热烈反响。王亚南于暨南任教的时光虽仅有两年多，但其始终心系暨大师生，他的循循善诱与谆谆教诲一直为暨大学子所珍视。

（一）在暨南执教期间翻译《资本论》

王亚南毕生从事着马克思主义政治经济学的研究与传播。他对马克思主义在中国的传播有着不可磨灭的功劳，对中国近代新民主主义革命事业也有重大的贡献。

1927年，王亚南大学毕业之后投身北伐。国民革命失败之后他流落到杭州，借住于大佛寺内，在这里他结识了后来也成为著名经济学家的郭大力。两人拟定了一个合译经济学名著，包括马克思巨著《资本论》的宏伟计划。他们先用8年时间，翻译马克思之前的6部经济学和经济史名著，包括亚当·斯密的《国富论》、李嘉图的《政治经济学及赋税原理》，为全译《资本论》打开通道。当时年纪尚轻的二人在翻译这些公认晦涩难懂的经济学著作时遇到过诸多挫折，但当这几部书的中译本在上海出版的时候，很快便轰动了知识界。这被认为“在中国学术界真是一个伟大的功绩”①。

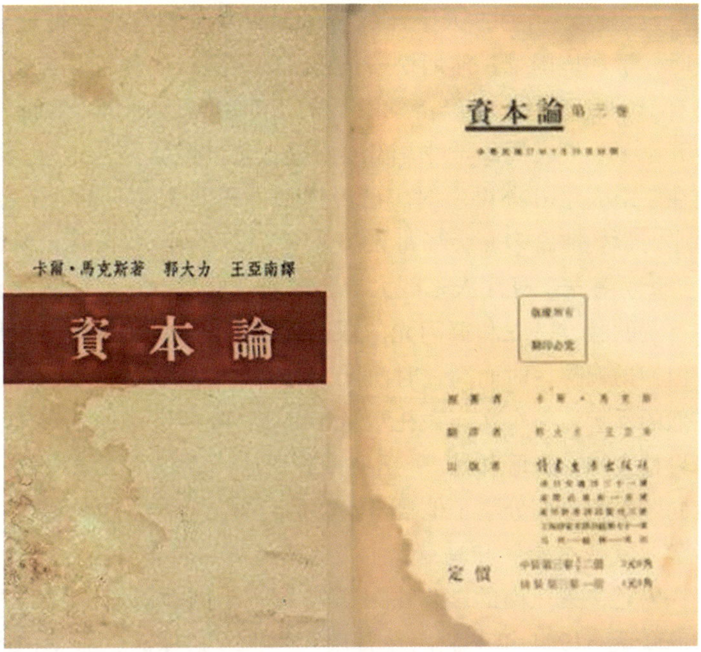

王亚南、郭大力合译的《资本论》

与此同时，在距离杭州不远的上海，暨南学校正在紧锣密鼓地筹备着院系的整合与调整。在郑洪年校长等人的大力改革之下，到 1930 年，暨南大学商学院原来设立的 6 科均改为独立学系，并形成了较为完备的商学体系，急需经济学和商学人才。1931 年，因翻译国外政治经济学著作而享有名气的王亚南受聘到暨南大学任教，担任经济学教授。在暨大教学的那段时间，日子平稳又安定，为王亚南安心从事写作及翻译工作提供了良好的环境。其中，令王亚南名扬四方的《资本论》正是他在执教暨南时期逐步开始翻译的。

经过数年的翻译后，1938 年，王亚南、郭大力合译的《资本论》全三卷中文译本终于出版面世。继《经济学及赋税之原理》和《国富论》之后，这部极为重要的、揭示了资本主义本质及其发展的历史趋势的巨著又一次引起了热烈的讨论。不久之后，这两位年轻的学者因此名扬学界。而王亚南亦在此过程中从暨

① 王增炳、余纲：《王亚南治学之路》，福州：福建人民出版社 1984 年版，第 3 页。

南大学辞职，去了福建工作，继续从事政治经济学理论的研究。

（二）开设讲座，暨南学子成为《中国经济原论》首批听众

20 世纪 40 年代，王亚南再次受到暨南大学的邀请，回到曾经执教的讲台为暨南学生们开设讲座。当时，太平洋战争已经爆发，暨南大学被迫迁往福建建阳。尽管战时办学环境困难，何炳松校长还是延续聘请社会名流来校开办讲座的传统。1944 年，时任厦门大学经济学教授的王亚南破除一切困难前往福建建阳为暨南师生开设了为期三周的“中国社会经济改造问题研究”讲座。

王亚南在暨南大学开办讲座时，已经因为翻译《资本论》而声名鹊起。慕名而来听讲座的学生非常多。会场每天都是座无虚席、摩肩接踵。据当时亲历的同学描述：“王亚南先生身穿人字呢大衣，健步登上讲台，他前额微秃，中等偏高的个儿，黄黄的脸，一双和蔼闪光的眼睛，讲得一口地地道道的湖北黄陂话，乡音虽重，但抑扬顿挫，时而高，时而低，加上必要的手势和表情，一开始就引起大伙儿强烈的反响，整个文庙大礼堂座无虚席，连两旁也加了座位，大家听课屏息贯注，聚精会神，秩序井然。”王亚南在讲座中不仅为大家介绍了自己研究的成果，也向暨南学子们分享了他自身治学的经验与体会。他的讲座极大地激发了暨南学子学习《资本论》和马克思主义政治经济学的热情。

值得一提的是，王亚南的著作中最著名的《中国经济原论》与暨南大学有着千丝万缕的联系。1944 年王亚南在暨南大学开设讲座时，讲学内容正是其在之后以“中国经济原论”为题公开发表论著的重要组成部分。暨南学子由此成为聆听《中国经济原论》的第一批听众。这本书不但在经济学研究的方法论上开辟了一个新的途径，而且首先阐明了中国封建生产方式政治经济学的主要范畴和基本规律，以及以这个理论为基础的关于中国半封建半殖民地的经济理论，揭露了帝国主义的经济侵略与封建土地关系的残酷剥削，以及官僚资本主义的掠夺兼并、全面破坏了社会生产力所造成的严重的民族危机与经济危机。

王亚南的演讲条理清晰，逻辑性强，以其深厚的功力和理论修养，鞭辟入里地讲解中国的政治经济现状，深受暨大师生的欢迎。他毕生从事教育与社会科学研究事业，四十年如一日。他一生著译 41 部，文章 300 余篇，春风化雨，哺育了无数英才。

第二节　文史名师

一、文史荟萃，名师云集

“所谓大学者，非谓有大楼之谓也，有大师之谓也”。二十世纪二三十年代，是民国时期暨南大学最为辉煌鼎盛的时期，也是学者荟萃、名师云集的时期。暨南文史学科更是吸引了众多学术宿将和讲坛新秀，形成了浓厚的学术氛围。一时间众星璀璨，学风浓郁，一大批名流学者的风采流传保存下来，成为如今暨南学子心中无限追慕景仰的历史记忆。

文学家、教育家夏丏尊就任中国语文系首任系主任，在校园内提倡新文艺，讲授新文学，深受同学们欢迎；陈中凡是五四运动的参与者，文学院的开拓者；陈柱尊讲授诗、古方言；郑振铎讲授中国文学史；饶孟侃讲授文学概论、文法；周予同讲授中国中世史；周谷城讲授西洋史学等。外国语文系吸纳了一批西学背景深厚、治学各具特色的学者：陈麟瑞英语流利、口若悬河，对学生要求严格；孙大雨讲授英文诗歌，讲到苏格兰民歌时往往当场轻吟低唱；戚叔含读书极博，多给学生介绍希腊悲剧和英国现代小说，为同学们打开了外国文艺的宝库；还有学贯中西、旁征博引的“明星教授”钱锺书……“皆海内知名之士，而蜚声教坛者也”，听众如潮，座无虚席。

校园里有许德珩、李达、邓初民、夏衍、周谷城这样的左翼学者，他们让学校的革命空气热气腾腾，轰轰烈烈；也有文坛上异军突起的新月派走上暨南的教席。最具“绅士气质”的梁实秋讲授文学批评；口齿伶俐、辩才无碍的罗隆基讲授政治学；方面大耳、西装革履，颇有国士风骨的叶公超曾任外国语文系系主任；从未出过国门却用纯正英语讲授培根与兰姆兄弟散文的梁遇春，此外刘英士、潘光旦、余上沅、饶孟侃、顾仲彝等用“新月”的光照亮了暨南真如时期的讲坛。

名师学者们广泛邀请社会名流、知名学者来暨南开展学术报告，主讲者不乏文史名家，蔡元培、徐志摩、马叙伦、鲁迅等相继而来，在社会上产生不小影响。这些名师还积极参与到学术社团活动中，促使校内学术风气日盛。在名师的指导下，学术社团异彩纷呈。夏丏尊、顾仲彝、张凤、叶公超指导下的秋野社，名噪一时……极大提高了社团的学术水平和影响力。同时，在浓厚学术氛围的影响下，一批高质量的学术著作和刊物相继涌现。郑振铎与王统照等人合办《文学集林》，是“孤岛”中最负盛誉的文艺刊物；在黄凌霜、许德珩的指导下，谭其骧等人主办了《历史社会学月刊》《文史季刊》《地理资料》《语文月刊》《中国戏剧》等多种学术刊物出版，深获史学界好评。

上海时期暨南文史学科人文荟萃、讲学风气之浓烈，在百年暨南史上无出其右。众多风格迥异、各有所长的学者汇集于暨南，不同治学思想交流激荡，使一段又一段轶闻佳话流传后世，其学术气氛之浓厚、学术品格之优良，至今让人尤为追怀感念。

陈中凡

文学院首任院长

陈中凡（1888—1982），字斠玄，号觉元，原名陈钟凡，江苏盐城人，是我国著名文学理论家、教育家。代表作包括《古书读校法》《诸子书目》《书目举要补正》等，其《中国文学批评史》一书更是开启中国文学批评史撰述的发轫之作。陈中凡早年受业于李瑞清、缪荃孙、陈三立等名师，后入北京大学学习哲学，1928 年至 1933 年间在暨南大学任教，五年间，为暨南文学院的初创立下汗马功劳。离开暨南后，他曾就职于中山大学、金陵女子文理学院等；1952 年起就任南京大学教授，兼任江苏省文史馆馆长、江苏省政协副主席。

陈中凡治学博洽，造诣深厚，不仅在文学、史学、哲学乃至艺术等领域建树颇丰，还毕生投入教育事业当中，先后在十余所高校任教。1928 年春，陈中凡经杨杏佛推荐受聘为国立暨南大学中国语文学系系主任，次年任文学院院长。其间，他邀请了俞振飞、许德珩、李达、邓初民等名师硕学来院任教，为建设暨南大学文学院立下了开山之功，在乱局中为暨南文学的绵延发展奠定了坚实基础。

（一）受任文学院院长，引领建制改革

1928 年春季，陈中凡应郑洪年校长延聘，继夏丏尊后，任暨大中国语文学系教授兼系主任，后升任文学院院长。陈中凡将中国文学系更名为中国语文学系，重制教学计划，延聘名师任教，在当时恶劣的外部政治环境下，引领暨大文

学系走上正轨。其改革举措受到时人的充分认可，如 1929 年《暨南年鉴》记载：

改组为暨南大学后，中国文学系乃应运而生。其时本系同学来校者仅二十余人，主其事者夏丏尊先生……未几，夏先生以事辞职。今年（1928）春，陈中凡先生来掌本系。以旧有课程包含文学、史学、哲学三科，未尽恰当，乃加损益，分学程为：文、诗、词、曲、小说、文学批评、文字学、语言学八类，以文学为主，语言学、文字学为辅。并改名为中国语文学系……甫及半年，成绩颇多可观。

可见，陈中凡就任后对学系进行了大刀阔斧地改革，取得显著成效。在 1928 年 6 月出版的《国立暨南大学中国语文学系期刊》创刊号中，附载着当时中国语文学系的师生名录与建制情况：中国语文学系课程设置为四年制，全系共有 8 名教师，25 名学生。陈中凡接手文学院后，重新规划课程，网罗名师，据《民国日报》记载：“暨大文学院院长陈中凡一手主持，严订课程，罗致硕学，院务极见整饬。现设有中国语文学系、外国语文学系、历史学系、社会学系、政治学系、经济学系，闻将来尚需添设哲学系、音乐系、新闻学系，则宜臻完善。系主任如陈柱尊、梁实秋、刘英士、许楚生等，教授讲师如杨公达、李权时、余楠秋、俞剑华、王家吉、张天方、傅东华、陶希圣、马哲民、洪深……皆一时知名之士。该院现有教职员 54 人，男生 260 名，女生 26 名。”① 相比三年之前，文学院的师生数量已得到极大扩充，学系划分更加

—中國語文學系期刊—　286

國立暨南大學中國語文學系教員錄

姓名	別字	籍貫	經歷	現任職務及課目
鄭洪年	韶覺	廣東		校長
黃建中	離明	湖北	北京大學文學士英國愛丁堡大學教育科畢業劍橋大學研究院畢業前國史編纂處纂輯員第一屆世界教育會議代表北京女大教授北京大學師範大學講師教務長中國哲學通論講師	教務長
陳鐘凡	斠玄	江蘇鹽城	北京大學國史編纂處纂輯員北京女高師國文系主任東南大學國文系主任廣東大學文科學長中華民國大學院教科書審查委員會委員	主任　文選，修辭學，古書讀校法。
劉賾	伯平	湖北廣濟	武昌大學國文教授　第二中山大學國文系教授	文學史，文字學，詩選。
陳柱	柱尊	廣西北流	南洋大學國文教授　大夏大學國文系教授　中國公學國文系主任	專家詩
林玉堂		福建漳州	德國語言學博士　北京大學英文教授　廈門大學文科學長	言語學　語音學
陸侃如		江蘇海門	商務印書館編輯	中國詩史　詩歌通論　楚辭研究
饒孟侃		江西南昌	清華大學畢業　上海特別市政府秘書	文學概論
馮淑蘭女士	沅君	河南	金陵大學教授　中法大學講師	本系指導員

《国立暨南大学中国语文学系教员录》

① 《暨大文学院院务整饬》，《民国日报》，1930 年 1 月 11 日，第 7 页。

丰富，一大批名师硕学来院任教，陈中凡的一系列改革取得不小成绩。

1929年，暨大采取分院行政制，陈中凡因其出色的政务能力，升任文学院院长。经过夏丏尊、陈中凡两位主任的努力，师资阵容得到充实，课程类别也更加丰富，如陈中凡本人讲授散文、文学史；陈柱尊讲授诗、古方言；郑振铎讲授中国文学史；饶孟侃讲授文学概论、文法等。陈中凡不仅对学系、课程做出规划，还曾亲赴日本，专门考察语文教学相关事项，启程时，郑洪年校长及全院师生相送①。陈中凡还撰有《日本教育视察记》，详细介绍了日本当时的教育制度和学校情况②。陈中凡对暨南大学文学院的创建具有开山之功，后续学科得以持续发展，不得不提及这位首任院长奠定的扎实基础。

（二）主持学术活动，树立暨南名气

据1929年出版的《暨南年鉴》记载："今年（1928）春，陈中凡先生来掌本系……甫及半年，成绩颇多可观。于是编汇师生平日研究作品，于今年夏发行《中国语文学系期刊》创刊号，内容丰富，颇多专者……"③该刊刊有大量师生著作，如刘博平《说文释例匡谬》、张世禄《国语叹词的研究》、陈中凡《楚辞各篇作者考》及若干首散佚的李冰若词，这些文章至今看来仍具有极高的学术价值。

《暨大文学院集刊》第一集封面

除中国语文学系期刊外，1931年，由陈中凡、龙榆生、杨筠如等作为主要撰稿人，参与编撰了暨南大学文学院主办的《暨大文学院集刊》。该期刊虽仅见两期，但陈中凡在此刊上发表了不少有分量的学术文章，包括《日本近代文艺思潮》《清代三百年思想的趋势》《〈尚书·泰誓〉年月古今文异说考》《答陈拾遗先生讨论泰誓书》等④，极大地促进了学术风气的形成，为暨南文学院的学术研究作出了突出贡献。

当时，在上海颇有影响力的学术团体"榆集"等曾邀请暨南大学文学院院

① 《暨南师生欢送陈中凡东渡考察》，《申报》，1930年5月19日，第10页。

② 陈中凡：《日本教育视察记》，《学艺杂志》，1931年第11卷第1期，第107页。

③ 《暨南年鉴1929》，上海市档案馆，档案号：Q240－1－491。

④ 吴俊：《中国现代文学期刊目录新编（上）》，上海：上海人民出版社2010年版，第811－812页。

长陈中凡出席演讲，时任讲师的龙榆生陪同陈中凡一同前往昆山，由陈中凡主要发表讲演，当他讲到具体诗词时，龙榆生则能够立即一字不漏地将原文背诵出来给观众做引证，间或插上一两句话，做些补充。① 两位致力于研究我国古典文学的大师同台演讲，风采过人，令台下听众叹为观止，这些学术活动不仅使陈中凡领导下的暨南文学院名噪一时，更为暨南文学的存续发展奠定了良好基础。

然而，平静的教学生活却被一场旷日持久的战争打断。1932 年 1 月 28 日，日本帝国主义向上海发起进攻，真如沦为战区。当时正值寒假，三四百名学生滞留于上海真如和广州等地，为此学校采取紧急措施，在上海租界、苏州、广州三处分散办学。暨大向广东省教育厅商借了广州市师范学校部分校舍，设立暨南大学驻粤办事处。同时还成立特别校务会，陈中凡教授临危受命，担任主席，与暨大共进退，在乱世中庇护学生安危。在陈中凡晚年所著的《自传》一文中尝谓："数十年来，我在国内高等院校任教，一般说来，师生情谊甚笃。"②

（三）尊师重友真君子，暨南园中佳话传

陈中凡以真诚待人，交友重学术更重人品，在暨大任教期间结交了很多师友。在上海任教于暨南的时光，使他与陶冷月等名师投缘艺术，结为挚友。他力排众议，聘请左派教授邓初民、李达、许德珩来暨南执教，师友间发生了许多故事。

国画大师陶冷月时任暨大中国艺术学系主任，陈中凡鉴赏陶氏画作，曾作绝句题陶氏的四幅画："荡舟危岩下，朦胧月初吐。寒雁忽惊啼，松涛疑夜雨（《题江山月明图》）……老龙何夭矫，湿云犹郁滃。着点微茫月，鳞髯俱飞动（《题皎月破云图》）。题冷月先生画。弟斠玄陈中凡拜草。"两人一泼墨、一写意，因艺术结缘。后来，徐悲鸿嘱陶氏，向陈中凡推荐其岳父蒋梅笙至暨大谋一教席，并发函称："服贵校陈中凡先生学术，曾采其所著诸子通谊为教本。窃愿以先生私意，略谋暨南七八小时国学之课。"陶冷月作为中介人，也介绍了徐悲鸿与陈中凡相识。

为提升暨大学生的美学素养，陈中凡大力提倡并引进了戏剧教育。鉴于昆曲的吐字行腔最讲究音韵，为了探求古文词音韵的奥妙，陈中凡特请当代昆曲名家俞振飞先生来校，每周六下午讲授昆曲、京剧各两小时，名为"特约讲座"。它不同于一般的课程，不计学分，无论教授、员工、同学，均可"盍兴乎来"。课堂设在当时暨大真如校舍科学馆底层的一个阶梯形大教室，求学者众，每课必

---

① 中国人民政协江苏省昆山县委员会文史征集委员会：《昆山文史（第 7 辑）》，中国人民政协江苏省昆山县委员会文史征集委员会，1988 年，第 151 – 152 页。

② 陈中凡：《陈中凡自传》，《晋阳学刊》，1981 年第 3 期，第 52 页。

到。每次讲座总是人满为患，俞振飞在暨大任教不到两年，但对青年学生感情深厚，最初每周仅上一节课，后因受学生欢迎，发展到每逢周一、周三、周五开讲，每次三节课，学生们还利用晚饭后的时间成立了“同乐会”。俞振飞在暨南的课堂大受欢迎，甚至周谷城和陈中凡等知名教授也慕名来旁听。在一次全国政协会议上，周谷城碰见俞振飞，还尊称他为“老师”，说在暨南大学听过他的课，向他学过昆曲。[①] 俞先生逸兴遄飞，按笛寻谱，声振校园，给暨大的戏剧教育史留下了精彩的一页。

中国语文学系二年级

在治学与教研中，陈中凡始终保持着敏于求新、开放包容的学术立场，这也体现在他聘请好友兼左派教授许德珩来暨南任教的举措中。据许德珩回忆：“1929 年底，我的北大老同学陈中凡劝我出来教书……我思之再三，遂就任暨南大学历史社会学系教授兼系主任，并聘请社会学家李达、邓初民等人当教授，学生非常欢迎。”这批教授的讲授内容是哲学和社会学，邓初民是最早介绍陈中凡读马克思列宁主义书籍的人，陈中凡也由此初步接受了马克思列宁主义学说。1941 年邓初民曾聘请陈中凡在成都合办《大学》月刊，大力提倡民主和科学，对当时民主革命起到了一定的推动作用。

后来，陈中凡受到国民政府教育部高教司警告，指控他们在学校宣传马克思主义，校方无可奈何，只得将陈中凡与许德珩等人解聘。陈中凡在回忆录中写道：“教育部终于于 1933 年冬，把我们一齐赶走了。”坚持自由主义态度的陈中凡，将文学院整饬完备，却因时局最终离开了暨大，无不令人感到惋惜。

---

① 郑利寅：《我所知道的俞振飞》，《上海采风》，2011 年第 8 期，第 29 – 37 页。

郑振铎

书生报国，爱国不敢后人

郑振铎（1898—1958），笔名西谛（C. T.）、郭源新等，生于浙江永嘉，原籍福建长乐，是中国现代杰出的爱国主义者、社会活动家，又是著名作家、文学评论家、文学史家、翻译家和艺术史家，也是国内外闻名的收藏家，代表作有《插图本中国文学史》《中国俗文学史》等。郑振铎于1935年就职暨南大学，直至1941年日军占领上海租界，校址迁往建阳，前后任教达6年之久。中华人民共和国成立后，历任全国文协研究部部长、中央文化部文物局局长、文化部副部长等职，还担任全国政协委员、全国文协常委、中国作家协会理事等职，于1958年10月17日因飞机失事殉难。

郑振铎的一生，在政治环境最恶劣的情况下都保有最诚挚的爱国心，李一氓评价他是“中国文化界最值得尊敬的人”。1935年，郑振铎应何炳松之邀出任暨南大学文学院院长兼中国语文学系系主任，牵头组织了民国以来最大的一次购藏文献行动，在严酷的战争形势下为暨南学子带来影响深远的“最后一课”。在烽火动荡的岁月中，郑振铎以卓越的学术水平和人格魅力引领暨南文史学科蓬勃发展，陪伴着暨南大学度过了最艰难的抗战岁月。

（一）锐意改革，誉满暨南

何炳松曾与郑振铎同在上海商务印书馆编译所工作，私交甚笃，且对其学识十分赞赏，后聘其为暨南大学文学院院长，协助改革。1935年8月17日颁布的《校长布告第7号》中，郑振铎被任命为暨南大学文学院院长兼中国语文学系系主任、中国语文系专任教授。

郑振铎在暨南大学主要负责讲授“中国文学史”和“敦煌俗文学”等课程，每次上课总是座无虚席，其他学院的学生也慕名前来旁听。校友吴岩在《西谛先生二三事》一文中提道：“在梯形大教室里听西谛先生讲中国文学史可就热闹了，人坐得满满的，内容和资料满满的，笔记本满满的，都快溢出来了。”[①] 据

① 吴岩：《西谛先生二三事》，载王莲芬、王锡荣：《郑振铎纪念集》，上海：上海社会科学院出版社2008年版，第403－406页。

《暨南校刊》所载《文学院各专任教授指导时间一览》记录，有一段时间，每星期一至星期六上午9时至12时、星期二至星期四下午1时至4时，都是他指导学生的时间。郑振铎关心学生，平易亲切，校友郑金殿曾回忆道："上课钟声一响，他便准时出现在讲台上。他平易近人，不耻下问。例如有一次，他曾问我对他当时主编的《世界文库》在编辑方面有什么意见。我不揣冒昧地回答：最好能编入一些世界语文学作品。他表示要注意这方面的选题，其谦虚态度令我钦佩。"① 一名周姓校友也回忆道："每一次交谈，他总是以十分兴奋的心情，听取我们的介绍，并给予很高的评价。"

郑振铎（右二）与何炳松（右三）等合影

郑振铎不仅担任文学院院长，还兼任校务、行政、教务会议、课程审查、招生、图书委员会等机构负责人。他兼任学校的图书馆馆长，星期天还经常同图书馆管理人员一起工作，对图书馆在文献搜集购置、分类整理、管理制度及学术研究等方面作出了杰出贡献。

郑振铎到任后，首先面临的问题是侨生数量下降。为此，郑振铎对学程进行大力整顿，"一是使其适合于一般大学的水准；一方面尤注意于增设南洋各地语言文字与历史地理学程，以及有关华侨高等教育的其他学程，俾能贯彻暨南大学所应负之特殊使命。"②

① 郑金殿：《郑振铎与上海暨南大学世界语学会》，载王莲芬、王锡荣：《郑振铎纪念集》，上海：上海社会科学院出版社2008年版，第290页。

② 暨南大学校史编写组：《暨南校史（1906—1996）》，广州：暨南大学出版社1996年版，第57－58页。

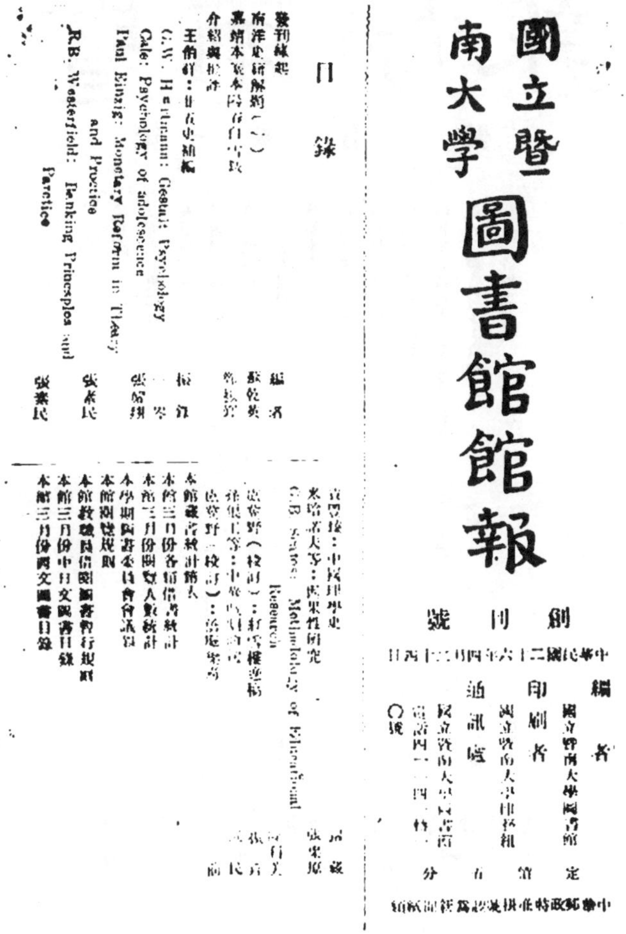
國立暨南大學圖書館館報

創刊號

中華民國二十六年四月二十五日

編輯者　國立暨南大學圖書館

印刷者　國立暨南大學印刷組

定價　五分

目錄

發刊緣起

介紹與批評

G.W. Hartmann: Gestalt Psychology

Gale: Psychology of adolescence

Paul Einzig: Monetary Reform in Theory and Practice

R.B. Westerfield: Banking Principles and Practice

郑振铎创办并主编的《国立暨南大学图书馆馆报》创刊号

郑振铎还十分支持学生活动，建议学生们勤读外语。在他的支持下，暨南大学世界语学会得以发展和筹办起来，并在暨南学生运动中发挥了重要作用。据校友郑金殿回忆，郑振铎曾亲自为该学会主持演讲，还邀请进步学者胡愈之来做报告。抗战爆发后，不少学会会员投入到抗日救亡工作中，这种爱国主义精神与郑振铎的热心教导密切相关。①

为了培养年轻人，他还常带着学生参加当时文艺界的一些重要活动和会议。文艺界的一些知名人士也都渐渐熟识了这些暨大的年轻人。在《我的父亲郑振

① 郑金殿：《郑振铎与上海暨南大学世界语学会》，载王莲芬、王锡荣：《郑振铎纪念集》，上海：上海社会科学院出版社2008年版，第290页。

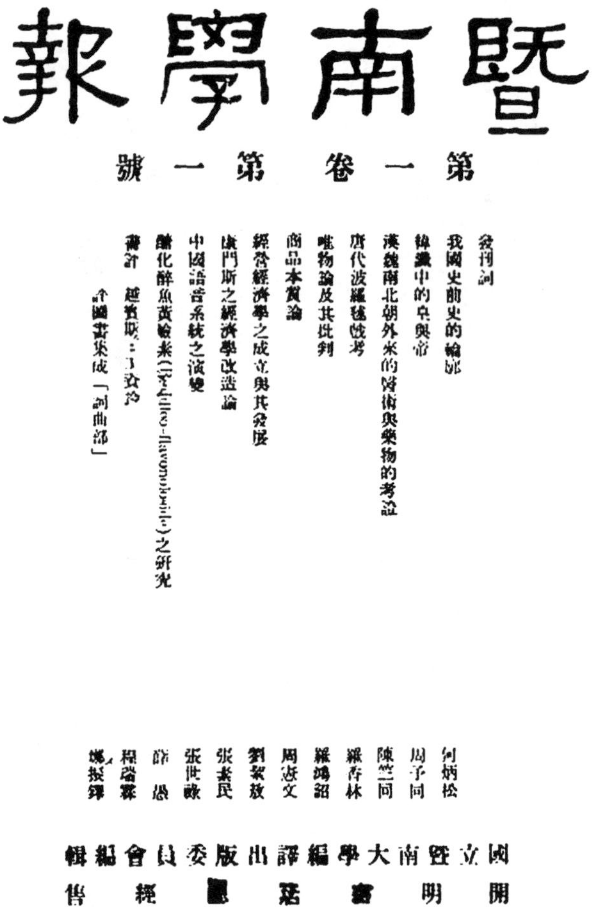

暨南學報

第一卷　第一號

發刊詞　何炳松
我國史前史的輪廓　周予同
緯讖中的皇與帝　陳竺同
漢魏南北朝外來的醫術與藥物的考證　羅香林
唐代波羅毬戲考　羅鴻詔
唯物論及其批判　周憲文
商品本質論　劉絜敖
經營經濟學之成立與其發展　張素民
康門斯之經濟學改造論　張世祿
中國語音系統之演變　許傑
離化醉魚黃酸素(Isoquercitrin)之研究　程瑞霖
書評　趙貞[illegible]
評圖書集成「詞曲部」　鄭振鐸

國立暨南大學編譯出版委員會編輯
開明書店[illegible]經售

郑振铎创办并主编的《暨南学报》，图为第 1 卷第 1 期目录

铎》一文中记载，有一次郑振铎带着吴岩和舒昂一起去参加《鲁迅风》杂文座谈会，巴人走过去问他们："你们两个都是'西谛'的学生？""是的！"两人一齐回答。[①]"西谛"的学生，是让暨南学子很自豪的身份。郑振铎也用自己的实际行动把暨南大学的名号打响，极大地推动了暨南学术的发展。

（二）暨大"赤色分子"的代表

对郑振铎而言，国泰民安时，他是潜心研究的学者；危机四伏时，他是堂堂正正的教师；国难当头时，他便是振臂高呼的战士。他曾写过："弟束发读书，

① 郑尔康：《郑振铎》，北京：北京交通大学出版社 2008 年版，第 229 页。

国立暨南大学中国语文学系民念六级全体留影，一排右三为郑振铎

尚明义利之辨，一腔热血，爱国不敢后人。”[①] 自始至终，他都是一个怀有满腔爱国热情的书生，爱国是他毕生志向的主线。

任职暨大期间，郑振铎积极参加“孤岛”上海几乎所有重大的政治、文化活动，如发起成立上海文化界救亡协会，参与创办《救亡日报》，并与胡愈之、许广平等人组织地下出版社——复社等，对抗战时期的文艺界影响深远。[②]

在讲坛上，他积极团结师生，与周谷城、周予同、方光焘、李健吾等暨大进步教授一道，通过日常授课宣讲爱国思想。平时他主讲的中国文学史重点放在了古代民间文学研究方面；这一时期，他却着重讲解历史上坚守民族气节的爱国主义诗篇，借古喻今，教诲暨大学生在国家危难时刻安贫守志、保持清白。在校园里，郑振铎鼓励、支持学生的爱国活动，努力保护了一批进步学生。[③] 周一萍校友当时是中共暨大党支部书记，据江苏省委学生工委的指示，与郑振铎建立了经常性的联系，随时向他介绍工作和想法，每一次交谈，郑振铎都认真听取介绍，并给予高度评价。

1935 年初秋，彼时的暨南大学正处于国民政府的严控下，每逢国民党“总理纪念周”人人必须参加，并且只要提到“委员长”，大家一定要起立。然而，在偌大的礼堂里，却有一个身穿浅灰色西服，戴高度近视镜的中年人，安坐在位

① 郑源：《郑振铎画传》，福州：福建人民出版社 2018 年版，第 171 – 172 页。
② 吴泰昌：《艺文轶话》，合肥：安徽人民出版社 1981 年版，第 88 – 89 页。
③ 陈福康：《郑振铎论》，北京：商务印书馆 1991 年版，第 62 – 63 页。

子上纹丝不动[1]，他就是新来的文学院院长——郑振铎。从此，他成了暨南大学"赤色分子"的代表，特务学生对他恨之入骨，但由于他是校长请来的大学教授，名望高，社会影响力大，所有的恨意只得作罢。他依然参加"总理纪念周"，却始终在提到蒋介石时安坐不动，用一种无声的姿态诉说着革命情怀。

何炳松校长与文学院院长郑振铎等合影。左起：大学秘书兼总务长杜佐周、商学院院长程瑞霖、何炳松校长、文学院院长郑振铎、理学院院长程瀛章

除此之外，他还写作了大量爱国散文，以笔为武器，书写了沦陷区的"全景图"，保存下了珍贵的历史记忆。在他的《最后一课》里，便记载了专属于暨南大学的"最后一课"（以下为节选）：

这一课似乎讲得格外的亲切，格外的清朗，语音里自己觉得有点异样；似带着坚毅的决心，最后的沉着；像殉难者的最后的晚餐，像冲锋前的士兵们的上了刺刀，"引满待发"。[2]

这篇广为人知的散文，字字句句都体现出壮怀激烈的情绪和同仇敌忾、共赴

---

① 郑尔康：《我的父亲郑振铎》，北京：团结出版社2005年版，第79－80页。
② 郑振铎：《郑振铎精品文集》，北京：团结出版社2018年版，第169－171页。

国难的决心，真实地记述了当侵略者即将出现在面前时，他和暨南大学的师生们仍然坚持上完了最后一课的感人情景，至今读来仍能感受到暨南师生胸中跳动着的、赤诚坚决的心。

（三）抢救文化遗产，保存古籍珍本

郑振铎一生爱读书，在暨大任教期间，他把所有业余生活都投入到搜书、救书当中，日子过得十分艰苦。他通过重庆国民政府教育部为国家购得了史料与学术价值极高的《脉望馆抄校本古今杂剧》，当暨大的同事得知他要购买此书时，曾给予热情的鼓励，并很快凑齐了一千元钱。他大力搜集佛经、小说戏曲插图、笺谱等版画资料，并在此基础上著成《中国版画史图录》一书，1940 年交付上海良友复兴图书公司出版，这是研究中国版画史极其珍贵的资料。他还向何炳松校长建议，请求重庆当局拨款用于抢救民族文献，并获得批准。随后，郑振铎和暨南大学校长何炳松、商务印书馆董事长张元济等人结成“文献保存同志会”，在日军爪牙密布的上海，秘密收购近五万册在日寇入侵之后流散沦亡的古籍善本，避免中国文献落入敌手，流出海外。郑尔康回忆起其父的这一爱国行为：

> 在漫长的抗战八年里，您没有和许多老友一起去大后方或是奔赴抗日疆场，而是留在了上海，以您独特的方式进行着战斗——为国家抢救了大量珍贵的文献典籍。胜利后，这就是您献给祖国和人民的“战利品”。用您的话来说，这就叫“书生报国”。[①]

郑振铎藏书印“长乐郑振铎西谛藏书”

他还非常重视图书馆的藏书开放工作，当时图书馆受古代藏书楼的封闭思想影响巨大，以收藏为主要目的，鲜少对外开放。而郑振铎则直言：“书是要读、要用的……书是天下公物，谁也不能拥而私之。”[②] 在他开放服务观念的倡导下，学校图书馆和全校资料室采取多种措施满足师生对文献资料的需求，并商请学院各教授将私人藏书设法存到阅览室，引导学生阅读，使师生能获得丰富的知识，进一步作更为深入的研究。

---

① 郑尔康：《玄览堂情思》，载廖久明：《人间名家经典散文书系（父）》，济南：山东文艺出版社 2013 年版，第 123－124 页。

② 张喜梅：《馆里馆外——文化名人与中国近代图书馆的创建和理论探索》，北京：中国时代经济出版社 2013 年版，第 114 页。

梁实秋

中国独译《莎士比亚全集》第一人

梁实秋（1903—1987），祖籍浙江杭县，是现当代著名散文家、文学批评家、翻译家，代表作有《英国文学史》《英汉大辞典》以及散文集《雅舍小品》等。梁实秋是国内研究、翻译莎士比亚著作的权威学者，一生共翻译37部莎士比亚戏剧、3卷莎士比亚诗歌，将近400万字。

梁实秋一生致力于教育事业，曾先后任教于国立暨南大学、国立青岛大学、复旦大学、中山大学、台湾省立师范大学。1927年，梁实秋来到上海，接受了暨南大学外国语文学系的聘任担任教授，1929年接任叶公超担任外国语文学系系主任，其子梁文骐也在中华人民共和国成立后受聘于暨南大学，父子二人与暨南大学渊源深厚。

（一）家传敦厚，西学贯通

1903年1月6日，梁实秋降生在北京城内务部街20号，一个普通的官员之家。梁家是典型的旧知识分子家庭，梁实秋回忆小时候的家庭情况是“衣食无忧、略有恒产”，为他提供了乱世下安定祥和的成长环境和扎实深厚的传统中学基础。

梁实秋最早在离家很近的五福学堂读书，也读过家庭私塾。之后他又去了清朝大臣端方创立的陶氏学堂，巧合的是，端方就是最早牵头创立暨南学堂的清朝官员。他创办的小学堂培养了梁实秋，多年后梁实秋从国外学成归来成为文坛大家，又去暨南大学执教，堪称奇妙的缘分巧合。

辛亥革命之后，梁实秋又转学去公立第三小学读书，在这里他学习国文、历史、地理、英文等新式学问，是他真正的西学启蒙之地。在学习三年之后，他以优异的成绩毕业，踏上了去清华求学的道路。他和朋友闻一多、孙大雨等人创立了清华文学社，担负起《清华周刊》的编辑撰稿任务，以文学批评为开端展开了他的文学创作之路。在这段时间里，梁实秋也结识了自己的挚爱——彼时正在北京女子高等师范学校读书的程季淑，双方在家人、朋友的支持下很快结为连理。

梁实秋与妻子程季淑

1923 年 8 月，梁实秋从清华大学毕业，前往美国哈佛大学深造，在哈佛主攻西方文学和文学理论的学习与研究。在这段时间，他将中国传统文化与西方学术融会贯通，成为一名具有扎实中国传统文学根底和先进思维的新时代文人，并且在中国思想大变革时代回归了祖国的怀抱，为中国近代的文学发展注入了一股新鲜的力量。

（二）“很土”的外国语文学系教授

1927 年，梁实秋接受聘请担任国立暨南大学的外国语文学系系教授、系主任，在暨南大学主要讲授文艺批评类课程，每星期来暨南大学上三次课。尽管彼时梁实秋已经是名噪一时的文学大家，教授的课程也是很“前卫”的内容，但是他在课堂上的穿衣打扮和讲课风格依旧很朴素，说着北京话，穿手纳的千层底布鞋，中式长袍，叠裆裤还要绑上腿带子，很土，常常惹得时髦男女窃笑，他也不以为意。[①] 他在北大的旁听生吴奚真在《悼实秋先生》一文中这样描述梁实秋上课时的情景：“戴眼镜，着长袍，一口纯正的北京话，时常面带笑容，讲课时旁征博引，言语清晰简练有时略带幽默。”据当时暨南大学的同学回忆：“梁实秋讲课有自己独特的方法，他讲英国文学史和一般老师不同，是用中文讲授的，其目的可能是使学生对于英国文学得到清晰明确的认识，并使外系学生便于修

① 李菁：《我的父亲梁实秋》，《中国新书目》，2009 年第 9 期，第 49 页。

梁实秋

习。使用中文讲英国文学史比用英文更难讲，不是功力深厚的通人，不容易优为之。”

他的学生温梓川回忆说：“上梁实秋的功课，真使人如坐春风，满身舒畅之感……说起话来，造成的句子，就是绝妙的散文。他的话自然而幽默、风趣，人情味浓厚……他是一个肯帮助学生的前辈。常为暨南大学主办的《秋野》月刊撰述。”当时暨南大学学生创办的文学社——被称为中国第一个南洋文学社团的秋野社也得到了梁实秋及一众新月派学人的提携帮助，梁实秋就常常为《秋野》撰稿。

（三）两任外国语文学系系主任的暨南逸事

梁实秋与叶公超第一次相识是在徐志摩与陆小曼的订婚典礼上，那天宾客如云，梁实秋最初以为自己是这一拨人中年龄最小的一个，后来才知叶公超比他小了近两岁，大家都亲昵地叫他“小叶”。1927 年，叶公超南下上海，担任暨南大学外国语文学系系主任兼图书馆馆长，梁实秋也接受了暨大外国语文学系之聘，他们第一次成为同事。梁实秋在暨南大学上课之余也很喜欢去图书馆，每次上课之前、下课之后，他总是要到图书馆和叶公超等人聊天，二人关系甚好。一次，他偶然在图书馆借到了一本英文版《潘彼得》（即《彼得·潘》），读后将这本书译成中文，还请叶公超写了序言。①

1929 年，叶公超离开暨南大学，梁实秋继他之后担任暨南大学外国语文学系系主任。他们在暨南大学时，曾共同促成戏剧理论家顾仲彝受聘为暨南大学教授一事。当时顾仲彝在暨南中学教英文，他们对顾仲彝的用功和文学知识方面的长进深表赞许。梁实秋继任外国语文学系系主任后，以辞职要挟学校聘用顾仲彝，才最终达成目的。② 梁实秋在叶公超逝世之后写了《叶公超二三事》等文章缅怀他，回忆记述了当时各位友人在暨大执教时的一些趣事。

那几年的时局动荡也使得梁实秋与闻一多、徐志摩、潘光旦、孙大雨、饶孟侃等新知旧友都聚集在了上海，在徐志摩的牵头下，停滞几年的新月社又重新办

---

① 蒋超、夏泉：《民国学人的学术生态——以“新月派学人群”与上海国立暨南大学为视角》，《社会科学论坛》，2016 年第 10 期，第 47 页。

② 傅国涌：《叶公超传》，郑州：河南人民出版社 2004 年版，第 255 页。

了起来，并且在1928年开始发行《新月》月刊，作为新月社的舆论阵地，自此，新月派也正式形成。这段时间里梁实秋除了积极参与新月社、《新月》月刊的创立及各种活动之外，还创作了大量文学作品，这段时期成为梁实秋个人文学创作风格形成的关键时期。也是在新月社的带领之下，胡适牵头制订翻译莎士比亚全集的计划，梁实秋不仅态度十分积极而且热情地拟定了具体计划，自此也展开了他人生中十分重要的一项工作。梁实秋一生共翻译37部莎士比亚戏剧、3卷莎士比亚诗歌，将近400万字，为后人留下了丰厚的文学遗产。

1930年，梁实秋离开暨大，晚年移居台北。思乡心切的他曾给暨南大学副校长，也是他1948年在中山大学执教时的好友王越，手书了一封杜甫的五律，表达了回乡的意愿。值得一提的是，1958年，暨南大学在广州重建后，梁实秋的儿子梁文骐后来受聘暨南大学数学系，此时王越正是暨南大学的副校长。[①] 梁文骐主讲的课程是“概率论与数理统计”，他的学生程剑秋描述道：“梁教授上课语言精辟、推理严谨、幽默风趣，听他讲课对我是极大的享受，最烦的是听到下课的铃声。中等身材，一派学者风度，说一口带北京口音的普通话，脸含微笑，平易近人，和蔼可亲。”与梁实秋颇有相似之处。梁实秋、梁文骐父子俩在不同时期、不同地点担任暨南大学的教授，可以说是暨南大学同他们之间绵绵不尽的情缘的体现。

胡适与梁实秋

① 林旭娜：《王越：两次复办暨南大学》，《南方日报》，2013年5月22日，第A20版，第2页。

叶公超

新月派领军人物

叶公超（1904—1981），名崇智，字公超，祖籍浙江余姚，是民国时期著名的文学批评家、新月派学者、外交家，时人评述他“前半生是文人，后半生是政客”。著有《介绍中国》《中国古代文化生活》《英国文学中之社会原动力》《叶公超散文集》等。

叶公超出身书香门第，少时留洋，先后辗转美国爱默思、英国剑桥两所古典名校求学，在文学批评与理论等领域颇有建树，是著论介绍艾略特至中国的第一人。作为文人，他两度办刊，在《新月》《学文》两方天地中，集聚知己，以笔写志。作为教师，他以亦师亦友的作风、自由平等的教学理念闻名教坛，先后站上北大、清华、暨南、西南联大的讲席，钱锺书、梁遇春、废名、季羡林等名家都曾负笈其门下。1927—1929 年，受世伯郑洪年邀请，正值青年的他来到国立暨南大学任外国语文学系系主任兼图书馆馆长，从此与暨南结缘。

（一）倡导自由教育的青年教师

1926 年秋，23 岁的叶公超登上大学讲台，同时在北大、北师大教授西洋文学，成为北大最年轻的教授，比胡适当年入北大还要年轻 4 岁。1927 年，叶公超自北大南下，被暨南大学聘为外国语文学系系主任兼图书馆馆长，教授“外国文学选读”“翻译术”等课程。或许是自小浸淫欧风美雨，习惯于欧美名校自由的教育方式，刚从学生遽升为教师的叶公超也自然而然地将自由放松的授课理念移植到了自己的课堂中，并打磨出一套充满叶氏风格的教学法。

在授课方法上，叶公超从不照本宣科，逐字讲解，而是简介大意，点到为止。学生李赋宁曾回忆道：“他先在黑板上用英文写下简明扼要的讲授要点，然后提纲挈领地加以解释说明，接着就是先生的自由发挥和当机立断的评论。”这种教学法，既保证了基本理论与知识的传授，又能启发学生独立思考和探索，并培养了学生高雅的趣味和准确可靠的鉴赏力。

叶公超讲课没有预案和大纲，在授课时，往往兴之所至，随意发挥，犹如天马行空，极其引人入胜；也能旁征博引，滔滔不绝，把每个学派、作家的时代背景、文学内涵及特点，详尽而流畅地传授给学生。

此外，叶公超对学生们的苦衷深表“同情之理解”，当碰到学生逃课时，他也只是半开玩笑地说：“因为懂得，所以慈悲。”因为这种事并不违背叶公超的教学原则，讲课只是交换意见，要来便来无须勉强，相较于学生的到课率，他更注重自由自主的学习精神。

他的课自由而放松，但松却不随意。在对课堂主旨的把握上要求严谨，重视文学考据与英文发音。他明确指出当时的国立大学不重视语音教学的弊端，并在自己的课堂上加以规避。“他最重视发音，即使是女同学，如发音恶劣，亦不稍假以辞色，直言斥讽，入木三分。”①

在叶公超的学生、马来西亚华人作家温梓川的记忆里，叶公超的课堂总是笑声不断，非常叫座。“他在暨南非常受同学欢迎，大概在英国住久了的缘故，他说话坦率又风趣，他上课时说的英文，真叫人听出耳油，不愿下课。”

（二）恣意张扬的“斜杠”青年

叶公超一生兴趣爱好广泛，他在书卷气未脱的青年时代与暨南相遇，除了做好教书育人的本职，他还将如火热情投入交友、读书、论诗、足球、编辑等事业中，在暨南园留下了恣意张扬的身影。

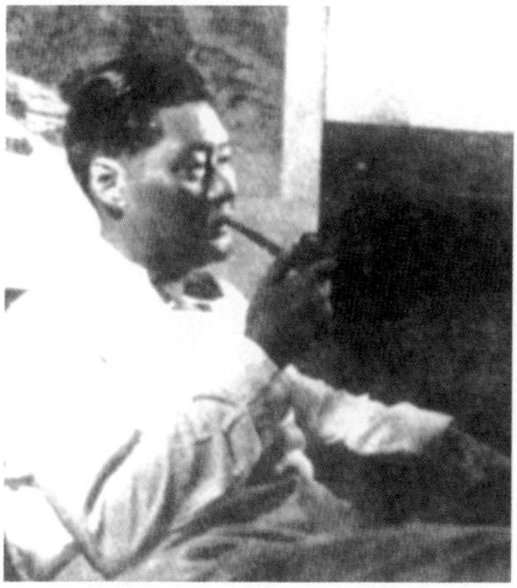

叶公超

真如时代的暨南足球队，曾横扫大江南北及全国各地，在国内外都颇有名气。暨南足球队的建立、成长以至驰名，叶公超也当得上是功臣之一。在美读书期间，叶公超就是大学足球名将。他在暨南当教授时作风亲切，每天清早便到球场踢足球，与学生打成一片，切磋战略战术，传授一些绝招，并作种种示范指点。球员既经过正规严格训练，复有异人从旁加以掖进，自然加速了技巧之进步，相得益彰。

叶公超有“爱书癖”，能兼任图书馆馆长一职，自然如鱼得水，更是名正言顺地大量购书。当时他孑然一身，就住在图书馆楼下一小室，床上、椅上全是书，“坐拥书城，引以为荣”。

叶公超具有中西合璧的教育经历与文学修养，他锋芒毕露，但并不拒人千里，反而喜欢与学生们天南海北地神聊，形成了亦师亦友的关系，这种关系不仅

① 此处及之后多段内容引用自：傅国涌：《叶公超传》，郑州：河南人民出版社2004年版，第34页。

影响着学术的传承交流，影响着学生的品位修养，甚至改变着师生的人生际遇。1926年，他在北大任教时结识了梁遇春，两人年龄相仿又志趣相投，虽为师生，更似知己。1928年，年仅23岁的梁遇春从北大英文系毕业后，应老师叶公超之约，来到暨南任教，讲授英国散文。师生两人皆于暨南园传道授业，相伴而行，谱写了一段师承佳话。①

（三）“新月派学人”的领军人物

1926年，北方时局动荡，中国文化格局出现了新文化运动阵营向上海集结的现象，上海一时名士云集，新月派就是其中怀抱文学梦的一群人。他们中的部分学人，一边在暨南大学等高校担任教职，一边在课后运营新月书店、筹办《新月》月刊，构筑文学理想的大观园。暨南大学一度成为新月派全盛时期的大本营。②

据叶公超回忆，1928—1929年之际，《新月》几乎每星期都有一次饭局，每次两桌，参与者有在上海光华大学任教的徐志摩，在公学担任校长的胡适，在暨南任教的梁实秋、饶孟侃、余上沅、叶公超、梁遇春等人。他们在聚会上从泰戈尔、雪莱聊到《新月》的封面与选题，激扬豪情，彻夜欢谈。③

《新月》月刊的编务采用“轮流坐庄”制度。叶公超参与的编辑工作有：与梁实秋等五人合编了第二卷第二期至第五期。1931年，新月派的灵魂人物徐志摩去世，杂志休刊达半年之久，叶公超临危受命，毅然挺身而出，独立主编了第四卷的第二、第三两期，使《新月》绝处逢生。《新月》月刊从第四卷由叶公超独立主编起，很少再发表政治论文，重新焕发出鲜明的文学风貌。

作为编辑，叶公超提出设想并主持“海外出版界”专栏，及时关注世界文坛动态，带来了西方很多优秀的文学作品和思想文化珍品，从诗歌、小说、散文到哲学不一而足，令读者一览异域思想文化的旖旎风光，也让国内学人有机会从世界文学中汲取营养，不至于坐井观天、闭门造车。《红楼梦英译本》《苏东坡集选译》就表露出一种将中国传统文学与世界文学联结的意图。因此，《海外出版界》的推出是叶公超送给彼时国内读者与作家们的一份礼物。

作为刊物主编，叶公超的审稿眼光是一流的；从提携文学新人的角度来说，他又是“慧眼识英才”。1927年，暨南大学的一批南洋侨生创办《秋野》杂志，邀请叶公超担任指导老师，叶公超将自己多年的办刊经验倾囊相授，给予诸多提点指引，秋野社也成为暨南真如时期最璀璨的一个社团。

---

① 陈雪芬：《叶公超的外语教育思想》，《高教发展与评估》，2019年第1期，第102－108页。

② 蒋超、夏泉：《民国学人的学术生态——以“新月派学人群”与上海国立暨南大学为视角》，《社会科学论坛》，2016年第10期，第43页。

③ 傅国涌：《叶公超传》，郑州：河南人民出版社2004年版，第155页。

叶公超也是《新月》的作者，陆续发表了《写实小说的命运》《牛津字典的贡献》等二十余篇书评和文学批评，迎来了他学术生涯的黄金时期，他的学术思想驳杂包容，“述而不作”，更注重方法论的引导与理论的建设，对中国现代文学影响颇深。

1929 年，叶公超结束在暨南的教职，尔后在兵戈抢攘中，颠沛于清华、北大、西南联大等校任教。后来，又被朋友推荐办理“外事”，这位学贯中西的教授在抗日洪流中告别了学术生涯，进入职业外交家仕途。晚年他寄情于书画，怒而写竹，喜而绘兰，感而赋诗，用空谷幽兰、淋漓墨竹浇胸中之块垒。叶公超在暨南执教虽只短短三年，但暨南人永远带着亲切的心情，怀念这位曾经的外国语文学系系主任，怀念这位方面大耳、西装革履、口衔一个栗色大烟斗、一派英国绅士风度的暨南名师。

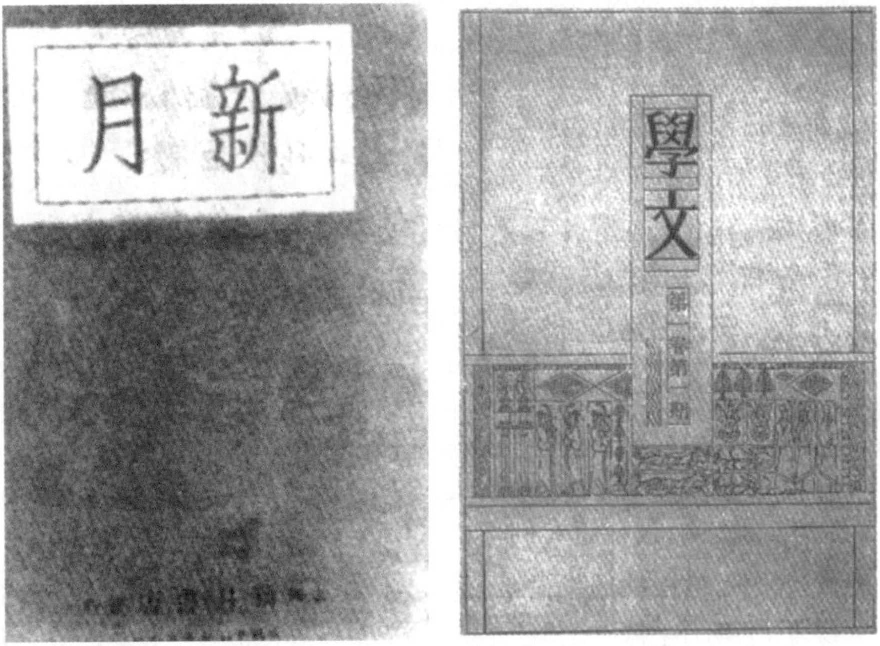

叶公超主办的两份文学刊物：《新月》和《学文》

曹聚仁

书写暨南风云三十年

曹聚仁（1900—1972），字挺岫，号听涛，出生于浙江兰溪，著名教授、记者、作家、报人与社会活动家。1922 年，曹聚仁毕业于浙江第一师范学校，来到上海于复旦、暨南等大学任教，其间积极创办《涛声》等刊物，踊跃活动于上海文学界，与鲁迅结为文友。抗日战争爆发后，赴前线任战地记者，曾报道淞沪会战、台儿庄大捷。1950 年赴香港，中间数次返回大陆，受到毛泽东、周恩来、陈毅接见，为海峡两岸和平统一事业作出贡献，周恩来称其为“爱国人士”。

从 1925 年到 1934 年，曹聚仁在暨南大学供职九年，曾先后任秘书、初中部主任、出版科主任、国文专职教授等职务。1946 年，李寿雍任校长时，曹聚仁重返暨南大学就任新闻系教授，直到暨大并入复旦、交大。曹聚仁跨越了 30 年，亲历了暨大在上海时期的发展历程，在其著作中留下了不少有关暨南的珍贵记忆。

（一）改编国文教材的“蓝布衫”教师

姜琦出任国立暨南学校校长后，便碰到了难题：暨南附中的国文教师多次被学生轰走，一时找不到合适的教师。这是因为五四运动以来，青年学生对新文学比较感兴趣，而国文教师大多是受科举思想熏陶的旧文人，新派作家的古代文学修养又很勉强。姜琦想到了曾经的浙江第一师范学校学生曹聚仁，这位因笔录章太炎国学演讲而在国内文坛崭露头角的学生领袖，于是，姜琦推荐曹聚仁去试教。①

1925 年秋，曹聚仁登上暨南附中的讲台。他二十多岁，瘦小个儿，剪着平顶头，穿着一件阴丹士林布的蓝色长衫，腋下挟着一个布包。② 曹聚仁完全具备了新旧两种教师的优点，对此他自己也坦承：“一方面，我受了五四文学思潮的洗礼，对新文艺作品和欧西文学颇有兴趣。加以，研究了章太炎的《国故论衡》和胡博士（胡适）的新考证学，对经史文学有所了解，也就对一些典物上的疑问，可以剖解得有条有理了。”果然，曹聚仁一试成功，学生们很喜欢听他的课，

---

① 夏泉：《探寻曹聚仁先生早年的活动足迹——以暨南大学为中心的考察》，《东南亚研究》，2009 年第 5 期，第 90 - 96 页。

② 李伟：《曹聚仁传》，南京：南京大学出版社 1993 年版，第 69 页。

于是他先后担任了初中二、三年级，高中师范科与商科的国文教师。

曹聚仁的国文教育理念很纯粹，他认为："国文课并非为天才创作家而设，只是为一般人的语文修习着想。"他把国文课当作了一门每个国人必修的学问，面对的是大众，旨在提高国人的基本功。他在授课时，"总是开列参考书目引导学生消化课本，摒弃填鸭式的教学"。这种引导性的教学方式赢得学生的好评。有一位姓杨的台湾籍学生专门写了一封长信，述说自己对国文学习的认识转变："老实说，我是素来不在教室中听国文课的，自从你来教国文后，我才觉得读读国文，也颇有道理。后来，有一段时期，我又觉得你的思想不够前进；到了现在，才懂得国文课并不是思想宣传班，而是语文常识与技术的修习。"①

在改进传统国文教学方式的同时，曹聚仁也对国文教材进行了配套改编。他增加了鲁迅与周作人合译的《域外小说集》和林琴南译述的《拊掌录》，还加上黄遵宪的《人境庐诗草》。他认为："选用古文体翻译的西洋文学名著，既可以养成青年人对中国古典文学的欣赏能力，同时也介绍了西洋文学名著，而且在讲堂上可以说得头头是道"。在教材内容上，他选用了一些思想方法论和文学批评方面的著作，如《庄子·秋水篇》、《荀子·解蔽》、刘勰《文心雕龙》、陆机《文赋》以及严复译著的《天演论》等。曹聚仁精心选编的课文贯通中西古今，深受学生欢迎。

生活中，曹聚仁不善衣着，总穿着一袭蓝色长衫，一穿就是十多年。按他的说法，那是"五卅运动"后，为抵制英国货，不再穿英国呢绒货，只有以国产布衣替换，这种流行已久的阴丹士林布长衫，颜色为蓝色，就称为"蓝衣衫"了。只敬罗衫不敬人，自古皆然，由于朴素的布衫和教授的社会地位不相称，有一次，他身穿蓝衣衫前往一位女学生家家访，被学生母亲打量后拒之门外。这些因"蓝衣衫"闹出的悲喜剧，都被曹聚仁记在了回忆录《文坛三忆》里。②

（二）描绘暨南群像，谱写暨南故事

作为一介文人，写作是曹聚仁的生命。他一生笔耕不辍，著作等身，半个世纪写有四千万言，总记七十余部。他在暨南期间，便专注于研究文史。据其夫人王春翠回忆：他除了白天任课，晚上就在家写文章，每天都要写一两篇，随便什么场合、什么时间都能写，"有一次逛公园他突然想起了什么，就从随身携带的口袋中掏出笔墨在一块石头上写起来"。

在曹聚仁七十二载岁月画卷里，执教暨南的九年，占据其人生重要的时光。

---

① 夏泉：《探寻曹聚仁先生早年的活动足迹——以暨南大学为中心的考察》，《东南亚研究》，2009年第5期，第90－96页。

② 李伟：《曹聚仁传》，南京：南京大学出版社1993年版，第79－80页。

他热爱在暨南大学的任教生活，对暨南充满了留念和回忆。他一直认为自己是“属于暨南的”，到了晚年，他往往以暨南人的身份参加暨南师生的集会，“在那儿重温旧梦”，唱“暨南校歌”，回忆暨南往事。他与暨南的情缘，凝练在晚年深情回忆著写的《暨南的故事》里，也留存在暨南人的心中。

《暨南的故事》分上、中、下三篇，共一万二千余字，先后分三次在 1957 年刊登于《热风》半月刊中。它以生动的笔调刻画了真如暨南的人和事，有褒有贬，有喜有忧，是一篇难得的暨南史料。曹聚仁在他的回忆里，将暨南教师群像描绘得栩栩如生。他曾写道：“真如南阳宅的南边，有一所广东式的楼房，民国十六七年间，静之、铁民、仰之诸兄都住在那边。我和礼吾就住在南阳宅的杨姓平房中，相隔咫尺，时常往来，谈笑很是热闹。”在他的笔下，还写了陈中凡、龙榆生、章铁民、顾仲彝、周谷城、徐名鸿等暨南教师。有写实的，有一笔带过的，也有调侃的，人物群像生动有趣，泼辣幽默。[①]

抗战胜利后，曹聚仁回到上海，以写作为业，在暨南大学兼任新闻系教授。当他看见战后满目疮痍的真如暨南，专门书写了一篇《莲韬馆》凭吊：

> 真如，和我有着九年的密切关系，其间多可喜亦多可悲。胜利以后回上海，鼓起了兴致，要访寻旧梦。桃浦静静如旧，只见绿水滔滔，白鸟飘飘，莲韬馆，连着暨南大学那些大房子，都付与荒烟残砾，无影无踪了。……杨家桥这一边，我们住过的那所房子，连败墙也不见了，只见蔓草连阡，衬出那株桃树的苍老，仿佛还认得我们这几个旧人……风景不殊，举目有山河之异，战神把我们的旧梦，一脚踏碎了！[②]

曹聚仁与鲁迅的交往也始于他在暨南大学任教时。1927 年，鲁迅与曹聚仁夫妇在内山书店不期而遇，这是他们首次见面。当鲁迅转过脸来对着他们夫妇时，曹聚仁很快走过去，伸出手自我介绍说：“我是曹聚仁，暨南大学的。”鲁迅站起来，伸手与曹聚仁热烈地握了握说：“久仰先生大名，说起来我们还是同乡呢。”就这样，曹聚仁与鲁迅相识相交，在以后的交往中建立了友谊。[③] 当时，鲁迅在暨南进行第二次演讲，题目为“文艺与政治的歧途”，为他做笔录的恰好就是曹聚仁。据《鲁迅书信集》记录，曹聚仁与鲁迅的通信达 24 封，可谓暨南师生中与鲁迅关系最为密切者。20 世纪 50 年代，曹聚仁定居香港，投入到鲁迅

---

① 夏泉：《探寻曹聚仁先生早年的活动足迹——以暨南大学为中心的考察》，《东南亚研究》，2009 年第 5 期，第 90 – 96 页。

② 曹聚仁：《文坛三忆》，北京：生活 · 读书 · 新知三联书店 1999 年版，第 105 页。

③ 李伟：《曹聚仁传》，南京：南京大学出版社 1993 年版，第 106 页。

传记的写作中，先后编撰《鲁迅手册》《鲁迅评传》等书，为鲁迅研究作出了卓著贡献。

（三）主办《涛声》，叱咤报坛

曹聚仁毕生致力于报刊事业，“报人”是他传奇人生中最具代表性的标签。任职暨南大学期间，他主办“不忌讳直报人间吉凶”[①] 的《涛声》期刊，闻名上海滩。1931年春，国民党在文化界禁止出版进步书刊，封闭进步书店，通缉左翼作家，造成文化界的禁锢局面。当时，曹聚仁正在暨南大学文学院担任教授，几位朋友相逢，对于当时的政局悲愤不已，痛感“吟罢低眉无写处”。在此环境下，上海群众书局的方东亮来暨南大学找到曹聚仁，请他为书局编一套新文艺选本，希望能于文网森严中开辟一条生路。曹聚仁向他提议结合选本出一份刊物，写点文章“叫喊一番”，方东亮同意了。[②]

同年8月，曹聚仁主编的《涛声》周刊创刊号随即交印。作为《涛声》的创刊人及主编，曹聚仁几乎以一己之力挑起了《涛声》前期的大部分工作，无论是撰稿、编辑还是发行。曾有人对《涛声》上的文章做过统计，仅从能辨别的曹聚仁笔名来看，曹聚仁在前两卷共82期的《涛声》里，共刊登了230篇文章，数量之大，令人叹为观止。[③] 他的笔触所及甚广，有诗歌、论文、短评、考据等，他在《涛声》上说文坛掌故、写历史短文，关注民生疾苦、主持思想批判。《涛声》是他奋勇厮杀的阵地，也是他翩然起舞的花园。

《涛声》第1卷第1期

在主编曹聚仁的主持下，《涛声》汇聚了如曹礼吾、陈子展、李又然、周木斋、魏猛克等一批青年，吸引了如鲁迅、陈望道、施蛰存等文坛大家的目光。《涛声》在暨南也吸引、影响了一批读者，曹聚仁每期都把《涛声》送到真如镇暨大旁边的书店，《涛声》成为暨南学子茶余饭后了解时局的重要刊物。从创刊到1933年11月20日被国民党上海市当局以“袒护左翼，诽谤中央”为由下令停刊，11月25日出休刊号为止，《涛声》共出版83期。

---

① 李伟：《曹聚仁传》，南京：南京大学出版社1993年版，第2页。

② 夏泉：《探寻曹聚仁先生早年的活动足迹——以暨南大学为中心的考察》，《东南亚研究》，2009年第5期，第90－96页。

③ 夏庶琪：《〈涛声〉研究》，浙江工业大学硕士学位论文，2014年，第13－22页。

表 4-1 夏庶琪统计曹聚仁在《涛声》发表文章一览

序号	篇目	署名	期号
1	苦雨	挺岫	第 1 卷第 1 期
2	书话二节	曹聚仁	第 1 卷第 1 期
3	孔门	陈思	第 1 卷第 1 期
4	语体文内部问题	曹聚仁	第 1 卷第 2 期
5	孔门（二）	陈思	第 1 卷第 2 期
6	书话（二）	聚仁	第 1 卷第 2 期
7	耶稣与基督	曹聚仁	第 1 卷第 3 期
8	非孝的故事（上）	陈思	第 1 卷第 3 期
9	射避环境	陈思	第 1 卷第 4 期
10	忆英父	聚仁	第 1 卷第 4 期
11	非孝的故事（中）	陈思	第 1 卷第 4 期
12	《小桥日记》题记	挺岫	第 1 卷第 4 期
13	非孝的故事（中）	陈思	第 1 卷第 5 期
14	卖身投靠	陈思	第 1 卷第 6 期

作为战地记者的曹聚仁

1937 年，抗战烽火燃起，曹聚仁毅然脱下长衫，持笔从戎，首报震惊世界的台儿庄大捷，成为著名战地记者。他在抗战时期以撰写新闻通讯见长，作品题材广泛，视角宏大，分析深入，刻画到位。他兼备“史才”，凭借自己在战争史方面的研究，对于战局的走势做出清晰的判断；他肩负“史命”，带着写战史的初衷进行战地新闻报道，在战争结束后终于写成了宏大叙事的《中国抗战画史》，此书保存了珍贵的图片资料，成为印证日军侵华暴行的重要佐证。①

1950 年春，年过半百的曹聚仁南去香港，开始了专事写作的生活，为《星岛日报》《南洋商报》等供职撰稿。其间，他积极为海峡两岸和平统一事业奔走。1972 年 7 月 23 日，曹聚仁在澳门镜湖医院病逝，终年 72 岁。周恩来亲自安排在澳门为其举行公祭，并为其亲拟墓碑碑文“爱国人士曹聚仁先生之墓”，安排将其骨灰携回家乡安葬，让他落叶归根。曹聚仁业已离世多年，这位气度风骨绝佳的“蓝布衫”教授，以留在世上的宏富文稿让人思量，在暨南留下的足迹也令人回味无穷。

① 谭信：《曹聚仁抗战时期新闻思想研究》，南京师范大学硕士学位论文，2018 年，第 43 页。

周谷城

“一史二笔”见功力

周谷城（1898—1996），湖南益阳人，是我国著名历史学家、教育家、社会活动家，曾担任中国科学院历史研究所学术委员会委员，创建上海历史学会，任全国人大常委会副委员长兼科学教育文化卫生委员会主任。他一生著述丰硕，纵述古今、横论中外，涉及历史、逻辑、哲学、社会、教育等领域，出版专著十余部，发表论文两百余篇，总计数百万字，代表作包括《中国社会史论》《中国通史》《世界通史》等。周谷城于 1927 年至 1930 年在暨南学校附属中学任教，1932 年秋至 1942 年，复受聘于暨南大学，一度兼任历史社会学系系主任，为暨南史学的发展作出了突出贡献。1942 年后，周谷城一直执教于复旦大学，其间，他积极从事民主进步活动和学术研究的组织工作，先后担任上海市政协副主席、中国太平洋历史学会会长、上海市历史学会会长等。

周谷城生于封建旧社会，却能够打破时代的桎梏，在治学路上博古通今、以史为鉴。他青年时期与毛泽东结为至交，毕生为中国的革命事业奔走疾呼，为追求真理而执着探索，时刻关注、思考着中国的社会现实。在暨南任教期间，他撰写著名的《中国通史》，从历史唯物主义观点出发，提出“历史完形论”理论体系，对史学的认识与发展产生深远影响。

（一）治学暨南大学历史社会学系

周谷城毕生投入到教书育人的事业中，曾先后在湖南省立第一师范、中山大学、暨南大学和复旦大学任教。他曾说过：“教书是我一生的职业。”[①] 周谷城早年参与国民大革命活动，往来于长沙、武汉、广州、上海等地，后任中山大学教授及社会学系主任。1932 年秋天，周谷城前往暨南大学任教授兼系系主任，直至 1942 年。周谷城在暨南大学的十年是他学术生涯的关键时刻，真正实现了他以历史学作为专业的愿望。[②]

① 周洛华：《回忆我的祖父周谷城》，《世纪》，1998 年第 3 期。

② 莫志斌：《周谷城传》，北京：华文出版社 2015 年版，第 111 页。

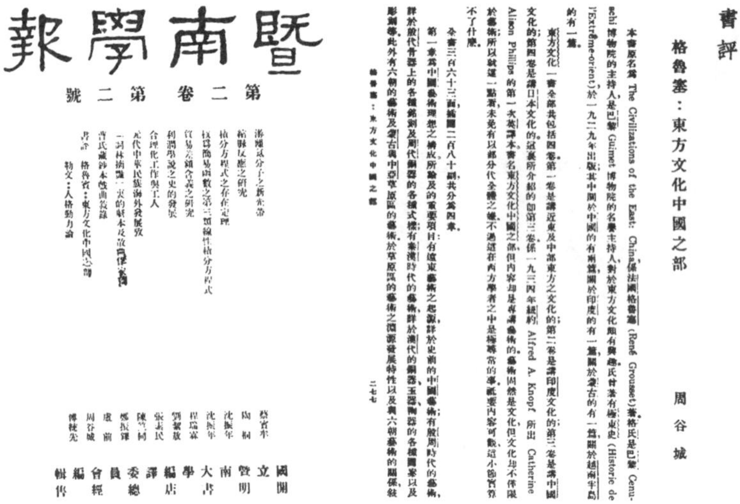

暨南學報

第二卷 第二號

溴雜氮分子之新光帶 蔡賓牟
醋酸反應之研究 陶桐
積分方程式之存在定理 沈振年
極限簡易函數之第三類線性積分方程式 沈振年
貿易差額含義之研究 程瑞霖
利潤學說之史的發展 劉絜敖
合理化工作與工人 張素民
元代中華民族海外發展攷 陳竺同
一詞林摘豔一書的版本及散曲作家 鄭振鐸
曹氏藏鈔本戲曲敘錄 盧前
書評 格魯賽：東方文化中國之部 周谷城
譯文：人格動力論 傅統先

國立暨南大學編譯委員會編輯
開明書店總經售

書評

格魯塞：東方文化中國之部

周谷城

本書原名為 The Civilizations of the East: China，係法國格魯塞（René Grousset）著。格氏是巴黎 Cenuschi 博物院的主持人，是巴黎 Guimet 博物院的名譽主持人，對於東方文化頗有興趣。氏曾著有極東史（Historie de l'Extrême-orient）於一九二九年出版，其中關於中國的有兩篇，關於印度的有一篇，關於蒙古的有一篇，關於越南半島的有一篇。

東方文化一書全部共包括四卷。第一卷是講近東及中部東方之文化的；第二卷是講印度文化的；第三卷是講中國文化的；第四卷是講日本文化的。這裏所介紹的即第三卷，係一九三四年紐約 Alfred A. Knopf 所出 Catherine Alison Phillips 的第一次英譯本。書名東方文化中國之部，但內容却是專講藝術的。藝術固然是文化，但文化却不僅限於藝術；所以就這一點著，未免有以部分代全體之嫌。不過這在西方學者之中是極尋常的事，祇要內容可觀，這小節實算不了什麼。

全書三百六十三面，插圖二百八十副，共分為四章。

第一章為中國藝術理想之構成，所論及的重要項目有遠東藝術之起源，詳於史前的中國藝術；有殷周時代的藝術，詳於殷代骨器上的各種銘刻及周代銅器的各種式樣；有秦漢時代的藝術，詳於漢代的銅器、玉器、陶器的各種圖案以及彫刻等。此外有六朝的藝術及蒙古與中亞草原區的藝術，於草原區的藝術之淵源發展特性以及與六朝藝術的關係，敍

格魯塞：東方文化中國之部 二七七

周谷城：《格鲁塞：东方文化中国之部》
《暨南学报》，1936 年第 2 卷第 2 期

在来校任教之前，周谷城已与暨南结缘。1932 年上海“一·二八事变”后，国民党政府取缔上海的抗日救亡活动，在暨南大学宣布戒严，一批进步学生在上海无容身之所，便逃来广州。这时周谷城以中山大学社会学系系主任的身份接纳了这批暨南学生，使其得以在广州借读。当年在广州分校就读的有原暨大大学部学生 180 余人，借中山大学文学院课堂复课，还就近聘请中山大学教授兼课，周谷城也是兼课教授之一。

来到暨南大学后，周谷城主要讲授“比较逻辑”“社会名著选读”“中国通史”“西洋史学史”“西洋通史”等课程，每到他上课的时候，教室内往往达到听众如潮、座无虚席的程度。他在史学研究方面颇有心得，在暨南大学任教的过程中，周谷城给同学们剖析了一个又一个历史问题，传递了马克思主义唯物史观。

“人生哲学”也是周谷城主讲的课程之一。据校友温梓川回忆，“他教‘人生哲学’时，同学对他的印象不错，半途抽签，退堂的同学却一个都没有。在暨南教书是最艰苦的一件事，不要说那些虚有其表的教授站不牢，即使是学有专长的名教授往往也会吃瘪的。在暨南能够教下去的教授，那真是非有紧打紧扎的真功夫不可”①。在同学们的眼中，讲坛上的周谷城气度非凡，一派学者风范：

（他）口才很好，我记得他初到我们班上来上课时，穿的是西装，却没有打

① 温梓川：《文人的另一面——民国风景之一种》，桂林：广西师范大学出版社 2004 年版，第 63 页。

领带。虽然还是春寒料峭的初春天气，可是他没有穿上外衣，只是把外衣挂在手臂上，上身只罩了一件羊毛冷背心。这样的装扮，一直到初夏来临，才从此不再穿西装，而改穿白夏布长衫，戴着一顶旧式草帽，摇着芭蕉扇来上课。他瘦削的脸上，配上了一副白金丝眼镜，显得相当庄重，骤然看来，倒跟银幕上饰美国总统威尔逊的那一位演员有点神气相似。他上课讲授，从不站在讲坛上，却喜欢半边屁股坐在讲案上滔滔不绝地讲授。他从来就不发讲义，黑板也往往无用武之地，他似乎不大愿意写板书，往往需要写出来的东西，他也只是用嘴说出来，由我们自己记笔记。课本是采用商务印书馆出版的那本《人生哲学》。①

就这样，周谷城凭借其一流的学术功底和专业素养在暨大讲坛上伫立了十年之久，为暨南史学等学科建设奠定了严谨笃实的优良学术传统。

对于周谷城而言，暨南大学除了是其治学立说的场所外，还是一个充满“浪漫”回忆的地方。在暨南执教的时候，周谷城认识了一个对他而言，称得上“特殊”的学生——李冰伯，在后来相处的过程中，师生二人相慕结合。周谷城曾说过，“人生幸福，就是有一个好老婆，几个好朋友”。其相濡以沫的夫人李冰伯，正是令他最感欣慰的伴侣。②

（二）著成誉满学界的《中国通史》

在暨南大学任职时，除了日常的教学任务外，周谷城亦开始了他的通史撰著工作，其中，《中国通史》与《世界通史》是其两部重要论著。他曾说：“（我）曾以一人之力，在十分困难的条件下，写出《中国通史》上、下两册和《世界通史》三册，成为当代史学家中仅有的两部通史一个人写的前例。这两部书，自成体系，具有自己的独特风格。”③ 这两部史学著作以特殊的著作形态在学术界产生深远影响，奠定了周谷城在中国史坛坚定不移的地位。

为编撰教材，暨南大学历史社会学系于 1935 年组织《中国通史》编撰委员会，以何炳松、郑振铎、周予同、陈高傭、周谷城等为委员，由周谷城最终编撰成《中国通史》上、下两册。在回忆《中国通史》的撰写过程时，周谷城说：

1932 年秋，我到暨南大学教书，担任教授兼历史社会学系主任。因为当时文、理、法各学院都要教“中国通史”，课多教师少，所以我被正式安排教“中

---

① 温梓川：《文人的另一面——民国风景之一种》，桂林：广西师范大学出版社 2004 年版，第 63 - 64 页。

② 朱江：《历史学家周谷城》，《贵阳文史》，2008 年第 1 期，第 47 - 55 页。

③ 邹理：《湖南益阳，我的家乡——益阳走出的历史学家周谷城》，《新湘评论》，2012 年第 9 期，第 36 - 38 页。

国通史”，两个班，共六个小时。这时，听讲的人多，但讲授有三小时的重复，加上我已写过《中国社会之结构》《中国社会之变化》和《中国社会之现实》，虽然每周仍须教十二小时课，还是觉得轻松，于是有了编写《中国通史》的念头，并开始撰写。

周谷城《中国通史》

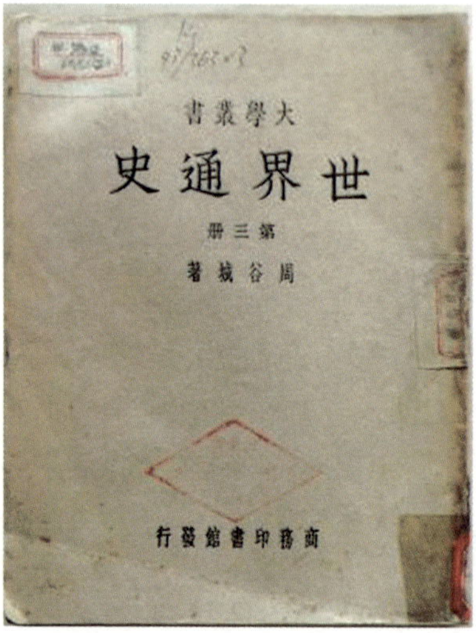

周谷城《世界通史》

周谷城精心撰写的《中国通史》分上、下两册，约75万字，以其独创的通史编纂理论和严密的体系受到历史学界的好评，成为这一时期中国通史的代表作之一。[①] 该书先在校内油印，后由开明书店出版，被很多高校用作教材，供不应求，以后还在港、澳、台地区及国外发行。抗战胜利后，开明书店重印《中国通史》，其广告词写道：本书为国立暨南大学周谷城教授所著“史学五书”之第一种，周君本其十余年的教学经验，汇集最新的史学理论，形成自己的一贯系统，用来说明中国数千年往事，轻快自然，头头是道。书中有任何其他中国通史著作所未曾运用过的史学理论，未曾采录过的新鲜材料，未曾使用过的编制方法。文字诚朴，动人情感。凡大学一、二年级学生，中等学校教师，从事党政军各界者，负有指挥文化之责者，都应一读此书。[②]

然而，《中国通史》刚出版后，暨南大学史地系新上任的系主任认为《中国通史》有宣扬马克思主义的嫌疑，责令周谷城停止讲授中国历史，改教世界史和

---

① 赵梅春：《周谷城〈中国通史〉在历史编纂学上的成就》，《华中科技大学学报（社会科学版）》，2005年第6期，第104－109页。

② 张志哲：《〈中国通史〉和周谷城教授》，《社会科学杂志》，1984年第4期，第56－57页。

世界史学史。[①] 周谷城深知各门学科的有机联系，不怕“改行”，当时正想多了解一些世界历史以资中国史研究，于是因势利导，跨入世界史领域，很快又成为世界史方面的专家，不久后撰成《世界通史》。直至 1941 年 12 月，太平洋战争爆发，上海“孤岛”即将沦陷，爱国民主人士受到国民党当局的监视，处境十分艰难。周谷城岳父母劝其尽快离开上海，而后，在岳父母的资助下，周谷城夫妇向内地转移，遂告别了暨南大学，受聘于迁址重庆北碚的复旦大学。

（三）热血“五四”青年，与毛泽东“同事”

周谷城生在社会动荡、战乱频仍的年代，深刻体会到国家衰弱的痛苦，终其一生都与爱国民主事业紧密结合，他曾言：“我一生除读书、教书及写作外，从未放弃政治。”[②] 周谷城早年参加五四运动，同当时许多热血青年一起“火烧赵家楼”，遭到北洋政府的驱赶和追捕；抗战时期，他在沦陷区宣传爱国救亡思想，遭到日伪特务盯梢，被迫赴遣大后方；上海解放前夕，他组织“大学教授联谊会”，积极从事“反内战”的示威运动；“文化大革命”期间，他因撰文批驳姚文元，又遭到“四人帮”关押。[③] 从一个热血激情的“五四”青年直至年近百岁，他一生都在追求真理和正义，为探寻国家民族的振兴而不懈奋斗。

在课堂上，面对国民党的“党化教育”政策，周谷城的对策是把教学与科研相结合。他在暨南大学主讲“中国通史”，每周有十二个课时，于是只采用自己的教学大纲，讲自己的观点，坚持在教学过程中把理论贯通于史实当中，既无“以论代史”之弊，又无“为考证而考证”的问题。这样一来，既可免国民党当局的挑剔，又能够满足进步学生的要求，一举两得。[④]

周谷城在暨南大学担任教授职务时，住在上海老靶子路一个犹太人的公寓里。一天，他突然接到邮局寄来的一卷报纸，拆开一看，内有用复写纸写的一封信，信封上写着“致师友”，信笺下面署名“毛泽东”。信中所写内容正是关于中国的危机局势，国家正处于民族危亡的关键时刻，希望爱国人士奋起共同对敌。[⑤] 收到这封来信并非偶然。早在 20 世纪 20 年代初，周谷城便与革命领袖毛泽东建立了深厚的革命友谊。

1921 年，周谷城距从北京高等师范学校毕业还有半年，已先返回长沙担任湖南省省立第一师范学校的英文和伦理课教员。在第一师范学校任教期间，他与

---

① 邹理：《湖南益阳，我的家乡——益阳走出的历史学家周谷城》，《新湘评论》，2012 年第 9 期，第 36－38 页。

② 周谷城：《周谷城自传》，《晋阳学刊》，1980 年第 2 期，第 72－73 页。

③ 周洛华：《回忆我的祖父周谷城》，《世纪》，1998 年第 3 期，第 14－17 页。

④ 莫志斌：《周谷城传》，北京：华文出版社 2015 年版，第 111 页。

⑤ 莫志斌：《周谷城传》，北京：华文出版社 2015 年版，第 138 页。

在该校小学部担任主事的毛泽东建立了友谊，他们相互交换、借阅马克思列宁主义和进步书籍，曾经多次探讨农民问题和国内局势。受毛泽东影响，周谷城还积极参加农民运动，任湖南省农民协会顾问、省农民讲习所教师。① 1935 年 12 月，毛泽东主持召开了瓦窑堡会议，提出建立广泛的抗日民族统一战线，从而有力地抗击日本的军事入侵。周谷城当时是上海的知名爱国人士，亦是毛泽东十分信任的昔日同事。在网罗国内爱国人士时，毛泽东给周谷城写信，希望他联合一些国民党政权内的中枢人物和一些社会名流、学者，集中起来，呼吁停止内战。

收到此封来信后，周谷城与李达商量如何响应毛泽东号召的问题。他先后在《新世界》《前进》等杂志上发表文章，呼吁"停止内战，一致团结，进行对外的实力抗争"。

直到上海解放后，周谷城梦寐以求又长期为之奋斗的人民解放事业终于实现，他怀着无比兴奋和激动的心情向毛泽东写信致意。毛泽东接到周谷城的信后，在"致周谷城"的复信中说：

谷城先生：

得书甚慰，如见故人。革命高涨，大家都是高兴的。前途尚多困难，惟有团结最大多数民众，方能战胜帝国主义的反抗，相期共同努力！敬颂教祺！

毛泽东

一九四九年六月二十八日②

国立暨南大学民廿六级史地系全体师生合影

① 《周谷城同志生平》，《人民日报》，1996 年 11 月 21 日。

② 莫志斌：《周谷城传》，北京：华文出版社 2015 年版，第 181 页。

第三节　其他学系名师剪影

陶冷月

暨大艺术系的开创者

1927 年夏，郑洪年校长改组暨南，意欲设立包括艺术在内的五个学院。他主张在艺术学院开办之初先开办中国画系。陶冷月、黄宾虹、谢公展、潘天寿、朱凤竹等艺术大师先后在暨南执教，他们倾囊相授，暨南的艺术血脉由此开始代代传承。

陶冷月（1895—1985），原名善镛，字咏韶，号镛、宏斋、五柳后人、柯梦道人，江苏苏州人。“新中国画”代表画家，被黄宾虹称为“近代画家革命巨子”。1922 年 3 月，陶冷月担任国立暨南学校艺术学院教授。1928 年 4 月，暨大设立中国艺术学系（中国画系），陶冷月被聘为系主任并创办中国画研究会，任导师，直至 1929 年 5 月初夏因病辞职。①

（一）任职暨南，浇灌艺术之花

陶冷月设立中国画系是以提倡国粹、陶冶志趣、发挥爱国之情感为目的，其主旨是“造就国画专门人才，发展民族规划，整理本国画法，并改良之，以成中国新艺术，造就艺术教育文化。培养国民高尚人格，指导社会文化。介绍国艺于南洋，使海外侨胞重视国艺而受其陶冶”。陶冷月深谙立足于本国文化的重要性，希望暨大学子传承中国画的魅力，继而将之向四海远播。建系后，设置的课程有中国画、书法、篆刻、透视学、色彩学、西画和东西方艺术史，以及国乐、刺绣、京剧、昆曲、古琴、诗词、艺术解剖学、艺术教育史、现代文学、广告画、图案画、第二外语等。可以说，所设课程之全面，开高等艺术教育之先河。

① 王晓星：《陶冷月研究》，天津大学博士学位论文，2016 年。

西洋画研究室内的石膏像

《图说暨南》，广州：暨南大学出版社 2006 年版

中国画系成立后，陶冷月为开拓暨南艺术花园，殚精竭虑吸纳名师，广揽画界名流。他曾亲自致信徐悲鸿，诚挚地邀请他前往暨大一同主持教学工作，但徐悲鸿因事务繁多而未能赴任，遂特向陶冷月推荐篆刻名家汤安、书画家蒋梅笙到暨大任职。关于这段历史可以从徐悲鸿致陶冷月的信件中得到证实。陶冷月之后又延聘山水画宗师黄宾虹、国画大师谢公展、艺术教授朱凤竹、郑曼青、饶考祥等一大批画技高超的名师来暨南执教。至此，暨南美术学科师资盛况空前，教学力量大增，完整的教师团队得以形成。作为系主任，陶冷月不仅为师资不断努力，还为学生谋划画具。他希望能够为学生提供更多的教学设备，切实提高学生的绘画水平，与国际接轨。由于当时国内尚无石膏模型的来源，他便筹集资金，向友人徐悲鸿求助，请他在法国购买练习素描所需的石膏模型。① 后来，陶冷月将该批石膏模型翻制后供暨南大学作教学用具，到货后亦亲自开箱取货并布置。

（二）创立“新中国画”，引进西方的声音

陶冷月早年随老师罗树敏学习投影、透视、光线等西方绘画知识，接受的都是以古法新化、结合科学、使人明确写实的方法。他既学习传统中国画，也进修铅笔素描、水彩，注重临摹作品，研究投影、透视和光线的关系。这种中西结合式的启蒙教育为他后续创作打下了坚实基础。后来他又师从美国人特朗，研习油画、水彩，创制出熔中西画法于一炉的“冷月山水”，对当代中国画发展产生了重要影响。

任职暨南的七年间，陶冷月继续其融汇中西的探索，勤奋创作。他经常到上

① 陶为衍、徐建恒：《解读徐悲鸿致陶冷月的三封信》，《世纪》，2003 年第 3 期，第 36－38 页。

海真如暨南大学西侧杨家桥附近写生，创作铅笔写生作品十余幅。这些铅笔速写表现了上海市郊真如镇的风光与民俗风情，既有大视野的全景描绘，也有无名码头、水边凫戏以及绿树掩映的民居等中近景片段，显示了陶冷月对现实生活中美感敏锐的捕捉能力和出色的西画技巧，是暨南大学独有的周边影像。

西画研究会

陶冷月先后在暨南大学校内和苏锡、宁、沪等地频频举展。在无锡公园池上草堂的一次个展上，他那融汇中西、风格独具的月景山水作品轰动画坛。陶冷月被时人赞誉为“新中国画”的创造者，更是得到蔡元培先生的褒奖，这对他起到了莫大的帮助。

1928 年，陶冷月与黄宾虹等在无锡梅园天心台

（三）言传身教，堪称教师典范

在暨南大学任教的时间里，陶冷月言传身教，严格而慈祥，对学生关怀备至，其人格魅力使学生感怀终生。他在教导学生时亦尽心尽力，循循善诱，从不藏私，使学生逐步走上独立创作的道路，为暨大培养了一批艺术人才。

陶冷月会在每日傍晚4点准时来到学校画室，指导学生作画，“作画要注重气韵，作画之先要胸中有画，然后才下笔，胸中无画就不要作画，勉强下来的画不是气韵不够就是笔力不够遒劲”[①]。他不仅亲自示范绘画技法，还结合自身经历，循循善诱地教导道“应该知道时间加上努力，就是等于天才”，希望暨大学生都能明白努力的重要意义，练就成熟的画技。

陶冷月教授弟子，往往备足数十套教材和范本，由浅入深，盈科而进。不论是对阴阳向背、挥毫用笔，还是对设色施彩、章法布局，扩而至于六法理论，他都作过切实地探索。陶冷月认为，只有由浅入深，由深入古，由古入今，作画才有生活气息，才有时代精神，临摹和写生，必须相辅而行。

陶冷月历年执教各大学，门生众多。马万里是陶冷月在南京美术专门学校执教时的学生，后也受聘前往暨南大学任教，担任中国画系教授兼中国画研究会导师。作为杰出的书画篆刻艺术家，马万里还为陶冷月镌刻“陶冷月七十岁以后作”一印，从南宁寄赠，以答师恩。师生二人情谊笃厚，关系密切，感人至深。

陶冷月先生还亲自动笔，为《暨南周刊》设计出简洁大方的封面，当时暨大校园中艺术氛围盛况空前，崇尚艺术蔚然成风。后因学校经费困难，中国画系停办，但陶冷月创办的中国画研究会仍活跃在暨南园中，直至1937年8月日寇侵沪，暨南大学避居“孤岛”上海才停止活动。

回溯暨大艺术的历史可以看到，陶冷月先生在暨南任职7年，从无到有地一步一步将暨大艺术学院中国画系发展壮大。作为系主任，他勇开暨大艺术之先河，亲自塑造了中国画系的框架，并延聘了一大批名师，添置了一系列画具等教学物资，大大改善了中国画系的办学环境，培养了出色的艺术人才。他创新性地结合西方绘画技法，以开放的姿态立在时代前沿，以别开生面的“新中国画”为毕生骄傲。在教师的本职岗位上，他勤勤恳恳，言传身教，尽最大能力为学生提供良好的学习环境，在暨大留下了相当多令人敬佩的教学事迹。

---

① 季轩：《暨南名师逸事》，《光明日报》，2006年10月20日，第9版。

黄宾虹

一代国画宗师在暨南

黄宾虹（1865—1955），原名懋质，后改名质，字朴存，号宾虹，别署予向。原籍安徽省徽州歙县，生于浙江省金华市。黄宾虹是中国近现代美术史上开派巨匠，山水画一代宗师，擅诗文、书法，兼长金石文字、篆刻等艺术，对于画论与画史均有研究，见解精辟。1928—1932 年，任国立暨南大学艺学院中国画系讲师。1933 年，再任暨南大学文学院国画研究会导师。

（一）两度执教暨南，为艺术传承延续血脉

黄宾虹曾两度执教暨南，第一次是 1928—1932 年，任国立暨南大学艺术学院中国画系讲师。1933 年，再任暨南大学文学院国画研究会导师。在教学方面，黄宾虹认真负责，他不仅亲自制定教学讲义，还多次修改力求完善。对于后辈，黄宾虹总是谆谆开导，他乐于学生多问，认为学生多问此为好学，难住了老师，老师也得到了益处。他也深感学生年轻，缺乏知识储备，对有些问题，不能举一反三，所以老师要善于启发。黄宾虹性格平易近人，见学生的习作有画得好的地方就鼓励。为了防止学生骄傲自满，他就说：“学画如打铁，要趁火热的时候打，停不得，歇不得。”还常常对学生讲“苏秦刺股”的故事，苦心孤诣，一心要使后辈学得更好。

黄宾虹在暨大任教期间，教育出一大批优秀的学生，为暨南艺术传承延续血脉。他的学生中不仅有投身画坛的画家，还有热心教育的老师，甚至还有出色的银行家。黄宾虹和学生们情谊深重，在学生毕业后，也大都能保持联系，交往频繁。

苏乾英就曾是黄宾虹的一名学生。他早年考入暨南大学文学院历史社会学系读书，1934 年暨大毕业后留校当助教，从事南洋史籍的搜集及研究工作以及南洋及欧、美、澳三洲华侨团体的联络工作，为暨大的侨校事业作了出色的贡献。苏乾英是在 1934 年在暨大正式拜黄宾虹为师的。他与黄宾虹有二十多年交往，情谊笃厚。黄宾虹住上海时，两人曾同居一室。有一次，黄宾虹遗失了当月工资，两人便共用一份月薪。苏乾英还说过，那时黄宾虹的画不受世人看重，作品

国画研究室

很多，索画时可以自己挑选。黄宾虹得意之作《武夷山图》刊《黄宾虹研究画集》第二集，题款为："武夷山水以北宗人笔意写之，乾英吾兄有道清鉴，己丑八十六叟宾虹。"画从未装裱过，就系苏乾英所有。苏乾英十分欣赏和喜爱黄宾虹的画，在黄宾虹迁居杭州之后还时常致函求索。苏乾英致黄宾虹书信有一百五十余封，现藏浙江省博物馆，成为研究黄宾虹生平的重要资料。

黄宾虹和学生的"暨南故事"还有很多，例如擅长中国画的陈景昭、商人刘作筹等。刘作筹后居香港，服务于香港银行界。他节衣缩食，大量搜购流散的文物，晚年更是将所藏书画700余件悉数捐予香港艺术馆，由此可看出他继承了其老师黄宾虹的民族使命感与爱国之情，体现了满满的暨南担当。黄宾虹培养出的学生，没有辜负他的期望，为艺术界、为社会都作出了莫大的贡献，成长为堂堂正正的栋梁之才。

（二）黄宾虹与陶冷月的知己之情

黄宾虹一生交游广泛，与同时期画家交流频繁，常常牵头组织和参加各类活动，是绘画界的积极分子。当时的暨南大学艺术学院中国画系名师荟萃，著名画家齐聚一堂。黄宾虹在此阶段于暨大任教，不仅和其他名师结下宝贵的同事之谊，而且在之后的日子里也保持密切的联系，一来一往，渐成画坛佳话。

在这些同事中，若论黄宾虹的人生知己，首先应提到陶冷月。陶冷月和黄宾虹相识，是经徐悲鸿介绍的。汪改庐编《黄宾虹先生年谱初稿》引陶冷月函云："宾老与月是从一九二八年夏我在筹办暨南大学艺术系时，由徐悲鸿先生介绍相识……宾老对国画史极熟，故商聘为国画理论讲师。"在暨南大学共事时，两人一见如故，异常投契，经常在一起读画论艺，四处同游。黄宾虹虽为一代国画名家，但早年并不得志。陶冷月乐于助人，曾推荐他去桂林讲学，到四川大学执教，还向程潜等人极力推荐黄宾虹，助黄宾虹在上海的一次画展上取得成功。

黄宾虹能把《元人小品》扩为巨幅，苍莽浑厚，自具致趣，而且记忆力超强，赏鉴旧画时能原原本本举述来历。因此之故，陶冷月对他赞赏有加。黄宾虹曾说自己“尝拟偕诸同志，遍历海岳奇险之区，携摄景器具，收其真相，远法古人，近师造物，图于楮素。足迹所经，渐有属豪，而人事卒卒，未能毕愿，深以为憾”，而陶冷月身上则集中体现了他终身向往的“愿”。陶冷月不仅融通中西画艺，还是一位出色的摄影师。他的摄影作品饱含现实主义追求，与宾老毕生所愿不谋而合。除此之外，黄宾虹还亲自为陶冷月《秋山图卷》作题，称其“天才焕发，学力深醇，不规于元季诸家，而落墨极得神似”。这份互为知己的情意，恰如山一般厚重。

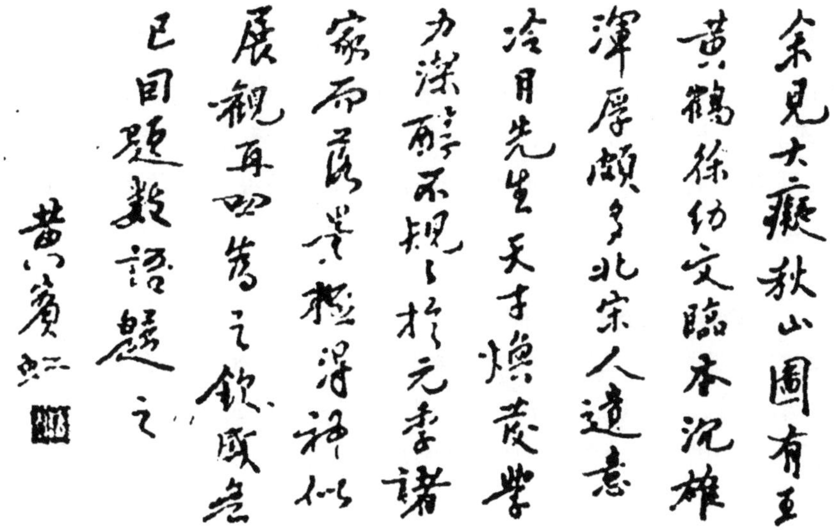

黄宾虹题陶冷月《秋山图卷》

为表对陶冷月的知己之情，黄宾虹曾以名家黄小松刻的“心迹双清”印和他画的《川江山水》相赠，为陶冷月的一枝竹杖镌“益友”二字。从桂林回来后，黄宾虹还赠送给陶冷月他亲绘的《漓江山色图》。两位国画宗师的情谊之深，也烙印在暨南的艺术史上，熠熠生辉。

谢循初

教育学院第一任院长

谢循初（1895—1984），安徽省当涂县人，著名心理学专家。1915 年考入南京金陵大学。毕业后，于 1919 年留学美国易理诺大学。翌年转入美国芝加哥大学攻读心理学。1921 年回国后任武昌国立师范大学教授。1924—1927 年先后任北京师范大学和北京大学教授。1927 年以后，任国立暨南大学教育学院教授、院长，兼私立光华大学教育系系主任，主讲“心理学”与“教育心理学”课程。中华人民共和国成立后，谢循初任复旦大学教授、华东师范大学教授、上海市心理学会理事长，长期从事心理学研究和教学工作，著有《心理学史》《心理学纲要》《心理学》，译著有《现代心理学派别》等。1984 年 6 月 26 日因病逝世，终年 90 岁。

（一）从教育学系到教育学院

1927 年，郑洪年校长发表《国立暨南学校改革计划大纲》，教育学系成立，附属于文哲学院，与中国语文学系、外国语文学系同时成立。虽然附属于文哲学院，实际上与中国语文学系、外国语文学系、政治经济学系、法律学系、数学系一样是自主独立的学系。

教育学系刚成立的时候，只招了一年级新生一班，三十余人。受限于班级人数和任课时数，当时，“普通心理学”“教育心理学”“教育学”等课程都由一名教师包办。1928 年学校提出“十七年度扩充及填设之科系案”，将教育学系与心理学系合并为“教育心理学系”。当年即增加了一个新生班，与此前的旧生加起来共有六十余人，授课的老师也丰富起来。从此，教学心理学系逐渐走向大学学系的规模。

1929 年教育部颁布大学组织条例，“规定凡成立三学院者始得称为大学”，教育心理学系即扩充为教育学院，谢循初任教育学院第一任院长。除遵照部令外，还含有一种特殊的意义。程柏卢曾对谢循初说过：“总理缔造民国的艰难，得力于华侨的赞助是很大的；要纪念民国的创造，我们对于华侨的事业，应当特别努力。所以贵校的使命，非常重大；贵校教育学院的使命，尤其重大，因为教育事业是革兴其他一切事业的基本事业。”这便是教育学院成立的最大初衷。

（二）肩负重任，建设教育学院

谢循初担任教育学院院长后，从组织架构、学院设备、学术研究、课外活动等方面对学院进行了整顿。他制定了教育学院的三个任务：一为研究教育学术，二为造就教育行政人才，三为培养中小学校师资，并根据这三种任务，分设教育学系、心理学系及师资专科。谢循初因材施教，让学生们充分找到自己的位置。规定：凡志在研究教育学术或从事教育行政者，应设定教育学系为主系；凡志在研究心理学术及其在教育上之应用者，应设定心理学系为主系；凡志在终身从事中学教育者，应设定师资专科为主系。

谢循初认为教师是一种专门的职业，与医师、律师、工程师一样，需要专门的训练。于是，在学生的培养方案上，谢循初将四年的工作大纲确定为：第一年注重工具的训练，第二年注重普通原理的了解，第三、第四年注重专题的研究及实况的考察。为鼓励学生，将研究及考察结果分别在《教育季刊》上发表。

谢循初说，现在教育学院的学生，即将来为人师的人，主持教育行政负有改革人们行为之责任的人，所以需要在求学期间培养立己立人的能力，养成和衷共济的态度。因此，他竭力倡导师生共同参与课外活动。举办国语演说比赛、师生同乐大会、师生联欢运动会、音乐大会等师生共同参与的课外活动。在一次师生联欢运动会上，教授方面，如陈科美、廖世承讲笑话，张耀翔组织问答游戏，邰爽秋组织缀句游戏，学生方面，吴文英表演梵娥玲独奏，陈天愚演唱校园风景歌，郝春德表演洋歌独唱，翁贻源演唱马来语歌……规模盛大，妙趣环生。通过这些课外活动，使得新旧同学及师生间的隔阂被打破，本不相熟的同学与师生之间迅速得以破冰。谢循初说：“我们深信，这些课外活动都是教育，都是准备从事于教育事业的人必须接受的教育。”此外，教育学院为了开拓学生眼界，定期邀请校内外教育界名家学者公开演讲，来校演讲的学者包括潘光旦①、邰爽秋②、陈选善③、吴泽霖④、查良钊⑤等。

① 潘光旦，优生学专家。来校演讲题目为《优生与中国前途》。

② 邰爽秋，中国近现代教育家，来校演讲题目为《民生本位与当前教育问题》。

③ 陈选善，曾任大夏大学教育学院院长，工部局华人教育处副处长，来校演讲题目为《理想的大学教育学系》。

④ 吴泽霖，中国当代民族学家、教育家，时任大夏大学文学院院长。来校演讲题目为《中国的社会病态》。

⑤ 查良钊，前河南教育厅厅长及河南中山大学校长。来校演讲题目为《乡村教育实际问题》。

雷沛鸿

创立国民基础教育第一人

雷沛鸿（1888—1967），出生于广西，中国现代教育史上杰出的教育改革家和教育思想家。雷沛鸿少时聪慧，入私塾求学，十四岁便考中秀才（优贡）。后进南宁府中学读新书，1902 年只身赴广州求学。他曾加入中国同盟会，1911 年参加广州黄花岗起义。1913 年考取公费赴英留学，次年赴美，曾就读于美国欧柏林大学和哈佛大学，专攻政治、经济、法律、教育课程，获得欧柏林大学文学士学位和哈佛大学哲学硕士学位。1921 年学成归国后，先后在暨南大学、江苏教育学院、浙江大学、中山大学等高校执教，后连任四届广西省教育厅厅长。他秉承“教育为公、学术为公、天下为公”的理念，大力倡导国民教育，成效卓著。

雷沛鸿教育经验丰富，曾留学英美十载、五次出国考察、数度主掌广西教育行政，在教育领域勋业卓著。他提倡“教育为公”，主张教育权利人人平等，在广西掀起了轰轰烈烈的普及国民基础教育运动；他也是成人教育的先驱，就任广西省教育厅厅长期间，曾倡导当地城乡 24 000 个村（街）各建起一间国民基础学校，所有适龄儿童及失学成人一律入学，在全省造就了“无地不学，无人不学，无时不学”的普及教育局面。[①] 从国民基础学校、国民中学到国民大学，雷沛鸿逐步建构成一个符合国情及民众需要、独特完整的民族教育体系，堪称创立国民基础教育之第一人。

1924 年，应国立暨南学校校长赵正平邀请，雷沛鸿到暨南就职，先后任高中部、师范科、文理科主任，兼授英文等课程，其美籍夫人露易丝亦在暨南大学当英语老师，一家人住在暨南新村。在暨南学校任职期间，雷沛鸿极其注重加强学风建设，通过发起组织读书会，在文理科组织文学会，出版《景风》杂志，在学校养成爱读书的风气。1925 年 10 月 10 日，雷沛鸿特为暨南大学全体学生发表了名为“双十节的真谛”的演讲。在演讲中，雷沛鸿从教育角度指出辛亥革命具有双重意义：其一是民族运动；其二是民治运动。他指出，民族运动有内、

---

① 庚新顺：《人民教育家——雷沛鸿》，《文史春秋》，2012 年第 8 期。

外两种功能，对内要扫荡一切藩镇势力，扫除民族统一的障碍物，使中华民国成为一个完全发展的民族国家；对外要去除一切不平等条约的羁绊，巩固国防和充实国力，使中华民国在国际上拥有平等地位。雷沛鸿通过演讲的形式，呼吁大家要继续完成辛亥革命的使命，对当时的暨南学子颇有激励。

师范生实习

老校友特别称道雷氏“爱学生、重旧谊”之风范。其为人慷慨豪爽，视学生为友人，学生凡在学业或金钱方面遇到问题，雷沛鸿都会帮助学生设法解决。学生都喜欢与他接近，“常见其金神父路之寓所中，高朋满座，执经问难，谈笑风生，大家随便喝牛奶饮咖啡，或进包点、西餐，均属不拘，真有令人宾至如归之感”。[①]

1927 年年初，受暨南大学派遣，雷沛鸿到南洋进行宣传并募捐，得到华侨界及暨南校友会的大力协助。同年，雷氏被国民政府任命为广西省教育厅厅长，赴广西任教时，他仍心系暨南大学，对暨南校友亦多有照顾。在抗战爆发前几年，他曾从远地邀请暨大同学陈翔冰、郑泗水、陈灿智、朱洁雨等人到广西任要职，并推荐多名暨南校友任广西大学的教授。

---

① 《新加坡暨南校友会成立四十四周年纪念特刊》，新加坡暨南校友会，1988 年，第 84 页。

潘光旦

我国优生学家第一人

潘光旦（1899—1967），我国著名社会学家、优生学家、民族学家。1922年，潘光旦赴美留学，在美期间攻读生物学、社会学和优生学，获哥伦比亚大学硕士学位。1926年，潘光旦学成归国，先后在上海、长沙、昆明、北京等地的多所大学任教，成为我国优生学领域的先驱。其代表作包括《优生概论》《优生原理》等，在国内影响巨大，为优生学在我国的传播起到重要的推动作用。1928年，潘光旦前来暨南大学，后到复旦、清华等校任教，是我国最著名的通才教育学家之一。

潘光旦的家乡就是暨南大学校址真如镇所在地宝山县，1928年8月，回国后不久，他受聘到暨南大学历史社会学系任教，开设“社会学基础”和“种族问题”两门课，以一个生物学及遗传学家的眼光和理论进行社会学教学，观点独到，别出新意。据当时的校友温梓川回忆，潘光旦在课堂上十分健谈，常常下课铃响后还延宕十分多钟才下课，时常有一群学生围在他左右，问东问西。他身材不矮，左足因童年时患足疾，不良于行，故常在两胁下撑着拐杖以代步伐。他圆圆的面孔常带笑容，鼻上架一副玳瑁眼镜，远远看去颇有几分像孙科。[①]

潘光旦在暨大主要讲授社会学，他的著作在校内也十分流行，其于1927年9月由新月出版社出版的《小青的分析》，几乎达到了人手一册。该书以精神分析法分析小青的人格及作品，先叙述小青的故事，加以精密考证，文笔简洁老练，使枯燥的考据文章也显得趣味盎然；然后借小青的故事阐发其心理，可谓精警透彻、无瑕可摘。

在暨南任教期间，他一面讲授擅长的优生学，一面还研究各种家谱和族谱。他在上海的寓所里，就有一个房间里收藏了不少搜集得来的家谱。他的代表作《中国家庭之问题》《中国伶人血缘之研究》等，以历史上著名的王、谢二族作为例证，以家谱和族谱为研究对象，使用中国古今家族史上的真实案例，加以词

---

① 此处及之后多段内容引用自：温梓川：《文人的另一面——民国风景之一种》，桂林：广西师范大学出版社2004年版，第117页。

锋动听，颇受学生欢迎，故下课后常常围了一大群学生向他请教。他整日埋头于家谱研究中，即使朋友学生前去探望，所谈的也往往是某姓某族的家谱，曾有友人给他写了一副对联来调侃“寻自身快乐，光他人门楣”。

潘光旦曾在优生学课上谈及家庭问题，他建议学生们对于亲戚朋友的做媒应仔细考虑，“父母之命，媒妁之言并不是专制，而是慎重行事，当然过去的盲婚、童婚等是要不得的……因为父母或师长，至少是对婚姻、伦理、道德有过多年认识的人，从经验得到的学问，又有什么理由可以反驳呢?”他又曾以优生学的视角关照儒家伦理，认为“中国人至少应该认识清楚中华民族自古以来的祖先崇拜，不同于西方人的宗教信仰，祖先崇拜才是我们的家教”。这种独到的见解，使他成为认清儒家“慎终追远”的第一个现代优生学者，且真正做到了身体力行、传授于人。

学生们听他的课既感兴趣，又觉得新颖，接受的知识十分丰富，潘光旦亦关爱自己的学生，与他的学生建立了很和谐的师生友谊。特别值得一提的是，在暨南大学授课时，他启发了日后成为著名历史学家的谭其骧的学术兴趣。谭其骧（中国历史地理学科主要奠基人和开拓者）此时就读于暨南大学历史社会学系，恰逢受教，潘光旦师生二人时常在课下讨论移民问题、血统与人口素质的关系、汉族与少数民族交流等问题。“我受潘光旦先生影响较深，毕业论文《中国移民史要》的指导教师就是他。后来我和他先后到了北平，1936 年他做清华大学教务长，我在历史系教书，他把我拉进历史社会学系兼了一门课。”①

在潘光旦的指导下，谭其骧完成了七八万字的毕业论文《中国移民史要》，阐述了中国自上古时期到清代的国境内各族迁移大势。谭其骧毕业后，潘光旦将他推荐给当时燕京大学以古史辩而闻名的顾颉刚教授，谭其骧因此免试进入燕京大学研究院。谭其骧后来成为了著名的历史地理学家，可见潘光旦的眼光和魄力。

潘光旦以现代科学知识观照社会历史，发扬了中国儒家的基本精神，在二十世纪二三十年代中国思想文化界群星璀璨、名人济济的行列中，以其学贯中西、博通古今的学问和卓然不群的独到见识成为一位光彩照人的学界泰斗。

① 此处及之后多段内容引用自：谭其骧：《舆地勾稽六十年》，北京：北京出版社 2019 年版，第 186 页。

罗隆基

中国民主同盟的奠基者

罗隆基（1896—1965），字努生，又名国琅，笔名生辉、野度，江西安福人。是我国现代著名报刊主编、政论作家和政治活动家，是新月派主要代表人物之一，曾任《益世报》主笔、《民主周刊》社长，代表作包括《人权论集》《政治论文集》等。1913 年就读于北京清华学校，1921 留学美国威斯康星大学，主修政治学，获学士学位；后进入哥伦比亚大学，获博士学位。旋入英国拉斯基大学，获得政治学博士学位。1928 年回国后主编《新月》杂志，宣传资产阶级人权思想，成为人权派代表人物。回国后，罗隆基先后任教于暨南大学、光华大学和南开大学，同时投身于社会政治活动中，中华人民共和国成立后任森林工业部部长、全国政协常委、中国民主同盟中央副主席等，对中国社会主义事业和民主革命作出卓越贡献。

1930 年，罗隆基回到上海后，经张君劢、胡适等人介绍，与妻子张舜琴一同到暨南大学教书。罗隆基在暨南担任政治经济系教授，他口齿伶俐，辩才无碍，又曾在《新月》杂志发表数篇关于人权问题的文章，倡导自由思想与个人主义，引起不小风波，加之同学们的口碑载道，他的课堂增添了不少学生。[①] 罗隆基当时任国立暨南大学法学院教授，谈及政治学时，总会流露出对英美民主政治和议会制度的赞赏。他讲授“新闻与政治”课程，知识广博，讲授生动，极富感染力，深受学生们欢迎。慕名选修和旁听他课的学生很多，在学生中有很大影响。罗隆基的夫人张舜琴女士是新加坡橡胶大王张永福之女，与其同在伦敦大学求学，她与丈夫一道同在暨南任教，担任文学院外国语文学系英语教授。她曾著有一部英文作品《杨贵妃》，在上海商务印书馆出版，在暨南教授英文时，也采用这本书作为教材。夫妻二人共同任职于暨南，在当时也并不多见。

在暨南任教的同时，他还担任新月派杂志《新月》的主编，高举“人权”“法治”“自由”的大旗，宣传资产阶级人权思想。罗隆基在《新月》前后发表十余篇有关人权的文章，掀起了人权与约法的讨论，使《新月》带有更为明显

---

① 此处及之后多段内容引用自：温梓川：《文人的另一面——民国风景之一种》，桂林：广西师范大学出版社 2004 年版，第 121 页。

的政治色彩，他也因此被称为“人权派”的代表人物。后来这些文章汇印成书，由新月书店出版，名为“人权论集”。

“九一八事变”后，罗隆基在上海各大学公开演讲，主张武装抗日，宣传抗日救国思想。他认为，国难当头，为报纸写社论比在杂志上写专论影响更大，作为一个知识分子，有责任到报馆代表人民呼吁抗日，便坚决辞去暨南大学的教职，于 1932 年 1 月离沪北上，就任天津《益世报》社论总撰。全面抗战爆发后，罗隆基南下积极投身于抗日战争，并在 1943 年参与组织中国民主政团同盟（民盟前身），任中央常委兼宣传部部长、昆明支部主委。抗战胜利后，罗隆基离昆赴渝，全力从事民主运动。中华人民共和国成立后，罗隆基历任抗美援朝总会常务委员兼宣传部部长、民盟中央第一、第二届副主席、第一届全国人民大代表大会代表、第一届全国人大常委会委员、第二届全国政协常委等职。1965 年 12 月 7 日，他因心脏病逝世。1986 年 10 月，中共中央统战部、民盟中央在京举行纪念罗隆基 90 周年诞辰座谈会，缅怀他对中国社会主义事业和民主革命作出的卓越贡献。会上，中共中央统战部部长阎明复追述了罗隆基的一生，肯定罗隆基是知名的爱国民主人士和政治活动家，为我们民族和国家做了好事，是值得纪念的。

政治经济学系同学合影

商学院全体教员合影，摄于 1937 年

文学院全体教员合影，摄于 1937 年

理学院全体教员合影，摄于 1937 年

第五章

JINAN UNIVERSITY

百花齐放　人才辈出

上海时期的学生社团，种类繁多，活动丰富，学术研究，蔚然成风，呈现出一派百花争艳的景象。学校充分利用校内外资源，加大培养力度，为校内社团发展和文体活动繁盛提供了广阔舞台，极大地提升了学生的综合素质，丰富了暨南学子的课余生活。这一时期的社团不仅拥有大量名师硕学指导，还富有侨情特色，在当时的“江南八大学”中颇具名气。特别是暨南体育更是战绩卓越，在华东乃至全国实力强劲，暨南学子还代表国家队出征国外，斩获多项荣誉，为中国在世界上争取到了积极向上的国家形象。因此，这一时期的暨南校园可谓是“百花齐放，人才辈出”。

第一节　百花齐放　争奇斗妍

暨南大学社团成立时间早，社团数量繁多，社团活动新颖、多样、前卫、高密度，学生对它的热情和投入，在当时“江南八大学”中独树一帜。

早在南京时期，暨南学堂的学生课后活动就相当丰富，临摹名人碑帖，画山水鸟兽虫鱼。每逢假期或星期日，明孝陵、莫愁湖、玄武湖等各处名胜，均留下了暨南学生的足迹。迁沪后，学生活动也办得有声有色。1921 年，暨南第一个学生社团——经济研究会成立。同年暑假，商科组织学生从上海沿着南满及京奉铁路，视察各地的商业活动状况。这也是侨生第一次颇为壮观的商业经济考察。此后，经济研究会、会计学会、商科演说会等商科社团应运而生。其他学科学生受之影响也自发组织各种学术性团体和联谊会，定期开展活动。

1927 年，学校改组为大学后，不仅教学环境和学术氛围更加优越，学生社团也如雨后春笋般涌现，在原来的基础上得到进一步发展，社团种类更加齐全，活动更加丰富。不仅学校大学部开设有社团，中学部也有为数不少的各类社团。这当中有按照学科组成的学术探讨组织，如中国文学研究会、教育研究会、政治学会、法律学会等；也有跨系组成的兴趣组织，如知行学会、秋野社、学艺社、摄影会、中国画研究会等；还有暨南的一大特色社团——华侨社团，如新加坡旅沪华侨学生会、爪哇华侨学生会、霹雳华侨学生会、菲律宾华侨学生会等。此外，在校刊上留过名的社团组织，还有丽泽学社、槟榔社、坚冰社、白沫社、菲菲社等，它们都曾活跃在暨南的历史空间里，令人神往。

一、商科明珠：经济研究会与会计学会

1921 年 2 月底，暨南学校商科首先由南京迁往上海徐家汇。迁沪之后的商科

教育进步较快，学生活动也办得有声有色。自1921年至1937年，学校先后成立了经济研究会（1921年11月）、会计学会（1923年11月）、银行系同学会（1932年3月）、铁道管理学系同学会（1932年9月）、商学院同学会（1932年10月）、会计系同学会（1933年10月）等社团。其中尤以经济研究会和会计学会出众，得到了校内师生的广泛认可。这两个社团成立时间较早，都属于学术型社团，与暨南商科的发展紧密相连。社团注重实务与社会实践，导师团都有重量级名师加盟，成员的学术研究水平都取得了较大的进步。这两个社团的存在，也将暨南商科的发展推向了一个新的高度。

（一）经济视察团为商科社团的成立奠定基础

自商科迁入上海后，学校极度重视商科的发展，敦请了诸多名师前来教学，鼓励团体组织实地考察商情，也为经济研究会的创办提供了良好的校园环境。

1921年暑期，暨南学校第一届商科毕业生成立经济视察团，由上海出发沿长江、京汉、京奉、胶济、津浦、沪宁路线，途径苏州、无锡、镇江、南京、芜湖、安庆、九江、汉阳、保定、北京、天津、大连、泰安等地，视察工商业及国货，由校长赵正平率领同行。经济视察团所到之处，皆受到各单位的热烈欢迎，全团师生也在历时40天的行程中收获颇丰。赵正平还撰写了详细的暨南经济视察团报告，对经济视察团的由来、宗旨、行程均进行了详细的介绍，陆续刊登在1921年《中国与南洋》各期上。这样的考察实践活动不仅有助于学生理论水平的进一步提高，又能够锻炼学生的实践能力，也为学校进一步开展商科教学提供许多借鉴。正是学校对于商科的重视，商科学生也对创建、参与理论与实践相结合的经济类学术社团兴趣颇丰。

经济研究会成立于1921年11月，当时商科同学“鉴于商战剧烈之秋，不能不识经济之道，且习经济者，每从事于学理，而乏事实之调查，遂有本会之组织”。注重社会调查是经济研究会的传统，他们几乎每周二外出考察一次，诸如公司、商店、银行、工厂等。他们将调查所得整理成篇，刊登在自己创办的会刊上，得到本校师生和社会人士的好评。作为商科的另一重要社团，会计学会秉持和经济研究会同样的实务精神，在理论研究的基础上重视实践考察，形成了独具特色的学术社团。1923年，蒋沧浪、丘汉平等发起成立商学院会计学会。自其成立以来，成绩斐然，著有《簿记与会计》，颇为社会人士所称道。[①]

可以说，暨南经济视察团的成功实践，为经济研究会和会计学会的顺利创建奠定了基础。

---

① 《商学院会计学会消息》，《暨南周刊》，1927年第7期，第38页。

暨南经济视察团摄影（1922 年）

《中国与南洋》，1921 年第 2 卷第 4/5 期

（二）注重实地考察，编撰学术刊物

1922 年 11 月 3 日下午，国立暨南学校商科经济研究会全体会员，校董柯箴心、教职员高践四、吴倚沧、何震生、周茂蕃、朱可久、魏守衡等五十余人，赴上海杨树浦南洋兄弟烟草公司工厂参观。[①] 通过实地参观，会员们对商业公司的发展有了自己的理解，并撰写了调查报告书。1923 年 10 月 12 日，经济研究会到鸿章纺染厂参观，详细了解了厂内组织、工人生活、出品数目、贸易状况，受到了工厂人员的热情款待。[②] 此后，他们多次在上海、南通、无锡等地参观并调研，包括上海申报馆、商务印书馆、新闻报馆、上海戚秀甫养蜂场、三星实业工厂、上海冠生园工厂、南洋兄弟烟草公司上海分厂、振新染工场、造纸厂、牙刷厂、制帽厂、香皂厂等。仅《经济汇报》1923 年第 2 卷、第 3 卷中记载的实地参观的工厂数就有 31 家。

---

① 《暨南经济研究会参观工厂》，《新闻报》，1922 年 11 月 5 日，第 10 版。

② 《暨南商科经济研究会参观工厂》，《新闻报》，1923 年 10 月 15 日，第 10 版。

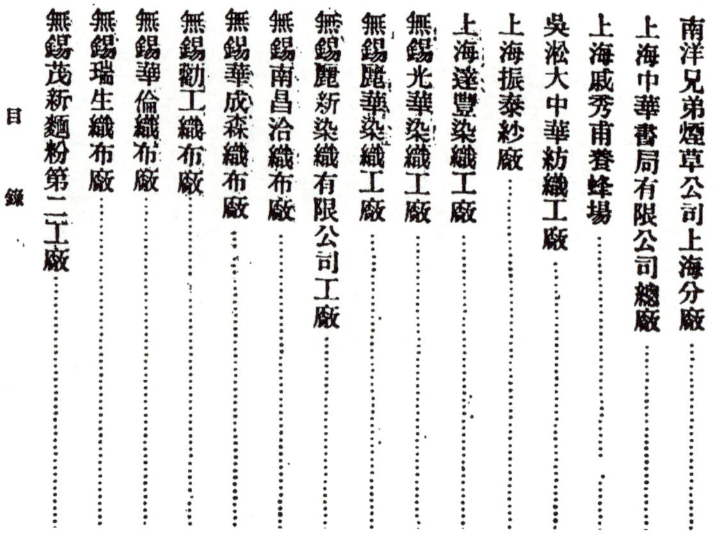
南洋兄弟煙草公司上海分廠
上海中華書局有限公司總廠
上海威秀甫養蜂場
吳淞大中華紡織工廠
上海振泰紗廠
上海達豐染織工廠
無錫光華染織工廠
無錫麗華染織工廠
無錫麗新染織有限公司工廠
無錫南昌洽織布廠
無錫華成森織布廠
無錫勤工織布廠
無錫華倫織布廠
無錫瑞生織布廠
無錫茂新麵粉第二工廠
目錄

经济研究会参观工厂目录（节选）

《经济汇报》，1923 年第 2 卷第 2 期

1923 年春，经济研究会又组织师生到南通、无锡、苏州等地调查，考察各地商情。他们将调查所得悉数刊登在会刊《经济汇报》上，也为社团后来的繁荣发展奠定了基础。

经济研究会 1923 年寒假苏州参观团

《经济汇报》，1923 年第 2 卷第 1 期

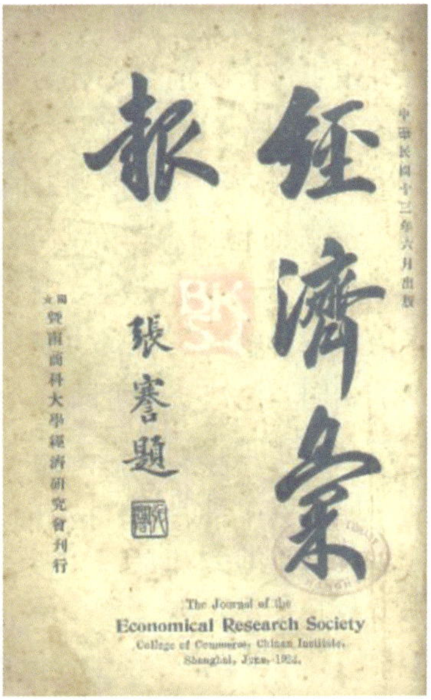

《经济汇报》，1924 年第 3 卷第 1 期

《经济汇报》是经济研究会最重要的成就之一，其创刊于 1923 年 5 月，停刊于 1929 年 10 月。《经济汇报》主要研究中国与南洋间的经济状况，分析中国工业不发达的原因，发布中国实业调查报告以及研究发展海外商业。栏目包括会务记载、工厂调查、译述、言论等。彼时每学期都有《经济汇报》出版，所登载的都是日常研究的结果及调查各工厂的情况，得到各界的赞许。

1928 年 9 月 25 日的《申报》就刊载了《经济汇报》第 4 卷第 1 期即将出版的消息。“国立暨南大学商学院经济研究会、颇著声誉，为该校学术团体中之矫矫者……备受欢迎”“著家如李培恩、潘序伦、沈国瑾、吴君实、周泽、姚蔚生等”，作品有《中国目下应有合作运动的必要及其特点》《中国农业金融之事业与组织》《钱庄的研究》等[①]，“都十万余言，均系极有价值文字”[②]。当时由真如南新书社、暨大出版社发行，并委托上海各大书店代售。

经济研究会

---

① 《暨南大学经济汇报出版》，《申报》，1928 年 9 月 25 日，第 12 版。
② 《暨南大学经济汇报出版》，《中央日报》，1928 年 9 月 25 日，第 6 版。

与经济研究会一样，会计学会亦注重实务考察，并组织过会员前往苏锡考察。1929 年，该会会员旅行苏锡，以考察工厂，及调查其他重要工商机关，以资借鉴。① 此行共计 12 人，为期 5 日，参观了茂新面粉厂、申新纺织公司、乾牲丝厂、庆丰纱厂等工厂，还游览了无锡公园、惠山、锡山、万顷堂、梅园、虎邱、狮子林、拙政园、北寺塔、怡园、沧浪亭、可园、夫子庙等名胜古迹。会计学会注重理论研究与社会实践的风气无疑凸显了当时暨大商科的学习氛围。

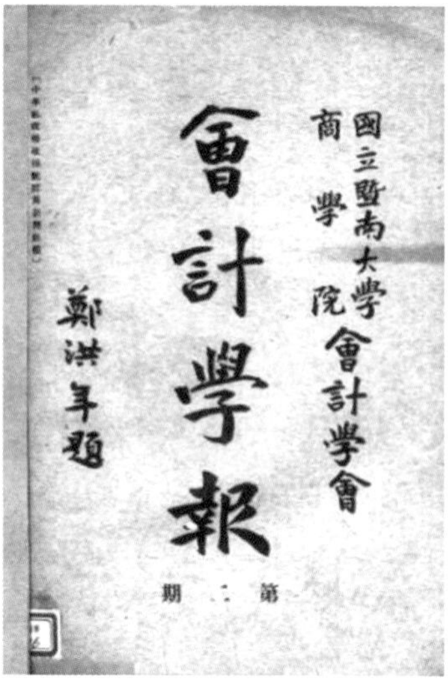

《会计学报》，1929 年第 2 期

会计学会的会刊是《会计学报》，于 1928 年出版。校长郑洪年在《暨南周刊》上专门撰文为其宣传，“内容丰富，读会计研商学者，实不可不购置一册。定价低廉，只售大洋两角”②。一些名人的演讲也被整理成稿发布在该报的创刊号上。1928 年，创刊号出版，除由校长郑洪年，会计师潘序伦、徐广德作序外，还刊登了会计专家及会员徐永祚、俞希稷、杨汝梅、安绍芸、卢崇容、吴君实、陆大椿、孙宝廉、沈级升等撰写的重要作品。③ 无论是名师，还是学子，都将自己有关会计学的见解发布于此，亦足见当时校内良好的治学风气。

（三）导师团阵容强大，团员精耕细作

1924 年、1925 年受江浙战争影响，暨南校务一度陷入停顿，学校内各社团的会务工作也受到影响。1925 年秋，潘序伦来校，担任商科大学部主任。潘序伦上任后，立即提出商科改革建议，同时积极鼓励学生参加课外活动。在此背景下，商科的社团活动发展得红红火火，不仅成立了一些新的社团，经济研究会与会计学会也得以再度恢复运转。经济研究会得到了学校诸位商科名师的帮助，除以往诸位名师顾问外，又新增姜琦、潘序伦、黄念远三位老师为顾问，为经济研究会的各项活动提供了针对性的指导。

1927 年，会计学会聘请郑洪年，财政部会计司俞希稷，著名会计师徐永祚、徐广德为名誉顾问，潘序伦、李权时、叶肃、杨汝梅、安绍芸等为常年顾问，④

① 《附录：国立暨南大学商学院会计学会考察苏锡纪略》，《暨南周刊》，1929 年第 3 卷第 2 期，第 141 页。

② 《会计学报出版了》，《暨南周刊》，1928 年第 4 期，第 71 页。

③ 《暨大商学院刊行会计学报》，《中央日报》，1928 年 6 月 11 日，第 10 版。

④ 《商学院会计学会消息》，《暨南周刊》，1927 年第 7 期，第 38 页。

国立暨南大学商学院会计学会合影，摄于 1927 年

《会计学报》，1928 年创刊号

足见学校对会计学会的重视。同年 11 月 20 日，会计学会举行了聚餐，与会者不仅有该会会员，还有常年顾问潘序伦、叶渊、杨汝梅、安绍芸，名誉顾问徐永祚、徐广德，而名誉顾问郑洪年因故未能参与，由叶公超代为参与。[①] 席间，大家讨论会计学领域各种重要问题，收获颇丰。此外，会计学会还邀请众多名人前来演讲。

国立暨南大学商学院会计学会合影

《会计学报》，1929 年第 2 期

① 《暨南大学会计学会进行》，《民国日报》，1927 年 12 月 9 日，第 12 版。

这些商科社团之所以能取得如此耀眼的成就，除了名师指导外，还与会员的努力深耕密不可分。他们调研、走访的宝贵经历提高了学生的实践能力和分析能力，为他们日后从事相关工作也打下扎实的基础，会员多为会刊的撰稿以及校内的各项事务贡献自己的力量。比如，经济学会的李城元不仅是商科才子，更是一名出色的摄影爱好者，1929 年《暨南周刊》第 5 卷第 2 期即刊登了李城元拍摄的本校体育会足球部部长冯运佑的照片；不仅如此，他还利用自身所长，撰写了体育部收支报告。

李良是商学院 1931 级的一员，暑期留校期间，与留校的其他同级同学一起举办了同乐会并记录成文，刊登在《暨南周刊》上。同为经济研究会会员的周泽还发表了精彩的演说，周泽不仅具备一定的演说能力，其自身的商科业务能力也很强，由他撰写的《灌输经济学识于商民之简捷方法》《民食缺乏与农业金融》《中国农民金融季节概论》等文刊载在《暨南周刊》上，足见其商业兴国的想法及对农业金融问题的关心。

在暨南真如时期，商学院的各类社团伴随着商学院共同成长，虽然各类社团在成立时间、存在时长、发展情况方面不尽相同，但都无一例外地取得了出色的成绩，在暨南商科社团历史画卷上书写了浓墨重彩的一笔。时光荏苒，当我们再度回顾真如的那段灿烂岁月时便会发现，经济研究会和会计学会作为商科社团的两面旗帜，见证了许多有志青年的青春岁月。

二、秋野社：暨南园里吹来的“文学新风”

1927 年 10 月中旬，文学院教师章衣萍以暨大师生为主体，发起成立了文学社团——秋野社。当时参与的主要学生成员有章铁民、陈翔冰、郑泗水、陈好雯等，教师代表有夏丏尊、叶公超、张凤、顾仲彝、余楠秋、汪静之等。同年 11 月，秋野社创办社刊《秋野》，作为社团成员发表文章的阵地。此外，秋野社主要社务活动还包括开展文学研究工作，邀请著名作家来校演讲等。鲁迅、徐志摩、郑振铎、曾朴等文学名家曾应秋野社邀请来校演讲。1928 年 11 月，秋野社由于内部意见分歧而解散，《秋野》共出版 11 期。

秋野社成社时间虽短，却用文字书写了真如时期特殊的暨南记忆。一群爱好文学的有志青年因缘而聚，在短暂的大学生涯里创造了暨南大学文学社团的第一个高潮。

（一）秋野社诞生记，莘莘学子叹凋零

“秋野”并非秋野社的第一个名字。它还有个曾用名“景风”。1927 年 10

月，景风社成员——侨生陈翔冰、陈妤雯、陈雪江、郑泗水等发起成立了秋野社，并聘请夏丏尊、张凤、叶公超、顾仲彝等教授为指导。

因成立时适值天高气爽的秋天，李贺的《南山田中行》一诗："秋野明，秋风白，塘水漻漻虫啧啧。"给了社员灵感，因而以"秋野"二字为社名。引用这首诗来做社名也反映了暨南学子对时局动荡、百姓生灵涂炭的深深忧虑。

秋野社成员

为了进一步表达社员们的思想，该社创办了文学杂志，依旧取"秋野"二字为名。如果说"秋野"是借古讽今，那么《秋野》的发刊词则非常直白地表达了创社师生的共同情感，暨南学子对祖国积蓄的热爱也由此迸发。

《秋野》第三期封面

章衣萍在《秋野》发刊词上写道："'秋野社'是为坦白地表现我们的感情、我们心灵上的苦闷而产生的，其唯一的目的是从荒漠中辟出乐园来。"① 正是因为这样的宗旨，秋野社创作出的文学作品大多反映了社会现实背后的人性挣扎，从而开创了革命文学的圣地。

秋野社最大的功绩是出版了《秋野》月刊，自《秋野》出版后，销往北至吉林绥远，南至南洋各埠，中国各区埠皆有《秋野》之踪迹。《秋野》第一期就刊载了夏丏尊、梁实秋、张

① 书同、胡竹峰：《章衣萍集　随笔卷（上）》，芜湖：安徽师范大学出版社 2015 年版，第142 页。

凤、顾仲彝等名师学者的作品。《中央日报》曾撰文称赞："秋野月刊，现已出至第五期，其中创作之完熟，论文之清晰，尤为沪上人士所称许。"①

"《秋野》辟有'野语'一栏，自称'野语'是言论最自由的地方，文章能针对时弊发议论，毫无顾虑。"② 由于该社学生多是南洋侨生，在创作实践上，他们发表了富有浓厚异国情调的文学作品，具有十分鲜明的南洋特色，如诗歌《缅甸泼水节》《马来情歌》《安南诗选》等，小说《橡园的玫瑰》《阿逑哥》《缅甸神话三曲》《禁食节》《人头》《狂雨之夜》《湄南河上》等，被称为"南洋文学"。

"在出版界获到热烈的同情赞美，尤其是海外的青年读者，更予以我们许多的好评。"③ 作为探讨中国现代文学和南洋文学渊源的重要媒介，除了大量发表充满异域情调的作品之外，《秋野》每经出版，就寄赠给南洋各地的报馆一份。槟城《南洋商报》的林浪沤也在他所主编的副刊选载相关文章，"这无疑是今日星马华人所要建立的真正的马华文艺的嚆矢"④。《秋野》出版 12 期后停刊，然而它对中国现代文学始终有所建树。

（二）鲁迅因秋野社与暨大结缘

秋野社是文学爱好者切磋与较量的世界，汇集了一群对文学创作十分向往的赤诚青年，而《秋野》的背后则是当代文学名流的投影，记录着一群为文学而生的人与暨大的独特情缘。谈及因《秋野》与暨大结缘的社会名流，不得不提起鲁迅。

章衣萍凭借着与鲁迅之间的密切往来，他代表秋野社出面邀请鲁迅到暨南演讲。1927 年 12 月 21 日，鲁迅受邀到暨大作了讲演，秋野社社员章铁民将演讲内容记录下来，发表在 1928 年 1 月 1 日出版的第三期《秋野》上。鲁迅与秋野社成员的结识并非是在讲演前后，而是颇有一段渊源。

陈翔冰和郑泗水作为秋野社成就最大的两位成员，他们之间的关系也最为密切。两人都是鲁迅的"头号粉丝"。1926 年秋，鲁迅到厦门大学任教时，他们为了追随鲁迅，遂由暨南大学联袂转学到厦门大学。一年后，鲁迅离开厦大到广州，他们也同返上海，复学暨大，后又于同年 9 月返回上海，可见他们对鲁迅的狂热程度。

在 1927 年前后的《鲁迅日记》中，就可多次见到陈翔冰、郑泗水等人的名

---

① 《秋野旅行西湖》，《中央日报》，1928 年 4 月 3 日，第 7 版。
② 范泉：《中国现代文学社团流派辞典》，上海：上海书店出版社 1993 年版，第 407 – 408 页。
③ 《秋野社消息》，《暨南周刊》，1928 年第 4 卷，第 60 – 61 页。
④ 温梓川：《文人的另一面——民国风景之一种》，桂林：广西师范大学出版社 2004 年版，第 154 页。

字。虽然鲁迅的日记惜墨如金，但其对文学青年的爱护之情却是溢于言表的。1927年6月1日，鲁迅日记云：“得郑泗水信。”次日即记云：“上午覆（复）郑泗水信。”①虽然未记信上内容，但一位著名作家、教授给一个青年学生能如此迅速地回信，实是难能可贵，亦可见他们的亲密关系。

鲁迅对秋野社十分关注，《秋野》每期必读，并给予指导。如鲁迅1928年11月19日日记：“下午复郑泗水信并还稿。”《秋野》月刊因其影响，获得了南洋永安堂胡文虎的经费支持，为致意，刊物每期封底都有永安堂良药的广告，此举被鲁迅调侃“在南洋华侨学生所办的《秋野》上，就能见‘虎标良药’的招牌”。在鲁迅的扶持和影响下，暨南秋野社的学生在文学创作的道路上大多成绩不薄。

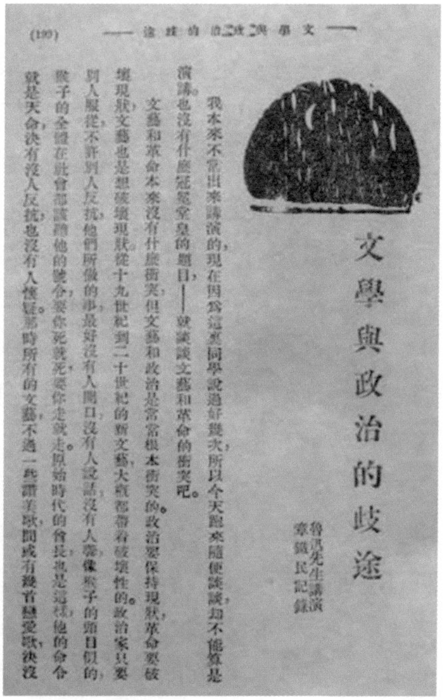
(199)　——文學與政治的歧途——

文學與政治的歧途

魯迅先生講演
章鐵民記錄

我本來不常出來講演的，現在因爲這裏同學說過好幾次，所以今天跑來隨便談談，却不能算是演講，也沒有什麼冠冕堂皇的題目，——就談談文藝和革命的衝突吧。

文藝和革命本來沒有什麼衝突，但文藝和政治是常常根本衝突的。政治要保持現狀，革命要破壞現狀，文藝也是想破壞現狀，從十九世紀到二十世紀的新文藝大概都帶着破壞性的。政治家只要別人服從，不許別人反抗，他們所做的事，最好沒有人開口，沒有人說話，沒有人像猴子的頭目似的猴子的全體在社會都讓聽他的號令，要你死就死，要你走就走。原始時代的會長也是這樣，他的命令就是天命，決沒有人反抗，也沒有人懷疑。那時所有的文藝，不過一些讚美歌，間或有幾首戀愛歌，決沒

1928年1月1日出版的第三期《秋野》，记录了鲁迅先生在暨大的演讲《文学与政治的歧途》

郑泗水，为人直爽、洒脱，不修边幅，与同学关系很好，他的小说集《椰子集》1929年由真善美书店出版，是最早的“马华文艺”（马来西亚华文文学）作品之一。他离校后在香港和新加坡等地经商，闲暇时不忘文学创作。1942年春，鲁迅的朋友郁达夫到苏门答腊，应郑泗水之邀曾在他的“半闲居”小住，题诗相赠，诗曰：“小桥流水郑玄居，洙泗遗风习未除。难得半闲还治产，五湖大业比陶朱。”②

在秋野社除了南洋学生外，还有来自台湾返大陆求学的青年。他们大多是不满日本的殖民统治而冲破阻挠来到暨南的。这些热血青年爱祖国、爱故乡，有着求学上进、报效祖国、摆脱台湾于日本殖民统治苦难的决心和愿望。他们考入暨南大学，与其他同学一样对鲁迅十分敬仰，有的后来成为了文学名家。其中如杨浩然和林华光，他们考入暨南大学中国语文系，日文基础很好，中文在暨南学习后也有长足的进步，他们翻译了很多日本小说，在学生时期，杨浩然翻译了横光利一的《新郎的感想》和《拿破仑的轮廓》，林华光翻译了片关铁真的《标致的

① 此处及之后多段内容引用自：李新宇、周海婴：《鲁迅大全集4 创作编（1927—1928）》，武汉：长江文艺出版社2011年版，第374页。

② 郁达夫：《郁达夫诗词集》，长春：吉林出版集团股份有限公司2017年版，第133页。

尼姑》，以及日本著名作家川端康成的一些短篇小说，这些译文刊载在《秋野》上，使《秋野》更具特色和水平。可以说，这批被人们称之为“新感觉派”的日本作家就是由暨南学生最早介绍到中国文坛上来的。

（三）秋野文学里的新月痕迹

新月派作为当时社会上颇具影响力的文学团体，他们出版的刊物和书籍颇引人注目，新月派人士应聘到暨南大学的也为数不少，如叶公超、梁实秋、刘英士、潘光旦、罗隆基、沈从文、顾仲彝、饶孟侃、余上沅、陆侃如、冯沅君、梁遇春等，他们不仅热衷于《新月》的创作，也对《秋野》多有提携。梁实秋就曾亲自帮助和指导陈翔冰撰稿。

《新月》总主编、诗人徐志摩曾于 1927 年 11 月 22 日应邀来暨南作学术演讲。这是秋野社成立后，第一次邀请名人讲演，也是新月与秋野碰撞交流的一大见证。那时，暨大的大礼堂还没建成，讲演就在饭厅里举行。徐志摩要来讲演，成了轰动全校的新闻。无论是喜欢他的诗的，还是喜欢他的散文的，都跑去听他的讲演。那天，徐志摩走进饭厅，先坐了一会儿，待主持人讲完开场白，便从容地走上讲坛，行礼，说几句客套，即从身上那件深褐色长袍的衣袋里掏出一束白纸展开，抑扬顿挫地吟诵起来。那份稿子只有三页，不一会儿吟诵完了，他才点题——散文的题目是“秋声”。

作为秋野社的主力，陈翔冰几乎期期都在《秋野》上发表作品。从《我是朵严冬的白雪》《玛妮扬娜》等诗作中还可以隐约看出陈翔冰受到徐志摩、戴望舒两人影响的痕迹。

虽然秋野社存在时间短，但其在暨大的影响力，乃至在中国文坛史、马华文学史上的成就都是不容忽视的。一批社会名流在这里荟萃，培育了一批文学新生力量。在这里，秋野社用它独特的方式吹来了文学的新风，注入了鲜活的力量。

三、未名剧社：蜚声舞台的艺术瑰宝

上海时期，暨南园里不仅学术社团十分活跃，艺术气息也相当浓烈，戏剧社（含京剧、昆剧、外国戏剧）、中乐队、西乐队、歌咏队等文艺社团显现出一片生机盎然的景象。洪深教授曾说“东南文艺集于暨南”，而这之中，最有名的当属未名剧社。

（一）“黑旋风”洪深与未名剧社

1929 年，爱好戏剧的同学组成了未名剧社，订立了社章，选举周国彦同学为社长，聘请顾仲彝担任指导老师，洪深教授也是该社最早的创办人之一。洪深早年留学美国，获哈佛大学文学硕士学位，1927—1933 年，洪深任暨南大学文学院教授，并兼任过外语系主任，开设了“英美短篇小说”“莎士比亚”“演说及实习”“西洋戏剧”及“学校戏剧论”等多门课程。他的课十分受欢迎，听课同学数量很多，因此总是安排在科学馆楼下的大教室。为了指导学生开展戏剧活动，推动戏剧艺术发展，他发起成立了未名剧社，还请来剧作家、中国现代戏剧奠基人之一的田汉为剧社指导。

学生们评价洪深，称他是一个“黑旋风”式的人物，热情、耿直、乐于助人、富有正义感。他疾恶如仇的品质也影响了他的学生。正如洪深阐述，剧社成立的宗旨是“团结能与时代共痛痒之青年，作戏剧之运用”。他强调：“戏剧的作用是为了改善民生，为人民疾苦而呐喊，以团结人民和恶势力作斗争，”他的言行诠释了未名剧社的宗旨。

洪深

在洪深等名师的悉心指导下，未名剧社发展得相当迅速，成立不到一年的时间内，已经前后完成了 5 次公演，单次公演日夜两场的观众超过 600 人。[①] 该社演出的《怒吼吧，中国!》具有较高水平，赢得了广泛赞誉。剧社成员王莹、舒绣文等参演由欧阳予倩编译、应云卫导演的《油漆未干》，获得巨大成功，曾在校内外多次公演。此外，洪深对于戏剧人才的赏识与推荐也独具眼光，未名剧社的许多学子便是因为洪深而投身于戏剧事业。

（二）孕育影视戏剧界明星

未名剧社一经成立，便吸引了众多爱好戏剧的学子参与其中。同学们勤加训练，又经名师指点，未名剧社取得了可喜的成绩，许多社员也正是在未名剧社的学习过程中找到了未来事业的方向，成为后来在戏剧演艺圈声名鹊起的新星。

在这些人才中，不得不提到王莹。王莹原名喻志华，1932 年“一·二八事变”爆发后，王莹进入暨大借读。读书期间，她加入了未名剧社，由于她多才多艺，好学深思，很快就成为未名剧社的骨干力量。她和舒绣文（中学部学生）合演的《油漆未干》颇为成功，凭借此剧的出色演出，王莹得到洪深的赏识，为其走向银屏奠定了基础。从影后，她改名为王莹，意即“晶莹的明星”。她的

① 草羊：《记未名剧社第五次公演》，《麦伦》，1935 年第 2 期，第 116－119 页。

京剧研究会

处女作是由沈西苓编导的《女性的呐喊》，她在片中担任主人公包身女工叶莲。随后，她又参演了洪深导演的《铁板红泪录》，在片中饰演小珠。

值得一提的是，她不仅是当时的明星，还是一位小有名气的才女作家。她的文笔清新隽永，素有“文艺明星”之称。同时她在摄影方面也有一定的造诣。

另外一名在戏剧方面表现突出的是物理系同学洪谟。在校期间，他便热衷于戏剧活动，经常出演男主角，才华出众；还曾编导电影《裙带风》，借以讽刺权贵，一时为人称颂。毕业后，洪谟留校担任助教，在暨大度过十年时光，历经郑洪年、沈鹏飞和何炳松三任校长。他还参加了上海剧艺社的前身——上海剧社，并担任上海业余戏剧交谊社社长，在业余时间从事戏剧活动，采用“星期小剧场”的形式组织各剧团交流学习、联合演出。其中最为人称道的莫过于他在兰心大戏院公演的《结婚》。国人想要在兰心大戏院演出颇为困难，为了募集慈善捐款，洪谟导演了该剧，并在门禁森严的兰心大戏院演出，足以见其高超的艺术水平。

（三）浓厚的校园戏剧艺术氛围

随着未名剧社的蓬勃发展，暨南校园内兴起了更多热爱戏剧、学习戏剧的思潮。在未名剧社带来的艺术之风以外，众多暨南师生亦投入到戏剧表演中，为暨南戏剧艺术的发展增添了别样风采。

1933 年，陈中凡时任文学院院长，为引导学生探求古文词音的奥秘，特别聘请京、昆剧名家俞振飞来校开设“特约讲座”，于每周星期六下午讲授昆剧和京剧（当时称平剧）各两节，听众踊跃，以至科学馆的阶梯课室常常座无虚席。

暨南校园内还有不少来自广东的粤剧“发烧友”，他们时常相聚练习，还请来当年在上海颇有名气的“新春秋粤剧团”中的红伶陈新侬、靓少风、曾三多等担任辅导，校友冯炳基、石英亚等练习《玉蟾蜍》（折子戏）时就从中受益颇深。中华音乐会的名流乐师陈日英等也应邀前来助阵，于 1931 年春在暨南致远堂公演。演出之时吸引了校内外的众多观众，取得巨大成功。

（四）全面抗战前夕的暨南剧社

1935 年到 1937 年，暨南的戏剧活动依旧十分活跃，但主要是以学生为主力。虽然国民政府对日一味妥协，对暨南进行了一定施压，但校方对暨南学子的戏剧演出依旧给予包容的开明态度，无疑在一定程度上鼓励了暨南戏剧的创作和演出。

1935 年秋，国内形势已十分严峻，日本侵华步伐加快，全国人民抗日情绪高涨。暨南剧社应形势要求排演了抗日话剧《察东之夜》，并请著名戏剧家于伶来校导演章泯编剧的多幕剧《我们的故乡》。这时日军已侵占了当时的热河、察哈尔、绥远等省（今天的内蒙古一带），并酝酿华北自治。国民政府对日一味妥协，而对国内则禁止人民正义的抗日救亡活动，宣传抗日爱国的戏剧根本不许演出。最终，在校方的支持下，这两部戏在暨南致远堂上演了，轰动了全校，还吸引了来自校外的观众。

1936 年，暨南剧社为了进一步配合形势要求，扩大范围成立了话剧、京剧两个部分。“这一年京剧演出了《吊金龟》《搜孤救孤》《打渔杀家》《鸿鸾禧》和《黄鹤楼》等剧。话剧则全力排演李健吾教授编导的《火线之外》（又名《中秋节的序幕》），该剧以‘九一八事变’为背景，讲述了一个曾参加过甲午海战的老兵对子女进行的爱国主义教育，鼓励大家投身抗日救国。这个戏由师生共同演出，李健吾教授并亲自担任角色。”① 在当时的环境下，实属不易。

1937 年，抗日战争全面爆发。暨南剧社除了重演《油漆未干》之外，还出现了许多分散的、小型的抗日救亡的独幕剧和活报剧的演出，尤其是适宜街头演出的活报剧《放下你的鞭子》，每次演出，观众热泪盈眶，情绪激愤，起到了很好的宣传鼓动作用。

四、知行学会：知行合一的演说会

知行学会，是暨南大学真如时期著名的演说社团。它是由青年演说会发展起来的，青年演说会于 1929 年春成立，因其业务发展迅速，为进一步扩大影响力，改组为知行学会。其名称源于中国近代民主革命先驱孙中山先生的“行之匪艰，

---

① 高宗靖：《何炳松校长与暨南剧社》，载刘寅生、谢巍、何淑馨：《何炳松纪念文集》，上海：华东师范大学出版社 1990 年版，第 337 页。

知之为难”。首届社长是韩闻痌，秘书是殷体扬，他们均是1928年入学的暨南学子。该社团网罗了一批能言善辩、能写能干的优秀学子，许多人毕业后凭着出色的文笔和演说功底获得了较好的工作，在自己的岗位上作出了贡献。知行学会的发展见证了一代暨南青年的思想成长，更凸显了暨大背后身处的时代洪流。

（一）从青年演说会到知行学会

暨南大学改组后，为了扩大学生视野，丰富知识，启迪思考，经常邀请一批专家学者或社会名流来校讲学、演说。这既开拓了学生的学术视野，又活跃了教师钻研学术的气氛，推进了学校的学术研究，使负笈万里来祖国读书的华侨子弟得以领略内地高等教育机构的高深学术风格。

大学部演说会

暨南学子在学习、聆听大家们演说的同时，也纷纷组织各类演说会。可以说演说会是暨南园中比较常见的社团，各个院系和中学部均有类似的组织。其中大学部演说会属于总会性质，各系同学均可参加，他们经常进行演说训练，并请擅长演讲的石颖、洪深等教授为导师，对同学们演讲的内容、声调、姿态等各方面进行指导。经过长时间苦练，大家的演讲能力有了长足的进步。1929年秋，上海各大学及四大学（复旦、交通、光华、暨南）演说竞赛中，国语演说竞赛冠军被暨南大学教育学系学生杨泽蘅夺得，英语演说竞赛的冠军、亚军分别被暨南大学外国语文学系学生林清池和王维驷同学夺得，此为当时上海的一大新闻。

而在众多的演说会中，青年演说会脱颖而出。该会首任秘书殷体扬回忆：“政治学刘教授在讲课时提到学政治的学生，要重视口才的表达能力，提议组织演讲会。”[1] 于是，1929 年春天，青年演说会成立。该社团一经成立，在校内引起了强烈的反响。该会以演说为根基，学子多能说会道，演讲功底了得，“每周五晚七时，每人每次演讲二十分钟，要事前背熟，即席发言。四人表演毕，刘老师担任指导兼评判，分别指出主题、内容、语音、姿态四方面的优缺点。这样继续了一个多学期，收到演讲稿几十篇，由校方出资出版了一本青年演讲集”。

鉴于创社以后的突出业绩，青年演说会为了社团更好地发展，决定改组为知行学会。该社成立之目的是“研究社会科学养成发表技能，本格物致知之旨，下身心锻炼之功，读书固不可忘救国，救国尤必须读书，此本会成立之微意也”。[2] 宗旨在于“努力求知，知行合一，把求知和实践结合起来，建设强大的祖国”。改组后的执委名单为：总务韩闻痌，编辑殷体扬、刘家瑾，演说部李达能、来寿山，文书雷树蕃，会计茅慧能。

知行学会创立后，会员人数每年都有增加[3]，不定期进行学术讨论、撰写专题论文，此外还出版刊物《知行学刊》，由训育委员会进行指导。知行学会出版的“《青年演讲集》一册，《知行学刊》两册，经费都由学校提供。可见当时校长郑洪年，对开展学术活动很重视”。[4] 其中《知行学刊》不仅收录暨南师生的优秀文章，还收录了国内知名教授的论文，刘英士、章渊若、童冠贤均发文投稿，足见知行学会的影响力。

第二届知行学会任职较第一届有所改动。总务改由殷体扬担任，文书改由韩闻痌担任（实为凌文杰代任），编辑由原文书雷树蕃担任，另一名编辑由梁明湖担任，演讲部李达能维持原任，另增关逸生任职演讲部副部长，会计仍由茅慧能担任。以上各职员办事十分努力，故会务日渐发达。[5] 知行学会继承了青年演说会的精神，并以知行合一、读书救国作为自己的目标，社员勤奋好学，得到了师长的鼓励和肯定。

（二）演讲论文样样行

在师长的鼓励和指导下，同学们好学深思，进步很快。知行学会的众多会员不仅演说出色，而且他们的优秀文章刊登在《知行学刊》及当时国内许多报刊上。

首任总务韩闻痌，不仅在该刊上发表了文章，还在《民国日报》《中央日

---

① 此处及之后多段内容引用自：新加坡暨南校友会：《新加坡暨南校友会成立五十周年纪念特刊》，1991 年，第 118 页。

② 《暨大青年演说会改组知行学会》，《民国日报》，1929 年 10 月 24 日，第 13 版。

③ 《校闻一束：知行学会近讯》，《暨南校刊》，1930 年第 84 期，第 36 页。

④ 暨南大学华侨研究所：《暨南校史资料选辑 1906—1949（第一辑）》，1983 年内部刊行，第 137 页。

⑤ 《知行学会消息种种》，《暨南校刊》，1930 年第 55 期，第 14 页。

报》上发表了大量文章。其文《今后我国之交通经济》刊载在《知行学刊》创刊号上，就交通经济问题在中国之地位、中国交通发展之过程及其现状、交通事业发展及改革计划进行了阐述。其文《劳心与劳力》不仅刊载在《暨南校刊》上，还发表在《民国日报》上，类似的情况还有许多，可见其才思。第二届总务股体扬曾获得1929年秋季全校论文竞赛第一名，是一位刻苦读书的学生。除了在学校半工半读外，还经常投稿于《申报》《新闻报》及《东方杂志》，在校的勤学苦练，为他以后主编《市政建设》等7种杂志打下了良好的基础。演讲部李达能《东方民族运动的总观察》一文刊载在《知行学刊》创刊号上，[①] 分别从东方民族在国际地位的分析、东方民族运动的过去与现在、东方民族运动今后的出路等方面阐述了其对东方民族运动的细致观察。其《失业问题的研究》刊登在《暨南校刊》上，[②] 文中，他就失业问题的发生原因、应怎样去救济失业人员等表达了他的看法。以上种种，足见李达能对当时社会现状的关注。

演讲部副部长关逸生就读于暨南大学政治经济系，作为一名女学生，她颇为关注妇女问题，曾写下多篇文章探讨，如《从各国妇女运动中谈到中国妇女参政问题》[③] 刊载在《知行学刊》上，就西方各国的妇女运动、东方各国的妇女运动、中国妇女参政的问题进行了阐述。此外，她还撰写了《中国革命过程中之妇女运动》《已经失败了的妇女运动》《中国妇运与参政：妇运史略》等文相继发表在《暨南校刊》和《民国日报》上。她的论文体现了那个时代妇女谋求与男子取得平等地位的现实诉求。与关逸生一样，会计系茅慧能作为骨干成员中的女生，也颇为关注妇女运动。她的《中国现代社会变迁对于妇女的影响》刊载在《知行学刊》上，另有《今后中国妇运的途径》一文刊载在《民国日报》上，可见当时的妇女运动思潮给女大学生们带来的影响。

除了学术活动，知行学会还组织了团体旅行以增进感情。1930年5月，他们前往杨树浦一带参观沪江大学，且携有摄影机，此行会员参加甚多，旅费概由该会担负，郑校长曾亲函奖励该会。[④]

---

① 李达能：《东方民族运动的总观察》，《知行学刊》，1930年创刊号，第60－78页。

② 李达能：《失业问题的研究》，《暨南校刊》，1930年第55期，第21－31页。

③ 关逸生：《从各国妇女运动中谈到中国妇女参政问题》，《知行学刊》，1930年创刊号，第100－108页。

④ 《知行学会消息种种》，《暨南校刊》，1930年第55期，第14页。

国立暨南大学知行学会全体会员摄影
《知行学刊》，1930 年创刊号

知行学会诞生于学校在真如发展的黄金时期，免受了许多挫折与困扰，得以在极短的时间内取得较大的成就。“经过两三年学术活动，每位同学的口才和文字表达能力，相应得到锻炼和提高……当时暨大不仅足球称雄一时，而且学术空气亦很浓厚”,[①] 同时也吸引了校内外的大量关注。随着知行学会知名度的进一步提升，会员人数不断增加，各项建制也愈发完善。知行学会的这群会员，正如社团名字那样，力求知行合一，慷慨激昂、义正词严地向世人阐述着他们的见解，希望用他们的力量唤醒更多国人，生动诠释了暨南人知行合一、自强不息的精神力量。

五、中国画研究会：传承国粹育才俊

中国画不论是在国内还是在世界艺术历史上都占据着重要的地位。作为汇聚中西思潮的暨大，国画亦占据着重要的地位。暨南大学中国画研究会的创设，不仅培养了大批赏国画、习国画的青年才俊，更是因此建立了中国画系并不断演变发展至今。

1928 年 3 月，中国画研究会成立，该会成立之初是为创立艺术学院中国画系做铺垫，“研究国画方法，保存国粹并改良之，以发展民族文化，兼为下学期设

---

① 《新加坡暨南校友会成立五十周年纪念特刊》，新加坡暨南校友会，1991 年，第 118 页。

郑文奎画作

立艺术系中国画系之预备”①。陶冷月受聘为暨南大学中国画研究会首任导师。中国画研究会一成立就吸引了一批爱好国画的学生前来参加，首批会员人数约30人，会员不仅有中国画系的学生，还有商科、历史社会和教育等系的同学，他们出于对国画的兴趣，希望师从著名画家等缘由纷纷入会。当时加入的会员每星期至少提交两次作品由导师点评，学期末进行作品展览。展览中成绩格外优秀者、研究格外勤奋者还能获得校长颁发的奖品。同时，会员表现优异者下学期转入艺术学院中国画系时，可酌情给予学分。

中国画研究会成立后，进步神速，仅三个月后就在洪年图书馆楼上举办作品展。当时共展出70多幅国画作品，其中以中国画研究会会员郑文奎、李忠信、林文端三个人的作品最为优异。1928年8月1日，郑洪年校长亲自给这三个人颁发了奖章。

郑文奎，大学部商科学生，颇爱中国传统文化，曾先后在《暨南周刊》上发表《中秋》《夜读》《晚步》《山巅远眺》等多篇诗词，参加中国画研究会，勤学苦练，成绩最优。

表5-1 中国画研究会会员一览表②

姓　名	科　别
李忠信	大学部教育系二年级
杨德裕	中学部师范科三年级
林文端	大学部教育系三年级
陈照元	大学部商学院四年级
萧大伦	大学部外国语文学系二年级
许德群	高中文科三年级
郑文奎	大学部商科四年级
温玉书	中学部师范科二年级
曾　迅	中学部师范科三年级

① 此处及之后多段内容引用自：《中国画研究会消息》，《暨南周刊》，1928年第2卷第6期，第35页。

② 《中国画系课程指导书》，《暨南周刊》，1928年第4卷第3期，第52－53页。

（续上表）

姓　名	科　别
张聿懋	中学部师范科二年级
梁士英	中学部师范科三年级
陈新元	中学部高中一年级
张笃言	大学部中国画系一年级
潘企尧	本校校医
金念祖	大学部政治经济系二年级
黄宏儒	中学部师范科二年级
黄继祖	高中师范科二年级
黄寄之	中学部师范科二年级
黄曰骓	大学部商学院三年级
周国彦	大学部商学院一年级
陈　骏	大学部数理系一年级
周召钦	中学部文科一年级
夫稚威	大学部中国语文学系二年级
郭文玉	中学部师范科二年级
叶实坚	中学部师范科二年级
李钟秀	实验学校教员
黄雁彬	中学部高中一年级
张美庸	中学部高中一年级
汪君达	大学部外国语文学系二年级
董　铭	大学部中国画系一年级
袁丛美	大学部中国画系一年级
刘思颢	大学部中国画系一年级
谢生顺	大学部中国画系旁听生

中国画研究会的顺利开展为增设中国画系奠定了良好的基础，随着中国画系的逐步成立，也为中国画研究会创造了更好的发展条件。中国画系正式成立后，陶冷月先生仍主持中国画研究会的各项事务，又另聘名画家谢公展、郑曼青、朱凤竹、马万里、饶考祥等兼任指导。①

① 《中国画系课程指导书》，《暨南周刊》，1928 年第 4 卷第 3 期，第 52 – 53 页。

除了引进强大的师资力量外，中国画研究会还添置了精美器具、设立了专门的画室（研究地点在第五宿舍第二十二号国画研究室），并为每位会员配备了相应的会员证作为出入画室的凭证，以供会员更好地习画。

正当中国画研究会呈蒸蒸日上之势时，1928 年 12 月初，因财政拮据，开办不到一学期的中国画系停办。为创办艺术学院而先期设立的中国艺术学系最终也夭折了。[1] 然而，中国画研究会却并未因此重创而受挫，仍旧在困境中坚持发展。1929 年 4 月 10 日，国民政府教育部第一届全国美术展览会开幕，陶冷月率暨南大学前往参观。同年 5 月，因暨大中国画系停办，兼以胃病严重，陶冷月先生辞去暨大教职。此后，中国画研究会逐步演化为以学生为主体、以共同的兴趣爱好为宗旨的社团。

1930 年的《暨南校刊》对中国画研究会仍有记载："中国画研究会，创办至今，已历三载，成绩优美，早已尽人皆知。今岁六月所开之成绩展览会，尤为校内外人士所称道，本学期仍由校长特聘沪上名画家谢公展氏担任导师，同学入会研究达三十余人。"[2] 自谢公展担任导师后，同学入会研究者，极为踊跃，还将会员作品千余帖陈列于图书馆，于 1930 年 6 月 9 日、10 日开成绩展览大会，欢迎校外人士前往参观。此事还被刊登在《新闻报》上，轰动一时。

虽然中国画研究会的宗旨不再为学科体系服务，但它仍为对中国画感兴趣的学生提供了习画的良好氛围，对暨南学子领略国粹艺术的韵味和精华产生了深远的影响。中国画研究会一直延续到抗战爆发才停止活动，其间聚集了大量爱好国画的优秀学子，他们虽来自不同专业，但时常切磋技艺，日有长进，同时，学校在聘请名师为导师上依旧给予了相应的支持。中国画系夭折，中国画研究会却顽强地存活了下来，作为华侨学子爱好中华传统艺术的见证，在历史上留下了不可磨灭的痕迹。

六、其他社团概况

（一）学术文化社团层出不穷

上海时期，暨南在升格为国立大学以后，各院系设置基本完善，已经形成了浓厚的学术研究氛围。这一时期，许多学生发起成立多个学术文化类型的社团，并取得一定成果。

---

① 此处及之后多段内容引用自：陶为衍：《陶冷月年谱长编》，上海：上海书画出版社 2013 年版，第 157 页。

② 《中国画研究会消息》，《暨南周刊》，1930 年第 88 期卷，第 39－40 页。

教育研究会

教育研究会

教育研究会成立于 1927 年，发起人为陈希文、李邦栋等。该会以“肩负着培养华侨教育的使命，希望可以精研教育、融会贯通，为南洋及国内发展文化促进教育事业”[①] 为成立宗旨，主要工作为调查当代教育实况、搜集教育资料，进行教育研究、从事教育考察、举行教育演讲、出版教育刊物等。在谢循初、邰爽秋、廖世承等教授的指导下，教育研究会编辑出版了会刊《教育研究》，专门刊登师生有关教学理论及社会调查的论著。上海市教育局曾聘请该会会员作为调查员，考察上海各乡区小学，并将各项调查结果做成表格汇报。这类活动，促使同学们对于教育现状及其存在的问题有了更深入的认识。他们还组织教育考察团赴杭州各教育单位考察参观。教育研究会注重实际教学能力的锻炼，在上海市教育局与暨南大学合办的真如教育实验区和毕业校友创办的培明女子中学、华侨中学等进行各类教学实习，培育了一批批优秀的教育者。

世界语学会

世界语学会成立于 1935 年，是在文学院院长郑振铎先生的支持下创建的，它以广泛传播并提高世界语为宗旨。该学会成立后报名参加学习者十分踊跃，创建一个月即有会员四十余人，会员主要是来自各院系及附中的爱国进步青年，不少人还是学校救国会成员。为实际研究世界语，世界语学会开设两个讲习班，甲班为初学世界语者，每周上课三小时；乙班为已有世界语基础的同学；由温文耀

① 《教育研究会成立概况》，《暨南周刊》，1927 年第 4 期，第 24 – 28 页。

先生义务担任指导。[①] 在郑振铎的支持下，世界语学会被列为大学的学术团体，可以从事公开活动，并且获得了学校的专款补助，在暨大学生的爱国救亡运动中发挥了重要作用。“抗战爆发后，有的暨大世界语学会会员，满怀爱国热情，奔赴抗日前线；有的则留在大后方继续从事抗日救亡工作。”[②]

丽泽学社

丽泽学社成立于 1927 年，以研究学术、联络感情为宗旨。其名源于《周易》：“丽泽兑，君子以朋友讲习”，丽泽者，即“雨泽相丽，互相滋益”，以示该社“本不屈不挠之精神，以从事学术之探讨”。丽泽学社之旨趣在于：“一，阐求科学真义，借图他日物质上之建设，以富强国家；二，发挥吾国文化，谋精神上之建设以光大华族；三，创造新学术，以促进世界大同。更深信文化之进步，端赖文艺为先驱，故对文艺亦格外注重。”[③] 秋野社发起人章铁民先生担任丽泽学社顾问，为社员提供指导。该社活动主要为经营《丽泽月刊》，该刊于 1928 年 12 月 11 日创刊，撰稿人有章铁民、汪静之、顾仲彝等，内容多为文学作品，[④] 每两星期编辑一期附于《暨南周刊》出版，李青崖、顾仲彝、水沫诸先生作品皆在其中，[⑤] 许多社员的优秀作品都刊登其上。此外，该社还举办演说会，每两星期举行一次，由各社员轮流演说。

丽泽学社

① 《暨南世界语学会近况》，《暨南校刊》，1935 年第 155 期，第 7 – 8 页。

② 郑金殿：《郑振铎与上海暨南大学世界语学会》，载王莲芬、王锡荣：《郑振铎纪念集》，上海：上海社会科学院出版社 2008 年版，第 292 页。

③ 《丽泽学社旨趣书》，《暨南周刊》，1928 年第 3 卷第 5 期，第 82 页。

④ 中共上海市委党史资料征集委员会：《上海革命文化大事记 1919—1937》，上海：上海书店出版社 1995 年版，第 216 页。

⑤ 《丽泽学社出版消息》，《暨南校刊》，1929 年第 24 期，第 9 页。

除此之外，还有许多以研究社会科学、文学艺术为宗旨的社团如黎明社、南风文社、湖光学社、孤帆文艺社、微波社等，这些社团大多刊有学术刊物，如《讲座月刊》《南风》《湖光》《孤帆》《微波》等，在当时的校园都产生了一定影响。

（二）系所社团：同门情谊深

同学会是暨南人凝结同门情谊的重要方式。当时，多个系所都建有自己的同学会，形成了庞大的会员群体，是联结并促进同专业同学学术交流的重要平台。

暨南最早建立的同学会为1922年建立的“毕业同学会”。此后，按地域、学院、系所专业等不同类型的同学会相继成立。按地域建立的同学会，如琼崖同学会（1924年）、南京同学会、沪江同学会、厦门同学会、四川同学会、首都同学会、上海同学会、汕头同学会（1930年）；有按学院建立的同学会，如文学院同学会（1931年）、理学院同学会、商学院同学会、教育学院同学会（1930年）、大学部同学会、初中部同学会；还有按专业系所建立的同学会，如农科同学会、政治学系同学会、师范科同学会（1925年）、铁道管理系同学会、历史社会学系同学会等。

历史社会学系同学会

在按地域划分的同学会，暨南大学校级同学会首见于1925年成立的国立暨南商科大学同学会，以联络感情、交换智识、共谋生活之美满、发扬学校之精神为宗旨。[①] 1929年，为使组织机构更加完善，暨南同学会改组，改组之后，主要活动有：举办新年同乐会，沟通学校对本会进行各项赞助，调查各地同学会及同

① 《学生生活：国立暨南商科大学同学会章程》，《暨南周刊》，1925年第12期，第6页。

学状况，并于1930年出版会刊，“联络海内外同学感情，传达彼此消息，介绍母校状况”①。同时，为使“散居四方之同学群集于该会组织之下”，向国内外暨南校友发函，以便“互通声气，亦可团结精神”。②

暨南大学同学会成立后，推动了各地同学会的创立与发展，除了早已成立的琼崖同学会等，1930年，鉴于“母校同学寄居广东者日众，向无组织”，汕头暨南校友组织成立汕头同学会，选举兰泽辉、杨起鹏、沈见戈等为执委会负责总理，以“联络感情交换智识为宗旨”，③ 汕头暨南同学会的创立使粤东暨南校友紧紧联系在一起。

按学院划分的同学会与同地域社团作用有所区别，真如时期的暨南大学，各学院纷纷建立院级同学会，目的是增加学生互动、推动学术发展。

文学院同学会于1931年成立，蒋豪为主席，由于受到“一·二八事变”影响，翌年才开始展开活动，并聘请杨裕芬、张天方、龙榆生、洪琛、顾君谊、邓昌权、顾仲彝、傅东华诸先生为指导员。该会主要邀请文学界各专家学者来校演讲，其中第一次邀请的学者为吴瞿安；④ 同时出版学刊，主要发表该会同学研究之心得，及表现该会努力学术研究之精神，内容包括论著、翻译、创作。

教育学院同学会于1930年成立，以“联络感情，研究学术，并促进本院及本校的发展”为宗旨，下设总务部、文艺部、交际部、编辑部、出版部、体育部、游艺部、研究部。⑤ 该会通过分组的方式进行研究，定期交流研究状况，会员每两周举行一次演说，优异者的演说稿将交由编辑部发表至会刊上。同时该会也邀请名人演讲。⑥

在按系所划分的同学会中，暨南师范科同学会于1925年成立，以“联络感情交换智识及解决本科一切重要问题”为宗旨。⑦ 创会之初，适逢江浙战事，学校经济困难，社团人事等方面只得草草设置。战事结束后，该社向校方提出七条意见，除经济问题外，基本得到满足，于是“始成一稍完美之组织焉”。社团内设置舍务一部，意在“完全实现自治之精神，超脱被动之拘缚”，故校方予师范科以完全自治，不设训育，一切卫生、管理及自修等，悉由该科独自办理，这给了社团很大的自主权和自由。当时暨南各科的演说会皆有学校参加，而师范科演说会则自行组织，每周以八人为一组，共分五组，轮流讲演，每次以一个半小时

---

① 《校闻一束：暨大同学会会刊行将出版》，《暨南校刊》，1930年第87期，第38页。
② 《上海暨南同学会消息》，《暨南校刊》，1929年第21期，第5页。
③ 《学生会消息：汕头组织母校同学会》，《暨南校刊》，1930年第41期，第7页。
④ 《文学院同学会近讯》，《暨南校刊》，1932年第16期，第11页。
⑤ 《教育学院同学会成立志盛》，《暨南校刊》，1930年第52期，第19页。
⑥ 《教育学院同学会研究部进行近讯》，《暨南校刊》，1930年第53期，第16－17页。
⑦ 《学生生活：暨南师范科同学会总章》，《暨南周刊》，1925年第14期，第5页。

为度，每人以十分钟为限。据说当时演讲“极为奋勇，演故事与笑话者，则形容必肖。口讲指书，颇绕兴趣，令人捧腹弯腰。演时与教育者，则口为悬河，滔滔不绝”。该社还设有图书部，另设图书室，内藏各种教育书籍、教材科本及杂志报章，供大众览阅。此外，师范科同学会还设置体育部，进行打篮球等活动，据说当时的暨南体育健儿，“皆产生师科”。[①]

此外，各大系所社团也经常开展联谊活动，巩固感情。暨南素有举行同乐会的惯例，于真如之郊，或合作社之内，桌上摆满精美糕饼，与会者皆少年英俊，器宇轩昂，抵章而谈。

（三）侨生社团：同乡情怀浓

国立暨南大学菲律宾华侨学生会

广大侨生在当时的暨南社团里发挥了重要作用，他们活跃于各个社团，为暨南社团的辉煌历史增添了不少色彩。侨生们也组建了华侨社团，志在联络感情，砥砺学行。

荷属华侨学生会

该会成立时间尚未见史料明载，但是在 1924 年 4 月 29 日的《申报》中便已有了对该会的报道，[②] 因此可知最晚当为 1924 年成立，这是暨南大学最早的华侨

① 《学生生活：师范科同学会之缘起及其进行之概况》，《暨南周刊》，1925 年第 6 期，第 6 页。

② 《暨南荷属华侨学生会消息》，《申报》，1924 年 4 月 29 日，第 15 版。

社团。[①] 该会宗旨是“以联络感情，沟通中南声气，研究华侨问题为基本之目的”。[②] 成员为荷属南洋殖民地的华侨学生，设交际部、文牍部、会计部、庶务部、编辑部、研究部。1927 年该会创办《荷属华侨学生会》会刊，同时经常邀请全国华侨问题专家学者来校演说，如 1928 年利用暑假邀请国民政府外交部华侨局局长钟荣光前来发表演说。[③] 1927 年，该会还电请国民政府，呼吁废除不平等旧约，重订平等条约，解放荷属侨胞，[④] 体现出了暨南侨生深深的爱国之情。钟荣光曾在该会会刊上专文勉励会员。[⑤]

暨南荷属华侨学生会第一届委员合影

《荷属华侨学生会》，1927 年第 1 卷第 1 期

爪哇华侨学生会

该会建立于 1925 年 7 月，该团体以“联络感情，砥砺学业，鼓励华侨青年回国升学以及谋划会员利益”为宗旨，聚集了来自爪哇岛的众多学子。

霹雳华侨学生会

该会成立于 1928 年，以“联络感情切磋学业及鼓励霹雳华侨回国求学”为宗旨，选举黄振汉为主席，[⑥] 成员为暨南霹雳侨生。该会主要联络会友感情，促进同学学业，协助霹雳华侨肄业等，并发行会刊，主要刊载华侨文化等方面内容。同师范科同学会一样，该会也设置了体育一部，极大地促进了暨南大学华侨

① 史料记载第一届委员于 1927 年才确立，可能该社早期组织尚不完善，1927 年社团才完善各制度。

② 《上海荷属华侨学生会简章》，《荷属华侨学生会》，1927 年第 1 卷第 1 期，第 61－62 页。

③ 《国立荷属华侨学生会》，《新闻报》，1928 年 7 月 16 日，第 11 版。

④ 《荷属华侨学生会之废约运动》，《新闻报》，1927 年 5 月 21 日，第 12 版。

⑤ 钟荣光：《勉荷属华侨学生会》，《荷属华侨学生会》，1928 年第 1 卷第 2 期，第 1 页。

⑥ 《霹雳华侨学生会消息》，《暨南周刊》，1928 年第 4 卷第 3 期，第 61－62 页。

学生全面发展。

上海时期暨南社团林立，在校刊学报上有记录可循的社团众多，是暨南学生业余生活的重要组成部分，也正是这些社团的存在让暨南的文化精神更加积极向上。暨大学子们用他们的激情和才华构筑了社团史的辉煌篇章，也让暨大开放多元的品格流传至今。时至今日，我们依然可以在暨南校园中窥见当时暨南学子留存下来的宝贵精神财富。

第二节 体育强校 独占鳌头

暨南自创办以来一直注重体育，在体育方面具有优良传统。早期的暨南学子年龄一般在十三四岁，多来自南洋，体格健壮，性情好动，学堂为此专门修建篮球场、足球场、秋千架和铁环等运动设施，以利于其身心全面发展。1908 年南京举行运动大会，暨南学堂就夺得了两个项目的冠军。其中，足球运动最为出色，暨南足球队在南京各校中实力最强，每逢比赛，经常凯旋，全体同学均予以热烈欢迎。因此，学生对足球的练习颇为积极，年纪较小的学生，则以踢小球为乐，常常分队比赛，彼此争雄。

1936 年参加在德国柏林举行的第十一届奥林匹克运动会的中国运动员中的暨南学生

早在南京暨南学校时期，师范科和商科就已经将“体育”课程列为必修课。迁入真如后，暨南的体育运动发展更为活跃，每当课余时间，夕阳西下，运动场上热闹非凡，各球场上洋溢着运动和青春的热潮。历次大型比赛，学校派出的选手总会取得骄人的成绩，暨南的体育也因此为各校和社会人士所关注。

全面抗战爆发前，暨南大学的体育运动誉满江南，名扬海内外，仅足球一项，就有“常胜将军”之称。当时，校内体育锻炼的风气极佳，每天下午课外活动时，同学们都非常自觉地进行各种体育锻炼。在场地设备方面，学校也给同学们创造了条件。据校友王南珍回忆：“校内有两个大的足球田径场，七个网球场，至于篮球、排球场则遍布全校”，“郑洪年校长经常亲临运动场观看同学们体育锻炼，后来何校长也是这样，这更鼓舞同学们的劲头，运动技术水平不断提高”①。

1936 年，在德国柏林举行的第十一届奥林匹克运动会是我国第一次参加的大型国际体育比赛。在中国代表队中，暨南师生共有 14 名，他们是：教练余衡之、沈昆南，裁判吴邦伟（篮球项目），领队吕家伟、容启兆，足球队队员陈镇和、徐亚辉、梁树棠，篮球队队员蔡演雄、王南珍、尹贵仁，田径队队员符保卢、郝春德、傅金城。

真如时期，得益于学校的高度重视以及拥有完善优越的体育设施，暨南学子在教师的悉心培育、学子的勤奋练习下，取得了光辉的体育战绩。更为难得的是，在抗日战争全面爆发后，暨南健儿纷纷投笔从戎，陈镇和、符保卢、谢全和、张鸿藻、徐亚辉等同学，参加了中国空军，驾机杀敌，其中，陈镇和、符保卢先后血染蓝天，成为抗日烈士，这是暨南校史上光辉的一页。

一、暨南足球：蜚声中外的劲旅

暨大体育在当时的江南乃至全国都享有盛誉，这在很大程度上要归功于那支“战无不克”的暨南足球队。全面抗战爆发前，暨南大学足球队不仅包揽了江南大学体育协会的锦标，全国各大学的球队诸如香港、辅仁、清华等，也都败在了暨南脚下，暨南因此有了“全国大学生之冠”的美称。后来，上海著名的乐华队连挫香港、平津等劲旅蝉联全国锦标，其成员多为暨南学生。除此之外，暨南足球健儿还远赴南洋参加各类足球赛，在比赛中多次展现侨校的风采，提升了暨南在南洋地区的影响力。暨南大学为上海足球立下了丰功伟绩，为上海足球史乃

① 暨南大学华侨研究所：《运动名将王南珍忆当年暨南体育运动情况》，《暨南校史资料选辑 1906—1949（第一辑）》，1983 年内部刊行。

至中国足球留下了风光的色彩。

每当暨南足球队比赛，整个上海都会轰动，甚至在沪宁、沪杭线上的球迷也会乘车赶来观看。每当暨南足球队入场，全场总会爆发热烈的掌声和欢呼声。暨南足球之所以能在短时间内取得令人望尘莫及的成就，归功于一批海外归国的华侨子弟，他们的加入充实了暨南足球的实力，再加上指导有方的教练，这些都是暨南足球队得天独厚的优势，使暨南足球队的水平得以百尺竿头，更进一步。

暨南的足球传统也带动了真如地区的群众体育运动，不少人纷纷组队练习足球，镇上的第六简易体育场成为当时上海足球运动的基地之一。如今，足球仍是真如群众和中小学生最为喜爱的体育项目。

（一）聘请足球名将执教

暨南之所以踢足球的风气日盛，离不开学校在硬件设施方面的大力支持。学校建有多个足球场，也为学生进行足球训练提供了有利的场所。但真要形成一支训练有素的队伍，仅有足球场是不够的，暨南体育会足球部为球队的长期发展提供了重要支撑。体育会设有多个部门，而足球部专职负责足球事务，除了分配好各首球员外，还积极负责加入中华足球联合会的接洽工作，加入中华足球联合会为后来暨大参加各项大型比赛提供了良好的平台。

由于郑洪年校长重视体育，尤其喜欢足球，便千方百计罗致足球名将，为暨南足球队配备了强大的师资队伍。暨南聘任的都是德高望重的教练，如梁官松、吴炎章、余衡之和英国人李思廉先生。这些足球名将的加入为暨南足球队带来了更多的希望和更大的力量。

梁官松

《暨南周刊》，1929 年第 5 卷第 2 期

梁官松，中国足球名中坚，原隶乐群，后入乐华。1925 年，暨大聘请梁官松担任教练。梁官松是一个非常强调技术的教练。暨南足球队的成员大多来自南洋，体格健壮，在体力上不存在太大的问题，因此梁官松首要强调技术的细腻，各球员分组练习跑、踢、顶、抢、堵、盘、传等技术，日积月累，球员技术熟练精湛，在梁官松的训练下，暨南足球队取得了辉煌战绩。梁官松也是最早加入中华裁判会的六名会员之一。除了担任教练，梁官松同时经营

汽车事业，后因营业发达，乃专事经商，而放弃球场生活。①

对于梁官松的到来，暨南体育会报以极大的热情和希望。“梁先生为体育界明星，久已蜚声华东一带。此次应聘本校，同学皆欣然色喜，咸庆得人云。”②梁官松到校后，学校的体育训练也逐步走上正轨。每日下午课外活动时，各球员分组练跑、踢、顶、抢、堵、盘、传等技术，而且经常在校内外比赛，在比赛中练兵。由于学校的大力支持，教练的勤恳执教，球员的勤奋练习，暨南多次拿下各大比赛的奖项，成为了名震一时的体育强校。

（二）声名鹊起，扬暨南校威

早在1926年时，暨南足球队就曾与多个足球队较量。曾先后与沪江、约翰、光华、持志、南洋等多个球队竞赛，皆取得胜利。一时间，暨南足球队声名鹊起。暨南足球队战斗力不俗，其他高校也不甘屈居人下。在“江南八大学”中，尤以暨大、交大、复旦三校足球最为突出。当时，“江南八大学”时常举行体育赛事。在1927—1937年连续10届足球锦标赛中，暨南曾荣获9届冠军，1届亚军。

自1927年起，暨大与交大、复旦的激烈角逐呈愈演愈烈之势，还引发了不少小趣闻。

1929年，体育委员会委员暨各队队长干事

1927年，暨南第一次参赛即遇强敌。鉴于复旦曾于1926年战胜过暨大，暨

① 勤奋书局编辑所：《全国足球名将录》，上海：勤奋书局1936年版，第20页。

② 《体育会消息》，《暨南周刊》，1925年第4期，第6页。

南足球队亦是铆足了劲想要“一雪前耻”。学生会特发起鼓舞大会，到场同学五百余人，何宝铭主席亦前来参加。许克诚、汪竹一、陈雪香、陈希文、杨昌运登台鼓舞，每人演说完毕，由啦啦队长指挥队员欢呼鼓舞口号。会场空气，异常热烈。女同学献花给足球队员。后三呼“大胜复旦”，尽欢而散。①

1928 年，暨大与交大会战决赛，竞争更为激烈。1928 年《新闻报》上即指出：“江南大学体育协会足球锦标赛，自开战后，取得决赛权者，为暨南与交通两大学，按交大即南洋之代名，往昔麦根路之威风②，至今尚存我脑际。而暨南为后起之秀，近来运动声誉，蜚声沪上，与各大学并驾齐驱，再说江大往日成绩，执其牛耳者，非交大即复旦，而今居然被暨南取而代之矣。运动竞技，胜负本无关得失，今日之失败，即来时之成功基础也。”双方在场上竞争激烈，后援队也不甘示弱。“双方助威之啦啦队、锣鼓班之响声，响彻云霄，益以别出心裁之洋盆队、军乐调互相唱和，悠扬顿挫，极为动听”③，最终暨大以七对一大败交大，足见当时声势。

1929 年锦标赛中，暨南与交大对手重逢，盛况更胜从前。两队交锋素为沪上人士称道，因而吸引了大量观众。“观者云集，球场四周，环立如堵，层层叠叠，水泄不通，约计人数，不下六七千人，开学校球赛空前未有之盛况。两校啦啦队，分据于场中两边之高看台上，大锣大鼓，呐喊震地，交大虽属地主，然欢呼人数，反少于暨南，故声浪亦无暨南洪亮。”双方的呐喊助威更是互不相让，妙语连珠：“双方啦啦队之旗帜，迎风飘扬，鲜艳夺目，交大方面有‘交大之光’‘交大好运气’等；暨南种类繁多，且矗立空中，庄严雄伟，气宇轩昂，有‘气吞江南威震河山’‘马到成功’‘暨南常胜军’等类，此外尚有‘一拳打倒交大，两脚踢翻光华’之小旗两面，地上并有黄布一条，阔约尺余，长凡数丈，上书妙文一段云‘哈，朋友，好么？哦，先生早呀，今日是西南不紧，暖气洋洋，我这里喜气冲天，喊声啦啦，拳头大，臂膊粗，那怕他家弟兄多，你一脚、他一脚，管他妈的滚开了。人人争说交大好，暨南球类更神妙，跑得快、踢得稳，铜头铁脚逞英豪，战必胜、攻必克，威震江南，谁不晓得大学球队我第一，走遍全国觅不到，君子不见去年锦标暨南得，今年锦标呢，也是逃不了，’令人读之，可发一噱。”④

---

① 《体育会消息：（五）足球比赛》，《暨南周刊》，1927 年第 7 期，第 52 页。

② 麦根路，即现在上海新闸路以北的石门二路，或石门二路新闸路口及附近一带。此处应指交大足球实力强劲，曾在此扬名。

③ 《暨南得江大足球锦标》，《新闻报》，1928 年 12 月 21 日，第 19 版。

④ 《暨南足球战胜交大》，《社会日报》，1929 年 12 月 1 日，第 2 版。

暨南足球队总分第一获奖照

《中央日报》，1929 年 5 月 20 日

暨南作为后起之秀，能在短时间内突飞猛进，实属不易。在与老牌足球强校的激烈追逐中，奋勇拼搏，当仁不让。作为中国球队的代表，在与外国球队的对战中，暨南学子浴血奋战，如临战场，屡胜外方。

中华队作为当时国内著名球队，素有名望。当年上海租界内的外国球队也不少，历年都会举办国际杯足球赛。1927 年中华队参加上海国际杯足球赛时，曾以 4∶3 力挫曾获 14 届冠军的英格兰队，复赛又以 2∶0 胜曾获 5 届冠军的苏格兰队而轰动上海。这支中华队中就有 4 名暨南学子：陈镇和、冯运佑、陈家球、陈秉祥。此后，暨南学子在中华队中一直占据重要地位，并多次助中华队获胜。1930 年，中华队蝉联国际杯冠军，暨南学生陈家球、陈镇和、梅洪宝、罗海光、戴麟经、梁树棠等 7 人是中华队队员。在决赛对阵英格兰队时，双方皆气势不弱，斗志昂扬。“英格兰战将先行登场，身着白黑横条之装束，个个体格魁梧，英气十足。中华健儿相继入场，亦均精神焕发。交锋之下，中华队以二对〇击败英格兰队，万国足球锦标凯旋。”① 纵观中华队足球健儿，多为暨南学子，在面对曾经的三连冠时毫不怯场，再次彰显了暨南学子的体育精神。而中华队的团结

① 《中华队荣膺万国足球锦标》，《民国日报》，1930 年 3 月 23 日，第 7 版。

协作，再次刷新了外国人对国人的刻板印象。

1930 年第九届远东运动会在日本举行，中国足球队有 7 名队员是上海的，而其中又有陈镇和、冯运佑、陈家球、戴麟经 4 人为暨南大学学生。

（三）暨南足球远征海外，称雄东南亚

1927 年以后，暨南称雄上海足坛。当时球队出国远征风气颇盛，暨南也跃跃欲试，以图扬威于海外。1928 年，暨南足球队在全校师生的赞助下，前往越南、新加坡、马来西亚以及暹罗等地，举行友谊比赛，并宣传改组以后的暨南大学办学概况。

这次南游的经费由体育部主任陈掌谔筹划。“校长郑洪年个人资助大洋 500 元，全校师生员工共捐助 1 500 元，学校津贴 2 000 元，乐华队慷慨资助 500 元，黄明道借贷 500 元，共筹得经费 5 000 元。”① 这些款项只是解决了师生赴南洋的旅费，到南洋后的食宿等费用，靠就地募捐或部分比赛收入来解决。

1928 年 2 月 11 日，暨南大学足球队搭乘法国邮船“达尔德号”南下。南洋华侨对暨南来访表示热烈欢迎。球队抵达前，华侨各报早已宣传鼓动，广造舆论。在南洋各埠的暨南新老同学校友，也同时组织同学会，准备欢迎母校足球队。其中，尤以新加坡的胡文虎、怡保的梁燊南、西贡的郭先发最为热烈。药商胡文虎，凡中国球队经其地方，无不款待周全。

南游足球队

① 此处及之后多段内容引用自：沈文彬：《中国的足球摇篮：上海足球运动半世纪（1896—1949）》，上海：上海文化出版社 1995 年版，第 234 页。

这次暨南“远征军”共计17人。教练梁官松，干事傅循仁（即傅柏头），队长温官茂、冯运佑，队员梁官濂、黄懋仁、庄世鸿、林贵澄、林有兴、陈镇和、杨保森、陈家球、梅洪宝、张干才、童荣文、符和萱、陈秉祥。此行历经4个多月，共出战23场，获胜11场，平7场，负5场。陈镇和进球最多，进10球。当时，有报纸盛赞暨南：“江东子弟，衣锦荣归，赫赫雄心，誉遍乡井矣。”

自出征南洋以来，三月于兹，经过西贡、新加坡、吉隆坡、安顺、怡和、太平、槟榔屿、暹罗、吉兰顿、丁家奴，共赛二十三次，胜十一次、负五次、和局七次，胜球五十六、负球四十一，至于各球员之得进球数，当以陈镇和为最多，独得十球，次之为庄士鸿，得九球，再次如陈家球、杨保森、梅洪宝、陈秉祥四人，各进八球，符和萱得三球，黄懋仁与张干才各得一球，共计五十六，以转战千里之师、地利天时之关系，而有此成绩，亦足告慰而有余。当经过各地，除承侨胞之热烈爱护外，并大受各邦人士之钦仰，欢迎团体，共有百余之多，游览也，茶会也，舞会也，公私宴会也，郊外旅行也，几无日无之，真有山阴道上、应接不暇之势云。①

1931年，为进一步同外国球队切磋球艺，提高足球技术水平，暨南再度组织“远征军”，向菲律宾马尼拉“进军”。本次共作战七场，六胜一负，奏凯归国。本次“征菲”阵容如下：领队为校长郑洪年，副领队陈掌谔，教练吴炎章，干事梁国栋，队长戴麟经，秘书樊在善，队员梁官濂、谢全和、江善敬、冯运佑、陈家球、庄世鸿、林松发、梁树棠、梅洪宝、陈镇和、杨保罗、童荣文、罗海光、符和萱、陈秉祥。

暨南足球队两次“远征”他国，并取得优异成绩，不仅提高了足球技艺，更提高了中国足球的声誉，激发了侨胞的爱国热情。“一贯热心体育的爱国侨胞林洙光先生为表彰暨南健儿，资助祖国体育事业，他捐赠暨南大学建造体育馆资金3 000元。赛后暨南大学体育部主任陈掌谔留在菲岛，进一步募集暨南体育馆的经费。”②

---

① 《暨南足球队出征成绩》，《申报》，1928年7月8日，第18版。

② 沈文彬：《中国的足球摇篮：上海足球运动半世纪（1896—1949）》，上海：上海文化出版社1995年版，第239页。

郑洪年校长与暨南大学足球队员合影

（四）“国脚”辈出，“钢头铁脚世所稀”

1930年《时报》刊登的一首《暨南足球健儿歌》可以窥见暨南足球队盛况时的名将景象：“暨南中军小黑炭，钢头铁脚世所稀。二关坐镇如泰岳，莫谓中原无健儿。精神惊发江善敬，华足之间见电经。真如右卫旧知名，桓桓赳赳孰能竞。英姿飒爽戴麟经，中锋雄才本有名。说到监球神妙处，也应拍掌似雷鸣。况有将军称左内，不施大神虎符似。登场咸羡符和萱，俯首争为下风拜。传球抛射说马郎，艺娴韬略不慌忙。华联血战会英捷，又有英雄罗海光。健将群推冯运佑，逢场华足凯歌奏……暨南健儿世所推，卫锋破敌敌自搅。猛忆当年松发林，犹想英风凌入岁。”[①] 歌中所言健将，无不为人称道。暨南大学孕育和成就了这么多的国家级选手，在体育史上并不多见。

足球健将陈镇和

《时报》，1930年12月29日，第5版

陈镇和（1906—1942），来自印尼巴达维亚的华侨子弟。他是我国足坛20世纪20年代最杰出的左前卫，先后代表中国国家足球队参加奥运会和远东运动会。陈镇和于1925年入读暨南商科，并加盟东华，从此威名大震。因长得黑，性格强悍，虽身材短小却善于跑，人称“小黑炭”。

① 《暨南足球健儿歌》，《时报》，1930年12月29日，第5版。

“小黑炭”陈镇和性情耿直刚毅，文化素养高，精通英语、印尼语等。代表暨南大学出外参加各种比赛，好不威风。而“小黑炭”的外号，也就由足球场观众，震天地叫喊，以至于“小黑炭”比“陈镇和”叫得还响亮。陈镇和还有另外一个身份，那就是为国捐躯的空军壮士。从传奇足球名将到抗日烈士，他的人生不过短短三十余载，却谱写了旁人难以企及的壮丽篇章！

冯运佑（1902—1986），广东人（生于海南琼海），从小在南洋踢球，造诣颇深。1920年就读于暨南，为校中“足球王”，名扬上海体坛。1925年，中华足球联赛中他初露头角，他也是乐群、乐华、东华三代元老。在暨南称雄之时，冯运佑是关键人物之一，他三次入选上海代表队，出席沪港埠际赛；六次代表华东队，参加全国分区赛；又三次代表上海，征战全运会。冯运佑镇守中坚，固若金汤，人却生性好静，不善言语，待人和蔼，人皆敬而亲之，称其为“大伯公”，足见冯运佑好好先生的一面；他讲求体育道德，与队友和睦相处，为足坛亲善模范。冯运佑临场经验丰富，才智过人，每次比赛，进退周旋，处理得宜。

冯运佑

梁树棠（？—1983），生于印尼华侨家庭，早年活跃于南洋，是20世纪20至30年代我国足坛著名前卫，有“催命官”之称，性格泼辣，行动敏捷，擅长盯人，抢球功夫有独到之处。他于1929年归国就读于暨南大学。1933年、1934年，他分别入选上海代表队出席两届全运会，于1936年入选国家队出征奥运会。

二、暨南篮球：男篮女篮双开花

除了广为人乐道的暨南足球外，暨南篮球在当时的上海也颇有名气。不仅男篮颇有名气，女篮也广为人称颂，培养了多名篮球健将，多次斩获“江南八大学”篮球锦标赛冠军，是暨南体育史上另一道靓丽的风景线。

（一）社团林立，真如暨南里的篮球之风

1925年，暨南体育会即筹备加入中华篮球联合会（大学部）与中等学校篮

球联合会。此前，暨南篮球已小成规模。篮球老将陈进和担任篮球部部长，征集篮球人才开展相应活动，篮球训练愈发勤奋。

除了有专门的体育会篮球部管理暨南篮球事务外，暨南建立了许多篮球社团，如自强队、小虎队、菲律宾篮球队等。这些篮球社团多为自发成立，渐成规模，技艺也愈发成熟，为球队在二十世纪三十年代的辉煌战绩奠定了良好的基础。

国立暨南大学小虎队篮球队合影

《暨南周刊》，1928 年第 2 卷第 9 期

自强队，即国家养兵所以自卫也。“养兵千日用在一时，治国平天下，尤应从个人本身做起，三尺孩童，类能知之。自强队即根据此原则进展，体魄强，知力高，有向上图进之心，无徘徊观望。”① 自强队自成立后，培养了多位篮球猛将，还代表暨南参加了许多比赛，亦凸显了其成立宗旨。小虎队，暨南之童子篮球队也。人而成虎，其威凛冽，其气磅礴，其志不可催。故以名焉。小虎队作为暨南篮球的后备力量，它本身的存在就足够鼓舞人心。菲律宾篮球队，隶属于童子军体育会，汇聚了众多华侨学子，他们因篮球而聚，因体育结缘，为暨南篮球的发展汇聚了许多力量。

---

① 此处及之后多段内容引用自：百欢：《体育特刊：本校各体育社团说略》，《暨南周刊》，1928 年第 3 卷第 1 期，第 116 页。

（二）名将执教，暨南篮球迎来黄金期

20 世纪 20 年代后半期，学校聘请菲律宾归侨篮球名将陈掌谔为学校体育部主任。在其悉心培育下，篮球队的球艺大有长进，学员们训练愈发勤勉，20 世纪 30 年代连获“江南八大学”篮球锦标赛 5 届冠军，并涌现出一批篮球健儿，大有媲美足球之势。

陈掌谔（1897—1981），福建厦门人，早年就读于厦门同文书院，喜爱田径和篮球运动。1915 年先后参加省、市第一届学校联合运动会，成绩优异。1919 年被选入中国体育代表团赴菲律宾参加第四届远东运动会。后赴美国春田体育大学深造。毕业后任暨南大学体育教师，20 世纪 30 年代担任厦门大学体育部教务。后多次任省、市运动会的总裁判或运动队的总教练。厦门沦陷后赴菲律宾，在基督教青年会（华人区）体育部服务。日本投降后，组建和资助华侨群声篮球队，率队回国比赛，名震一时。1981 年陈掌谔在菲律宾去世，临终前，嘱托女儿将其珍藏的 3 000 枚古今中外的体育邮票献给祖国。

体育部主任陈掌谔

《暨南健儿“菲征”专刊》，国立暨南大学体育部，1931 年

除了积极参与国内高校的篮球赛事，暨南篮球也勇于走出国门，与足球队一起参与了“征菲”活动。1930 年，暨南大学体育部接连收到菲律宾体育总会电函，邀请足球、篮球两队前往参加菲岛嘉年华会中举行之全国运动大会。为了体育健儿更好地奔赴菲律宾，郑洪年校长特捐款 500 元作征衣费。

暨南体育健儿奔赴菲岛之事，不仅备受校内关注，更深受上海业界关注。《时报》就曾发表对暨南体育健儿的厚望。暨南足球作为暨南最强劲的运动项目，实力自是不容小觑。然暨南篮球仍处于上升趋势，实力短期内难以追赶菲律宾，因而“宜努力‘加油’，在国一日，多与海上劲旅比赛，多事科学方法的训练，届时胜败不论，总要为国争光”。[1] 正是因着校内外对暨南篮球的鼓励与重视，暨南篮球得以蒸蒸日上，为暨南赢得了一次又一次的美誉。

---

① 《体育消息》，《暨南校刊》，1930 年第 88 期，第 33 页。

国立暨南大学篮球队南征凯旋纪念合影，前排中为郑洪年校长

暨南的篮球五虎有：蔡演雄、王南珍、邝耀雄、尹贵仁、韩振源。在第十一届柏林奥林匹克运动会上，上海有四人代表中国队参加，暨南就占了三名，即王南珍、蔡演雄、尹贵仁。但由于当时政府腐败，经费拮据，代表队乘坐的“康特福太号”，从上海出发，途经香港、新加坡、孟买等地，在意大利的威尼斯上岸，再换乘火车到德国柏林，光在海上就颠簸了近两个月，赶到柏林已临近开幕式。两个月的旅途劳顿，运动员们筋疲力尽、体能下降，在小组赛中败北。

上海市第二届篮球铁城杯暨南大学锦标队（1936 年）

（三）女将也风光，暨南女子篮球队

与暨南男足一枝独秀不同，暨南篮球一直是男女齐头并进，不仅男篮有黄兆霖、李城元、张其英等优秀球员，女篮也有刘玛丽、陈丽屏、邓名南等知名健儿，并且成绩优异。

暨南于1928年成立了女子本部篮球队，这对于暨南女子体育运动来说，无疑是一振奋人心的消息。暨南女子篮球队一经成立，即投入刻苦练习之中，后多次参与赛事，取得多次胜利。1928年6月，暨南女子篮球队与国立劳动大学于江湾劳动球场进行第二次友谊比赛，劳动大学前锋虽然气势颇盛，但是暨南队员万选青等人奋勇拼搏，多次化险为夷，中锋佘启英等人亦不甘人后，此后双方互有胜负，激战至最后四分钟，由名将张镇和连拿四分，最终取得胜利。[①] 同年8月，暨南女子篮球队于真如会战南洋高级商校女篮，比赛伊始，暨南才平均等队员，采取攻势，前锋张镇和个人独得13分，威震全场，中锋姚孝寰、佘启英、后卫万选青等，监视敌人，使其无懈可击，故南洋前锋，少有进攻机会。暨南过于勇猛，虽挥汗如雨，而精神倍出，结果以21：1击败南洋高商，此战暨南以顽强奋斗之姿态，体现了暨南学子拼搏的体育精神和优良的体育传统，“实开华东女子篮球比赛之新纪元”。[②]

女子篮球队

① 《暨南女子篮球队昨日获胜》，《申报》，1928年6月8日，第11版。
② 《暨南女子篮球队大胜南商》，《申报》，1928年8月3日，第12版。

参加女子篮球联合会之暨南队队长
张镇和女士
《时报》，1929 年 4 月 21 日

20 世纪 30 年代，国立暨南大学获得“江南八大学”女子篮球冠军

暨南篮球的不断发展有一个变化的过程，1937 年，章衣萍在《时报》中指出：“近年来因为环境之变迁，于是把一个素以用脚出名的足球忽而转向在用手的篮球上去，以铁城杯和大学联的篮球来说，暨南是占着首席地位，若以上海对外比赛而言，无疑该校又是占着重心，所以现在暨南同学们的玩篮球，似乎比足

球来得有劲（中学例外）。”①

不论历史如何变迁，暨南健儿这种不怕苦、不怕累的体育精神值得我们永远铭记。胜败如过眼云烟，比起铸刻在暨南校史上的比赛成绩，暨南健儿这种勇敢拼搏的体育精神更应被人所铭记。

三、暨南田径：劲旅一出，所向披靡

在足球和篮球项目以外，暨南的田径队也是上海知名度较高的一支劲旅，多次在各类比赛中摘得桂冠。符保卢作为当时中国撑竿跳最高纪录的保持者，通过顽强拼搏，勇闯决赛，闪耀柏林。暨南田径事业的成绩离不开学校的大力支持。20 世纪 20 年代后半期，菲律宾归侨篮球名将陈掌谔为学校体育部主任，“暨南大学自聘陈掌谔为体育部主任以来，精神倍增”。② 陈氏对暨南田径事业的发展极为关切，常语人曰：“暨南一日无田径之全国新纪录，心滋不乐也。”③ 陈掌谔积极延聘专业体育人才，1931 年邀请世界田径健将约克 · 海因策（York Heintze）来校担任教练。还拟添设女教练，要求学生学习体育理论知识。在硬件设施方面，学校体育部开始兴建健身房、体育场，修整跑道，为运动员比赛、训练提供了便利条件。

真如暨南运动场

《荷属华侨学生会》，1927 年第 1 卷第 1 期

---

① 章衣萍：《闲话暨南篮球》，《时报》，1937 年 6 月 15 日，第 6 版。

② 《暨南欲保持运动威名》，《时报》，1931 年 7 月 4 日，第 6 版。

③ 《暨南今天田径对抗大夏》，《时报》，1930 年 12 月 12 日，第 6 版。

（一）国内国外，战绩赫赫

田径运动一直是暨南大学的优势项目之一，成果丰硕，不仅出征华东乃至国内的田径运动会，更是踏出国门，亮相德国柏林奥林匹克运动会。

田径队

1928 年，在江南大学体育协会举办的第二届田径赛运动会上，暨南大学以 79 分的优异成绩拔得头筹。据《申报》记载："此次加入者有交通、暨南、持志、中公四校，竞争锦标最烈者，厥为交大与暨南二校，各有特殊人才，目于田径赛中同负盛名，势成水火、力争上游，每项前列非暨南即交大，十五项节目，暨南得第一者八项、交大七项。"① 这次比赛涌现出一大批出色的暨南运动健将，包括连宣烈、曹裕、林生润、李城元、林耀庭等人。其中，曹裕同学一人荣获高栏、铁球、撑竿跳三项冠军，并打破了高栏比赛的历史纪录；连宣烈获得 200 米和低栏跑项目两项冠军，并刷新了这两项运动的历史纪录。

暨南大学还积极参与到与其他学校的联赛活动中，既能实现沟通交流、增进情感，又能在比赛中提高成绩、查漏补缺。1930 年陈掌谔到任后，与大夏大学体育主任沈昆南联络，主张举办两校联合运动会，取得了良好效果。沈昆南说："以后二校拟每月比赛二次，项目不必多，藉增成绩为主。"同时，还参与到其他田径队的赛事中，"至于田径进行整个计划，则四月初开全校运动会，四月中旬赴苏州与东吴大学对抗，四月底则出席江南。"② 对此，社会舆论多有好评，

① 《江南大学体育会田径赛运动结果》，《申报》，1928 年 5 月 21 日，第 6 版。

② 《暨南田径准备　十五起龙腾虎跃又将闹热》，《时报》，1931 年 3 月 7 日，第 5 版。

认为暨南田径运动将进一步蓬勃发展："暨南体育部主任陈掌谔新从菲律宾来，鉴于祖国田径之不振，力图发展。近联络大夏体育主任沈昆南，开二校联合运动会，一则敦睦友谊，一则锻炼成绩。项目颇新鲜，如七十五米、立定跳高等……暨南多有南洋健儿，不久德国指导又将来华，当与该校之足球蒸蒸日上矣。"①

1931 年，暨南大学与江南田径队对抗，"士气极旺，钟（连基）、曹（裕）、郝（春德）三位主将龙腾虎跃，赛张飞圆睁怒目、咬断刚牙，跳高、铁饼、二百米、标枪，十八般武艺无不大有增进"。曹裕、郝春德等以优异成绩获得铁饼、撑竿跳、跳远等项目冠军，使暨南的田径运动在上海名声大噪。1931 年江南大学体育协会之第五届联合运动会中，暨南大学运动员努力奋斗，再次荣获男子田径赛锦标。其中，200 米项目中的前三名全部为暨南选手，"此项决赛属于暨南之势力范围，自起步后直终点之七十米，前三名皆为暨南健儿所占"。② 至 1937 年的上海市大学体育联合会第一届运动会，暨南大学仍保持在田径项目中的传统优势，在大学组中拔得头筹。

巾帼不让须眉，暨南田径运动中的女子运动员也展现出了卓越实力。江南大学体育协会联合运动会中，暨南大学王兰茵负伤上场，参加垒球项目并荣获第一。"跑掷时姿势之优美、与转身之合法，无出其右者。玉臂略展，竟以三五米七五荣膺第一，戴病立功，殊非易易。"③ 1947 年举办的第二届大专田径运动会上，来自暨南的段爱玉获得最高分，为暨南大学赢得女子组冠军。

除了在国内参赛，暨南大学田径运动更踏出国门，远征国际赛场。远东运动会的田径项目中，就有多位暨南选手参加。在第十一届奥林匹克运动会的中国田径代表队中，暨南选手符保卢、郝春德、傅金城都被选入国家代表队。其中，符保卢一直是当时中国撑竿跳高最高纪录的保持者。在 1936 年柏林奥运会上，符保卢在预赛时就已跳过 3. 85 米，并获得了决赛资格，这是旧中国参加三次奥运会中唯一一次获得决赛权。

（二）名将辈出，风采奕奕

符保卢，原名符保陆，字宝卢，吉林省长春市人，暨南大学外国语文学系毕业，著名撑竿跳高运动员。自幼喜欢体育运动。1927 年，在哈尔滨举行的首届联合运动会上，一举夺得童子组 50 米、100 米和 200 米的三个单项亚军，个人总分第二名。此后他加强了撑竿跳高的训练。1929 年，在沈阳举行的第十四届华北运动会上，符保卢首次越过 3 米高度，取得撑竿跳高比赛少年组第一名。在第

① 《暨南大夏田径对抗》，《时报》，1930 年 12 月 10 日，第 6 版。

② 此处及之后多段内容引用自：《暨南大学得田径赛锦标》，《新闻报》，1931 年 5 月 17 日，第 16 版。

③ 《暨南大学得径赛锦标》，《新闻报》，1931 年 5 月 17 日，第 16 版。

五届、第六届全国运动会中皆获冠军，并以3.90米创撑竿跳高全国新纪录。从此名扬全国，被誉为“撑竿跳高大王”。此后又在第十五届华北运动会上刷新了撑竿跳高的全国纪录。1934年夏，符保卢参加第十届远东运动会，在赛前青岛训练营的集训中跳出了3.90米的好成绩，并在第十届远东运动会上获得了撑竿跳高的亚军，步入世界先进水平行列。1933年，他定居上海，任职于勤奋书局，并代表上海参加全国运动会。1935年10月，符保卢在全国第六届运动会上再次刷新全国纪录，后又创造4.15米的撑竿跳高全国新纪录，并保持20年之久。1936年，在第十一届奥运会上，以3.85米的成绩成为唯一获得决赛权的中国运动员。符保卢不仅在跳高方面登峰造极，其他运动也都十分娴熟，如十项、球类、跑冰都是他擅长的项目。[①] 他还擅长单杠、双杆、垫上（自由体操）和跳箱（跳马）、跑冰以及十项球类等，也均有好成绩。符保卢不仅是中华人民共和国成立前我国最优秀的撑竿跳高运动员，也是一个具有民族气节的爱国者，“卢沟桥事变”后，符保卢毅然参加空军对日作战，还成为第一批留美空军学员，参加美国陈纳德飞虎队，于1943年壮烈牺牲。

符保卢

郝春德，原全国跳远纪录保持着。1925年，郝春德与钟连基参加华东大学及华东运动会，郝春德获得标枪第一名，成绩40.26米。钟连基获得跳高第一名、撑竿跳高第二名、标枪第四名。因成绩优异，郝春德、钟连基作为华东各大学以及华东区代表参加全国预选赛。1926年郝春德进入中华队参加万国运动会，他参加了100米、20米、标枪、跳远、800米接力跑的比赛，标枪获得第三名，跳远获得第二名。郝春德、钟连基、李静平、黄炳坤四人在800米接力跑比赛中战胜英、日、葡、俄四国选手取得第一名。1930年，在第四届全运会上，钟连基取得100米第一名，郝春德取得100米第四名、跳远第一名和男子全能五项运动第一名。1933年，在第五届全运会上，郝春德取得100米第四名、五项运动第

① 勤奋书局编辑所：《全国男子田径名将录》，上海：勤奋书局1936年版，第1页。

一名、标枪第三名、个人总分第一名，并以 6.91 米的成绩打破全国纪录并蝉联男子跳远第一名。

郝春德

（三）开设暑期训练班，积极竞争促进步

暨南大学完善本校自身优势资源的同时，还为当地其他田径队伍提供帮助。1930 年成立的江南田径队为求技术进步，提前为全市及全国运动会做好准备，特向暨南大学商借场地、住所、教练等，设立训练班。当时暨南大学体育部鉴于上海市田径选手没有练习场地，唯恐过了一个暑假成绩退步，影响上海市实力。因此，体育部向学校建议设立一期暑期班，以便上海市选手练习、保存实力。“国立暨南大学体育部鉴于本市田径选手苦无练习所在，过此长夏，成绩势将退步，影响本市实力，殊为可虑，为此特呈请学校当局、允予设一暑期训练班，俾使各选手可以练习不辍、藉保实力、对于本市真大有益。兹闻该校樊秘书长，素热心于体育，对此举殊为赞成，已允拨接待室招待选手居住。”① 校方立即应允开设训练班并派遣即将到任的德国教练为指导。《申报》评价“此种先公后私之精神，殊可钦佩”。

当时的暨南训练班中，云集了“黑将军”曾荣忠、“十项健将”曹裕、“上海飞将军”钟连基、郝春德、“三铁能手”谢全和、“五项名将军”王季淮、“中栏健将”陶英杰、“万米健将”舒昭贤等运动健将。诸多健儿齐聚暨南，摩拳擦掌、跃跃欲试，“届时绿茵草地，凉风快人，定有多种新成绩发现”。②

真如时期，暨南的体育运动始终在中国高校中名列前茅，暨南健儿勇往直前的体育精神也感染了一代又一代的暨南人。在学术氛围浓厚的真如暨南，社团和体育方面的突出表现也成为了解真如时期的重要标签。全面发展的暨南人在那个辉煌灿烂的年代创造了属于自己的成就。直到今天，暨南依旧保持着当初的精神风貌，暨南健儿在国际赛场不断为国争光，取得骄人的成绩，创造着中国体育运动新的历史。

---

① 此处及之后多段内容引用自：《暨南开放练习田径》，《申报》，1931 年 8 月 5 日，第 11 版。

② 《暑期训练班对抗》，《时报》，1931 年 8 月 12 日，第 6 版。

第六章

JINAN UNIVERSITY

爱国爱校　薪火相传

暨南大学有着光荣的爱国革命传统。20 世纪初至中华人民共和国成立前，国家内忧外患不断，人民生活水深火热。面对灾难深重的祖国，暨南师生在潜心治学的同时，毅然挑起了救亡图存、振兴中华的历史重担，一次又一次融入民族解放和人民革命的历史洪流。覆巢之下，焉有完卵？在多灾多难的年代，暨南校园也饱受战火摧残，几经患难、屡易校址。然而，在如此艰险的条件下，暨南师生仍以坚韧不拔之志颂书治学，竭力维护和延续华侨高等教育血脉，谱写出了暨南大学风雨无阻、自强不息的历史篇章。

辛亥革命爆发前，暨南的侨生就已开风气之先，早早剪去了辫子。1912 年，暨南学堂停办，1918 年复办。复校不到一年，暨南学子就已经高举反帝反封建的思想旗帜，投身五四运动。1923 年，在恽代英①的领导下，暨南的第一个中共党支部成立并不断发展壮大，成为暨南进步师生中的核心力量。在革命与救亡的年代，师生们寻求真理、追寻先进力量，在探索救国救民的道路上迈出了坚实步伐。国民革命运动中，韩汉光、黄逸峰等同学成长为革命骨干。左翼文化运动兴起后，鲁迅、李达、邓初民、许德珩、钱亦石等学者将进步思潮带进校园，促进了学生们的思想觉醒。“九一八事变”爆发后，暨南学子参加了历次救亡请愿运动；当“一·二八”的战火烧至校园，同学们还纷纷请缨参加抗日队伍。这期间，在暨大学习的江上青写下长诗《前进曲》，诗词内容慷慨激昂，激发着民众的抗日斗志。1935 年，震撼全国的“一二·九”抗日救亡运动爆发，暨南学子再次成为上海抗日救亡的重要力量。

全面抗战爆发后，真如校园被日军占领，暨大迁往上海租界，开始了长达 4 年“孤岛”办学的艰难历程。这期间，师生们秉持忠信笃敬的校训，与国家民族命运休戚与共，在险恶的“孤岛”、在抗战前线、在敌后根据地，为抗日救国和民族解放英勇斗争。太平洋战争爆发后，“孤岛”陷于敌手，何炳松作出“当看到一个日本兵或一面日本旗经过校门时，立刻停课，将这所大学关闭”的悲壮决定。1941 年 12 月 8 日，暨大闭校拒敌、宁折不弯，师生上完“最后一课”后南迁福建建阳，谱写了暨南历史上最为悲壮的篇章。

1946 年，暨大回沪复办，学校开始紧张的恢复工作。但由于国民党当局倒行逆施，让原本期盼在抗战胜利后复兴暨大、光大侨教的暨南师生陷于绝望。身处动荡不安的时局和日益险恶的生存环境，暨南师生在中国共产党的领导下，毅然投身到了伟大的人民解放事业中，参加了“反美抗暴”“反饥饿、反内战、反迫害”“团结护校”等一系列斗争，站在了人民解放战争第二条战线的前列，暨南大学也被称为“东南民主堡垒”。在争取民族独立和人民解放的历次斗争中，

① 恽代英（1895—1931），中国无产阶级革命家，中国共产党早期青年运动领导人之一。

暨南人也不怕流血牺牲，韩汉光、符克、钱亦石、陈镇和、符保卢、鲍志椿、姚莲娟、柯以圻、林维雁、王多祥、殷启辉、张碧坤、刘碧堂等人，为伟大的事业献出了年轻的生命，是暨南永远的荣光。

1949 年 9 月，学校原有院系并入复旦大学、交通大学等校。因侨生锐减、经费不足等困难，暨大的恢复工作陷于停顿。1951 年 6 月，学校再度停办。50 年代中后期，伴随着社会主义建设高潮的到来，华侨子弟纷纷回国求学，1958 年，暨南大学在广州重建，这所以“宏教泽而系侨情”为宗旨的华侨最高学府，在党和政府的关怀下，获得新生，开启了发展的崭新征程。

第一节 融入救国救民的洪流

一、剪辫易服反对帝制

伴随着八国联军侵华战争的“庚子国难”，中国艰难地进入了 20 世纪。1901 年，《辛丑条约》签订，中国彻底沦入半殖民地半封建社会的深渊。如何挽救民族危亡，再次成为摆在无数国人面前的严峻问题。在海外，以孙中山为首的革命派和以康有为、梁启超为首的保皇派，展开了革命和改良的激烈交锋，加速了民主革命思潮在华侨之间的广泛传播。在这场论战当中，许多海外华侨接受了孙中山的革命思想，通过创办报刊、印刷书籍、组织演讲等方式积极宣传革命主张，实现了从改良走向革命，从保皇走向推翻封建专制统治的觉醒。海外华侨归国后开展教育启蒙和宣传工作，发动革命斗争，成为中国反对封建专制统治的一支重要力量。

暨南学堂开办时，正值孙中山成立同盟会后的第二年，国内的民主革命风气方兴未艾。此时，清末新政也在加速着中国社会由传统向近代的转型，就教育界来说，新式学堂在全国大量兴办，学生也非常活跃，各地学潮不断。在暨南学堂学习的华侨学生，既保持着广大侨胞热爱祖国的光荣传统，又受到民族主义、民主主义革命思潮以及各地学堂风潮的影响，或多或少地具有反帝反封建的倾向。

清政府对革命力量非常忌惮，对来自南洋的暨南学堂侨生也或多或少存有戒心。当时，江宁将军为此还特意保荐两位满族教师来到暨南学堂进行监督。学堂不同意，清政府就让已调至北洋的端方劝说。最终，学堂不得已才让他们进校。即便如此，清政府军机大臣对端方仍怀有疑心。当时暨南的处境正如郑洪年所说："上遭清室之忌，中经廷议之阻，下乘宵小之诽。"① 尽管环境恶劣，但暨南学堂仍坚持办学，侨生们反抗清政府统治的热情也更加高涨。对于委派学监之事，学堂的学生表达了强烈不满，还借故掀起驱逐满族学监的学潮，最终满族学监不得不"引咎辞职"。

学生对清政府统治的反抗，还体现在移风易俗上。尚处在清政府统治之下的暨南学生，就已经率先剪去了象征着甘当清朝顺民的辫子。1910 年秋，整个暨南学堂保留辫子的仅剩两人，新入校的学生也在"剪辫"风气的影响下，纷纷将自己的辫子剪掉。暨南学生剪去辫子可谓开风气之先，因为南京各界市民是在 1911 年 12 月 29 日，也就是孙中山当选为临时大总统当天剪去发辫。② 一位暨南的老校友陈维龙回忆了当时的剪辫经历：

有几位热心的老同学如杨国珍、陈庆朝（又名万安）等，自动跑来照顾我们，并力劝我们剪辫，连续说了许多天，非达目的不止。我们心里已被说服，但未请得家长的命令以前，谁都不敢动。有一晚正在议论纷纷之际，忽有一位新生问大家："如果我先剪辫子，你们敢跟着我走吗？"我们以为他在"轰大炮"，信口回答他："我们都来！"想不到这个人能说能行，马上叫剃头师傅把自己的辫子剪掉，随后他监督其余十九人，当晚一起剪光，才放他们回房去写信给家长请罪。我亦依样画葫芦，不久接到吾父手谕，免不了一场教训说："身体发肤，受之父母，不可毁伤，孝之始也，难道你把这几句话都忘掉了吗？不然，为什么连剪辫这种大事，都不先来请命而后行？真是胆大妄为！下次不可这样，切切记着！"我读了如获大赦，赶快禀告说："孩儿下次再也不敢了！"③

这一时期，南洋各地的侨生纷纷回国，暨南学堂的学生已经增加到 300 余人，学堂内革命氛围已经非常浓厚，多名教职员加入了同盟会，革命思想在师生之间蓬勃发展。1911 年 10 月 10 日，辛亥革命武昌起义爆发，全国各省纷纷响应，革命浪潮席卷全国。暨南学堂的许多侨生也纷纷响应，拥护革命。武昌起义爆发后，南京城环境险恶，两江总督张人骏和南京守城将领张勋极力效忠清廷，准备顽抗到底。"辫帅"张勋④甚至要与南京城共存亡，下令大肆逮捕革命党，凡是没有发辫并且身上戴有白手帕者，一律被认定是革命党，暨南学堂也被他们

① 周孝中：《暨南与辛亥革命》，暨南大学华侨研究所：《暨南校史资料选辑 1906—1949（第一辑）》，1983 年内部刊行，第 1 – 2 页。

② 舒炼：《中国红　辛亥革命百年祭（红楼卷下）》，北京：中央文献出版社 2011 年版，第 555 页。

③ 陈维龙：《清末暨南回忆之二》，暨南大学华侨研究所：《暨南校史资料选辑 1906—1949（第一辑）》，1983 年内部刊行，第 102 – 103 页。

④ 清朝覆亡后，为表示效忠清室，张勋禁止所部剪辫子，被称为"辫帅"。

视为革命党的根据地，师生的行动受到严密监视。清军还把大炮架在了北极阁，炮口正对暨南学堂。学堂为安全起见，不得已将学生转移至上海，学生中有一部分被安置在闸北某警局，一部分住在光复军办事处。① 此时，各侨居地中华会馆为了侨生安全，汇来旅费让他们返回海外，但仍有部分侨生投身革命运动。当时黄兴在汉口组建学生军，有20余名学生前往参加，不料到达后，汉口已被清军夺回，学生军解散，这些学生后又返回上海，去往各革命机关服务。还有学生参加了徐绍桢的江浙联军，爪哇岛侨生张益山便是其中一员，他在与清军作战中负伤牺牲。郑洪年在之后的回忆中缅怀这位学生："张君为暨校同学最早参加实际革命工作之一人，亦为暨校同学为革命而牺牲之第一人！"②

民国元年，由于学生纷纷离校，校务也无人主持，暨南学堂随之停办。这之后，袁世凯和北洋军阀独掌北京政府，他们惧怕革命党对政权的威胁，担心"暨南都是些革命党"，对暨南复校一事态度消极。直到袁败亡后，恢复暨南才得以提上日程。1918年，暨南在南京正式复校，改名"暨南学校"。

二、从五四运动到国民大革命

1912年1月1日，中华民国成立，开启了中国历史的共和时代。虽然封建帝制被推翻，民国成立、南北统一，但共和体制终因"水土不服"而徒有虚名。面对国内沉闷污浊的空气，有识之士高扬民主与科学的旗帜，发起新文化运动，推动中国社会进步和中国人思想观念的更新。随之而起的五四运动，更是成为中国从旧民主主义革命走向新民主主义革命的转折点。在这一崭新的民主革命形势下，暨南侨生也高高举起反帝反封建的思想旗帜，投身到时代的洪流。

（一）五四运动中的暨南学子

1919年，中国在巴黎和会上外交失败，北京学生举行集会和游行示威活动，反对帝国主义强权、捍卫中国国家主权的五四运动拉开大幕。运动像火山爆发一样，掀起了汹涌的爱国热潮。虽然暨南学校复校还不到一年，但暨南侨生也走上街头，声援北京的爱国学生，积极投入到爱国救国的运动之中。5月8日，暨南侨生叶君组织学生演讲团出校宣传，声援北京爱国学生。学生演讲团从薛家巷出发，经北门桥转向南行，沿街散发传单、进行演讲。在欣之园街，暨南的校旗飘扬，学生义愤填膺地向群众演讲，一起振臂高呼"讨国贼、排日货！""勿用日

---

① 宋教仁、于右任、陈英士、柏文蔚等所组织的光复军机关，位于上海钻岭路17号。

② 杨裕芬、陈希文：《暨大初期史略》，《南洋情报》，1933年6月1日，第2卷第3期。

货，要用国货，以挽救危亡!”“中华万岁!”与此同时，以暨南侨生为主体的南京华侨联合会成立。华侨联合会向北京政府、南京军政府及巴黎和会中国代表团发出电报：“要求力争归还青岛，取消中日密约，惩办卖国贼，要坚持到底，华侨学生誓为后盾。”5 月 24 日，南京警察奉命驱散学生演讲。28 日，暨南与金陵大学等校学生宣布罢课。罢课后的学生继续深入街头巷尾进行演说，有的学生还深入农村进行调研宣传。“六三”运动以后，爱国运动从罢课发展到罢工、罢市，北洋政府命各地军警对“三罢”进行疯狂镇压，南京学界、商界大遭蹂躏，暨南有多名学生被军警打伤。① 但是暨南侨生始终不畏强权、勇于斗争，成为五四运动中的一支活跃力量。

（二）中共暨南学校党组织的诞生

五四运动以疾风骤雨般的强劲姿态，唤起了中国各阶层人民的彻底觉醒。经过五四运动的洗礼，青年学生开始寻求真正实现民族独立和发展进步的道路。1921 年，中国共产党在上海宣告正式成立，中国革命的面貌从此焕然一新。共产党领导的青年运动也悄然进入暨南校园。1921—1922 年，南京暨南学校就已经有学生参加共产党活动。② 1923 年，随着国共两党走向合作，反帝反封建的国民革命也不断酝酿，这给暨南学子的革命斗争指明了前进方向。从这一年开始，一些国共两党的代表接连到校演讲交流，这让本就富有爱国民主传统的侨生和国内学生备受鼓舞，踊跃加入国民党、共产党。同年夏，国民党第七分部成立，部长是暨南新加坡归侨学生王大文（1922 级）。

中国共产党暨南学校的党团组织，是在老一辈无产阶级革命家的直接影响和帮助下建立起来的。1923 年 3 月，共产党人恽代英以新闻记者身份来到暨南学校，与学生建立了稳定联系，还向他们推荐《向导》（共产党创办）、《新青年》、《社会发展史》、《共产主义入门》等进步杂志和书籍。他经常找学生促膝深谈，以通俗易懂的语言，潜移默化地给他们灌输马克思列宁主义等进步思想，逐渐让暨南学生认识到要实现国家富强、民族解放，必须进行一次新民主主义革命，推翻帝国主义和封建军阀统治。在共产党人的指引下，暨南学生的政治觉悟和阶级觉悟不断提高。从此，暨南校园内种下了新民主主义革命的火种。

同年，恽代英亲自发展了韩汉光、蒙岛南、符光东等同学入党，成立中共暨南学校党支部，韩汉光任党支部书记。后继续发展许侠夫、郭儒灏、符福卿、林

---

① 《时报》，1919 年 6 月 10 日，第 4 版。

② 郭儒灏：《暨南早期的党组织》，暨南大学华侨研究所：《暨南校史资料选辑 1906—1949（第二辑）》，1983 年内部刊行，第 4 页。

献敏、龙学云、龙逢镳、文国锡等人入党，党组织不断扩大。[1] 中共暨南学校党支部成立后，团结进步学生，组织各种公开社团，开展反封建、反奴化教育的罢课运动，还向东南大学发展党组织[2]，在学生中处于核心和领导地位。暨南迁址上海真如后，位于上海这个中国的经济文化中心，更是汇集了更多进步力量，学校的党团组织实现了进一步发展。暨南社会主义青年团组织也在之后建立起来，当时在中共闸北区委工作的陈云，不止一次来暨南指导团支部会议和活动，与团员积极交流。

恽代英

中共暨南学校党支部成立后不久，便领导学生在校开展了一次反封建、反奴化教育的罢课运动。运动的起因是，暨南学校女子部在管理上仍存在封建思想，推行男女授受不亲，还用围墙把女子部与周围隔开，严禁男女学生来往，引起学生不满。中共暨南学校党支部在恽代英的指导下，发表《罢课宣言》，南京旧校址的学生进行罢课，展开斗争。最终校方向学生道歉，并拆除围墙。[3]

（三）在国民革命运动之中

1925 年，中共党员顾正红被日商纱厂资本家枪杀，激起了上海工人罢工和反帝高潮。为抗议帝国主义制造的“五卅惨案”，暨南师生奔走呼号，专门组织宣传队，声讨英、日帝国主义屠杀中国人民的罪行，同时成立募捐队，支援上海“三罢”斗争，积极声援参加省港大罢工的工人。在国共两党的组织下，暨南学校的学生前往黄埔军校和农民讲习所学习，成长为军事和农民运动的骨干力量，在国民革命军东征、北伐战争以及工农运动中立下汗马功劳。韩汉光、蒙岛南、符光东、许侠夫、符福卿、黄逸峰等便是其中的典型代表。韩汉光担任北伐军某部党代表，后在北伐战场上牺牲。蒙岛南在广州某舰艇任职，符光东、许侠夫、

① 部分同学为在暨南接触马克思主义和党组织，转学或毕业后才正式入党。见郭儒灏：《恽代英同志在暨南的革命活动》，暨南大学华侨研究所：《暨南校史资料选辑 1906—1949（第二辑）》，1983 年内部刊行，第 7 页。

② “四一二”反革命政变后，东南大学党支部于 1927 年冬由自暨南转读该大学的林猷敏、龙逢镳等组织起来，到 1928 年夏已发展党员 20 多人。后因叛徒出卖，党组织被破坏，多数成员遇害。

③ 郭儒灏：《恽代英同志在暨南的革命活动》，暨南大学华侨研究所：《暨南校史资料选辑 1906—1949（第二辑）》，1983 年内部刊行，第 7－8 页。

郭儒灏、符福卿在组织安排下从事地方革命工作。①黄逸峰在1926年考入暨南商科大学就读，同时担任校共青团支部书记和上海学生联合会主席等职务，成为上海大学生中的带头人。之后，他参加了周恩来等人领导的三次上海工人武装起义，担任武装起义总部的交通员，亲自参加了进攻警察局的战斗。在“四一二”反革命政变当天，他还成功营救了被蒋介石密令扣留的周恩来。蒋介石发动反革命政变后，很多毕业于暨南学校的共产党员仍坚持与国民党右派势力作坚决斗争，许多人为之献出了宝贵的生命，用鲜血在暨南的爱国民主运动史上写下光辉一页。

黄逸峰（1906—1988），著名社会科学家

三、校园中的左翼文化运动风潮

大革命失败后，国民党在全国实行专制统治，暨南所处的上海更是处于国民党政府的高压之下。在国民党白色恐怖的笼罩中，共产党人和大批知识分子发动左翼文化运动，以文学和马克思列宁主义思想为武器，同国民党的专制统治展开抗争。1927年，暨南刚刚改组成为大学，暨南学子仍有较强的爱国民主热情，如在“济南惨案”后组成宣传募捐队，为同胞申冤。这一时期，为充实暨大，学校还聘请了许多学者教授，其中不乏进步的知识分子。他们通过演讲、授课等形式向学生们传播先进思想理论，把左翼文化运动的风潮带进了暨南校园。

鲁迅曾三次到暨大演讲。第一次是1927年11月6日，他受中国语文系主任夏丏尊邀请来到华兴楼饭店，作了题为“关于文艺创作和读书方法”的即兴演讲。第二次是1927年12月21日，题目是“文艺与政治的歧途”，通过指出文艺与政治的冲突，影射当时政府的专制作风。第三次是1929年12月4日，这次演讲以“离骚与反离骚”为题，借古讽今论证离骚就是牢骚，他认为，发牢骚也绝不至于扰乱社会，整个社会问题仍旧是不会涉及的，很多暨大学生对这次演讲印象深刻，领会到要改造社会是不能依靠发牢骚的，对黑暗社会不满就应该设法

① 符光东担任海南万宁县农民运动特派员，许侠夫任中共琼崖地委组织部和宣传部部长，郭儒灏到琼崖地委工作，符福卿在琼东县参加革命工作。见郭儒灏：《恽代英同志在暨南的革命活动》，暨南大学华侨研究所：《暨南校史资料选辑 1906—1949（第二辑）》，1983年内部刊行，第5－9页。

1928 年 5 月“济南惨案”发生后，暨南大学学生组成宣传队进行宣讲游行

去反抗它。[①] 李达当时也在暨大任教，他讲授的是马克思主义哲学和政治经济学，这期间由于身份特殊，他被国民党特务监视甚至还被打断右臂，即使陷于此种境地，李达仍然保持着大无畏的精神，他说：“反动派想打断我的右臂，不让我再拿起笔，要我放下武器，我办不到。我一定要把右手练得像好手一样。”[②] 邓初民在暨大主讲经济学，他还与李达等人一起创办了《双十》月刊，之后又发起社会科学联盟作为共产党的外围组织，并被选为“社联”主席。他团结广大进步知识分子，出版刊物，组织读书会，宣传马克思主义观点。邓初民的举动引起国民政府教育部的震怒，1933 年秋在当局的强迫下，邓初民被解聘。[③] 许德珩在暨大历史社会学系任系主任，他曾是五四运动时期著名的学生领袖，起草了《北京学生界宣言》，他在暨大的一年半时间主讲唯物辩证法和历史唯物论，同时从事社会主义理论的写作和翻译工作。[④] 钱亦石在暨大授课时运用马克思列宁主义基本原理联系中国实际，创新课程体系，讲授“中国外交史”“现代教育原理”“近代世界政治史”“中国近代经济史”等课程，著作丰富、见解精深，被称为“红色教授”。[⑤] 当时，暨大的进步教授和学者还有郑振铎、胡愈之、周谷

---

① 《离骚与反离骚》，此次演讲未被收录进《鲁迅全集》，演讲稿全文保存于《暨南校刊》第 28 – 32 期合刊中。

② 《“理论界的鲁迅”李达》，《光明日报》，2017 年 9 月 19 日，第 5 版。

③ 邓曼菁：《我的父亲邓初民》，《山西文史资料》编辑部：《山西文史资料全编（第 2 卷）（第 14—25 辑）》，1999 年，第 702 页。

④ 中共党史人物研究会：《中共党史人物传精选本（第十卷）》，北京：人民日报出版社、中央文献出版社 2001 年版，第 229 – 230 页。

⑤ 何定华、湖北省中共党史人物研究会、湖北省民政厅：《湖北英烈传（第 1 集）》，武汉：湖北人民出版社 1984 年版，第 355 页。

城、张天翼等人，在他们的影响下，越来越多的暨南学生以马克思列宁主义为武器武装自己的思想，敢于揭露现实社会的黑暗，投身到了反对国民党统治的斗争之中。

1930 年 3 月 2 日，在中央文化工作委员会的直接领导下，中国左翼作家联盟（简称“左联”）宣告成立，从此，进步的文艺工作者便依靠它与国民党的文化围剿政策进行对抗。很快，“左联”便影响到了暨大，学校的进步文学力量成立“左联”小组，小组的主要成员有张天翼、陈白曙（陈作梅）、孙石灵、雷溅波、谭林通、何家槐、俯拾（黎莹/陈凌霄）、大保（吴振刚）、邝劲志（方孟）、冯剑楠（苏夫/甦夫）、彭凡（彭家藩）、贝岳南等，他们以小说、杂文、诗歌、戏剧等形式，讴歌进步和光明，鞭挞黑暗和龌龊。何家槐是其中的重要代表，他在“左联”内部担任了重要职位。何家槐（1911—1969），浙江义乌人，被鲁迅称为“七个东北流亡青年作家”之一。1932 年转入学校外国语文学系，由于他在文学创作上能力突出，被当时学校的“左联”小组吸纳为成员，在之后不到一年的时间里，何家槐介绍了饶彰风[①]、张天虚、马子华等文化界人士加入“左联”，还与沙汀、欧阳山、艾芜等人一起组织创作研究委员会。在他的影响下，暨大的一批进步学生也积极开展文学创作，以隐蔽形式开展爱国民主运动。1934 年，何家槐加入中国共产党，担任“左联”组织部部长，后又参加“左联”的行政领导小组。

这一时期，暨南的党团组织规模也进一步扩大，成为当时上海的大学中党团员最多的学校。在 1929 年秋，单是团员就有近百名。[②] 在左翼文化运动风潮和校内党团组织的影响下，暨南学子在思想上进一步觉醒，在政治上也更加成熟。在上海，暨大也成为左翼学生最集中的学校之一。

四、暨南与抗日救亡运动

1931 年“九一八事变”爆发，中华民族进入了一个严重危急的关头，直至全面抗战爆发，日本一步步加紧对华侵略，中日民族矛盾逐渐上升为国内的主要矛盾，中国人民的抗日救亡运动此起彼伏并达到新的高潮。在轰轰烈烈的抗日救亡运动中，暨南人以开拓进取、孜孜以求的精神状态，敢于追寻先进组织、学习先进思想，在探求救国救民真理的道路上迈出了坚实的步伐。

---

① 白云：《暨大“左联”的情况》，暨南大学华侨研究所：《暨南校史资料选辑 1906—1949（第二辑）》，1983 年内部刊行，第 20 页。

② 韩托夫：《上海真如时期暨南大学党团组织》，暨南大学华侨研究所：《暨南校史资料选辑 1906—1949（第二辑）》，1983 年内部刊行，第 14 页。

（一）在抗日救亡运动初期

“九一八事变”的爆发震惊了上海学界。9 月 19 日，上海各大高校纷纷成立学生抗日救国联合会，并宣布罢课。从 9 月底至 12 月初，暨大学生和上海其他学校连续三次向国民政府请愿，要求武装抗日。最后一次请愿时，学生队伍遭到国民党特务的监控和武装镇压，愤怒的暨大学生同上海各校学生一起捣毁了国民党上海市党部。第二年，“九一八事变”的请愿风潮尚未平息，“一・二八事变”的战事又起，暨大学生再次同仇敌忾，加入上海大学生义勇军的队伍，与十九路军共同抗敌。1 月 28 日当晚，在暨南大学的礼堂，大道剧社[①]、暨南剧社正在演出田汉新编的话剧《乱钟》，正当演员演到日本帝国主义侵占沈阳，东北大学学生敲响校钟，冲出寝室集合操场之时，日军进攻闸北的炮声响起。一瞬间历史与现实戏剧性地联结在一起，全体演剧人员和学生涌向操场，齐唱抗日歌曲。暨南学子备受感染、热血沸腾，主动请缨参加义勇军。[②] “一・二八”淞沪战事爆发后，暨大所处的真如地处战区，学校被战火波及，不得已分散在上海租界、苏州和广州三地维持基本办学，中学部借苏州工学院附属职业学校上课，大学部暂迁上海租界，留粤学生借国立中山大学、广州市立师范学校开课。真如校址则落于日军手中长达三个月，直至 5 月底日军从真如撤出。

国立暨南大学驻粤大中学部开学典礼合影，这也是暨大首次在广州办学

① 大道剧社是左翼戏剧家联盟直接领导的骨干剧团。“九一八事变”和“一・二八事变”期间，在上海广泛开展抗战宣传。

② 陈彩琴、侯桂芳、赵菲：《中国抗日战争全景录（上海卷）》，上海：上海人民出版社 2015 年版，第 28 页。

1932 年 5 月 23 日，日军从暨大撤出，图为暨大真如校门

在这段时期，中共党组织也选派代表进入校园，秘密从事学生运动，革命烈士江上青[①]同志便是在这种形势下来到暨大的。1931 年 8 月，江上青进入历史社会学系，他一边学习课程、一边参加学生运动。在暨大，他认真听取邓初民、李达等人讲授的“社会学”等课程，牢牢掌握成为一名坚定革命者的思想武器。[②] 东北沦陷后，面对日寇侵略和国民党当局不抵抗政策所造成的深重灾难，他还义愤填膺、饱含激情地写下长诗《前进曲》：“用太阳底火融化冰雪，地心底热流洗清了血腥；冰雪和血腥消灭，时代才能顺着轨道前行。”[③] 这首诗在当时广为流传，起到了唤醒民众、鼓舞抗日斗志的积极作用。

江上青

① 江上青（1911—1939），江苏扬州人，“100 位为新中国成立作出突出贡献的英雄模范人物”之一。1927 年参加革命，1929 年加入中国共产党。同年底，在上海参加党组织的秘密会议时被捕，1930 年冬带着一身疾病出狱。1931—1932 年，在暨大历史社会学系就读，继续秘密参加学生运动。全面抗战爆发后，积极开展抗日宣传。1938 年，创建皖东北抗日根据地。1939 年，遭遇反动武装袭击，不幸遇难，年仅 28 岁。

② 安徽省地方志编纂委员会：《安徽省志　人物志》，北京：方志出版社 1999 年版，第 279 页。

③ 张明林：《奉献中国——100 位为新中国成立作出突出贡献的英雄模范人物》，北京：中共党史出版社 2010 年版，第 102 页。

（二）“一二·九”运动中的暨南学子

进入1935年，日本加快了对中国各地的侵略步伐，策划华北自治运动，妄图使华北五省脱离中国版图。“华北之大，已经安放不下一张平静的书桌了。”面对日本的步步紧逼，南京国民政府却屡屡退让，此种行径激起了全国各阶层的不满。12月9日，在北平学生联合会的领导下，北平大中学生数千人举行了抗日救国示威游行，反对华北自治，反抗日本帝国主义，要求保全中国领土的完整，“一二·九”运动爆发。“一二·九”运动在全国范围内燃起了救亡运动的火焰，学生运动更是出现了新的高潮。暨南学生在中共党组织的领导下，成立国立暨南大学救国会（简称暨大救国会），并成为上海大学生救国联合会常委，康乃尔（1935级史地系）为主席。次年，暨大抗日救国青年团成立，陈凌霄（俯拾/黎莹）（1937届中文系）担任书记兼宣传委员，胡夏青（胡穗新）（1933级教育学）担任组织委员。[①] 在他们的积极活动下，暨南学生救亡热情高涨，暨大校内的救亡运动也如火如荼地开展起来。

参加学生请愿运动

12月19日，暨南大学700余名学生同复旦大学、光华大学、大夏大学、交通大学等学校学生和其他中学学生连夜举行游行，向上海市政府请愿。当天下午，在当局的蓄意破坏下，暨大学生被误导至郊野行进奔波十余小时，在发现被欺骗后，暨大学生也没有就此罢休，仍在饥寒交迫之下继续前进，最终与来自各学校的几千名进步学生一起集结在市政府大门外。市政府为了驱散游行学生，在寒夜中熄灭路灯，向门外喷放浓烟，学生们被熏得泪水直流，无法睁眼。在此情形下，学生们的情绪更加激愤，难以压制，要求抗日的呐喊声、歌声愈发响彻云霄。“起来，不愿做奴隶的人们……”“枪口对外，齐步向前……我们是铁的队伍，铁的心，维护中华民族，永做自由人!”扛不住长时间的僵持，上海市市长吴铁城和教育局局长潘公展被迫接见了学生，并接受了请愿书。

抗日救亡运动的浪潮汹涌澎湃。12月21日，史良等发起成立上海妇女救国会，组织近千名妇女上街游行声援学生的爱国运动，暨大的全体女学生皆为会员，胡夏青为筹委，还有多名女生担任理事。12月24日，暨大和复旦、交大、同济等校学生冲进上海北站，暨大的学生刘烈人、刘慈恺、张馥抢占了火车头，学生们占据了火车，准备赴南京向国民政府请愿。上海当局如临大敌，派军警将火车团团围住。然而，游行示威学生声势浩大，在上海各界的舆论压力下，吴铁

① 随着中共中央提出抗日民族统一战线的主张，1936年春，“左联”自行解散，成立上海抗日救国青年团。暨大校内的“左联”“社联”等组织也随之解散，成立了暨大抗日救国青年团。

参加妇女救国会的暨大部分成员

城被迫同意用火车送学生去南京，但在暗地里却百般阻挠。行进过程中，司机被中途赶走，交大同学便大胆充当司机，暨大学生与各学校同学轮班铲煤。路轨被当局破坏，学生们便在黑暗中从深水里找到路轨，修好铁路继续前进。缺少饮用水和食物，学生们就以沿途群众赠送的饼干充饥，舀取路边河沟的冷水解渴。经过五天五夜的奋战，列车终于到达无锡，然而遭到了南京方面派来的宪兵和上海军警的前后夹击，又被迫返回上海。

虽然进京请愿的行动失败了，但这次行动不仅扩大了“一二·九”运动的影响，更教育和团结了广大青年学生，暨大学生在运动中也得到了成长和锻炼。“一二·九”运动极大地促进了中国人民的觉醒，标志着中国人民抗日民主运动新高潮的到来。此后，上海各界的集会和示威游行活动此起彼伏，暨大学生也继续活跃在各种抗日救亡运动之中。

暨南大学救国会是暨南学生运动史上的一个重要团体，它的诞生与20世纪80年代担任暨大校长的梁灵光（广东省原省长，于1983—1991年任暨南大学校长）有着深厚的渊源。梁灵光是归侨爱国青年，与暨大学生常有联系，暨大救国会便是由一批激进的爱国学生在校园附近梁灵光的寓所“居之安”，经过商谈组织起来的。“一二·九”运动爆发后，梁灵光加入暨大学生队伍之中，与暨大学生同仇敌忾，后又加入了暨大抗日救国青年团。[①] 在赴南京请愿的火车上，梁灵

① 马兴中：《梁灵光与暨南大学》，载金向明：《暨南百年四海情　庆祝暨南大学百年校庆·重庆暨大校友会成立二十周年纪念专刊》，重庆暨南大学校友会，2006年，第90页。

光结识了同车的暨大女生朱含章（朱冠坤）（1933 级铁路管理系），两人一道走上抗日道路并喜结连理，成为人们称美的模范伉俪。①

参加妇女运动

1936 年“三八”国际妇女节，上海妇女救国会举行了盛大集会和游行示威，暨大的胡夏青和上海妇女救国会理事史良、方铭（胡文新）一起手挽着手，走在最前面，带领游行队伍奋勇前进。② 值得一提的是，受进步思想影响和党组织的引导，暨大女学生较早地以各种途径参加了妇女运动和救亡运动。中国妇女运动先驱之一，老一辈革命家罗叔章便是从暨大毕业的，她于 1928—1932 年就读于政治经济学系。在校期间，罗叔章便以暨大华侨学生和进步学生代表的身份，受到宋庆龄的接见，并与之开始了重要交往。毕业后罗叔章参加上海妇女运动，在女工和学生中传播进步思想，后担任上海妇女救国会理事，抗战后继续从事妇女干部培训和妇女抗日统战工作，为中国的妇女解放事业作出了重要贡献。

1936 年妇女节上海举行游行示威，在“三八”纪念大会旗帜下，走在队伍前列的有方铭、史良和暨大学生胡夏青

深入群众，唤醒群众

1936 年 1 月，国民党当局为破坏学生运动，分散革命力量，下令各大中学校提前放寒假，于是上海学生组织成立上海各大中学学生救国宣讲团，到农村开展抗日救亡宣传。下乡队伍共 90 余人，分为三个中队。暨大学生是第二中队，有 40 余人，学生们高举“上海各大中学学生救国宣传”横幅，来到曹家渡一带，向这里的日本纱厂女工、人力车夫和码头工人宣传抗日救国。③ 活动开始后不久便受到了警察的阻挠，学生和工人有 3 人被逮捕。此举引发群众的强烈不满，

① 中国新四军和华中抗日根据地研究会：《新四军女兵传（第 2 集）》，北京：解放军出版社 2016 年版，第 398 页。

② 胡夏青：《“一二·九”运动在上海》，暨南大学华侨研究所：《暨南校史资料选辑 1906—1949（第二辑）》，1983 年内部刊行，第 21 – 42 页。

③ 齐集：《爱国的光荣传统　校史上永放光芒——“一二·九”运动中的暨大学生运动》，马兴中：《暨南往事》，广州：暨南大学出版社 2006 年版，第 60 – 63 页。

愤怒的群众冲进警察局，把警察分局的局长抓出来游行。在学生的宣传和组织下，越来越多的工人加入了游行队伍，规模一度达到2万人。运动最后就地召开了群众大会，宣传了抗日主张。美国进步记者史沫特莱在有关上海大中学生救国宣讲团寒假活动的报道中，便提到了暨大学生组织的这场救国运动。同年5月，上海各界群众在吴淞举行“五九”纪念会，暨大学生唐蕙、朱含章、陈伟达（王经纬）（1933级物理系）、陈作伟、赵裳等10余位同学进入会场，聂耳亲自登台教唱《五月的鲜花》，会上还演出了街头戏《放下你的鞭子》。参加集会的同学深受鼓舞，在共产党的领导下成立暨南海燕唱歌班，聘清歌唱家吕骥来校教唱，成员也扩大到30余人。此后，每逢集会，海燕唱歌班的同学便登台演出抗日救亡歌曲，还积极参加市学生总会活动，在社会上开展抗日宣传。[①] 这一时期，在中共上海临委的直接领导下，中共真如（暨南）小区区委会成立，负责领导暨南大学、大夏大学、光华大学、东南医学院、正风学院等校工作，暨南党组织的力量进一步壮大。[②]

（三）进步力量的补充与“援助绥远抗战”

1936年11月，国民党当局再度破坏救亡运动，炮制“七君子”案[③]，上海的救亡运动一时陷入沉寂。在暨大，加之先前积极参加抗日救亡活动的康乃尔、刘慈恺、刘烈人、张馥、陈越平（陈志立）、张美、鲍志椿等10名同学被当局开除，学生的救亡运动再度遭受打击。在这样的形势下，中共上海临委做出了在暨大发展新党员的决定，临委的负责同志王翰亲自到暨大主持新党员的入党仪式，新血液的加入增强了暨大校内的进步力量，救亡运动再次蓬勃开展起来。

当年冬天，全国各地发起援绥抗日运动，在党支部的策划下，暨南救国会公开号召“援助绥远抗战”，发起“一日一枚运动”，即每人每天捐款一枚钱来为前线将士筹集寒衣。负责劝募活动的学生还发起“一日一枚运动”宣传，他们慷慨陈词，呼吁全国民众团结一致，共同凝聚救亡力量：“我们曾经计算过，假如我们四万万五千万同胞，每天能省下一枚铜圆捐助国家，则一日之内就可购买十多架最新式的飞机，一年之内，我们的国家就有不可轻视的空军威力！……历史告诉我们，不论任何国家，只要其国民个个都能够赤诚爱国，就是遭遇了再大

---

① 陈作伟：《一九三五——一九三九年的暨南的爱国活动》，暨南大学华侨研究所：《暨南校史资料选辑1906—1949（第二辑）》，1983年内部刊行，第58－62页。

② 胡夏青：《“一二·九”运动在上海》，暨南大学华侨研究所：《暨南校史资料选辑1906—1949（第二辑）》，1983年内部刊行，第21－42页。

③ 1936年11月23日，上海市公安局派出8个行动小组，会同租界捕房，逮捕了沈钧儒、章乃器、邹韬奋、李公朴、王造时、史良、沙千里等人，陶行知因先期出国未遭逮捕。

的危机，也会有光荣胜利这一日的。”[1] 在他们的号召和鼓舞下，全校上下从校长、教授到一般教职员和学生，都纷纷解囊捐款。“我们几个女同学每天一早拿了一个铁筒先到校长处，再到教务长处收取一枚铜板。以后就转到各个教授以及所有的职员处向他们劝募。每天工作结果总是将铁筒装得满满的。”[2] 学生们用这些钱购买材料，缝制500件丝绵背心，连同各种各样的慰问信、慰问袋一起送到前线将士手中。[3] 这年寒假，在暨大侨民教育师资训练班毕业的全体学员，赴西北各省参观，途中特意前往傅作义驻地劳军，同学们得到傅作义的接见，并通过演出、歌唱等形式慰劳抗日将士。

援绥运动中，暨大学生缝制棉衣

《图画时报》

---

① 《扩大“一日一枚运动”宣言》，《暨南校刊》，1937年4月20日，第204期。

② 唐穗：《“一二·九”的前后》，暨南大学华侨研究所：《暨南校史资料选辑1906—1949（第二辑）》，1983年内部刊行，第43－51页。

③ 《本校学生慰劳绥远前敌将士捐款报告》，《暨南校刊》，1936年12月7—28日，第190－194期。胡夏青：《“一二·九”运动在上海》，暨南大学华侨研究所：《暨南校史资料选辑1906—1949（第二辑）》，1983年内部刊行，第21－42页。

第二节　坚守与抗争

一、移校租界与内迁行动

1937 年 7 月 7 日，“卢沟桥事变”发生，中日战争全面爆发。“平津危机！华北危机！中华民族危机！”不久，日本帝国主义的魔爪便伸向了我国的经济文化中心——上海，8 月 13 日淞沪会战爆发，处在战区的暨南大学也被推向了生死存亡的紧要关头。战争期间，日本对中国的文化教育事业采取了大力摧残破坏的方针，有意识地以大学为破坏目标。从 8 月 19 日起，日机对暨大真如校园展开了长达 3 天的轰炸，共投弹 40 余枚，学校图书馆、礼堂、科学馆以及中学部校舍被炸，1 名参加战地服务团的学生被当场炸死。在震耳欲聋的爆炸声中，巍峨的致远堂，幽静的莲韬馆，庄严的科学大楼，以及暨南河畔的垂柳，洪年图书馆前的草坪，都遭到严重破坏，被炸得面目全非。①

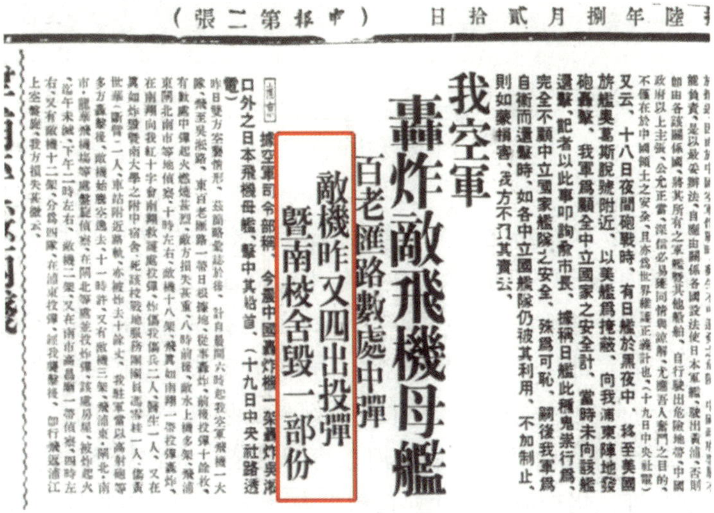
陸年捌月貳拾日　（申報第二張）

我空軍轟炸敵飛機母艦

百老匯路數處中彈

又云、十八日夜間砲戰時、有日艦於黑夜中、移至美國旗艦奧葛斯脫號附近、以美艦爲掩蔽、向我浦東陣地發砲轟擊、我軍爲顧全中立國家之安全計、當時未向該艦還擊、記者以此事叩詢俞市長、據稱日艦此種鬼祟行爲、完全不顧中立國家艦隊之安全、殊爲可恥、嗣後我軍爲自衛而還擊時、如各中立國艦隊仍被其利用、不加制止、則如蒙損害、我方不負其責云、

敵機昨又四出投彈

暨南校舍毀一部份

據空軍司令部稱、今晨中國轟炸機一架轟炸吳淞口外之日本飛機母艦、擊中其船首、（十九日中央社路透電）

暨南校舍被日机炸毁

《申报》，1937 年 8 月 20 日

① 谢章浙：《潜伏的三年半：母校迁入上海租界内的经历》，《暨南通讯》，1941 年第 1 期。

愈是在危难关头，愈能显示出暨大师生共克时艰、处变不惊的精神气概。在战火殃及前，学校领导便未雨绸缪，提前借到法租界的比德小学和中华学艺社（校长何炳松为该社理事），分别用作办公处和学生宿舍，后因法租界反对各大学进入中华学艺社，又租定美租界的侨光中学房屋作为临时校舍。学校的印章及大部分图书仪器也被陆续转移至安全地带。战争爆发后，更是有几位毕业后留校服务的职工不顾个人安危，在夜晚穿越枪林弹雨，载车往返数十次，抢救出大量校具。学校师生星夜兼程，转移抢救校产，为抗战期间，特别是“孤岛”时期的暨大在租界艰难地维持教学运转提供了最基本的物质保障。

暨大礼堂墙壁上的弹痕

《战事画刊》

随着战局不断扩大，华北、华中大片国土濒于沦陷，为坚持长久抗战，国民政府颁布《战区内学校处理办法》，决定将沿海沿江的各高校西迁，在西南和西北地区建立新的教育基地。当时，学校大中学部尚有学生 106 人。尽管淞沪会战初期，国民政府教育部指令暨大暂迁租界，但随着局势日益险恶，将学校内迁到大后方更为安全的地带，便成为维持校务、延续华侨高等教育的最佳选择。1937 年 9 月 3 日，校长何炳松呈文国民政府教育部，请求允许暨大内迁至浙江或江西，然而未被批准，仍被命令按计划在租界内开学。1937 年 9 月 20 日，学校大学部开学，10 月 11 日正式上课，中学部于 10 月 1 日正式上课。在闸北隆隆的炮火声中，学校举行了简短的开学典礼。11 月 13 日，上海沦陷，公共租界、法租界被日军团团包围，暨南大学开始了长达 4 年“孤岛”办学的艰难历程。

1937 年 10 月 27 日，学校被日军占领

恐怖的气氛笼罩着“孤岛”，暨大也深陷日伪的重重包围。因时局动荡，学校在租界也屡易校址。1938 年春，暨大搬迁至法租界陶尔斐斯路四合里，该处邻近顾家宅公园，有着相对安静的读书环境。然而，同年秋，在法租界“九一八”学生献金集会事件发生后，法驻沪领事强令除交大外其他战争时迁入租界内的公私大学一律迁出。国民政府外交部也交涉未果。11 月 10 日，何炳松通过其堂侄何德奎租到公共租界康脑脱路 528 号，学校总算是得以暂时安定下来。进入 1939 年，学校课程设置、图书仪器均有增加，原来运往江西的书籍也运回此处，南洋研究馆也开始积极筹备，以维系暨南侨教的特殊使命。

与此同时，学校也在极力向国民政府争取内迁。1937 年 9 月，在何炳松呈文被拒后，他便亲赴南京向国民政府教育部部长王世杰陈说缘由，获准并筹备在江西南昌办校。然而，战局突变，南京沦陷后日军迅速沿江西进，南昌作为办学地点已不适合。直至 1939 年，学校先后呈文国民政府教育部内迁广西①、云南的计划，但屡屡遭拒。1940 年，随着“孤岛”的环境日益险恶，暨大侨生锐减，办学情况不容乐观。见到母校在风雨飘摇之中苦苦支撑，暨大海内外学子、各地校友会和华侨团体（以暨大重庆同学会、新加坡全体校友、马来西亚校友等为突出代表）为发展侨教、保全母校，发起了一场声势浩大的促使暨大内迁运动，这场运动在 1940 年达到高潮。

1940 年，暨南大学重庆同学会（成立于 1936 年）全体会员共 200 余人召开

① 何炳松：《国立暨南大学战时迁校桂林计划》，载刘寅生、谢巍、何淑馨：《何炳松纪念文集》，上海：华东师范大学出版社 1990 年版，第 36 页。

大会，推动母校内迁，并于次年 2 月组建母校内迁协进委员会，对内迁后校舍安排、经费问题作出讨论，为争取暨大内迁四川作充分准备。[1] 同年 12 月，暨南大学旅森美兰、雪兰莪、彭亨州（以上三地均为马来西亚地名）同学代表，暨南大学新加坡全体校友纷纷呈文国民政府教育部，要求政府俯察侨情，即刻将暨大内迁。槟榔屿的《光华日报》还发文抨击国民政府的侨务政策，言辞犀利地质问当局为何对暨大内迁之事迟迟不决[2]……在这场内迁运动中，海内外暨南校友展现出了强大的凝聚力和对母校的认同感，他们始终眷顾母校、心系侨教，令人动容。

国立暨南大学在租界迁移路线及在沪办学地址

在海内外暨南学子、校友的奔走呼号中，面对留沪高校要求内迁的压力和战争形势的进一步恶化，国民政府教育部终于同意租界内各高校作内迁准备，并令暨大在闽、浙、川、黔选择一处办学。然而当时闽浙海陆都已被日军封锁，内迁行动一时无法实现。1941 年夏，随着日本与美英等西方国家的矛盾进一步加深，太平洋战争不可避免。时局紧迫，此时国民政府教育部已经批准暨大在福建建阳童游镇设立分校。学校遂派商学院院长周宪文、训导长吴修等亲赴福建负责筹备事宜。建阳分校由周宪文任主任，中国语文系教授许杰兼任注册科主任，11 月

---

① 《母校内迁协进委员会会议记录》，《暨南通讯》，1941 年第 1 期。

② 《暨南大学与华侨教育》，《暨南通讯》，1941 年第 1 期。

正式开学。长达四年的内迁计划终于实现。1941 年 12 月 8 日，暨大在“孤岛”上完最后一课后关闭。1942 年 1 月开始，师生们便分批自上海经杭州、金华、江山、浦城前往建阳，一路日夜兼程，饥寒交迫，甚至要穿过日军的封锁线，还要警惕敌机的轰炸，很多老师行李全毁，只身抵达建阳。① 6 月暨大内迁完毕，并取消分校，9 月各院系在建阳全面复课。可以说，暨大南迁是抗战时期中国教育史上的一个奇迹，正如时人所评：“上海的高等学校众多，真正能够排除万难，迁校成功的只有暨南大学一所。这不能不归功于何炳松校长的爱国热忱和坚韧不拔的毅力，以及师生员工不怕艰苦，团结在校长周围，共同克服困难的决心。”② 尽管如此，暨大南迁从当时的战局来看实属无奈之举，也远远错过了内迁的最佳时机。暨大迁到建阳后与分校合并，原有的师资已经很难配齐，图书仪器滞留上海。后来，经清点，学校在上海的仪器已经全部损失，原有的 6 万余册图书仅剩下 3.4 万册，约为战前的一半。③ 1944 年 4 月，真如暨大部分校舍也被日军委托江南兴业社拆除。待抗战结束暨大复员回沪时，真如、租界时期的校产已经所剩无几。

1942 年在建阳，暨南大学师生合影，一排左九为何炳松，一排左八为周宪文

① 《寻访世界暨南人》，广州：南方日报出版社 2016 年版，第 29 页。

② 俞述翰：《何校长在建阳的日子》，载刘寅生、谢巍、何淑馨：《何炳松纪念文集》，上海：华东师范大学出版社 1990 年版，第 519－520 页。

③ 《本校概况》，《国立暨南大学校刊》（复刊号），1947 年，第 1 期。

从1937年11月上海沦陷到1941年12月日军侵占租界，暨大在动乱年代和"孤岛"的狂风骤雨中度过了七个学期，遭遇了办学以来前所未有的挫折。与"一·二八事变"后学校在异地短暂办学相比，这一次更加动荡不安，师生饱受颠沛之苦。然而，暨大师生不惧艰险，坚守在中国与日伪斗争无比激烈的上海租界，力保华侨教育薪火，向华侨社会展示了暨南人坚韧不拔的勇气和坚持抗战的决心。这一壮举不禁让人感叹："盖自真如迁沪以来，屈指三数年，校址屡易，几无定所……无日不在动荡之中……然长校者，初未尝因之稍馁其气，亦未尝因之而稍易初衷，其所以能如此者，盖以不变应万变，坚毅不拔，持之以定也。"

二、投入全民族抗日战争

"萧墙突变惊华夏，哭罢英雄愤未平。学子莘莘齐奋起，毅然投笔请长缨。"这是1935级商学院会计系校友，原国防科工委副政委周一萍在暨大求学时所作的一首名为"惊变"的诗，描写了在全民族抗战的艰苦岁月，暨大学子投身抗战救亡的情形。全面抗战爆发后，中华民族到了最危险的时候，无数中华儿女在前线、在敌后、在"孤岛"、在海外，在抗战的每一个角落，铁骨铮铮战强敌，前仆后继赴国难，暨南师生再次肩负起了家国重任，义无反顾地投身到了全民族抗战的时代洪流当中。

（一）保卫大上海

"八一三事变"后，上海成为抗战一线，暨大师生与上海学生一起奋不顾身地投入到了保卫大上海运动中。上海各界纷纷成立救亡团体支援中国军队作战，上海市学生界救亡协会（简称学协）也组织起来，成为团结全市学生的抗日救亡组织。8月30日，暨南大学留沪同学会、平津流亡同学会、留日同学救亡会、光夏中学学生战时服务团，以及大夏、同济等校学生救亡组织决定发起学协筹备委员会。10月28日，学协正式成立。[①] 暨大的学生陈伟达、周一萍等先后在学协参与领导工作，暨大的部分同学则以海燕唱歌班为基础，参加学协或上海学生战地服务团的各项活动。

这期间，暨大的学生向各界募款买来白布，向亲友借来缝纫机，裁成简单的内衣裤连同食物送到伤兵医院，并在医院表演节目，慰劳将士。学生们还参加军事学习班，学习救护知识，随时准备上战场抗敌，还前往沪江大学商学院参加政

① 上海市青运史研究会、共青团上海市委青运史研究室：《上海学生运动史》，上海：学林出版社1995年版，第177－179页。

治课学习班夜校，学习国际政治形势和抗日战争形势。暨南学子还主动走到群众中间，在租界里贴标语，发表演讲，鼓舞市民的抗日热情。有一次，陈作伟等6名学生在吕班路（今重庆南路）开展抗日活动时，被法租界巡捕抓进了卢湾巡捕房，一同被关押的还有其他学校的学生10余人。于是，学生们团结一致展开斗争，质问巡捕："上海是中国的地方，为什么中国人不能在自己的国土上发动救国运动?"学生们一边质问，还一边高唱救亡歌曲，巡捕中有一些东北流亡同胞，听到东北救亡歌曲后引发丧失故园之痛，不禁泪下，还苦苦哀求学生们冷静下来，怕事态严重后对学生和东北同胞巡捕不利。最后，在党组织和各界爱国组织的营救下，法租界将学生释放。除此之外，学生们还参加各种时事座谈会，讨论分析国内外政治情况和发展趋势，郑振铎教授时有参加。暨大在租界重新开学后，反动当局禁止校内成立学生会，学生们就改换形式，成立经济学会，由陈作伟挂名。① 经济学会经常请社会知名人士来校演讲，包括"七君子"之一的章乃器先生。从成立经济学会到每次时事座谈会，学生们都得到了校内进步教师的支持，尤其是郑振铎在前前后后做了大量工作。

11月上海沦陷后，学协活动也从公开逐渐转为地下，陈伟达担任学协秘密党团组织委员，在暨大积极发展党组织，联络进步团体，团结进步师生，组建地下交通站，配合中共地下党组织开辟地下交通线，把要求投身革命的青年学生以及药品源源不断地送往延安和新四军皖南军部。1938年，他还通过背景特殊的暨大学生钱今昔（1937级史地系）争取到何炳松校长的支持，在校内开展"九一八"学生献金活动。在活动现场，许多女同学毫不犹豫地把佩戴的金项链和钻戒取下捐献用作抗日经费，此情此景感人至深，令人鼓舞。② 当时，通过地下交通站，还会秘密推销和传播一批影响很大的革命书籍，如《西行漫记》《续西行漫记》《鲁迅全集》《列宁选集》等，这些书籍在黑暗的"孤岛"宛如一支支耀眼的火炬，引导着广大师生冲破黑暗、走向光明，燃起愈加旺盛的爱国热情。1939年夏，在中共江苏省部署的基层布尔什维克竞赛中，暨大党支部还被评为了模范支部。③

（二）组建"暨大救亡团"

上海沦陷后，暨大的内迁工作愈加紧迫。11月27日，学校宣布内迁江西，

---

① 陈作伟：《一九三五——九三九年的暨南的爱国活动》，暨南大学华侨研究所：《暨南校史资料选辑1906—1949（第二辑）》，1983年内部刊行，第58-62页。

② 钱今昔：《创业的先驱——忆何炳松校长》，政协金华市委员会文史资料委员会：《何炳松与故乡（图文集）》，2006年，第41-43页。

③ 《陈伟达纪念文集》，天津：天津人民出版社1996年版，第103页。

地点为南昌西山万寿宫，决定让一部分学生先行前往南昌。暨大一直是中共地下党组织活动的重点，在学校决定内迁后，中共上海党组织便指示学校支部将愿意先行赴赣的学生组织起来，既可以作为学校内迁的先导部队，又可在沿途宣传抗日。在上级的要求下，陈伟达留校，另行组建内迁暨大党支部，邝劲志任支部书记，同时吸收唐敬斋、陈秀掾入党。[①] 11 月下旬，有 60 余人报名参加赴赣队伍，其中有很多人为原暨南大学救国会的成员，暨大救亡团正式成立。几日后，学生们便整装出发。学校为安全着想，特派助教随行。

暨大救亡团从上海到江西沿途进行抗日救亡宣传，图为浙江金华车站

暨大救亡团首先由上海乘轮船前往宁波，因当地灯火管制，学生们便在白天上街游行宣传。随后，队伍抵达金华，金华民众的抗战情绪还没有被调动起来，学生们通过开展贴标语、街头演讲、大合唱、活报剧、独幕剧等活动，动员当地民众。在这些学生中，很多人是初次登台，也有人是临时学会演戏的，但因为在思想感情上仇恨日寇，所以大家都非常投入，表演形象、情节和效果感人至深。有几位学生还专门赶往已经疏散至乡下的浙江省立第七中学，召开报告会，为该校学生讲述当前形势和防空知识。12 月中旬，暨大救亡团抵达南昌，便立即与

① 方孟：《关于“暨大学生内地救亡团”历史纪实》，暨南大学华侨研究所：《暨南校史资料选辑 1906—1949（第二辑）》，1983 年内部刊行，第 68 - 69 页。

中共中央东南局取得了联系①，并得到夏征农的指示和帮助。在之后大约1个月的时间里，暨大救亡团加紧开展抗日宣传，学生们在南昌的闹市里、要道口张贴很多海报，演出时台下座无虚席。学生们演唱《义勇军进行曲》《大刀进行曲》《打回老家去》等歌曲，表演话剧《放下你的鞭子》，也有一些自编自演的话剧和街头剧。这些节目拉近了与群众的距离，激发了人们心中复仇的火焰。一曲终，一幕了，群众反响强烈，掌声绵延不绝，台上、台下“起来，不愿做奴隶的人们……”的歌声连成一片，人们沉浸在热烈的情绪之中。其间当地的音乐、舞蹈艺术家何士德、吴晓邦等还主动提供指导，帮助队伍演出。②

然而，此时战局突变，南京沦陷，日军直逼九江，学校于12月15日撤销南昌办事处，要求学生返沪续学。江西省政府鉴于当地流亡青年众多，组建了江西省青年服务团，领导群众团体开展抗敌工作。暨大救亡团的大部分学生加入青年服务团，组成第一大队，何士德任大队长，唐敬斋、程志亮任副大队长，队伍中还发展党员20余人。还有一些学生遵照学校通知，返回上海复学。1938年1月，暨大救亡团取消。之后，由于江西省青年服务团的领导权多被共产党掌握，引起国民党当局紧张，5月，江西省青年服务团也宣告解散。③

暨大救亡团从组建到取消存在了将近2个月的时间。在这期间，队伍沿路宣传、发动、教育群众抗日，路途紧张而艰苦，甚至还遭遇过敌机轰炸。暨大学子以苦为乐，克服重重困难，为挽救民族危亡奉献了自己的青春和热血。

（三）以“文艺”为武器

“文艺正是激励人民发动大众的有力武器。”④ 在这场全民族上下共同团结御侮的洪流中，文艺界人士组织起来，广泛进行抗日宣传活动，以唤起民众爱国热情、鼓舞抗战士气，在抗战史上写下光辉一页。上海“孤岛”文艺运动，是抗战文艺的重要组成部分。这场运动基本是由中共地下党组织秘密领导，因而战斗力强、信息来源广，能够迅速传播大后方和解放区及国际反法西斯战争的信息。暨大迁往租界后，仍汇集了一大批爱国学者和进步学生，郑振铎、王统照等还是上海文艺界救亡协会的临时执行委员，这些进步师生在共产党的领导或影响下积极参加抗战文艺工作，为“孤岛”文艺的蓬勃开展作出了重要贡献。

---

① 这期间，内迁暨大党支部直接受中共中央东南局领导，曾山、李坚真等同志都领导过暨大支部。

② 陈秀掾、江泽黔：《暨大迁校南昌之议与学生救亡团》，暨南大学华侨研究所：《暨南校史资料选辑1906—1949（第二辑）》，1983年内部刊行，第70－76页。

③ 方孟：《关于“暨大学生内地救亡团”历史纪实》，暨南大学华侨研究所：《暨南校史资料选辑1906—1949（第二辑）》，1983年内部刊行，第68－69页。

④ 《中华全国文艺界抗敌协会发起旨趣》，文天行等：《中华全国文艺界抗敌协会史料选编》，成都：四川省社会科学院出版社1983年版，第16页。

这一时期，暨大的很多进步学者在教学之余，以“文艺”为武器开展抗战宣传，他们的一些作品和诗歌在“孤岛”广为流传，大大激发了人们的抗战热情。郑振铎在小说《风涛》中，通过描写晚明魏忠贤宦官集团镇压东林党的故事，抨击国民党政府的特务政治和“攘外必先安内”的消极抗日立场。郑振铎还以一首《回击》对日伪势力的重重包围和国民党右派和平妥协的论调予以“重重的回击”，诗中写道：“苟安的和平是一条死路/忍辱的退让是一种罪恶/以铁来回答铁的呼啸，以血来回答血的渴望/‘以眼还眼，以牙还牙’/抗战才是一条活路，也是给侵略者一个最好的道德的教训/为中国，也为世界和平/回击！重重的回击！”这首诗鼓舞了广大学生的心灵，树立了民众同仇敌忾抗战必胜的信心，在学校和上海“孤岛”广为流传。王统照撰写了54篇短小精悍的随笔，整理而成《繁辞集》，被称为“炼狱的火花”，他通过文学作品呼吁身处“孤岛”的人们正视自己的身影，坚定清澈的信念，等待黎明前玫瑰色的到来①，其中的一些篇章如《仇恨》《玫瑰色中的黎明》《为了文化》，都曾广泛地流传于文艺团体中间。此外，郑振铎、周予同等人还兼任社会科学讲习所的课程，该所由胡愈之借沪江大学名义创办，专门培训进步学生，向学生灌输爱国主义思想。后来，这里的很多学生参加了江南抗日游击队或赴苏北解放区。因此，这个讲习所还被人们称作是上海的“抗大”。

在中共地下党组织的领导下，暨大的进步学生也积极开展抗日宣传活动。暨大地下党支部书记周一萍最先创办了《一般》和《译丛周报》两个刊物，用于刊发时事评论和宣传中共主张的论文。1938年6月15日，周一萍主持创办了在“孤岛”出现时间较早、影响较大的刊物《文艺》。参加该刊工作的主要是中文、外文、史地三个系的10余名进步学生，如吴岩（孙家晋）、徐微（舒岱）、张可（张万芳）、钱今昔等。郑振铎教授以及党的文艺工作者王任叔、林淡秋、蒋天佐、王元化等也给予该刊大量的支持与关心。②《文艺》不仅转载大后方的文章，还刊登大量上海本地文艺界人士的创作稿，如徐微发表的短篇小说《侍读记》《陶然先生》和《潮》，吴岩的小说《离去》，华铃的诗集《玫瑰》，黄子祥翻译的长篇报告文学《火圈里》等。该刊的出版一举打破了“孤岛”上一时噤若寒蝉的局面，填补了当时“孤岛”文艺界的空白，还培养了一批著译人才。

1941年“皖南事变”发生后，国民党掀起第二次反共高潮，还大肆吹嘘“一个主义、一个政党、一个领袖”。暨大史地系的钱今昔、王兴华等出版《论军纪》，驳斥国民党的反动舆论，宣传抗日主张。随着“孤岛”形势的日益严

---

① 王统照：《玫瑰色中的黎明》，《繁辞集》，上海：世界书局1939年版。

② 钱今昔：《暨南师生在“孤岛”的战斗》，暨南大学华侨研究所：《暨南校史资料选辑1906—1949（第二辑）》，1983年内部刊行，第77-78页。

峻，杂文创作也处于沉寂状态，史地系的吴绍彦、钱今昔、李澍恩、王兴华等以鲁迅杂文为武器创办《杂文丛刊》，该刊前后共出版六期，每期均以春秋战国时期的一把名剑命名，如《莫邪》《鱼肠》《干将》等，虽然每篇文章都很短，却一针见血地指向了敌人。[①]《上海周报》称，使“上海文艺工作者感到更好的、更直接的现实批判的武器，还是鲁迅式的杂文”。

（四）暨大校款救下一座“北平图书馆”

1937 年上海沦陷后，东南诸省相继落于敌手。江南一带向来人文渊薮，当地藏书家的不少善本古籍毁于战火，也有不少流入上海旧书肆侥幸留存。由于这些古籍有很高的文物价值，上海的旧书肆便成为多方势力角逐的场所。当时，日寇疯狂地攫取抢购，“哈佛燕京学社”在为美国人收购，“华北交通公司”在为伪满收购，还有很多汉奸也在派专人收购。特别是日本人，他们多收购与府、县志有关的文献史料，对中华古文学、中国历史研究危害深重。

面对众多古籍文献的流散，时任暨大文学院院长的郑振铎感到痛心无比，“这些兵燹之余的古籍如果全部落在美国人和日本人手里去，将来总有一天，研究中国古文学的人，也要到外国去留学！”他日夜难安，思考抢救古籍的策略，最初郑振铎以个人之力担负起抢救这些古籍的重任。这期间，他购得的《脉望馆抄校本古今杂剧》被认为是重要程度仅次于敦煌石窟经卷和西陲汉简的发现。尽管郑振铎倾囊收购，但个人力量毕竟有限，亟须有识之士与他共同肩负起抢救珍本古籍的重任。1940 年 1 月 5 日，郑振铎和暨大校长何炳松，光华大学校长张寿镛，商务印书馆董事长张元济，考古学家、版本鉴定家和收藏家张凤举 5 人联名向重庆当局发电，要求拨款抢救民族文献。但当局的书款远水救不了近火，大量书款由暨大校款垫付。

为了在险恶的时局之中开展工作，他们多以暨南大学、光华大学及商务印书馆涵芬楼的名义购书，并成立秘密组织“文献保存同志会”，还表示“自今以后，江南文献，决不任其流落他去。有好书，有值得保存之书，我们必为国家保留之。此愿蓄之已久，今日乃得实现，殊慰！”抢救行动一直持续到 1942 年 12 月 8 日日军占领上海租界，在这短短不到两年的时间里，他们一共从日寇及其他势力的虎口之中抢救出珍本古籍 3 800 余种，18 000 余册。其中宋元刊本 300 余种，这些宋元刊本还多为收藏极品。当时，北平图书馆所藏的善本古籍为3 900 余种。因此，此次抢救行动被称为抢救下一座“北平图书馆”。

---

① 王兴华：《60 年前发生在上海暨大的战斗故事——献给母校校庆九十五周年》，马兴中：《暨南往事》，广州：暨南大学出版社 2006 年版，第 66－69 页。

他们在购得古籍后，还通过各种渠道、通过多方关系将这些珍本安全运出。最珍贵的一批80多种“可列入国宝之林”的古籍，托交故宫博物院带到香港，再转运至重庆。还有一些善本以美国大使馆的名义，作为外交文件，装箱运出。何炳松还通过个人关系，将一些古籍寄存在汇丰银行。另有3 200多种明刊本、抄校本，邮寄到香港大学保管，香港沦陷后被日军劫走，万幸的是抗战胜利后得以追回。何炳松和郑振铎还将一批古籍分藏几处，抗战胜利后，归南京中央图书馆（今南京图书馆）。[①]

（五）血洒疆场的暨南抗日英烈

全面抗战爆发后，暨南的一些师生、校友也奔赴抗日战场，他们赴汤蹈火、支援前线，用鲜血和生命谱写了一曲暨南儿女保家卫国、团结御侮的英雄赞歌。

钱亦石：鞠躬尽瘁的“红色教授”

淞沪会战爆发后，驻守上海的第八集团军司令部，迎来一队文化界人士，领队的正是曾在暨大任教还被称为“红色教授”的钱亦石（1889—1938）。抗战爆发后，钱亦石认为只靠政府抗战，还不能夺取抗战的最后胜利，必须宣传民众、组织民众，加强军队思想政治工作，才能战胜敌人。因此，周恩来决定让他在上海组成大型的文化政治工作机构——战地服务队，并担任队长时，他欣然受命。

战地服务队由30多名作家、音乐家、戏剧家组成。1937年9月25日，钱亦石带领全体队员到第八集团军司令部报到。他代表全队表示：“我们这一群（人）誓死努力工作，直到抗战得到最后胜利。”在钱亦石的带领下，他们在嘉兴接受短期军事训练之后，便奔赴浦东前线。他们出入在枪林弹雨之中，慰问和鼓舞前线官兵，组织民众为抗敌将士服务。为提高部队指战员的政治素质，钱亦石还多次到部队讲授近代世界政治史等课程，阐明政治与军事、经济的关系。

《战地服务队队歌》（钱亦石作）：

脱掉长衫，同赴战地，一面唤起民众，一面教育自己，我们愿在枪林弹雨中，把身体炼成铁，把意志炼成钢，把大家炼成分不开的集体。以热诚励士气，以鲜血染征衣，努力！努力！动员全国同胞，争取抗战到底！努力！努力！动员全国同胞，争取抗战到底！[②]

---

① 该部分多段材料及论述参见徐克凡：《何校长用暨大校款抢救国宝》，马兴中：《暨南往事》，广州：暨南大学出版社2006年版，第64页；韩文宁：《没有硝烟的战斗——抗战时“文献保存同志会”抢救国宝追记》，《炎黄春秋》，2017年第10期。

② 宋勤：《嘉兴市革命文化史料汇编》，北京：团结出版社1993年版，第371页。

钱亦石领导的战地服务队还建立了秘密党支部。作为一名党员，他处处以身作则，从全队的工作计划到队员的个人生活，从文字宣传到调查资料的整理，都一一参加。在午夜，队员都休息了，钱亦石仍独自在办公桌前构思工作。队员们催促他就寝，得到的回答往往是："还不倦，做完它，明日还有别的事。"[①] 两个月的奔忙，让他积劳成疾，然而为了工作他宁愿在医疗条件较差的南桥乡村治疗。直到南桥沦陷前一小时，他才转沪就医。在病中，他对妻子说："我受不了……这折磨。但我要活，为了就要到来的新中国。"不幸的是，在 1938 年 1 月 29 日，噩耗传来，钱亦石因病逝世。

钱亦石逝世后，武汉各界举行追悼大会，毛泽东、周恩来、朱德为他送了挽联，挽联上写着"哲人其萎"。第八集团军司令部在浙江金华召开了追悼会，会上唱起《钱亦石挽歌》："你是黑夜的明灯，你怒吼着号召奴隶们斗争！……请安息吧！奴隶们在努力翻身，誓争取胜利的明天！"[②]

陈镇和、符保卢：华侨飞鹰，航空报国

"男儿莫惜少年头，快把钢刀试新仇。杀尽倭奴雪旧耻，誓平扶桑方罢休。"这是一代足球明星，也是华侨飞行员陈镇和（1906—1942，1926 级高中商业系）早在学生时代便立下的誓言。

陈镇和是在爪哇成长的第三代华侨，是上海市足球队和国家足球队的主力之一。作为体育界名将，在暨大可以说是无人不知。1932 年"一·二八事变"后，他便投笔从戎，加入广州空军学校，1937 年进入笕桥中央航校第八期。抗战初期，中日空军实力差距极为悬殊，日本空军远优于中国空军，中国空军的每一次起飞都可能是永别，但他们还是毫不犹豫地飞上天去。1940 年，陈镇和调入第四大队，担负起保卫战时首都重庆的重任，他几乎参与了 1940 年重庆的所有空战。7 月 17 日，《新华日报》报道了陈镇和和队友们奋勇杀敌的事迹，在这次空战中，他们一共击落三架敌机。当年的足球明星陈镇和，以中国空军的身份出现在重庆，引起舆论的一片哗然。重庆《大公报》还做了陈镇和的专版报道："现在许多南国的球迷们或许要奇怪，怎么陈镇和竟无声无息地从体育界失踪了呢？四五个年头的沉默，把一个球王转化为一个保卫祖国的飞将军了。陈镇和还在踢球，……他要把日本飞进中国球阵地的大球都全踢回日本阵地粉碎在球门里。千百万球迷可不必因为失却了眼福而嗟叹。要为这个年轻的球王在天空用生命击球而喝彩呵！"

---

① 中华人民共和国民政部：《中华著名烈士 》（第 17 卷），北京：中央文献出版社 2002 年版，第 456－459 页。

② 中共上海市委党史研究室、上海市档案局（馆）：《日出东方　中国共产党诞生地的红色记忆（下）》，上海：上海锦绣文章出版社 2014 年版，第 28－30 页。

虽然在残酷的空战中经历了无数次死里逃生，但陈镇和最终还是将自己的生命献给了祖国的蓝天。陈镇和的弟弟陈镇祥回忆道："我于一九四二年得到当时航空委员会的通知，才知我哥于一九四二年一月二日为国牺牲。事后二哥镇和的空军同事才告诉我：镇和与他的同事二十七人去新疆哈密接收苏联援助飞机返航途中，飞机爆炸而牺牲。"[①] 同样是运动员出身的符保卢（1914—1943，1933 级外国语文学系）也加入了空军队伍。他从笕桥中央航校第十二期驱逐机组毕业，还成为第一批留美的空军学员，后参加美国陈纳德的飞虎队。1943 年奉命调入空军第四大队，保卫重庆。同年在训练中因飞机失事壮烈殉国。

鲍志椿、姚莲娟：碧血染将天地红

在江苏省启东王鲍镇，苍松掩映下的"王鲍烈士纪念馆"庄严肃穆。纪念馆前，两尊烈士的雕像并肩屹立，他们器宇轩昂，目光炯炯凝视着前方。这两位烈士分别是王澄和鲍志椿。其中，鲍志椿（1914—1944）还是一名从暨南走出来的革命战士。1935 年，他进入暨大化学系学习，在校期间就加入了中国共产党，之后一直参与抗日救亡工作。抗战期间，鲍志椿先后任新四军第 1 师 8 团政治处主任、东南警卫团政委等。王澄就是在他的动员下从国民党属游击队参加了新四军。他领导的抗日队伍攻无不克、战无不胜，后来日伪军听到"东南警卫团"五个字，就吓破了胆，害怕地说"王澄、鲍志椿是两只老虎"。1944 年 12 月，他们的部队被日军重兵包围，王澄、鲍志椿在去野外察看敌情时，不幸被敌人冷枪击中，同时牺牲，时年均为 30 岁。[②] 为纪念他们的卓越功绩，"王鲍"镇名也由此而来，一直延续至今。如今，王鲍纪念馆已经成为当地的红色教育基地，他们的事迹更是激励着后人继续前进。

"青春换得江山壮，碧血染将天地红"，像鲍志椿一样投入到抗日革命队伍的暨南人还有很多。他们在党组织的领导下，坚守信仰、视死如归，为了抗日救亡事业不惜献出年轻的生命。上海沦陷后，暨大身处"孤岛"坚持办学，姚莲娟（1920—1941）便是在这一时期考入了暨大商学院。当时，暨大校内进步氛围浓厚，党组织领导进步师生开展抗日救亡斗争。在党组织的影响下，她参与到"孤岛戏剧运动"之中，激励"孤岛"人民坚守民族气节，共同渡过难关。1940 年，姚莲娟加入中国共产党，后赴苏北盐城新四军抗日根据地，进入鲁迅艺术学院华中分院戏剧系学习。1941 年，日伪军对盐阜地区进行"大扫荡"，她所在的

---

① 关于陈镇和的牺牲时间有多种说法，一种说法为 1937 年淞沪会战期间，陈镇和驾机撞日舰牺牲，后证实撞击日舰的并非陈镇和，还有说法为 1941 年因事故牺牲，后来有当时报纸进行辟谣，此处取陈镇和胞弟陈镇祥回忆文章中所述情况。（刘教芳：《暨南大学建校八十周年》，《新加坡校友会成立四十周年纪念特刊》，新加坡暨南校友会，1988 年，第 82 页。）

② 何兰生：《中国抗日将领英烈谱（下）》，北京：团结出版社 2014 年版，第 621 页。

队伍在转移过程中被敌人包围。师生跳河奋力突围，她高呼“同学们，我们宁死不受辱”，说罢便纵深跃向另一方，来转移敌人的火力，然而不幸中弹牺牲，年仅 21 岁。①

三、坚守华侨高等教育的阵地

1938 年，抗战进入相持阶段。这一时期，中日战事日益胶着，大片国土沦陷，同胞们陷于水深火热。蛰伏“孤岛”的暨大更是处在了日伪势力的重重包围之中。在此危难之际，教师们甘于清苦、洁身自好，在大是大非的问题上爱憎分明，恪守着华夏子孙的民族立场和道德原则，培育和拯救着国家华侨高等教育的血脉。学生们心怀亡国灭种的悲愤，坚守民族气节，他们在拥挤的教室、馆舍，汲取着先进的知识和思想，以一腔爱国之情和求知精神，为抗日救亡和民族解放积蓄力量。正如何炳松所言：“自‘八一三’以来，吾全体师生，更应遵忠信笃敬之校训，而辅以刚毅不拔之精神，一心一德，与国家民族同其休戚。以此德操，淬勉自强，余将来不徒足以复兴吾校，抑且足以复兴吾国家民族。”

（一）“孤岛”中艰苦办学

迁入“孤岛”后，学校的办学环境和真如校舍自然无法相比，因为大量侨生没有住处，最初学生们便住在中华学艺社楼下的大厅。男女同学各占一边，用屏风隔开，中间通道就是学生们的活动场所。② 当时学校里也处处显得拥挤，过道上尽是等待上课的同学，狭小的图书馆更是座位难求。然而，同披国难，师生、同学之间却更为亲密，也更为团结。③

上海沦陷后，本地高校除了内迁之外，其余的或是关闭，或是被日伪“保管”。迁入租界的暨大等高校俨然成为黑暗中的一盏盏明灯，一批批不甘愿当亡国奴的学者和学生慕名前来。何炳松也出于保存中国文化学术血脉的考虑，增加“俸薪”比重，在预算和课程范围内，给留沪学者提供兼职机会，尽管这让学校在设备购置、学术研究上的投入大受影响，但也使“孤岛”时期的暨大保持了强大的师资和学术阵容。当时，在暨大任教的著名学者有郑振铎、周予同、周谷城、张耀翔、李熙谋、程瑞霖、周宪文、程瀛章、王统照、方光焘、傅东华、陈中凡、陈麟瑞、孙大雨、孙怀仁、吴文琪、张世禄等。学校的学术氛围也非常浓

---

① 上海市妇女联合会妇女运动史资料组：《上海女英烈》，1983 年，第 159 – 162 页。

② 张弘：《战斗的青春——忆抗战初期暨大生活片段》，载刘寅生、谢巍、何淑馨：《何炳松纪念文集》，上海：华东师范大学出版社 1990 年版，第 503 – 505 页。

③ 谢章浙：《潜伏的三年半：母校迁入上海租界内的经历》，《暨南通讯》，1941 年第 1 期。

“孤岛”时期，暨大留沪的部分毕业同学合影（1938 年）

厚，尽管办学条件恶劣，但《暨大丛刊》的编撰工作仍如期进行，一些重要著述、刊物如《中国通史》《中国政治史》《中国版画史·图录》《南洋研究》《学林月刊》等也陆续发表或出版。

“孤岛”期间，由于战事，交通阻塞，很多其他高校和沦陷区的学生滞留上海，暨大又担负起了接收借读生的重任。对于借读生和转学生，学校尽量予以收容。1937 年学校在租界开学时，招收的借读生就已经超过了 200 人。战争的持续也让更多学生陷于经济十分困难的地步，学校在办学经费无法保证的情况下，仍坚持对沦陷区学生免费并实行公费生制度，保障了学生们能安心完成学业。这期间，暨大颠沛流转，加之大量借读生转入，教学秩序难免大受影响，但从严治学的原则始终如一，学校制定了学生奖惩条例、优秀毕业生奖励制度，这让学生们身处“孤岛”的恶劣环境下仍能够潜心学习，在思想和学业上取得不少收获。

（二）“汉曹不两立”

恐怖气氛笼罩下，暨大在“孤岛”的办学险象环生，学校三易校址艰难维持，日伪势力对暨大的图谋也日甚一日，威逼利诱，无所不用其极。学校师生接连遭到恐吓、绑架，甚至谋杀，在 1939 年夏，全校师生亲眼目睹了一名台湾学生被日本人抓走。[①] 1940 年 3 月 30 日，汪精卫伪“南京政府”粉墨登场，加强了对日伪统治区内政治、经济、文教的控制。由于暨大在海外侨胞中有巨大影

---

① 此次事件发生后，校方与租界当局严正交涉，但由于当时台湾仍处于日据时期，租界方面也无权干涉。（谢章浙：《潜伏的三年半：母校迁入上海租界内的经历》，《暨南通讯》，1941 年 5 月 4 日第 1 期。陈作伟：《一九三五——一九三九年的暨南的爱国活动》，暨南大学华侨研究所：《暨南校史资料选辑 1906—1949（第二辑）》，1983 年内部刊行，第 58－62 页。）

响，又独处“孤岛”，因此首当其冲。汪伪一度图谋接收暨大，妄图将学校改为第一个“南京的国立大学”，后因时机不成熟而罢手。[①] 之后，一批原暨大的学生职员还在南京成立了所谓的“国立南京大学校友会”，学校面临的局面愈加严峻复杂。当时，伪上海市政府通知沪上各高校停课“庆祝”汪伪“南京政府”成立，全校师生群情激奋，坚决抵制。何炳松在校内会议上义正词严地说：“当前大局，大家都知道，我们的态度是‘汉曹不两立，忠奸不并存’。”暨南大学也因此成为上海几十所大专学校中唯一照常上课不放假的学校。[②]

在“孤岛”的四年时间里，暨大的很多学者还放弃了转移到大后方的机会，担负着丧失生命的风险，忍受着贫困的煎熬，留守“孤岛”，留在暨大，与日伪争夺青年，为民族多造有用之才。他们言传身教、行为世范，教诲学生面对家国危难，应安贫守志，努力完成学业，汲取抗日救亡的力量。

（三）最后一课

1941 年 12 月 7 日，日本偷袭珍珠港，同盟国对日宣战，太平洋战争爆发，上海租界已经是朝不保夕。当天，暨大经济学会召开座谈会，何炳松校长对众多学生说：“时局很紧，你们能走的，要到大后方去读书，不能在沦陷区当汉奸。饿死事小，失节事大。”殷殷之情，让在场学生铭刻至深。[③] 12 月 8 日，日军炮击黄浦江上的英美军舰，由武装摩托车和装甲车开路的日本海军陆战队开进上海租界，“孤岛”这最后一块庇护所终落于敌手。这天早晨，学校召开会议，决定在日本占领租界后便立即停课。当天上午 10：30，日本军车从校门口驶过，暨大宣布停课。之后，何炳松又设法召开了在上海的最后一次会议，安排学校内迁和学生遣送事宜。

那天的情形永远地铭刻在暨南人的心中。何炳松的女儿何淑馨后来回忆道：“‘太平洋事变’前一天，是一个星期五晚上，在工部局当华人副总办的堂兄何德奎，给他传递了信息。父亲彻夜难眠，想着第二天需要急办的事。次日天刚蒙蒙亮，他就打电话通知，一早各部负责人到校部开会。第一件事，让会计主任即刻去银行领款，将教育部每月的拨款尽快取出……第二件事，父亲决定，看到一面日本旗，看到一个日本兵，各班级立刻停课。”[④] 周予同也记录下了这坚毅且

---

① 谢章浙：《潜伏的三年半：母校迁入上海租界内的经历》，《暨南通讯》，1941 年第 1 期。

② 方竟成：《女儿心中的何炳松》，政协金华市委员会文史资料委员会：《何炳松与故乡（图文集）》，2006 年，第 175 页。

③ 周之瀛、顾文俊：《从孤岛到建阳的一些回忆》，载刘寅生、谢巍、何淑馨：《何炳松纪念文集》，上海：华东师范大学出版社 1990 年版，第 500 – 502 页。

④ 方竟成：《女儿心中的何炳松》，政协金华市委员会文史资料委员会：《何炳松与故乡（图文集）》，2006 年，第 175 页。

悲壮的一幕："记得'一·二八事变'突然发生的那一天，我们早上还到学校里上'最后一课'；等到敌兵经过校门口，我们照预定的步骤，立刻宣布停课。当我们同车回到先生的寓所时，我们已遭受敌兵的检查，但我们仍然开成了一次上海最后的会议，议决了先生如何出走和我们如何遣送学生。第二天，因为两位在校的教师出卖了祖国，在所有上海的专科以上的学校中，我们的学校是首先被侵入搜查的。在先生和我的办公室里，他们搜查得最周到，但因为我们事前的布置，居然一无所得……经过相当的安排，先生居然坐上北站的火车，我们忍着泪担着心向先生握手告别，这别离的滋味是够悲壮的！"①

暨大在"孤岛"时期校址（公共租界康脑脱路528号）遗存（现位于上海市静安区康定路528号，2015年被列为静安区文物保护点）

都德的《最后一课》是根据现实写作而成的小说，而暨大的"最后一课"却是真真切切地发生了。这一天，上课铃仍如往日一样响了，学生们也如往日一样坐在了座位上。教师们宣读了这个决定，学生们的脸上都显着坚毅的神色，静静地坐着，听老师严肃而镇静地讲着"最后一课"。后来，一些当时在场上课的学生回忆了那天的场景："那天早晨，我们这群负笈在'孤岛'的战区学生毫不畏惧，像往日一样地跨进了没有挂上校牌的暨大校门。……第一堂课是张耀翔教授的教育心理学，教室内鸦雀无声，有的是笔尖触纸的沙沙声。突然外面一阵骚

① 周予同：《哀悼何柏丞先生》，政协金华市委员会文史资料委员会：《何炳松与故乡（图文集）》，2006年，第64-67页。

动。有人嚷嚷着：日本兵已登陆了！日本兵已从外滩侵入大世界！日本兵已侵入静安寺了！日本兵已侵入沪西区了！日本兵已迫近学校附近了！……我们的老师张耀翔……合上了心理学的讲义，他沉痛地宣布停课，这时我们这群嗷嗷待哺的学生立刻成了失巢的孤雏。大家心里都很难过，有的挥泪步出校门，有的在教室里抚摸即将离别的每一张课桌；有的在走廊里痛哭失声……"[①] "上午九时，在二楼中间的一个教室里，我们的第二节课开始了，老师是王统照，上的是大学一年级中文课，教的是陆机的《文赋》……王统照老师像法国著名作家都德的短篇小说《最后一课》里的韩麦尔先生那样认真地坚持讲课……他的神情是这样严峻……用十分沉痛又十分关切爱护的口气对我们说：'今天这一节是最后一课，我们现在要解散了！同学们，你们都很年轻，……青年人要有志气，要有能冲破黑暗的精神，学校可能内迁，你们跟不跟学校到内地去，何校长说过了，这要看每个人的家庭环境来定，不要勉强。问题在不论留下来，还是跟着内迁，都要有个精神准备，这就是坚持爱国，坚持抗日！'"[②]

郑振铎也用沉重的笔调记录下了暨大历史上最为悲壮也最为神圣的篇章[③]：

讲下去，讲下去，讲下去。恨不得把所有的应该讲授的东西，统统在这一课里讲完了它；学生们也沙沙地不停地在抄记着。心无旁用，笔不停挥。别的十几个课室里也都是这样的情形。……有几辆满载着日本兵的军用车，经过校门口，由东向西，徐徐地走过，当头一面旭日旗，血红的一个圆圈，在迎风飘荡着。时间是上午10时30分。我一眼看见了这些车子走过去，立刻挺直了身体，作着立正的姿势，沉毅地合上了书本，以坚决的口气宣布道："现在下课!"学生们一致地立了起来，默默地不说一句话；有几个女生似在低低地啜泣着。没有一个学生有什么要问的，没有迟疑，没有踌躇，没有彷徨，没有顾虑。个个人都已决定了应该怎么办，应该往哪一个方向走去。炽热的心，像钢铁铸成似的坚固，像走着鹅步的仪仗队似的一致。从来没有那么无纷纭的一致的坚决过，从校长到工役。这样的，光荣的国立暨南大学在上海暂时结束了她的生命，默默地在忙着迁校的工作。

① 李秀文：《我在暨南的最后时刻》，马兴中：《暨南往事》，广州：暨南大学出版社2006年版，第71页。

② 徐开垒：《何炳松校长的爱国主义精神》，载刘寅生、谢巍、何淑馨：《何炳松纪念文集》，上海：华东师范大学出版社1990年版，第493页。

③ 郑振铎：《最后一课》，《蛰居散记》，上海：上海出版公司1951年版，第40－46页。

第三节 冲破黑暗 迎接光明

一、复员回沪

抗战胜利后，暨南大学从福建建阳复员回到上海，校址暂设在虹口。复员回沪后，学校加快恢复各项校务、不断扩大校舍规模，全校师生也满心鼓舞、雄心勃勃地投身到了复兴暨大、光大华侨教育的事业中。然而，此时内战爆发，政局动荡，国统区面临日益严重的经济危机和恶性通胀，学校的办学环境每况愈下，逐渐处于风雨飘摇之中，原本力求复兴之雄图壮志也终付流水。

（一）从建阳到虹口

1945 年 8 月 15 日，日本宣布无条件投降。经过十四年艰苦卓绝的斗争，中国人民终于取得了抗日战争的伟大胜利。这个消息经过广播电台传到了福建建阳，传到了位于童游镇的暨南大学。一瞬间，师生们便沸腾了！大家敲着洗脸盆，相与欢呼，热泪盈眶，欣喜若狂。童游街人潮拥挤，鞭炮声此起彼伏，整个校园内外沉浸在了一片欢呼胜利的海洋中。

抗战胜利后，战时迁往后方的各大学纷纷准备复员回迁，师生们也都满怀“青春作伴好还乡”的热情，投入到了迁校的准备工作之中。早在抗战胜利前，何炳松就开始着手暨南大学的复迁计划。在《对于全国高等教育机构复员及国立暨南大学复员之意见》中，他给战后暨大的复迁和发展工作绘制了宏伟蓝图，对暨大临时校址、学院和南洋研究馆的扩大、各院系增设南洋问题的必修课和侨生先修班增设等问题提出了详细的规划。当时，学校还拟聘如王亚南、郭大力、郑振铎、周予同、周谷城等名师。1946 年 1 月，暨大迁校委员会上海办事处迁入宝山路日本第八小学开始办公。

战争期间，暨大在上海原有的校舍几乎都毁于淞沪会战的炮火之下，教室、宿舍、洪年图书馆以及暨南新村的洋房等都已变成了一片瓦砾，残存的只剩下科学馆。[①] 复员回沪后，暨大在真如原址上立即恢复几无可能。当时，国民政府还

---

① 曹聚仁：《暨南的故事》，暨南大学华侨研究所：《暨南校史资料选辑 1906—1949（第一辑）》，1983 年内部刊行，第 63－81 页。

曾计划将暨大永久校址设在南京，而返沪则作为暂时之计。① 1946 年 3 月，经何炳松多方奔走，国民政府行政院划拨位于上海虹口的东体育会路 330 号前日本第二女子高等学校和宝山路前日本第八国民小学旧址作为暨大返沪临时校舍。学校以前者为第一院，设总办公处、理学院、商学院和先修班，后者为第二院，设文学院和法学院。② 而原真如校址，则借给国民政府交通部公路总局第一机械筑路队，为期 5 年。1946 年 3 月，暨大正式开始迁沪工作。一方面，学校组织多辆卡车，把全部图书和仪器，经龙游、兰溪，换船到杭州再抵达上海。另一方面，学校给师生发放路费，让学生各自返乡，待开学时再去上海报到。此次迁校，有教职工 152 人，学生 1 056 人参与其中。6 月，全校师生历经磨难，返回上海。

东体育会路第一院

宝山路第二院

（二）李寿雍接任校长

正在师生为迁沪事宜紧张筹备之时，学校发生了一系列人事、校务上的变故，最终影响到了暨大之后几年的发展。国民政府由于内部派系倾轧以及加强对暨大管控的需要，把作风开明的何炳松调任国立英士大学，委任李寿雍接任暨南大学校长。何炳松到上海后，一直为复兴暨大而四处奔波，遭此打击，加上积劳成疾，卧床不起，于 7 月 25 日病逝于中华学艺社。何炳松去世后，全校师生无不陷于悲痛，社会各界举行了千余人参加的入殓仪式，他生前工作过的 10 多个文教机构举行了 300 余人参加的追悼大会，现场挽联、悼幛盈厅，顾毓琇、李熙谋给何炳松的挽联写着“八载辛劳身殉文教，三千桃李泪满江南”，暨大学生会的挽联写着“四时行焉万物生焉天何言哉，江汉濯之秋阳曝之人云亡矣”。③ 12 月 10 日，暨大学生自治会克服了当局的百般阻挠，为何炳松校长举行追悼大会。

① 《本校概况》，《国立暨南大学校刊》（复刊号），1947 年，第 1 期。

② 第一院现位于上海外国语大学虹口校区；第二院现位于上海市市北职业高级中学，设有旧址纪念碑。

③ 《挽联》，政协金华市委员会文史资料委员会：《何炳松与故乡（图文集）》，2006 年，第175 页。

暨大学生自治会为何炳松举行追悼会

李寿雍

李寿雍（1902—1984），江苏盐城人。毕业于北京大学，曾赴英国研究财经，历任中央大学、湖南大学等校教授，国民政府苏南行署主任，国立重庆大学校长等职。1946 年 6 月 15 日，到沪履新。李寿雍接任暨大校长后，加强了对学校教学、行政、学生活动等的管控，不断强化国民党的教育方针。就在全校师生返回上海后，李寿雍将自闽复员的教师（除教育系的个别教授外）一律解聘，共计 82 人。几经交涉后，仅发放遣散费了事。当时，陆伦章等教授举行记者招待会，揭露、控诉这一不问是非、排斥异己的做法。未续聘的教员王大琛等还联名致函国民政府教育部部长和国民政府监察院院长，纠举李寿雍。信中写道：“同仁等在国立暨南大学服务，少则三年，多则十年。抗战期间奉命内迁至福建建阳复课，在荒僻山城以瘴疫丛生之区域坚守岗位……李校长就职后，对于原有教员仅聘用五分之一，使大部教员均告失业……不意李校长对于原有教员，不问成绩之优劣，不问服务之久暂，任意解聘。此种蔑视历史，排斥异己，任用私人之举措，实开国立大学之先例。”[①] 他们呼吁当局“以公平合理之处置，俾同仁等仍然一秉初衷，为教育尽力。庶不致黑白混淆，忠贞寒心”。

---

① 《暨大复员后失业教授致国民党教育部长朱家骅函》，暨南大学华侨研究所：《暨南校史资料选辑 1906—1949（第二辑）》，1983 年内部刊行，第 198－199 页。

（三）复兴暨大的行动

暨大复员上海后，真如时期的校舍、仪器几乎损失殆尽，图书也散失大半。“复员以来，所遭遇之困难，迥非其他学校所可比拟。”即便如此，暨大也总算是安定下来了。此时的暨南校园百业待举、百废待兴，屡经战祸的暨南师生也看到了复兴暨大、壮大暨大的希望。

在1946年2月制定的《国立暨南大学复员计划建筑房屋之种类及造价估计》中就已经能够看到复兴暨大的勃勃雄心。依照计划，1946年测量校址地形并修筑校内马路；1947年建设总办公厅、南洋研究馆、图书馆以及文、理、商学院教室各1栋，学生宿舍15栋，学生饭厅4间，教职工宿舍100栋，单身教职员宿舍1栋，侨生先修班宿舍1栋；1948年建法、工、师范学院教室各1栋，工厂、游泳池、余下的学生宿舍、教职员宿舍、水厂等，完成全部校舍建设。然而，由于国民政府拨给的经费有限，学校不得不因陋就简，逐渐开展恢复工作。

为尽快在沪开学，首先进行的是对校舍的扩充。当时校舍第一院、第二院原本的区域局促狭小，房屋也仅能勉强满足教学和办公需求，于是在两院赶建学生平房宿舍各6栋；在青云路购地一处，建造供师生使用的宿舍27栋；后又从中央信托局购得四川北路润德坊的部分敌伪房产20栋，作为教授宿舍。1946年11月，校舍初具规模，各项校务也得到初步恢复，国立暨南大学在上海重新开学上课，11月10日开学注册，18日，二、三、四年级学生开课，29日，一年级新生开课。这一时期，暨大的院系规模也得到渐次扩充，停办了11年之久的法学院得到恢复，下设政治、经济、法律三系，文学院增设新闻学系，理学院增设人类学系等。学校由复员之初的3院9系1馆（南洋研究馆）发展为4院17系1组（行政法学组）1馆，成为一所学科齐全的综合性大学。在经历了教师解聘风波之后，学校也对师资进行了调整和扩充，按照教授、副教授、讲师及助教四等，专任和兼任两类进行聘任。到1947年10月，学校的师资规模已经达到280人，其中专任教职员253人，兼任教员27人①。

暨大虹口时期的院系设置情况：

文学院：中国文学系、外国语文学系、历史学系、教育学系、新闻学系。

理学院：天文数学系、物理学系、化学系、地理学系、人类学系。

法学院：法律学系、政治学系、经济学系、行政法学组。

商学院：银行学系、会计学系、国际贸易学系、工商管理学系。

---

① 《本校概况》，《国立暨南大学校刊》（复刊号），1947年第1期。

理学院学生合影（1948 年）

学校的学生规模也有所扩大，学生人数最多时一度达到 1 658 人。但是受内战影响，侨生数量锐减，学校在总体上已与国内其他大学无异。值得一提的是，学校首次招录了 14 名台湾籍公费生①，很多人还在之后的学生运动中成为积极分子，加入到了革命队伍之中。当时国民党政府在各高校施行高压政策，设立训育委员会，用来严格控制学生的思想和行为，暨大在学生管理上也有强化趋向。尽管如此，在学生运动蓬勃兴起的影响下，本就思想活跃的暨大学生仍然组织了大量校内社团，包括学术性、同学会性质的社团以及文艺社团，社团种类繁多，活动丰富多彩。例如，1948 年，暨南话剧社公开演出《野玫瑰》，轰动上海高校；暨大女子田径选手代表上海参加了第七届全国运动会等。经过多方筹措，学校的图书和仪器也大为增加，到 1947 年 10 月，藏书已经达到 8 万余册，基本能够满足师生所需；仪器方面也得到有效补充，人类学系建成了当时并不多见的民俗标本陈列室，标本一共分为台湾高山族民俗标本（500 件），海南黎族民俗标本（200 件），其他各种民俗标本（110 多件）和台湾高山族民俗照片（110 多幅）。②

百废待兴的暨大在重建和恢复中已有复兴迹象，但此时国统区的经济正在一步步走向崩溃的边缘。进入 1947 年，国统区的经济危机和恶性通胀急速发展。以 1947 年学校全年度经常费总额来看，2 月时，国民政府教育部核准的经常费为 1.15 亿元，到 6 月因物价飞涨，增加到了 4.89 亿元。而到 9 月，学校的经常费已经超支 3 亿元，然而每月的费用仅仅够支付水电支出。③ 面对飞涨的物价和濒

① 这批学生是台湾公开招考取得公费生资格，共 93 名，被保送进大陆各大学学习。

② 《人类学系全体师生参观台湾高山族风俗艺术展》，《国立暨南大学校刊》（复刊号），1948 年第 15 期。

③ 《本校概况》，《国立暨南大学校刊》，1947 年第 1 期。

临崩溃的政府，暨大复兴的计划便也随之付诸东流。

（四）虹口时期的名师

虹口时期，伴随着校务恢复和学院学系扩充，暨大的师资力量也不断充实，国内著名的现代作家钱锺书，历史地理学界的著名学者谭其骧，法国文学家、戏剧评论家李健吾，法国史研究的先行者沈炼之，文史学家、翻译家刘大杰，罗马法专家周枏，教育家刘佛年、陈科美，首位获得海外新闻学博士的中国人冯列山等都曾先后来到暨大任教。他们之中有人以渊博的学识、独到的见解，为学生们带来知识富矿和精神财富；有人笔耕不辍、潜心专研，创造了大量成果和作品；也有人表现出爱国热情，向学生讲授和传播进步思想，充实着校内爱国民主的氛围。

钱锺书：校园中的“明星教授”

钱锺书（1910—1998），中国现代作家、文学研究家，与饶宗颐并称为“南饶北钱”。钱锺书于1946年来到暨大，讲授“欧美文学名著选读”“文学批评”等课程。“一套深棕色的条花呢西装，一副黑边眼镜，一口清脆的牛津英语，两手常常倚在讲台上，滔滔不绝……每当他抓住一个话题时，便溯源穷流，由表及里，由此及彼，贯通中西，纵横对比，庄谐间出，如万斛泉，随地涌起”①，“他讲课不带讲稿，用外语滔滔不绝地讲，口说手书，在学生面前摆满了山珍海味”，这是当时学生对钱先生课堂的回忆。钱锺书对外国文学和外国语言的精深造诣让学生们折服，精彩绝伦的讲授更是让很多同学慕名前来听课，钱先生也因此成为暨南校园中的“明星教授”。钱锺书在暨大任教的三年，也是他文学创作的顶峰期，这期间他的短篇小说集《人・兽・鬼》、长篇小说《围城》、理论专著《谈艺录》得以相继出版，在学术界引起巨大反响。当时暨大的学生还很幸运地成为《围城》的第一批读者。

谭其骧：“两次暨南人”

谭其骧（1911—1992），中国历史学家、历史地理学家，中国历史地理学科主要奠基人和开拓者。1980年当选为中国科学院院士。主编有《中国历史地图集》《中国历史大辞典》等。“我做过两次暨南人，第一次在1927年秋至1930年夏，是暨南大学的学生；第二次在1947年秋至1949年中华人民共和国成立前，是暨南大学的教师。”② 谭其骧在80岁高龄时撰写的《我与暨南》一文，记

---

① 章学良：《深情忆念钱锺书先生》，钟业坤：《暨南人》，广州：暨南大学出版社1996年版，第120－124页。

② 谭其骧：《我与暨南》，夏泉：《凝聚暨南精神　暨南大学建校一百周年（1906—2006）》，广州：广东人民出版社2006年版，第356－360页。

述了他先后在暨大求学和任教的情况。1947 年 8 月，他接受文学院院长孙蜀丞的聘请再次来到暨南，而这一次他已经从之前的高材生成为名教授。在暨大，他主讲“中国断代史”“中国史学名著选读”“中国沿革地理”等课程。由于他学术造诣深和讲课艺术性高，在当时的暨南讲坛上深受学生的欢迎。他的学生后来回忆道：“（谭其骧）身材中等、一派学者之风，进教室后娓娓动听地讲他的拿手好戏——中国历史地理……他以丰富的资料，爱国的热情，独到的见解，精辟的论述，深入浅出，耐人寻味。”

谭其骧（中）在暨大的毕业照，摄于 1930 年

冯列山：主持创办暨大新闻学系

冯列山（1907—1998），是留学海外第一位获得新闻学博士的中国人。1930 年毕业于复旦大学新闻系，1932 年赴德国留学，后就读于慕尼黑大学，获新闻学博士学位。1937 年回国任职于《申报》，1938 年主编《星岛周报》。主编有《南洋月报》《南洋商报丛书》，著有《新闻讲话》等著作。暨大在沪复校后，为满足上海新闻人才培养需要，决定在文学院增设新闻学系。冯列山是留学海外第一位获得新闻学博士的中国人，还是著名的海外华侨报人，先后被多所名校聘为新闻学教授，在新闻学术上造诣颇高，因而成为新闻学系首任系主任的不二人选。冯列山出任暨大后，便根据暨大华侨教育传统和自身的实践教育经验，提出将该系打造成“华侨报业主力军的摇篮”。同时，还确定培养目标，即让侨胞熟悉祖国的语言文字，加强华侨报业组织，为侨胞争取国际市场等。在冯列山的主持下，新闻学系建设成效显著，学生新闻活动积极、朝气蓬勃。当时的报纸评论：“暨大新闻系设立虽仅一年，然在名教授指导下，亦能察见一点成绩。那就是全系卅位同学……在沪市行销的杂志中，不难找出他们的文章……有志从事发展华

侨报业的青年，日久将汇成一河流，夹带着祖国的文化，播撒在海外各地。”①

冯列山

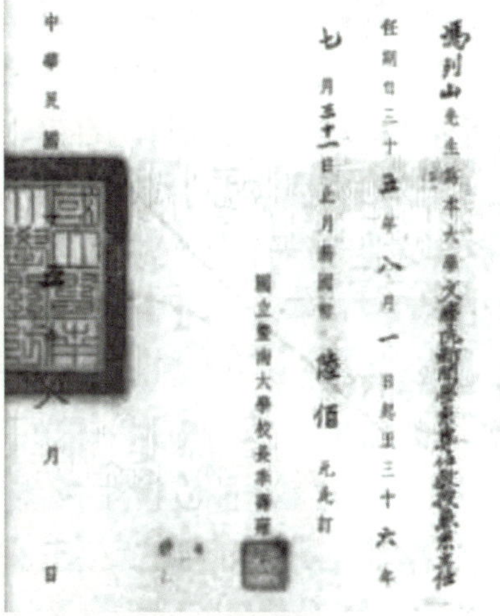

暨南大学聘任冯列山为新闻学系主任的聘书

沈炼之：支持学生民主运动

沈炼之（1904—1992），中国法国史研究领域中的拓荒者。著有《法国革命史讲话》《法国简史》《简明世界近代史》等。沈炼之于1944—1948年在暨大任教，经历了建阳和虹口时期，在建阳期间一度代理校务。他对暨大抱有浓厚的感情，对学生也非常关爱。抗战烽火期间，他来到建阳暨大任教，担任文学院院长和史地系系主任，开设有“西洋思想史”“法国史”等课程，深受学生的欢迎，他还指导学生的学术与社团活动，关心支持学生民主运动。对于“壁联”②，他还提出“学校的壁报最大的目的在于表现学校的精神，希望我们的壁联能成为我们学校最大的壁报”。在任暨大代校长和复迁上海任教授期间，他“不顾来自反动势力的压力，毅然站在绝大多数同学一边，通过‘教授会议’形式，揭穿了极少数倾向反动的师生的阴谋，基本上统一了教师的看法，平息了一场几乎引起严重后果的事件③。复员回上海后，当反动派军警宪特向暨大民主势力开刀时，

① 该段多处内容引用自：邓绍根：《开山之功：冯列山与暨南大学新闻学系的创建》，广东省新闻工作者协会、广东省新闻学会：《岭南传媒探索》，广州：羊城晚报出版社2016年版，第103－109页。

② 1945年12月26日，由进步学生和中共地下党员创立，全称为“暨大学生壁报联合座谈会”。

③ 指1945年2月校内国民党势力操纵的苏北籍和福州籍同学的对立事件，引发学生风潮。

他曾在自己的宿舍里冒着特务前来搜查的危险，保护过三位进步同学”。①

二、战斗在“第二条战线”

1946年6月，国共内战的烽烟再起，国内局势更加动荡。国民党当局的倒行逆施，让原本期盼在抗战胜利后复兴华侨高等教育、重建家园的暨南师生陷于绝望。素有爱国民主传统的暨南师生在中国共产党的领导下，毅然投身日益高涨的爱国民主运动，与国统区的其他学生运动一起，筑成了人民战争的第二条战线。暨南师生在斗争中进步、在斗争中成长，为人民解放事业贡献了力量。

1945年“壁联”成立后合影

（一）迎接人民革命新高潮

早在建阳时期，暨大学生中的进步力量便在中共地下党的领导和支持下逐步增强。中共地下党组织通过学生社团活动，团结进步同学，这其中具有标志意义的事件便是“暨大学生壁报联合座谈会”（简称“壁联”）的成立②。“壁联”的成立使暨大学生运动从涣散的状态实现整合，在学校复员回沪后，校内的民主进

① 夏泉：《暨南大学代校长沈炼之》，夏泉：《凝聚暨南精神　暨南大学建校一百周年（1906—2006）》，广州：广东人民出版社2006年版，第361－366页。

② “壁联”是在中共党组织的领导下，由学林社和太白文艺社发起成立，并刊行《壁联通讯》。建阳时期，暨大的学生社团相当活跃，学生按照各自兴趣和爱好自由结合组建文艺和学术性社团，学林社和太白文艺社是其中影响较大的社团，这些社团也成为学生地下党员团结同学，传播马克思列宁主义的重要平台。

步力量已处于主导地位，并掌握了学生自治会的领导权，为暨大之后开展一系列轰轰烈烈的爱国民主运动奠定了重要基础。

“滚出去！美国兵”

抗战胜利后，美军大规模登陆中国沿海地区。特别是在华北地区，美军数量多达数万人，据守在若干重要战略地点，支持并协助国民党接收。美军士兵往往以胜利者自居，恃强凌弱。据不完全统计，从 1945 年 8 月至 1946 年 11 月，仅在上海、南京、北平、天津、青岛 5 个城市，美军制造的暴行就有 3 800 多起。社会各界对美军的不满情绪日益增加，暨大学生陶玉麟曾将美军罪行写成一篇揭露性报道《一声闻“顶好”，双泪落君前》，表明中国人含悲忍垢，已到极限![①] 1946 年 12 月 24 日晚，在北平发生了北大女生沈崇被美军士兵强奸事件，这如同导火线，激起了全国人民的愤怒，一场声势浩大的反美抗暴运动从北平开始，迅速蔓延全国。

1947 年元旦，暨大学生在抗暴游行的队伍中

① 此处及之后多段内容引用自：暨大华侨研究所：《暨南校史资料选辑 1906—1949（第二辑）》，1983 年内部刊行；上海市青运史研究会、共青团上海市委青运史研究室：《上海学生运动史》，上海：学林出版社 1995 年版；《暨南风云》编写组：《暨南风云——解放战争时期暨南大学学生运动史》，广州：暨南大学出版社 1995 年版。

暨大学生高举“滚出去！美国兵”的标语

消息一经传达上海，暨大的教育学会便贴出了上海学生的第一张抗议书："起来，不愿做奴隶之同胞、兄弟姊妹，醒矣哉！毋沉睡！文山正气，国魂飞扬寰宇之秋，武穆忠精，学士恢宏神州之日，奋起！”12 月 29 日，暨大学生自治会组织校内 100 多个学生社团代表开会，成立“暨大学生抗议美军暴行委员会”。翌日，暨南大学校门口贴出《抗议美军暴行的罢课宣传》，并派出 19 个联络组到各大院校进行联络。12 月 31 日，交通大学、暨南大学、复旦大学、同济大学、上海法学院等 17 所大专院校在交大举行各校代表联席会议，组织“上海市学生抗议美军暴行联合会”，设主席团，暨大的金尧如（1942 级）、柯以圻等参与其中，会议决定在 1947 年元旦举行抗议美军暴行的大游行。

1947 年元旦，上海各学校 1 万余人举行了抗议美军暴行的大游行。游行过程中，群情激奋、士气高昂，主席团的卡车开路，“滚出去！美国兵”的口号响彻云霄，“打倒美帝国主义”“Get away GI”的中英文标语醒目有力，《团结就是力量》《滚！滚！滚！美国兵》的歌声嘹亮，极富感染力。随后，“抗暴联”在暨大举行中外记者招待会，揭露、控诉美军罪行，会上同学们严正地表达了“美军一日不离华，斗争一日不罢休”的决心。学生们的爱国行动得到学校教师的支持，刘大杰、张耀翔、刘咸、钱锺书、陈科美等发表书面意见进行抗议，“我们要求政府向美国负责当局，提出严重抗议，严惩凶手赔偿损失，公开道歉”。[①]大游行结束后，暨大学生自治会陆续邀请郭沫若、马寅初、马叙伦、茅盾、邓初民、翦伯赞、章伯钧、章乃器等著名爱国民主人士来校演讲，还于 1947 年 3 月

① 《暨南圣约翰大学发表书面意见　对驻平美军奸污北大女生案　要求迅速处理并作有效预防》，《民国日报》，1947 年 1 月 6 日。

发起“不阅坏报”运动[①]。在此次反美抗暴运动中，暨大是上海反应最快、最为强烈的大专院校之一，暨大同交大、同济、复旦等学校相互配合，在上海的学生运动中起到了积极作用。这次运动还使广大师生抛弃了对美国政府和国民党当局的最后一丝幻想，直接推动了爱国民主运动新高潮的到来。

“向炮口要饭吃！”

随着内战的继续进行，国统区的经济、政治、教育危机日益严重。为筹措内战经费，弥补财政赤字，国民党政府无限制地发行纸币，通货膨胀像脱缰的野马一样达到骇人听闻的程度。“大票天天发，物价天天涨”，尤其是关系民生的重要物品——大米价格上涨更为惊人，5 月份上海的米价较 4 月翻了一番还多。在大学，急速上涨的物价远远超过了政府对大学生支出的定额公费[②]。当时，国立大学中公费生每日菜金为 750 元，仅仅够买两根半油条；自费生的情况更惨。由于长期营养不良，学生得肺病的人数惊人，广大学生挣扎在饥饿与病痛之中。在这种形势下，暨大等上海各学校开始分散地开展要求增加公费、罢课等的斗争。反抗的情绪不断酝酿，1947 年 5 月，在中共中央部署和指挥下，一场声势浩大的“反饥饿、反内战、反迫害”运动在国统区开展，暨大学生再次成为斗争中的重要力量。

1947 年 5 月 17 日，上海市国立学校学生联合会成立，提出“反对内战，争取和平；反对压迫，争取自由；反对饥饿，争取生存”的口号，并推举出 36 位代表赴南京请愿。正当爱国民主斗争的风暴逐渐汇合之时，国民党当局出台《戡乱时期维持社会秩序临时办法》，严禁 10 人以上请愿、罢工、罢课、游行等活动。面对当局的强势介入，学生们并没有退缩。在当时上海地下党学委副书记吴学谦（1940 级外国语文学系）[③] 的组织发动下，请愿活动按原计划进行。[④] 5 月 19 日，上海各大院校学生共计 7 000 多人汇集在暨大宝山路第二院，到北站广场欢送晋京请愿团。欢送大会后，学生们高喊着“向炮口要饭吃”的口号，开始了“反饥饿、反内战、反迫害”大游行。暨大的学生队伍高举一个写着“每天菜钱 750 元，还不够买 3 根油条”的标语牌，下面挂着两根半干瘪瘦小的油条，

---

① “不阅坏报”运动即号召学生抵制《正言报》《“中央”日报》《大南日报》等追随国民党的报刊，并禁止报贩在校内叫卖此类报刊。

② 抗战时期，国民政府在大学实行公费生制度，大学生的生活来源由政府经费提供，用以保障基本生活。

③ 吴学谦（1921—2008），中华人民共和国国务院原副总理。1940 年入暨南大学就读，1941 年暨大南迁福建后因工作需要留在上海坚持地下工作，1946 年 6 月在暨大复学。在解放战争期间任上海地下党学委副书记、代理学委书记等职务，组织发动了上海青年学生反美抗暴和“反饥饿、反内战、反迫害”运动。

④ 上海市青运史研究会、共青团上海市委青运史研究室：《上海学生运动史》，上海：学林出版社 1995 年版，第 248 – 249 页。

还有人拿着“向炮口要饭吃”的漫画，一些学生还组成了饭碗队，举着5个用纸板剪成的破饭碗，上面分别写着“我们要吃饭”五个大字，这些都形象地反映了学生们所面临的窘境，也引起了围观市民的共鸣和同情。在游行途中，学生们一路上英勇无畏，冲破了国民党军警的数次拦截，最终胜利到达了游行的目的地。在苏州河畔天后宫桥头，上海当局骑巡队和30多匹从日军接收来的战马，在桥头一字排开，挡住去路。千钧一发之际，懂得驯马术的暨大台湾籍学生杜长庚、罗美行、张碧坤用日语喝令：“向后转——跑!”然后，一跃而上，抓住缰绳，扭转马头，其他马匹也四散狂奔，学生们便乘势冲破了封锁线。当时有记者抢拍了这组镜头，在几年后上海市博物馆举办的“现代革命史图片展览”中，这张照片也被放大陈列出来。

苏州河畔桥头，与当局骑巡队斗争的暨大进步学生

5月26日，宝山路第二院学生抗议示威情形

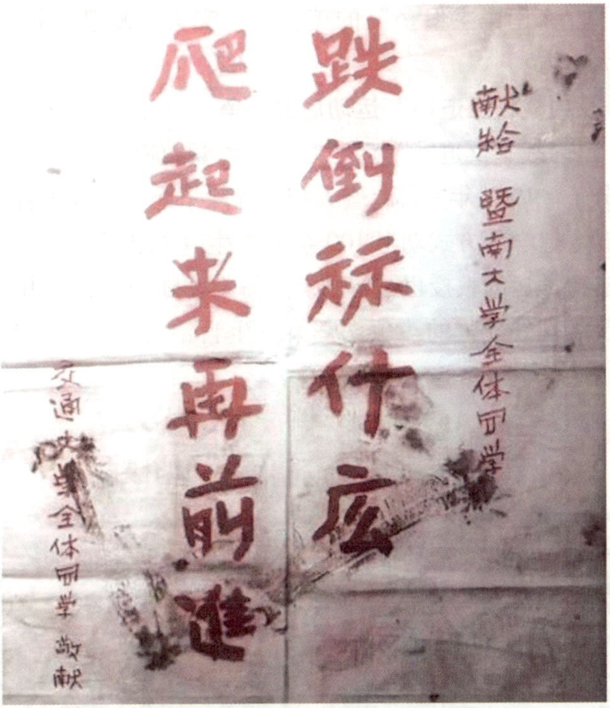

“五二〇”血案后，暨大学生收到交大学生的慰问旗，旗上写着“跌倒算什么，爬起来再前进”

5 月 20 日，晋京请愿的队伍在到达南京后，遭到国民党军警的残酷镇压，震惊中外的“五二〇”血案发生。对此，上海大中学校成立“上海学生南京惨案后援会”，实行总罢课，向国民政府当局提出强硬抗议，并组织宣传队上街宣传。5 月 26 日，更大规模的游行开始了。然而，此次国民党当局早有准备，暨大的游行队伍还未离开校门便被国民党军警包围。暨大校舍第一院、第二院和青云路宿舍都被国民党派出的装甲车、卡车、骑巡队团团围住，双方还发生了激烈冲突。国民党当局对暨大学生采取了严厉的镇压措施，对学生进行殴打、抓捕。5 月 30 日凌晨，大批国民党军警冲进校园，抓捕进步学生。抓捕行动发生后，中共地下党联合广大教师和社会人士，开展营救行动。5 月 31 日，上海市学生联合会正式成立，暨大当选为主席团成员。6 月 10 日，在学联号召下，全市学生进行总罢课。至此，波澜壮阔的“反饥饿、反内战、反迫害”学生运动在上海告一段落。

“反饥饿、反内战、反迫害”运动在中国学生运动史上写下了光辉一页。此时，第二条战线已真正成为中国共产党与国民党斗争不可或缺的组成部分。在这次运动当中，暨大学生一直站在斗争的最前列，并在这些斗争中极富经验和策略，从而赢得了“东南民主堡垒”的美誉，与交大、复旦、同济一起成为上海学生运动的四大主力。

“反饥饿、反内战、反迫害”运动后的斗争

“反饥饿、反内战、反迫害”运动后，国民党政府指令各大院校处分参与学生运动的积极分子。1947 年 8 月，暨大校方开除了陶玉麟等 3 名学生的学籍，还以停止公费、勒令退学等方式劝退 100 余名学生（约占全校学生十分之一），三十多名同情和支持学运的教授也被解聘。上海学联随即号召全市学生开展“反开除、反退学、反无理处分”的斗争，暨大学生自治会也号召学生声援被解聘的教授。

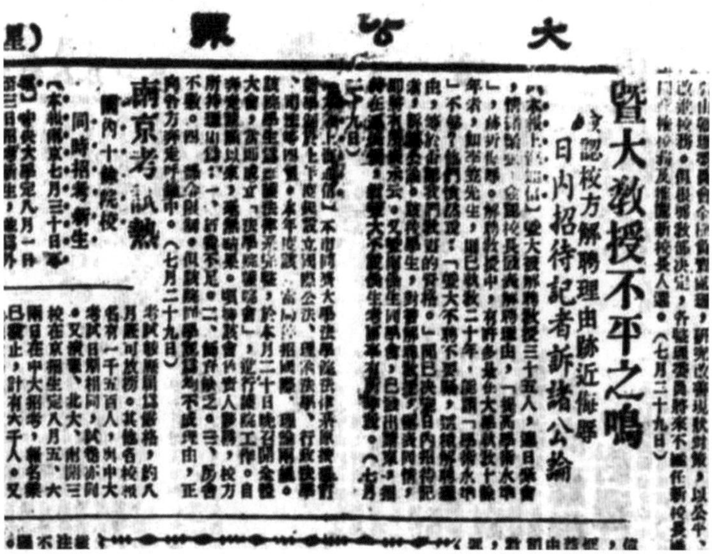

大公報

暨大教授不平之鳴

認校方解聘理由跡近侮辱

日內招待記者訴諸公論

南京考試熱

國內十餘院校

同時招考新生

《大公报》对暨大解聘教授事件的报道

在国民党当局的镇压下，暨大的学生运动一度陷入低潮，一些领导学生运动的同学因毕业或身份暴露不得不离开学校，学生自治会也被校方解散。针对这一形势，上海地下党学委从中学、专科抽调一些成绩优异的学生考入暨大，充实学校进步力量。9 月，暨大重新成为进步力量核心，同时成立了由暨大地下党组织直接领导的秘密外围组织“雷社”。“雷社”通过印发进步刊物《黎明》，开展系科班级工作与社团活动，团结了广大同学，在严格审查的基础上发展了学生党员，成为党团结学生群众的重要桥梁。这一时期，“雷社”团结同学开展了一系列斗争，如开办沪西区工人夜校，前往太湖、宜兴开展社会调查，组织山海工学团、读书会、报告会等。同时，发动了反甄审考试并取得成功，发动学生抗议政

学生在参加学生运动集会前合影，楼梯与墙上还张贴着“要民主、要和平”等标语，摄于 1948 年春商学院楼梯

府当局杀害浙江大学学生自治会主席于子三，开展救济失业工人和贫民的“救饥救寒运动”等。

1948 年 4 月，上海地下党通过学联发动各校学生去杭州春游，组织“上海市学生旅杭团”。暨大地下党组织通过“雷社”串联，参加的学生超过 200 人。在杭州，同学们在浙大“于子三广场”公祭了“于子三烈士”，举行“团结晚会”、控诉会等一系列活动，同学们回顾了暨大的学生运动，纷纷表示：“回校以后，一定要燃起革命的烈火，向反动当局冲击，一定要冲破黑暗，迎接光明，把暨大来个彻底翻身！”学生的爱国民主活动再一次引发国民党当局的恐慌，学生春游结束回到学校，便遭到军警、特务队的迫害、谩骂、殴打；5 名同学被殴致伤住院，其间还遭到逮捕。暨大的学生运动再次遭到了敌人的破坏和打击。“野火烧不尽，春风吹又生”，在解放战争节节取胜，革命形势日趋好转时，暨大的进步力量不断壮大，暨大党支部通过加强合法斗争，取得了学校膳食委员会的主导权，选出全校性机构“储粮应变委员会”，重新恢复由进步力量主导的学生自治会。很快，暨大师生在中国共产党的领导和支持下，开始了迎接上海解放的斗争。

（二）团结护校，迎接解放

1948 年秋至 1949 年初，辽沈、淮海、平津三大战役渐次展开，人民解放军获得对国民党军的完胜，统治了中国近 22 年的蒋介石政权大厦将倾。国民党政府企图对各大专院校进行“疏散”，退居台湾。1948 年 12 月 6 日，李寿雍呈文国民政府教育部部长朱家骅，拟将暨大迁往台湾，并策划在寒假学生离校时办理迁校。消息一经传出，便引起了暨大地下党组织和师生的关注。刘大杰、刘佛年、吴文琪、刘咸、江之永等教授秘密会商，假科学社[①]召开学校教授会成立大会。会上决定“在任何情形下，暨大绝不迁校”。教授会成立后，即与“雷社”“储粮应变委员会”密切合作，开展“反破坏、反迁校、团结护校”运动，还积极推动学校奖助会、学生自治会、职员会、工友会的成立，大大增强了暨大的进步力量。

1949年4月20日，解放军百万雄师成功渡江，上海解放已成定局。国民党政府妄图在上海负隅顽抗，并积极策划镇压市内革命力量。4月26日，国民党淞沪警备司令部出动1万多名军警特务，在全市进行大搜捕，暨大共38名学生被抓。4月27日，国民党当局下令军队进驻各大学，限令各校师生在两天内全部离校，暨大校园后被改造成了伤兵医院。从“四二六”大逮捕到上海解放的这一个月里，是上海学生运动最为黑暗和艰苦的时期。5月12日，解放军抵达上海，暨大党支部在留沪同学中秘密组织了人民保安队和人民宣传队，校舍第一院和第二院各组成一个大队，共有数百名学生参加，他们坚守在校外的各个岗位上，迎接解放上海的最后斗争，为上海解放和接管作出了重要贡献。

人民保安队的队员冒着危险，勇敢机智地开展地区调查和情况搜集工作，对区域内重要机构、厂房设备、资产、国民党党员和特务名单等各方面情况，以及国民党军队的据点、兵力和装备等军事情报，进行了认真调查和整理。人民保安队和宣传队的同学还对国民党军警进行宣传和策反工作，学生们通过写警告信、寄宣传品、打电话、面谈等方式，对国民党军进行分化和瓦解。在这种心理攻势下，一些国民党军人、军警被成功策反，如学生们通过教育、争取等方式，成功让一位国民党军少校参谋（被国民党国防部派在暨大“学习”）把一份国民党军队在吴淞一带的工事和布防图副本交了出来。同时，学生们还大量散发毛泽东主席、朱德总司令签署的《向全国进军命令》《中国人民解放军布告》等传单，帮助市民正确认识中国共产党和解放军，并以积极的态度来迎接上海解放。5月24日，解放军攻入上海西南市区，看守被捕学生的军警仓皇出逃，被关押学生一拥而出，安全脱险。次日，解放军开始向苏州河以北推进，暨大人民保安队和宣传队的同学，立即佩戴臂章公开进入战斗岗位，在枪林弹雨之中，主动为解放军当向导，配合解放军追歼残敌，协助看管工厂、学校、医院等重要场所，维持治安，积极开展宣传工作。5月27日，上海全部解放，师生们期盼已久的这一天终于到来。除了20余名教职员和40余名学生追随李寿雍去往台湾之外，绝大多

---

① 1947年4月、1948年9月筹立教授会皆以失败告终，此次为避免当局破坏，而假科学社名义进行。

数师生都留了下来，暨南大学终于回到了人民的手中。

（三）为人民解放事业奉献牺牲的暨南人

回顾解放战争时期风起云涌的峥嵘岁月，战斗在第二条战线上的暨南师生、校友，在中国共产党的领导下，活跃在爱国民主运动的前列。即使在最严重的白色恐怖时期，仍然不畏艰险地坚持斗争。他们中有人被开除、退学、毒打、坐牢，甚至牺牲了年轻的生命。这期间，暨大校内先后共有126名学生被捕，其中共产党员13人。暨大校友中柯以圻、林维雁等人为人民解放事业英勇牺牲。暨南的爱国民主运动，不仅续写了暨大爱国民主革命传统的光辉篇章，还给暨南精神注入了新的内涵，为迈入新时代的暨南大学留下了宝贵的精神财富。

柯以圻

林维雁

柯以圻（1924—1949），潮安人，1938年加入中国共产党。1943年进入暨大学习，在抗战结束后担任暨大学生会主席，是当时学生运动的领导人之一。他组织暨大学生参加全国学生爱国运动和“反饥饿、反内战、反迫害”游行，国民党称“柯以圻不死，暨大不宁”。1949年8月28日，年仅25岁的柯以圻被国民党在其出生地附近杀害，那时，距离中华人民共和国宣告成立仅相差一个多月的时间。在押赴刑场过程中，柯以圻临危不惧，仍然慷慨激昂地向潮州街道沿途群众大声呼唤：“乡亲们，解放军大军已经渡江南下，潮汕快解放了，大家准备迎接黎明的到来吧！共产党是杀不完的！”

林维雁（1924—1949），浙江衢县人，1947年11月加入中国共产党。1944年进入暨大中文系，同时积极投身革命运动。她曾在“反饥饿、反内战、反迫害”运动的暨大游行队伍中，不顾个人安危，冲锋在前，担任游行大队的宣传员。她面对沿途军警，义愤填膺地高喊“警察、学生是一家!”“中国人不打中国人!”“向炮口要饭吃!”的口号。离开学校后，她加入了中国共产党，继续开展革命工作。1949 年 1 月 23 日，林维雁被国民党逮捕。被捕后，林维雁受尽各种酷刑，宁死不泄露党的任何机密。4 月林维雁英勇就义，年仅 25 岁。中华人民共和国成立后被追认为烈士。在衢州牺牲的 6 人中还有暨大 1943 级史地系校友王多祥。半个月后，衢州解放。

在暨大校友中，为人民解放事业英勇牺牲的还有殷启辉、张碧坤、刘碧堂、刘良麟等烈士。殷启辉是暨大 1946 级学生，中共党员。他在“五二〇”运动后离沪赴台，在台湾新竹的竹东林场开展地下斗争，建立了竹东与台北间的地下交通网。20 世纪 50 年代初，台湾的地下党组织遭到严重破坏，大批地下党员被捕遇害。殷启辉在竹东林场被国民党逮捕，后被枪决。张碧坤和刘碧堂都是保送到暨大的台湾籍学生，在学校他们积极投身蓬勃发展的爱国学生运动，并在运动中经受了锻炼和考验。之后，他们都回到台湾。张碧坤参加了中共地下党组织，1952 年被国民党特务逮捕后枪决，年仅 26 岁；刘碧堂在台湾学生中积极宣传党的方针政策，1950 年被国民党逮捕，判处 12 年徒刑，后不幸病死在监狱中。刘良麟是暨大 1946 级化学系学生，在校期间，接触了大量进步书刊，积极参加各种爱国运动，建立化学系二年级“雷社”小组并担任组长。1948 年底，前往浙东四明山根据地。1949 年，根据地遭到国民党军突袭，刘良麟不幸牺牲。

以柯以圻、林维雁、王多祥、殷启辉、张碧坤、刘碧堂、刘良麟等为代表的暨南校友，在中国人民解放事业中舍生取义、赴汤蹈火、矢志不移，用鲜血和生命谱写了英雄般的史诗，化为了一座座精神的丰碑，照亮了黑暗，照亮了大地。

三、走向新时期的暨南大学

上海解放后，上海市军事管理委员会接管暨南大学。为更好地恢复华侨高级学府，暨大原有院系并入其他学校。归并后，暨南大学在党和政府的领导下，除旧布新，开始了各项校务筹备工作，然而因为侨生不足、经费困难和师资缺乏被迫中断。1958 年，伴随着国内高等教育的发展和华侨子女归国求学需要的高涨，暨南大学在广州重建，学校也正式迈入了发展的崭新征程。

（一）人民政府接管暨南

1949 年 5 月 25 日，上海市区解放。在庆祝解放的时刻，暨大师生怀着激动的心情回到校园。学生们迅速组织起宣传队伍，和全市人民一起走上街头举行庆祝上海解放的大游行。同学们欢欣鼓舞地在街头举着标语，扭着秧歌，向解放军献花。游行队伍中，毛主席的巨幅画像最为显眼，学生们还高举标语“我们的日子来了!”表达着翻身做主人的喜悦。5 月 27 日，上海全部解放，上海市军事管制委员会成立，这座城市获得了新生。

暨大华侨学生参加庆祝上海解放游行

1949 年，参加革命的部分同学在第二院校舍门口写着“东南民主堡垒”六个大字的布告牌前留影

暨大师生在迎接解放的同时，也迅速投入到了恢复学校的工作中。6 月 1 日，宝山路第二院的礼堂重开，全校师生欢聚一堂，喜迎解放后的第一课。刘大杰、刘咸、刘佛年等教授到场庆贺，会场气氛十分热烈。① 随即，学校便启动教育新制改革，取消“党义”、伦理等政治课，取缔国民党训导制度，筹备增设唯物辩证法和新民主主义论。不久，暨大的地下党支部召开第一、第二院党员会师大会，“雷社”改名为新民主主义青年团，社员也转为新民主主义团员。②

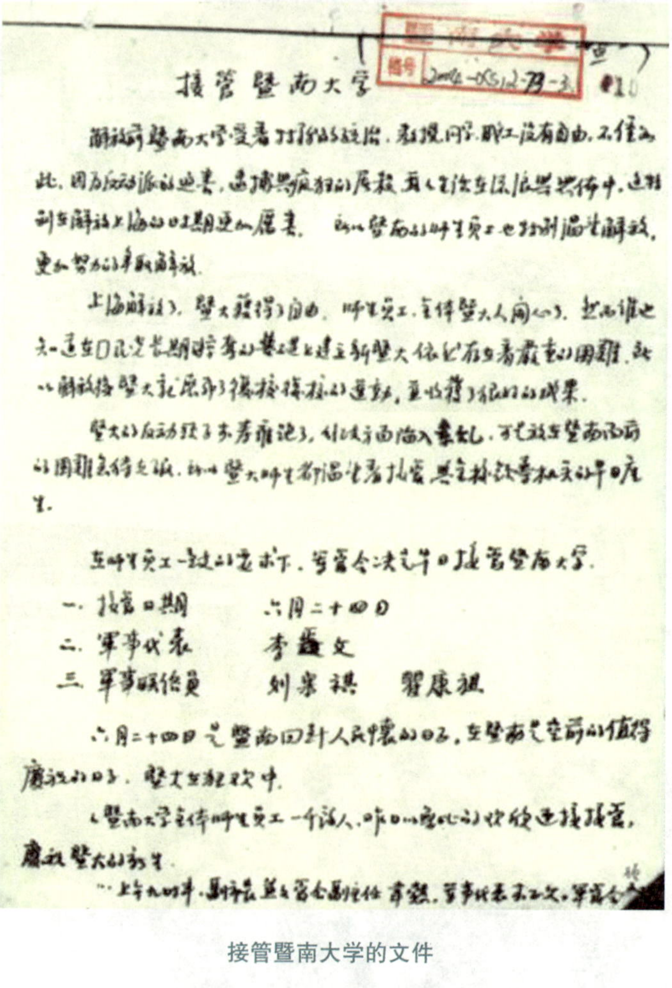

接管暨南大学

一、接管日期　六月二十四日

二、军事代表　李[illegible]文

三、军事联络员　刘宗祺　[illegible]康祖

接管暨南大学的文件

---

① 此处及之后多段内容引用自：童锋、夏泉：《接管与归并：1949 年国立暨南大学走进新时代》，《暨南学报（哲学社会科学版）》，2016 年第 12 期，第 84－94 页。

② 张谦受：《上海解放前夕暨大一院（理、商学院）》大事记略，马兴中：《暨南往事》，广州：暨南大学出版社 2006 年版，第 216－218 页。

上海解放初期，经济基础尚不稳固，暨大学生便积极配合新政权，自发组织起抵制银圆的运动，学生们外出宣传动员，学校食堂也改为人民币计价，校内到处响起以抵制银圆为题材的歌声。随着全国形势的迅速发展，需要大批干部到新解放区开展工作，暨大学生积极响应党的号召，超过200人报名参加“南下服务团”“西南服务团”，他们跟随解放军南下福建、广东，走向大西南，为当地的解放和建设事业作出了重要贡献。此外，还有同学报考二野军政大学、华东革命大学、张家口军委工程学校，一部分同学留在上海继续求学，暨南学子在新生政权的各个岗位上发光发热。

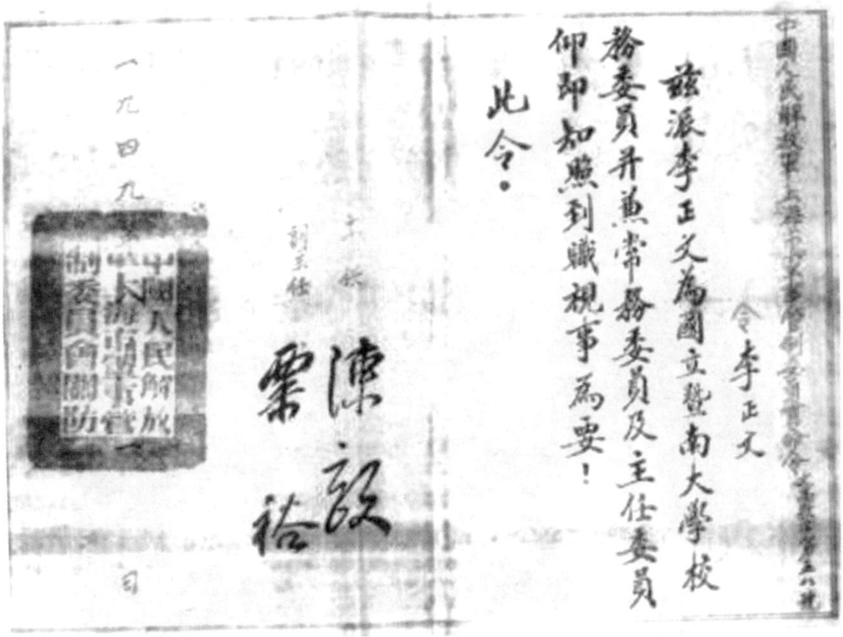
令李正文
茲派李正文為國立暨南大學校務委員并兼常務委員及主任委員
仰即知照到職視事為要！
此令。
主任 陳毅
副主任 粟裕
一九四九年
中國人民解放軍上海市軍事管制委員會關防

中国人民解放军上海军事管制委员会颁给李正文的委派公文

6月24日，上海军事管制委员会正式发布接管暨大命令，李正文为军管会驻暨大军事代表。当天上午，李正文等前往暨大接管，学校师生一千多人举行了盛大的欢迎接管大会。李正文发表了致辞：“往前暨大华侨学生特别多，也最热爱祖国，所以历次光荣的学生运动都有暨大的学生参加，过去反动势力虽加以迫害、殴打和逮捕大批学生，但暨大人仍然坚持民主，这是值得赞誉的。希望以后保持过去的光荣传统，为人民培养大批人才。”接管后的第一件工作便是清点暨大财产，暨大师生带着主人翁的责任感，以极高的热情和效率参与到清点工作之中，仅用两天便胜利完成任务。紧接着，学校新的领导机构筹备成立，6月30

日，暨大校务委员会成立。8 月 1 日，上海军事管制委员会主任陈毅、副主任粟裕签署命令，发布暨大校务委员会名单。全文如下：

兹派李正文、王延青、刘咸、李蕃、刘佛年、吴文琪、陈文彬、张毓珊、刘大杰、沈筱宋、胡守棻、过庚吉、许义生、杨葆生（学生代表）、仰文渊（学生代表）为国立暨南大学校务委员，并以李正文、王延青、刘咸、李蕃、刘佛年、吴文琪、陈文彬、杨葆生、过庚吉为常务委员。以李正文兼主任委员，李蕃兼教务长，刘佛年兼秘书长，吴文琪兼文学院院长，刘咸兼理学院院长，陈文彬兼法学院院长，张毓珊兼商学院院长。除分令各新任人员即日到职视事外，着该校负责人克日办理移交，并将移交情形具报。

1949 年 6 月，暨南大学学生庆祝人民政府接管学校

8 月 3 日，该名单正式发表。5 日，全校师生举行了校务委员会成立庆祝大会。后因李正文兼任文管会工作，不能经常到校视事，故由王延青代理主任委员。至此，暨南大学接管事务正式结束。

（二）归并他校

暨大复员回沪后，校务几乎处于风雨飘摇之中，侨生数量锐减。人民政府接管后，为了恢复暨大教育侨胞子弟以及培养侨务人才的宗旨，一方面决定将原有各院系的学生归并到其他高校，另一方面改革校务以适应侨胞需要，将学校建设成为华侨高级学府。经过一段时间的酝酿，8 月 20 日，上海军事管制委员会发表军教字第一号命令，将暨南大学恢复为华侨高级学府，原有各院系学生，符合侨教宗旨并且愿意继续留校者可继续留校学习；其余属于文、法、商三院学生，合并于复旦大学；属于理学院学生，合并于交通大学；其中，地理学系和人类学系分别并入南京大学、浙江大学。所有教职工均得到妥善处置。

合并命令发布后，学校和绝大部分师生对归并表示欢迎。当时的学生普遍认为，暨大归并，能够使学校恢复过去所承担的历史使命，使暨大发展成为一个真正的华侨最高学府，符合暨大人的利益。暨大秘书长刘佛年认为：“（暨大）应当把它造成一个名副其实的华侨学府。我们拥护这个方案，我们相信暨大在改造后，必能发挥它的特殊任务——培养进步的革命的华侨青年。”校务委员刘大杰认为：“军管会为配合整个教育方针发展，华侨教育的大原则下，决心改造暨大，一方面是结束旧有的，另一方面又是发展新的，我们完全拥护。”8 月 22 日，暨大华侨学生会发表了告全体学生书，支持军管会改组暨大。尽管当时有一些师生对政府意图了解不清，一时难以理解，加之担心今后的出路问题，心存疑虑，但是随着归并工作的有序进行以及在拥护归并的师生引导下，这些人的立场和观念也发生了大的转折。

人民日報

滬暨南大學
恢復爲僑胞高級學校

全蘇擁護和平大會號召全世界人民
團結起來保衛和平

1949 年 8 月 30 日，《人民日报》报道暨南大学归并情况

9 月 1 日，暨大召开校务会议讨论归并问题，决定学生应先在暨大报到，再赴并入的学校注册，华侨补习班学生升为正式生。李正文在致辞中指出：“这次归并完全是进步的……暨大应改造成为真正的华侨大学，另外在北平的毛主席、周副主席及华侨民主人士王任淑先生等都特别关心暨大，所以新暨大前途一定是光明的。”9 月 8 日，全体暨大师生齐聚第一院举行告别大会。10 日，暨大完成归并。在军事管制委员会发出归并命令后，交大、复旦对暨大的并入表示欢迎。

复旦的陈望道等人还亲赴暨大校舍第一院，欢迎暨大师生到两校学习。在10日当天，190多名暨大学生乘车搬至复旦红湾校区，复旦师生举行了热烈的欢迎仪式，复旦校内锣鼓喧天，各系贴出壁报和标语，复旦学生自治会的同学还赠送给暨大学生复旦校园地图。交大师生也对暨大学生表达了热烈的欢迎。

归并结束后，1949年10月12日，一个崭新的暨南大学开始了各项校务的筹备工作。在上级团结进步方针的指引下，教职工加强学习，复课工作有条不紊地开展起来。10月27日，学校召集在校教授以及各单位负责人举行华侨教育座谈会，讨论华侨教育问题，对暨大未来的院系设置、课程改革、招生及校址选定提出意见。1950年12月，华东教育部还饬令暨大从速制订迁校南京计划，以前国民政府财政部为校址，然终未成行。在暨大正准备向崭新的阶段进发时，由于经费困难和师资匮乏，相关工作最终陷于停顿。1951年3月22日，中央人民政府教育部在北京召开暨南大学处理问题座谈会。会议认为，暨大过去在国民政府控制之下，已失去华侨教育机构的意义。上海解放以后，因学生数量锐减而陷于停顿状态。两年以来，囿于经费困难师资缺乏，复校亦无可能。会议决定，“暨大校名不取消，将来如有可能，仍可考虑复校”。6月4日，华东教育部派员到校正式宣布中央教育部处理暨南大学问题的决定，暨南大学暂时停办。王延青等有侨教经验的6人被调入燕京大学侨务组工作，暨大的校产全部移交华东教育部保存处理。1951年夏，王延青等人携教务处注册组资料及2.8万余册图书北上。至此，暨南大学善后工作宣告结束，暨大也结束了在上海的办学历程。

（三）开启发展新征程

中华人民共和国成立后，党和国家十分重视华侨教育事业。随着社会主义建设高潮的到来，国内高等教育日渐勃兴，华侨子弟纷纷回国求学，重建暨南大学的条件已经具备。经国务院批准，以“宏教泽而系侨情”为办学宗旨的中国第一所华侨大学——暨南大学在广州重建，陶铸兼任校长，暨南大学获得新生。从此，暨南大学这所历经风雨、饱经沧桑的“华侨最高学府”正式跨入了新中国高等教育和华侨教育事业发展的轨道，开启了发展的崭新征程。暨大在广州重建后，在党和政府的亲切关怀和广大华侨华人的支持和赞助下，发展迅速，很快便成为一所名副其实的“华侨最高学府”和“海外华侨学生的摇篮”。经过近十年建设，暨大发展成为了一所初具规模的综合性大学。

1958 年 9 月 24 日，暨南大学开学典礼

1970 年，暨大因“文革”被迫再度停办。1978 年，国务院决定恢复暨南大学，大力推进华侨高等教育。时任全国人大常委会委员长叶剑英元帅，亲笔题写暨南大学校名。时任中共广东省委第二书记习仲勋，出席开学典礼并做重要讲话，他指出暨大要办成具有先进水平的文、理、医各科综合大学。由此，暨大进入了迅速恢复和发展的时期。1983 年，中共中央、国务院批复了《关于进一步办好暨南大学和华侨大学的意见》，将暨南大学列为国家重点扶持大学，要求把暨大建成“具有特色的华侨大学”。进入 20 世纪 90 年代，学校被国家列入重点支持的“211 工程”重点建设大学行列，全校师生积极贯彻“发挥优势、深化改革、保证重点、改善条件、提高质量”的 20 字发展方针，大力实施“侨校＋名校”的发展战略，暨大的办学质量和声誉进一步提高。

叶剑英题写的校名

2006 年，暨南大学迎来百年校庆，学校发展也进入黄金时期。2011 年，国务院侨务办公室、教育部、广东省签约共建暨南大学。2015 年，学校入选广东省高水平大学重点建设高校。2017 年，学校入选国家“双一流”建设高校。2018 年 10 月 24 日，中共中央总书记、国家主席、中央军委主席习近平莅临暨南大学视察并发表重要讲话，希望暨南大学坚持办学特色，把学校办得更好，为海外侨胞回祖国学习、传承中华文化创造更好条件。2019 年 8 月，中央统战部、教育部、广东省人民政府印发《关于共同建设暨南大学的意见》，决定共同建设暨南大学，学校进入发展新阶段。

百年侨校弦歌不辍，巍巍黉宇薪火相传。在新时代，肩负着为海外华侨华人和港澳台地区培养人才光荣使命的暨南大学更加任重道远。今日之暨南，深入贯彻落实习近平总书记视察暨南大学重要讲话精神，秉承“面向海外、面向港澳台”的办学方针，力践“忠信笃敬”的暨南校训，弘扬“忠信笃敬、知行合一、自强不息、和而不同”的暨南精神，向着“国内一流、世界知名的高水平大学”的目标阔步前行！

后　记

2021 年是暨南大学建校 115 周年。为进一步展现暨南大学深厚的历史底蕴，弘扬优良办学传统，彰显暨南人爱国爱校情怀，2020 年暨南大学校友会成立“暨南上海往事编写组”，开始编写《暨南上海往事》一书。

本书通过较为通俗的语言，结合历史图片，力求生动地展现百年风雨征途中暨大在上海时期的办学历程。本书于 2020 年 4 月确定编写提纲，编写组成员在时间紧、任务重、工作量大的情况下，统一思想认识、努力克服困难，认真搜集、研读史料，反复打磨、修订书稿，最终于 2021 年 5 月定稿。

《暨南上海往事》全书共六章，近 40 万字。本书由陈联、梁燕编著，编写组各成员分工撰稿。陈联、梁燕、赵宏、郑帆负责全书的统稿工作；每章的撰稿人分别是：第一章郑帆、张琦、陈彦蓉；第二章陈联；第三章陈联、刘慧洋、赵宏；第四章王佳、曹栩宁、陈联；第五章田喻、陈联；第六章赵宏、陈锦涛。参与前期资料搜集和整理工作的还有张柏星、林振宇、叶子君、刘文芳、王柳婷、石云等。

本书的编写工作是在学校党政领导的关心和支持下进行的，暨南大学党委书记林如鹏、校长宋献中为本书作序，校党委副书记夏泉、文学院历史系张晓辉教授作为校史专家顾问，在本书编写过程中提供了大量的指导和支持。本书的成形和出版还得到了校内外许多部门和人士的帮助，暨南大学档案馆提供了大量历史资料，暨南大学出版社编校人员为本书的出版做了大量工作；特别是新加坡李氏基金会为本书的编写、出版提供了鼎力支持，在此一并表示谢忱和敬意。

在暨南大学建校 115 周年之际，我们将这本《暨南上海往事》献给暨南大学师生、校友以及广大读者。尽管编写组成员尽了最大努力还原暨大在上海的办学历程，但由于作者学养有限，经验不足，在史料搜集和考证方面难免还有疏漏和讹误，衷心希望读者们批评指正，以便进一步完善书稿。

编写组
2021 年 10 月